本书系四川大学中国西部
边疆安全与发展协同创新中心项目
“中国西部民族混居区
媒介素养的培养模式研究”
（sk2011xtcx-01qy09）成果

第七章：张颖　钟点　陈瑶

第八章：谢春梅　段玉　顾子慧

第九章：谢念　易黎楠　顾子惠

在本书编撰过程中我们还参考了大量的相关论述及文献，虽然在正文脚注和文后参考文献中有所标注，但可能仍存在挂一漏万的现象，在此一并致歉并感谢。

李　苓

2017 年 3 月 18 日

目　录

第一章　数字出版概念与基础知识

中国的“十一五”文化发展规划纲要催生了原国家新闻出版总署从2007年6月起全面启动的“国家数字复合出版系统工程”。该系统重点研发统一标准的新型数字复合出版技术，形成印刷版出版物、数字出版物和各类数字信息资源生产与服务的数字复合出版系统。这一重大举措的战略意义就在于：国家开始全面推进对出版产业的结构性大调整，传统出版产业的应时变革已势在必行。

新技术发明永远跑在推广应用及其理论总结的前头。在日新月异的数字传媒时代，大众媒介在其生存与发展的双重压力下唯一正确的选择就是：对内，进行产业结构和经营模式的调整，数字技术将渗透产业的主体和密切相关的所有联营邻域；对外，通过资产重组做大做强，坚守舆论阵地在信息产业中的专属地位，同时在市场经济体制下完善自身的公共服务职能。显而易见，传媒产业的上述处境必然迫使传媒教育作出相应的及时的调整。本章旨在理清数字复合出版的基本概念和基础知识，为后面各章的专业论述提供一个较清晰的语境范围。

第一节　数字出版的发展历程

出版活动从一开始就在人类社会的发展中扮演着重要的角色——传播知识，传承文明。到20世纪末，数字出版的出现强化了这一功能。数字出版经历了电子出版阶段、网络出版阶段以及完全意义上的数字出版三个阶段，不同的阶段以技术为区隔，具有不同的特点。

一　电子出版阶段：20 世纪 80 年代至 90 年代

从 20 世纪 80 年代开始，国内电子出版在铅排版、激光照排、以页面描述语言为基础的远程传版、新闻信息处理全过程管理等技术的革新中，一改以往“剪刀加糨糊”的面貌，迎来了电子化发展的新阶段。此外，其他自然科学类文摘期刊也开始相继建立数据库。

（一）兴起与初步发展：20 世纪 80 年代

20 世纪 70 年代电子出版在西方国家兴起，主要指把电子计算机技术用于出版物的印前编辑出版工作，最终以电子出版物的形式出版发行。1981 年我国第一张软磁盘片出现。同年，国内第一个中文数据库——中国药学文献数据库建立，最初供用户以光盘、软盘等形式检索期刊论文、专利文献、会议文献等药学及其相关学科的信息。

在电子出版发展的初期阶段，由于对技术前沿的灵敏嗅觉和高科技人才的聚集，大学、研究所等科研机构扮演了重要角色。在国外，第一个电子数据资料库——法律全文检索系统由美国匹兹堡在大学卫生法律中心建立。在国内，大学等科研机构通过软盘（FD）将其编辑的计算机软件作为出版物通过出版社出版。另外，大学出版社在探索电子出版如何发展的早期阶段同样功不可没。1986 年至 1988 年，上海交通大学出版社、清华大学出版社、北京大学出版社等出版了《计量经济分析软件包》等一系列教学软件、实验模拟系统、信息库和小型多媒体节目等。紧随其后的武汉大学出版社、华中理工大学出版社、成都科技大学出版社等也开展了电子出版业务。我国电子出版逐步由最早开展此业务的华东地区和华北地区扩展至中南、西南等地区。此时，电子

●马克思主义理论研究与建设工程教材

数字出版学概论

DIGITAL PUBLISHING

李　苓＼编　著

四川大学出版社

责任编辑：张伊伊
责任校对：陈　蓉
封面设计：墨创文化
责任印制：王　炜

图书在版编目(CIP)数据

数字出版学概论 / 李苓编著. —成都：四川大学出版社，2017.11
ISBN 978-7-5690-1367-2

Ⅰ.①数…　Ⅱ.①李…　Ⅲ.①电子出版物—出版工作—概论　Ⅳ.①G237.6

中国版本图书馆 CIP 数据核字（2017）第 293172 号

书名　**数字出版学概论**
SHUZI CHUBANXUE GAILUN

编　　著	李　苓
出　　版	四川大学出版社
地　　址	成都市一环路南一段 24 号（610065）
发　　行	四川大学出版社
书　　号	ISBN 978-7-5690-1367-2
印　　刷	郫县犀浦印刷厂
成品尺寸	148 mm×210 mm
印　　张	13.75
字　　数	369 千字
版　　次	2017 年 12 月第 1 版
印　　次	2017 年 12 月第 1 次印刷
定　　价	38.00 元

◆读者邮购本书，请与本社发行科联系。
电话：(028)85408408/(028)85401670/
(028)85408023　邮政编码：610065
◆本社图书如有印装质量问题，请寄回出版社调换。
◆网址：http://www.scupress.net

编者序

当数字技术以一种基因的存在方式植入人类的生态环境，人们的衣食住行甚至思考都受到数字化的影响，传媒产业自然更懂得借助新技术，大大张开可持续分裂重构的信息编码潜网，不放过“网络人口红利”新商机所带来的一切好处。电子书、数字报纸、数字期刊、网络原创文学、网络教育出版物、数字音乐、网络动漫、网络游戏和手机出版物等数字媒体迅速走入人们的日常生活并影响着他们的社会行动。今天，传媒产业在人类社会数字化进程中的实践已日渐深入和成熟，但传媒教育还应该加快脚步，担负起为相关行业培养和输送合格的专业人才的使命。

在中国，政府早在1999年就意识到传统出版业已面临一场数字时代的深刻革命。2007年6月原国家新闻出版总署在全国启动了“国家数字复合出版系统工程”。该系统重点研发统一标准的新型数字复合出版技术，形成综合印刷版出版物、数字出版物和各类数字信息资源生产与服务的数字复合出版系统，并在全国十个重点省市下水试行。2010年，原新闻出版总署明确表示，到“十二五”末，中国的数字出版总产值要达到新闻出版产业总产值的25%，整体规模要居于世界领先水平。2016年1月22日中国互联网络信息中心（CNNIC）发布的第37次《中国互联网络发展状况统计报告》显示，截至2015年12月，中国网民规模达6.88亿，互联网普及率达到50.3%，半数中国人已接入互联网。以平板电脑、智能手机、阅读器为代表的各类终端阅读产品琳琅满目，销量不断增长，数字出版在“网络人口红利”的新商机中得到快速发展已成不争的事实。国家新闻出版广电总局预测，到2020年传统出版单位将基本完成数字化转型，数字化产品和服务的运营份额会在总份额中占有明显优势。到2030年，90%的中国出版物会是电子出版物。

在出版产业的结构性大调整背景下，全国高校出版学、编辑学等相关专业必须及时在教学计划和科研方向上做出相应调整，以适应国家文化发展战略纲要中对新型出版人才的选用标准。呈现在读者面前的这本《数字出版学概论》在编写思路和章节的具体设计上均紧扣这一时代要求。我们在撰写过程中既遵循学科规范，在知识的传授上力求全面和系统；又尊重行业的人才评估指标，力求本书内容的编写及训练模式的确定都与行业考核目标相适应，以符合国家对数字时代所急需的复合型人才的培养标准。全书共九章，主要内容包括：数字出版的基本概念和基础知识，数字出版产业链的政治、经济、文化、技术等环境建设，数字出版产品的类型和支持系统，数字出版物及其复合产品的创意和制作过程，数字出版各类平台建设的技术，数字出版的信息检索与利用，网上书店与数字图书馆，数字出版营销与管理技能，如何在数字复合出版物版权贸易与保护中为国有资产和生产单位赢得最大利益。

本书由李苓、陈启编著，李苓负责全书编写思路与结构的设计，对全书各章内容进行具体撰写和指导修订，陈启、易黎楠负责各章修订并完成最后统稿工作。

参与修订并撰稿的其他人员分别有：

第一章：马攀可　钟点　陈瑶

第二章：马攀可　陈宇航　祝子明

第三章：陈艾婧　郑娇　孙可心

第四章：陈艾婧　郑娇　祝子明

第五章：袁彬瑶　周朦朦　赵祖念

第六章：陈启　陈宇航　董小夏

第七章：张颖　钟点　陈瑶

第八章：谢春梅　段玉　顾子慧

第九章：谢念　易黎楠　顾子惠

在本书编撰过程中我们还参考了大量的相关论述及文献，虽然在正文脚注和文后参考文献中有所标注，但可能仍存在挂一漏万的现象，在此一并致歉并感谢。

李　苓

2017 年 3 月 18 日

目 录

第一章　数字出版概念与基础知识

中国的“十一五”文化发展规划纲要催生了原国家新闻出版总署从2007年6月起全面启动的“国家数字复合出版系统工程”。该系统重点研发统一标准的新型数字复合出版技术，形成印刷版出版物、数字出版物和各类数字信息资源生产与服务的数字复合出版系统。这一重大举措的战略意义就在于：国家开始全面推进对出版产业的结构性大调整，传统出版产业的应时变革已势在必行。

新技术发明永远跑在推广应用及其理论总结的前头。在日新月异的数字传媒时代，大众媒介在其生存与发展的双重压力下唯一正确的选择就是：对内，进行产业结构和经营模式的调整，数字技术将渗透产业的主体和密切相关的所有联营领域；对外，通过资产重组做大做强，坚守舆论阵地在信息产业中的专属地位，同时在市场经济体制下完善自身的公共服务职能。显而易见，传媒产业的上述处境必然迫使传媒教育作出相应的及时的调整。本章旨在理清数字复合出版的基本概念和基础知识，为后面各章的专业论述提供一个较清晰的语境范围。

第一节　数字出版的发展历程

出版活动从一开始就在人类社会的发展中扮演着重要的角色——传播知识，传承文明。到20世纪末，数字出版的出现强化了这一功能。数字出版经历了电子出版阶段、网络出版阶段以及完全意义上的数字出版三个阶段，不同的阶段以技术为区隔，具有不同的特点。

一　电子出版阶段：20 世纪 80 年代至 90 年代

从 20 世纪 80 年代开始，国内电子出版在铅排版、激光照排、以页面描述语言为基础的远程传版、新闻信息处理全过程管理等技术的革新中，一改以往“剪刀加糨糊”的面貌，迎来了电子化发展的新阶段。此外，其他自然科学类文摘期刊也开始相继建立数据库。

（一）兴起与初步发展：20 世纪 80 年代

20 世纪 70 年代电子出版在西方国家兴起，主要指把电子计算机技术用于出版物的印前编辑出版工作，最终以电子出版物的形式出版发行。1981 年我国第一张软磁盘片出现。同年，国内第一个中文数据库——中国药学文献数据库建立，最初供用户以光盘、软盘等形式检索期刊论文、专利文献、会议文献等药学及其相关学科的信息。

在电子出版发展的初期阶段，由于对技术前沿的灵敏嗅觉和高科技人才的聚集，大学、研究所等科研机构扮演了重要角色。在国外，第一个电子数据资料库——法律全文检索系统由美国匹兹堡在大学卫生法律中心建立。在国内，大学等科研机构通过软盘（FD）将其编辑的计算机软件作为出版物通过出版社出版。另外，大学出版社在探索电子出版如何发展的早期阶段同样功不可没。1986 年至 1988 年，上海交通大学出版社、清华大学出版社、北京大学出版社等出版了《计量经济分析软件包》等一系列教学软件、实验模拟系统、信息库和小型多媒体节目等。紧随其后的武汉大学出版社、华中理工大学出版社、成都科技大学出版社等也开展了电子出版业务。我国电子出版逐步由最早开展此业务的华东地区和华北地区扩展至中南、西南等地区。此时，电子

出版物的主要载体是磁盘，也有少量的 IC 卡。

（二）规范化与全面发展：20 世纪 90 年代

经历了 20 世纪 80 年代的萌芽与初步发展，20 世纪 90 年代我国电子出版步入了规范化与全面快速发展阶段。1991 年前后，我国以磁盘为载体的电子出版物的年出版品种数约 500 余种，全国出版社中从事电子出版人员从 80 年代末的 20 多人发展到 100 多人。1993 年全国开展电子出版业务的出版社由 80 年代末的不到 10 家发展到近 40 家，从业人员近 200 人，与 1991 年相比翻了一番。20 世纪 90 年代初期，以清华大学出版社、北京大学出版社、上海交通出版社、华东理工大学出版社、华中理工大学出版社、武汉大学出版社、成都科技大学出版社等为代表的大学出版社在电子出版的品种数、从业人员、码洋等方面均有突出表现。1991 年，武汉大学出版社推出了国内第一部电子图书——《国共两党关系通史》；1993 年，清华同方电子出版社出版了国内第一张自主版权的多媒体光盘——《邮票上的中国——历史与文化》。

1996 年，《电子出版物管理暂行规定》出台。1997 年《电子出版物管理规定》出台，对电子出版物的制作、出版、复制、进口、发行，销售计算机设备或者其他商品附赠的电子出版物，举办电子出版物展览、展销、订货会等做出了相关规定，为电子出版的健康有序发展提供了保障。同时，新闻出版署清查、重新登记了电子出版单位，规定了电子出版物出版、制作、复制、发行、销售、租赁等实施许可证制度，从制度层面上保证了电子出版的规范化发展。

1997 年前后是我国电子出版行业发展最迅速的年代。1997 年，我国电子出版物的年出版量从 1994 年的 12 种增长到 1025 种，年增长率超过 200%；国内只读光盘的年复制总量达 753 万张，平均每种只读光盘复制最多达 7718 张；《共和国将帅》《中

国美术全集》《侵华日军南京大屠杀》《故宫——世界文化遗产》等一大批社会效益和经济效益俱佳的电子出版物相继涌现。

（三）衰落与新发展：20 世纪末

出版单位浓厚的计划经济体制色彩阻碍了电子出版的进一步发展，另外出版业界对传统出版形式的依赖以及电子出版物面临的版权、技术等问题也不利于电子出版的长远发展。在 1997 年达到巅峰状态之后，1998 年国内电子出版开始出现衰落迹象，多数电子出版及相关单位开始削减生产、裁减员工、重组资产、谋求多元化经营等。

但是，20 世纪末网络技术的出现及其在出版领域的应用给电子出版带来了新的挑战和机遇，如何借助网络技术给原有的电子出版注入新的活力成为那个时期出版界的重要话题，从封装型电子出版物到开放型电子出版物的转变为电子出版的新发展提供了一条最便捷的发展道路。至今，电子出版仍然存在，网络时代如何借助先进技术在电子出版物的制作、发行、销售等环节改弦更张，寻求新的突破，几乎成为电子出版的全部课题。

二　网络出版阶段：1994 年至今

网络技术在对电子出版产生冲击的同时，迎来了网络出版的新时代，但是网络出版并没有完全取代电子出版，两者共存。与电子出版相比，网络出版在出版流程、读者阅读体验等方面均有所变化。

（一）网络出版各种形式的建立：1994 年至 2003 年

1994 年，中国科学院建立了我国第一个网站，开启了中国互联网信息大众服务的新时代。1995 年 1 月，中国第一份中文互联网杂志——《神州学人》电子版出现，正式拉开了中国互联网出版的序幕。《神州学人》是中国教育部主管的全国性的面向留学人员的综合性媒体。同年，《中国日报》和《中国贸易报》

的网站开通，成为国内最早走向互联网出版的一批报纸。

1997年5月，国内第一家网络书店——中国现代书店（亚太网络）正式开始运营，运营支出即可以实现电子结算，然而，这家网络书店开业两个多月没有卖出一本书。三个月后，中国现代书店（朝晖网络）在台湾书展上全面推出，成为展会的热点，并获得了图书订单。1999年11月，当当网开通，当当网目前是全球最大的中文网上图书音像商城，面向全世界的中文读者提供了30多万种中文图书和音像制品。

1999年6月，由清华同方、清华大学联合发起中国学术期刊（光盘版）电子杂志社、清华同方知网（北京）技术有限公司主办的中国知识基础设施工程（China National Knowledge Infrastructure，简称CNKI）正式建立，对知识信息的互联网传播做出了巨大贡献，至今仍然是广大知识分子获取文献资料的重要途径之一。

2000年前后，台湾作家蔡智恒（网络称“痞子蔡”）首先在BBS上连载的网络小说《第一次的亲密接触》受到广大网友的追捧，成为第一本畅销的网络小说，并被知识出版社看中，在大陆地区出版发行了纸本。

2000年，第一代阅读器——掌上书房由辽宁出版集团推出。同年，网络游戏《万王之王》实现了赢利，初步建立了网络游戏的运营模式，吸引了更多企业投身网络游戏行业。2002年，辽宁出版集团与清华液晶技术研究中心、台湾碧悠电子公司等合作打造了中国第一条“电子书包制造链条”，以超链接、多媒体的形式为学生提供了丰富的、实时更新的、交互式的信息集合。

2002年之前，国内从事网络出版业务的网站约有500家，大致可分为五类：第一，由出版单位主办的专业出版网站；第二，由非出版单位创办的出版网站，如中文在线、榕树下等；第三，由大型综合网站开辟的网络出版栏目；第四，数字图书馆，如书生在线、超星图书馆等；第五，网上书店，如当当网、卓越网等。

2002 年 8 月，《互联网出版管理暂行规定》开始施行，对互联网出版的职责、行政审批、监督管理等做出了相关规定。2004 年 1 月，新闻出版总署批准设立了首批 50 家互联网出版机构，其中图书出版单位 23 家，电子音像出版单位 5 家，图书发行单位 1 家，报纸 6 家，期刊 3 家，综合网站 5 家，电信机构 2 家，新闻单位 4 家。标志着第一批网络出版的合法主体诞生。[①]

2003 年左右，目前网络出版的各种主要形式大部分出现，几乎覆盖了传统出版的所有领域。

（二）网络出版新概念——数字出版的形成阶段：2004 年至 2005 年

从 2004 年开始，数字出版逐渐代替网络出版，成为与传统出版相对应的出版形态的新概念。至 2005 年，数字出版这一概念被正式提出。

三　数字出版阶段：2005 年以后

2005 年及以后，数字出版逐渐代替电子出版和网络出版成为以数字技术为基础的新型出版形态的通用话语，受到业界、学界和官方的一致认可。

（一）起步阶段：2005 年至 2009 年

2005 年，数字出版这一概念在我国正式使用。我国首届数字出版趋势与技术高峰论坛也在这一年召开，以电子出版和网络出版的发展为基础的数字出版作为与传统出版相对的新型出版形式被出版界广泛讨论。同年，由中共中央和国务院联合发布的《中共中央国务院关于深化文化体制改革的若干意见》中明确提

① 赵学军：《网络出版的发展之路》，载《中国编辑》，2005 年第 5 期。

出"发展数字广播、数字电视、数字电影、数字出版、动漫和网络游戏等，建设大容量数字化文化资源库"。2005年以后，数字出版步入了快速发展阶段，内容提供商积极建构数字资源库，技术提供商涉足内容提供领域，数字报纸及数字杂志的出版全面盛行，终端技术推动了数字出版跨越式的大发展。

2006年，商务印书馆正式推出"工具书在线"，实现了工具书的数字化和网络化。同年，盛大文学先后兼并或收购起点中文网、榕树下、晋江书城等七家网络文化原创网站，成为中国网络文学出版的领军人。2006年，由国家新闻出版总署牵头的"数字报业实验室计划"启动，着力研究传统报业的转型战略和技术难题。2007年，E－ink屏幕显示技术在电子阅读领域的应用，为电子书的发展注入了新的活力。随着3G时代的到来，手机从单纯的通信工具逐渐发展成移动媒体，数字出版向无线移动、个性化按需定制和跨媒体出版发展的步伐大大加快。截至2009年底，在中国手机网民中，手机阅读用户的比例高达75.4%，《小时代2.0：虚铜时代》等知名作家作品选择了手机发布。另外，iPad移动终端的出现，吸引了各大新闻出版商、内容生产商去探索数字出版的全新盈利模式。2009年，全国首家国家级数字出版基地——张江国家数字出版基地在上海浦东新区成立。之后，北京、天津、西安、重庆、苏州、广州等地纷纷建立国家数字出版基地。

据统计，2006年数字出版产业产值达213亿元，2007年达362.42亿元，2008年达530.64亿元。2009年达799.4亿元，是2006年的3.75倍，年均增长率超过55%。

（二）成长阶段：2010年至今

1. 2010年至2011年

2010年，新闻出版总署"十一五"期间第一号工程——"国家数字复合出版系统工程"正式落地，"一些列标准规范、两部分研究内容、五类应用示范、六大技术平台、九项关键技术、十六个子项目”全面启动。

同年，“云出版”的概念在国内被首次提出。2011 年 4 月，方正阿帕比推出国内首个“云出版服务平台”，集中了东莞日报、北京师范大学出版社等几十家出版商，以及汉王、新华书店等几十家渠道商。2011 年 8 月，国内最大的数字出版云计算中心——天津国家数字出版基地云计算中心正式在天津空港经济区上线运营，并对外向用户提供服务。

2011 年是数字出版标准建设年。2011 年 4 月，国际标准化组织（ISO）正式批准了《国际标准文档关联编码（ISDL）》国际标准的立项，这是在自主知识产权的多媒体印刷读物（MPR）技术的基础上，首次由我国申请立项的国际出版领域的标准。这一年，国家发布了《数字出版标准体系研究》报告，标志着我国数字出版标准化的整体框架已基本形成；此外，多项数字出版标准制定取得重大进展，全国新闻出版标准化技术委员会的 5 项行业标准，《手机出版标准体系》《动漫出版标准体系》等进入报批阶段；一大批数字出版标准处于起草、征求意见阶段，包括全国新闻出版标准化技术委员会立项的 4 项数字出版格式标准（大合集应用文档结构、呈现格式、保存文档格式等）、12 项电子书内容标准和《新闻出版置标语言 PPML》《手机出版内容数据格式》《手机出版质量规范》等行业标准。

2011 年也是数字出版网上投送平台竞争最为激烈的一年。2 月云中书城脱离盛大官网独立运营，3 月京东商城上线读书频道、搜狐原创频道试水付费阅读，4 月淘宝旗下淘花网正式推出数字杂志内容，9 月百度阅读上线，10 月苏宁易购图书馆正式上线，12 月当当网开启电子书销售。

2011 年电子书市场进入了一个“冷冬期”，由于电子书优秀内容匮乏、电子书销售渠道有限，加之国内诸多厂商介入这一领域进行恶性竞争，以汉王为首的电子书售价出现大幅下降，整体销量也不乐观。但是，2011 年手机阅读走势良好，中国移动手机阅读基地汇聚了超过 28 万册的精品内容，涵盖图书、杂志、漫画等，每月访问用户超过 6000 万，月均收入超过 1.5 亿元。

2. “十二五”的新发展

2011 年 4 月，国家新闻出版总署发布的《新闻出版业“十二五”时期发展规划》提出了 31 项重大工程，其中包括了数字出版 17 项、科技创新工程 6 项［中华字库工程、国家知识资源数据库工程（一期）、国家数字复合出版工程、数字版权保护技术研发工程、电子书包研发工程、国家数字出版管理服务平台建设项目］。同时发布的《数字出版业“十二五”时期发展规划》明确提出，2015 年末在全国形成 8～10 家年产值超百亿的国家数字出版基地，形成 20 家左右年收入过 10 亿的有国际竞争力的数字出版企业。2012 年 2 月，中共中央办公厅、国务院办公厅印发的《国家“十二五”时期文化改革发展规划纲要》明确指出“十二五”期间将在国家层面上实施以“公共文化服务建设工程”“文化数字化建设工程”和“文化市场建设工程”为代表的公共数字化服务工程。数字出版在“十二五”期间将迎来更大的发展。

2012 年，京东、苏宁易购、亚马逊中国在去年当当网上线电子书平台之后也分别推出了各自的电子书平台；从中央到地方，从大集团到普通企业，纷纷搭建了数字出版内容投送平台。2012 年，教育类图书出版中的电子书包积极进行各种模式的试点，如重庆、深圳、上海、青岛、成都、南京等。另外，2012 年移动终端市场的竞争更加激烈，Kindle Fire、Kindle Touch、Nexus7、iPhone5、iPad mini、Galaxy Note2、Surface 等移动终端纷纷发布。2012 年 3 月，中国移动宣布将在国内 7 个城市筹建 4G 网络，3 月 30 日，杭州成为第一个 4G 网络试点城市。

2012年4G的到来，赋予数字出版更多的想象。2013年5月27日，中国首家“数字出版社”（即“中国·浙江无线内容生产基地”）落户浙江杭州，这是一个无线内容生产基地，出版的内容以数字化的形式传达给读者。

2013年，4G、跨屏呈现、大数据等新技术的不断更迭升级，不断提升着移动互联网的应用体验，推动着智能终端的升级换代和网民数量的持续大规模增长。移动应用市场发展迅猛，基于各种需求的移动客户端不断涌现，已涵盖了阅读、社交、购物、导航等人们工作、学习和生活的方方面面。另一方面，我国数字出版产业保障体系在诸多方面得以完善与丰富，尤其是在标准建设和版权保护方面取得了较好的成绩，成为传统出版转型升级的有力支撑。全国版权保护标准化技术委员会正式成立，多项标准制定取得重大进展，《电子书内容标准体系》等4项电子书标准正式发布；中国网络版权维权联盟成立，对整合国内优秀网络版权资源、实现优质版权保护服务，将产生积极的影响；6月成立的首都版权联盟，也将在政府版权监管、调节版权纠纷、推动中国版权“走出去”方面发挥积极的作用。

2014年，中国全面进入4G时代，截至2015年1月，我国TD-LTE 4G用户规模已经突破1亿，移动阅读成为我国国民数字阅读的主要方式。在产业引导方面，政府相关部门推动数字出版产业发展的政策举措更加细致、精准、到位，总局先后出台《关于推动网络文学健康发展的指导意见》《关于传统出版与新兴出版融合发展的指导意见》等行业政策指导文件。在产业格局方面，出版传媒集团进一步加大战略并购、资产重组的力度，设立专业出版单位，依托内容资源优势，开始迈向知识服务新领域。传统报刊出版单位依托采编优势和品牌力量，开始构建新的社区服务与客户端服务模式。以百度、腾讯、阿里巴巴为代表的互联网巨头在数字内容产业的战略布局效果开始显现。

2015 年，我国“数字出版复合工程”启动，该工程力图改善出版流程自动化、网络化、数字化、出版产品多样性、传播与服务网络化与多样性的工作环境，从传统内容为王，向以内容为基础服务为王的互联网、移动网、智能终端为主的时代转变。其目的是科学策划、打通产业价值链、塑造好的行业经验分享环境，让各出版单位边建设、边使用、边推广。目前已有四川人民出版社等十余家出版社参与试点工作。

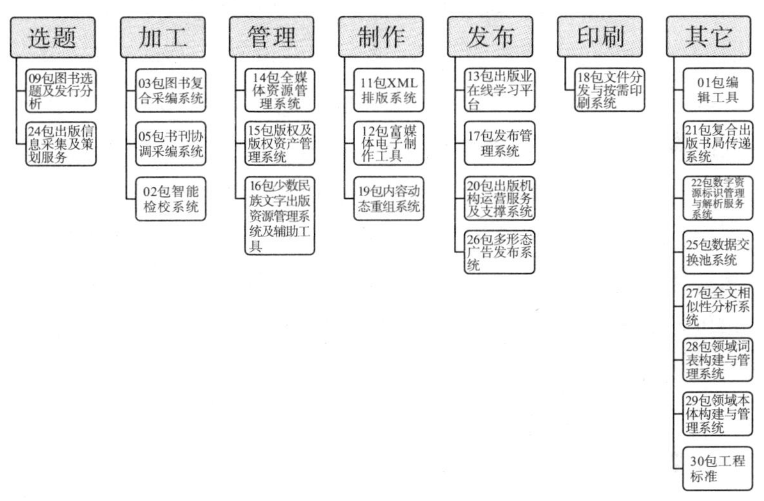

图 1—1“数字出版复合工程”相关技术分包示意图

附：网络游戏的发展历程

网络游戏从诞生以来，一直在数字出版中占据重要地位，并且不同于其他出版形式。网络游戏长盛不衰，受到开发商和用户的追捧。

2000 年，网络游戏《万王之王》开始赢利，初步建立了网络游戏的运营模式，网络游戏在国内互联网中的地位得到确认。与此同时，国外的网络游戏也开始进入中国。

2001 年 3 月，由北京中文之星数码科技有限公司推出的第一款原创网络游戏《第四世界》（原名《梦幻家园》）上市。2001年，《千年》《龙族》《红月》等韩国网络游戏进入中国，国内网络游戏的发展迎来了一股强劲的韩流。2002年，《精灵OL》《魔剑》等3D游戏开始进入市场，给玩家带来了全新的游戏体验。2001年开始，以“三国”、“西游”、金庸武侠等为代表的中国风武侠题材在国产网络游戏中反复出现，至今仍然是能够与欧美魔幻网络游戏等相抗衡的最大派系。2002年至2004年，网络游戏自主研发开始起步，与国外代理并进，品牌竞争时代来临，这一时期的代表性网络游戏为《传奇》《魔兽世界》等。

2005至2007年，网络游戏厂商开始探索新的经营模式，其中，游戏免费成为大多数的选择。此外，网络游戏的市场规范也在这一时期建立，2005年7月，文化部和信息产业部共同颁布了《中共中央国务院关于进一步加强和改进未成年人思想道德建设的若干意见》；2007年2月，公安部、文化部、信息产业部、新闻出版总署联合发出《关于规范网络游戏经营秩序查禁利用网络游戏赌博的通知》。2008年至2010年，网络游戏中道具模式挖掘用户价值达到成熟期，WEB游戏开始兴起，这三年间，网页游戏的销售收入从5.2亿元跃至22.8亿元，平均年增长率超过100%。2008年，中国移动开始接受第一批手机网络游戏的入网运营申请，开启了手机网络游戏运营的新时代。2011年至今，网络游戏的种类、数量逐渐增多，销售额逐年攀升，其中随着智能手机、平板电脑的普及，移动网络游戏表现突出。2013年开始，IP这一概念开始逐渐进入网络游戏厂商的视线。2014年被称为“IP元年”，各大游戏公司纷纷开始收购知名IP进行游戏改编，从网络游戏到手机游戏，一个优秀的游戏IP授权价可以达到数千万元。

第二节　数字出版的概念及其主客体

搞清楚数字出版的内涵和外延，明确数字出版的主体和客体，是全面了解数字出版的基础和前提。

一　数字出版

数字出版的概念自2005年被正式提出以来，人们从不同的角度阐释了数字出版的定义，但是一直没有统一的概念。

（一）相近概念

1. 电子出版

电子出版是指具有合法出版资格的出版机构以数字化载体为传播渠道和流通渠道，出版和销售电子出版物的行为。电子出版物是指以数字代码方式将图、文、声、像等信息编辑加工后储存在磁、光、电介质上，通过计算机或具有类似功能的设备读取使用，用以表达思想、普及文化知识和积累文化，并可复制发行的大众传播媒体。媒体形态包括软磁盘（FD）、只读光盘（CD－ROM）、交互式光盘（CD－I）、照片光盘（Photo－CD）、高密度只读光盘（DVD－ROM）、集成电路卡（IC Card）和新闻出版署认定的其他媒体形态。

2. 网络出版

网络出版是指互联网信息服务提供者将自己创作或他人创作的作品经过选择和编辑加工，登载在互联网上或者通过互联网发送到用户端，供公众浏览、阅读、使用或者下载的在线传播行为。其主要作品包括：已正式出版的图书、报纸、期刊、音像制品、电子出版物等出版内容或者在其他媒体上公开发表的作品；经过编辑加工的文学、艺术和自然科学、社会科学、工程技术等方面的作品。

（二）数字出版的概念

1. 技术的角度

最先从技术的角度对数字出版做出的明确定义是：数字出版是指在整个出版过程中，从编辑、制作到发行，所有信息都以统一的二进制代码的数字化形式存储于光、磁等介质中，信息的处理与传递必须借助计算机或类似设备来进行。① 它包括原创作品的数字化、编辑加工的数字化、阅读消费的数字化。目前数字出版的形态主要有互联网期刊、电子书、数字报纸、博客、在线音乐、手机出版、网络游戏、网络动漫、互联网广告等。

承认技术在数字出版中的重要作用及其带来的巨大变化，一方面有利于从本质上认识数字出版与传统出版的不同，更好地把握数字出版的特质；另一方面过于强调技术的作用，对数字出版整个过程尤其是不同数字出版环节间相互作用的认知和理解会造成一定程度的偏差，不利于数字出版产业的发展以及相关部门对其的监管。

2. 传播的角度

数字出版是内容提供商将著作权人的作品数字化，经过对内容的选择和编辑加工，再通过数字化的手段复制或传递到某种或多种载体上，以满足受众需要的行为。② 这一定义从信息传播的角度分析了数字出版的诸多要素：信息——数字化的作品，传播者——著作权人或内容提供商，编码——数字化的手段，渠道——某种或多种载体，接受者——受众；隐含了接受者对信息的解码。将数字出版定义为数字化作品的传播过程，从编码、解

---

① 谢新洲：《数字出版技术》，北京大学出版社，2002 年版，第 69 页。

② 祈庭林：《传统出版该如何面对数字出版的挑战》，载《编辑之友》，2007 年第 4 期。

码、渠道等方面解释数字出版的特征，强调了数字化的重要性，同时兼顾了对受众的考虑。这样虽然关注了数字出版过程中的信息流向，但是忽略了在数字出版过程中同样十分重要的资金流、商流和物流。

3. 出版生产的角度

数字出版是指利用数字技术进行内容生产，并通过网络传播数字内容产品的活动，其主要特征是内容生产数字化、管理过程数字化、产品形态数字化和传播形式网络化。这一定义强调内容生产、管理过程、产品形态、传播形式等数字出版生产活动本身。

从出版生产的角度看待数字出版的人认为："数字出版的生产流程包括：内容源—内容创建—内容管理—内容发布—应用集成（技术服务、系统集成商）——多种运营接入（电信、网络服务）—用户。在这个生产流程中，数字出版将给现行的印刷方式、物流方式、销售模式带来根本性的变革。"[①] 传统的出版生产流程变成了："创作数字化——写作多媒体化；编辑数字化——实现无纸编辑；出版数字化——多元化出版，满足不同需求偏好、不同层次的读者，电子纸的应用、按需印刷方式等；发行数字化——实现网上发行，网上发行不再是过去传统出版时从出版社向读者的单向流动，而是基于互联网的读者与作者、读者与出版社的双向、多向交流，是为读者、作者的更深层次服务；标志数字化——把一二次文献同步制作、报道与发行，实现社会的标准化与规范化；管理数字化——流程管理与内容管理融为一体，在操作的每个环节上都可以浏览所涉及的内容，不仅令出版全过程可控，改善编辑的工作强度，提升出版质量和效率，而且

① 聂震宁：《数字出版：距离成熟还有长路要走》，载《出版科学》，2009 年第 1 期。

为随即修改带来无可比拟的灵活性。”[①] 观照数字化对出版活动的影响，强调在出版生产活动中看待数字出版是这类定义的题中之意，但是对技术本身在数字出版中的重要地位不够重视。

4. 本书的定义

以上三种定义从技术、信息传播、生产活动等不同角度确认了数字出版的概念，共同之处在于认为数字出版的实质是“出版的数字化”。但是，“出版的数字化”这一概念不足以准确描述现阶段数字出版中的博客出版、微博出版等形式，对电子邮件、论坛发帖等个人化的信息传播模棱两可，对层出不穷的新型信息传播形态更加难以囊括。现阶段对“数字出版”的认识具有过渡意义，数字出版的实质应该是数字化的内容生产和信息传播方式。

但是，从有利于当前以及稍长时期内人们对数字出版实践的认知，以及从业人员对数字出版活动的把握，本书认为：狭义上，数字出版是指利用数字技术对信息进行加工、制作、生产，将其以统一的二进制代码的形式储存在光、磁、电等介质上，并通过互联网等数字化渠道传播内容产品的文化生产活动。除内容生产数字化、产品形态数字化、管理过程数字化、印刷复制数字化、发行销售数字化、阅读消费数字化等显著特征外，数字出版还具有主体多元化、信息多样化、受众分众化、阅读交互化、跨媒体传播等特点。广义上，数字出版是指一切数字化的内容生产和信息传播方式。这里“出版”的原有概念被消解，取而代之的是信息的传播。

---

① 聂震宁：《数字出版：距离成熟还有长路要走》，载《出版科学》，2009 年第 1 期。

二　数字出版的主体

主体指“有头脑、能思维的从事社会实践活动和认识活动的个人或社会集团”。在社会实践活动中，主体既包括个体也包括由个体组成的群体、团体、企业等社会集团，从事社会实践的主体具有主观能动性，最核心的任务是加工、改造，以影响客体。传统出版活动中，出版主体是具有合法地位的出版发行机构，如报社、杂志社、出版社、印刷厂、书店等。这些出版发行机构通常由若干专业人员组成，如编辑、图书售货员等；具有较为分明的层级体制，如出版社中通常设有社长、副社长、总编辑、编辑室主任、编辑等；通常由不同的部门组成，如报社中的新闻采写部、编辑部、发行部等。20 世纪 90 年代传统出版发行机构开始了体制改革，由原来的事业单位逐渐转向自负盈亏的企业单位。

与传统出版活动一样，数字出版活动也具有不同类型的主体，但是与传统出版活动相比，数字出版活动的主体更加多元，具体表现在不同主体的类型更多、同类主体的数量更多、新的主体更易出现等方面。数字出版是指利用数字技术对信息进行加工、制作、生产，将其以统一的二进制代码的形式储存在光、磁、电等介质中，并通过互联网等数字化渠道传播内容产品的文化生产活动。参与到数字出版实践的过程，并作用于客体最终形成的个人和社会集团都是数字出版的主体。

按照作用不同，数字出版的主体可分为内容生产者、平台运营者、技术提供商。

（一）内容生产者

内容生产者位于数字出版活动的源头，在发现、加工、改造数字出版客体方面具有核心作用。现阶段常见的内容生产者主要有传统出版机构（报社、杂志社、出版社等）、出版工作室（花生文库、磨铁等）、文学网站（盛大文学、起点中文网、红袖添香等)、游戏开发机构(金山、九城、完美时空、巨人等)、数字内容加工企业(中国知网、超星、方正阿帕比等)、博客、门户网站等。

（二）平台运营者

数字出版活动中的平台运营者是指除了源头的内容生产，最终的受众接受以及贯穿于每个环节的技术提供者之外的所有数字出版活动的参与者。在数字出版活动中扮演平台运营者角色的主体类型颇多，一般可以分为以下几种类型：

1. 电信运营商

目前，中国的三大电信运营商分别是中国移动、中国联通和中国电信，其中中国移动居于首位。电信运营商在几年前只承担固定电话、移动电话、短信等基本业务，以手机报、定向短信广告、离线手机游戏等形式在数字出版领域分得一杯羹。3G、4G等移动互联时代，电信运营商借助智能手机等先进设备在数字出版领域会大有作为。

2. 电子商务平台

传播、销售数字出版物的电子商务平台在国内以当当网、亚马逊中国最为出名，此外，淘宝网、京东商城等也表现不俗，并且有越来越多的传统出版发行企业甚至其他企业，如新华文轩的文轩网和九月网、国美电器等涉足这一领域。

3. 终端阅读器生产商

出版集团、网上书店、电脑制造商、手机制造商、搜索引擎等参与终端阅读器制造的企业多种多样，同时终端阅读器的类型也较多，如智能手机、平板电脑、电子书、电子书包等。随着技术的进步，终端阅读器将朝着更加人性化、舒适化的方向发展。

除电信运营商、电子商务平台、终端阅读器生产商之外，位于内容生产和受众接受之间的数字出版参与者还有很多，如门户网站、数字图书馆等。

（三）技术提供商

可以毫不夸张地说，数字出版的出现并且得以形成产业的核心因素是技术。在某些情况下技术提供商虽然不能直接作用于数字出版的客体，但是其技术一旦运用到数字出版领域，对数字出版客体的影响就将是直观并且重大的。2010 年，云技术开始运用到数字出版领域；2011 年 4 月，方正阿帕比就推出了国内首个“云出版服务平台”，集中了东莞日报、北京师范大学出版社等几十家出版商以及汉王、新华书店等几十家渠道商。云技术的运用、云平台的出现使数字出版内容“置于云端”，消费者可以随用随取，大大提高了数字出版物的可获得性。

三　数字出版的客体

客体指“进入主体实践活动领域并和主体发生一定联系和相互作用的客观事物，是主体认识活动和实践活动所指向的对象”。数字出版活动中一直与不同类型的主体发生联系并且相互作用的客观事物毫无疑问是数字出版物。数字出版物是指以统一的二进制代码数字化并且储存于光、磁、电等介质中，通过计算机、光盘等类似设备读取的信息。数字出版物贯穿数字出版的内容生产、传播等各个环节，是数字出版主体认识和实践活动所指向的对象。

按照传播的途径不同，数字出版的客体可以分为封装型数字出版物和开放型（网络型）数字出版物。

（一）封装型数字出版物

封装型数字出版物是指以统一的二进制代码数字化并且储存于光、磁等介质中，通过光盘等封装型设备读取的信息。封装型数字出版物的形态有软磁盘（FD）、只读光盘（CD－ROM）、交互式光盘（CD－I）、照片光盘（Photo－CD）、高密度只读光盘（DVD－ROM）、集成电路卡（IC Card）等。一般情况下，封装型数字出版物仍然通过传统的图书发行渠道进行销售和传播。封装型数字出版物一旦生产、发行、销售，就难以适时更新。

（二）网络型数字出版物

网络型数字出版物是指以统一的二进制代码数字化并且储存于光、磁、电等介质中，通过互联网、智能手机等设备读取的信息。与封装型数字出版物相比，网络型数字出版物可以时时更新，并且传播不受时间和空间的限制。另外，网络型数字出版物的数字化更加彻底，从制作、加工等内容生产环节到发行销售等传播环节到消费者读取等消费实现环节均带有浓厚的数字化色彩。

目前，网络型数字出版物是数字出版客体的主流。按照形态的不同，网络型数字出版物可以划分为网络期刊、数字报纸、电子书、在线音乐、网络游戏、网络动漫、网络广告等形态。

1. 网络期刊

网络期刊是指以连续性方式出版并通过网络媒体发行的期刊，供受众借助计算机、手机、平板电脑等终端设备和网络进行阅读。一般而言，网络期刊又可以分为两种：一种是纯粹的网络期刊，即编辑、加工、出版、发行、销售各个环节均借助网络实现，没有纸质版本；另一种是纸质期刊的数字版本，纸质期刊和网络期刊同时发售，消费者可以通过不同途径获取。

2. 数字报纸

数字报纸和网络期刊类似，也可以分为完全数字化的报纸和不完全数字化的报纸。现在，绝大多数的传统报纸都有数字版本，消费者可以通过网络免费或者付费阅读，如《光明日报》（http：//epaper. gmw. cn/gmrb/html）、《南方周末》（http：//www. infzm. com/）等。

3. 电子书

电子书是指区别于传统纸质书籍将文字、图片、视频、音频等信息以数字技术储存于光、电、磁等设备的终端阅读器。电子书由特定的格式制作而成，可以通过有线或者无线网络传播图书。电子书具有容量巨大、携带方便、价格便宜、更新快捷等特点，作为数字出版客体的一种，深受数字出版主体的重视。

4. 在线音乐

在线音乐指的是在计算机、智能手机、平板电脑等终端设备上通过连接互联网，不需要完全下载就可以随时收听的音乐。在线音乐可以通过网页直接收听，也可以通过千千静听、酷我音乐盒、QQ 音乐等专业软件收听。

5. 网络游戏

网络游戏，又称在线游戏（Online Game），是指以休闲、娱乐为目的，多人或个人通过互联网参与其中的游戏。有战略游戏、格斗游戏、网页游戏、角色扮演游戏、动作游戏等多人互动游戏和线上单人游戏两种类型。

6. 网络动漫

与传统动漫不同，网络动漫是在网络技术兴起之后发展起来的，它是动漫艺术和网络技术的结晶。从广义上说，一切通过互联网传播的动漫都可以称之为网络动漫。网络动漫大体可分为两种：一种是将传统的本不经过网络传播的动漫利用网络进行二次传播的动漫，如《森林里的秘密》《月亮忘记了》《双响炮》等；另一种是针对网络传播的特点"量身定做"的动漫，如《泡芙小姐》《监狱兔》《倒霉熊》等。

7. 网络广告

网络广告指利用多媒体技术、流媒体技术、超链接技术、网络技术等技术手段，通过互联网，将广告信息传递给网络用户的一种广告形式。常见的网络广告的形式有横幅式广告、通栏式广告、弹出式广告、按钮式广告、插播式广告、电子邮件广告、赞助式广告、分类广告、互动游戏广告、软件端广告、文字链接广告、浮动性广告、关键字广告等。与报纸广告、电视广告、广播广告等传统广告形式相比，网络广告具有传播范围广、针对性强、价格便宜、效果更易监测等诸多优势。

此外，博客、网络视频等也是网络型数字出版物的形态。

第三节　数字出版的特点

与传统出版选题、编辑、校对、装帧、发行、销售的出版流程相比，数字出版的流程在数字技术的作用下产生了变化，消减、改变、增加了原有的出版工作。总体看来，数字出版在出版主体、内容资源、受众接受等方面呈现出与传统出版不一样的特点。

一　主体多元化

与传统出版不同，数字出版的主体开放性更强，除专业人员、机构外，非专业人员、机构，甚至任何个人、机构都可以参与到数字出版活动中来。数字技术带给出版行业的操作便捷性、种类多样性、主体活动多元化等优势，降低了个人和社会集团参与数字出版实践活动的门槛，为数字出版主体的多元化创造了前提条件。

数字出版主体的多元化体现在以下三个层面：一是主体的类型增多，二是同类型的主体中涌现出更多不同的子类型，三是相似子类型的主体数量增多。在一个完整的数字出版活动中，从最初的内容生产到最终的受众接受，需要的主体有内容生产者、数字化服务商、平台运营商、终端阅读器提供商、技术提供商等，与传统出版实践中的出版机构、发行机构、零售机构相比有所增加。在数字出版活动中，就内容生产者而言，个人、传统出版机构、文学网站、游戏开放机构、出版工作室等均可参与其中。并且，每种主体的数量颇多，据统计，全国仅传统图书出版单位就有581家、音像出版单位374家，文学网站的数量更是与日俱增，难以准确统计。

二　信息多样化

与传统出版相比，数字出版活动中能够被加工、改造和最终呈现到受众面前的信息更丰富、更多样。“剪刀加糨糊”的信息改造工具对信息的形成和传播影响颇大，数字出版时代，文字加工技术、图片处理技术、音频剪辑技术、视频编辑技术、FLASH制作技术等均可以运用到出版领域，为信息多样化提供了技术上的可能性。具体说来，数字出版时代信息多样化表现为信息的来源更加丰富、信息的载体更加多元以及信息的呈现方式更加多样。

（一）信息来源丰富

从理论上说，社会中的一切信息均可以作为数字出版的资源，通过一系列的制作、传播过程最终呈现在读者面前。数字出版时代，人们的生活更加丰富多彩，现实社会与虚拟世界相结合，人们在虚拟世界的活动越来越多样，并且与现实社会存在差距，如虚拟婚姻、网络游戏等；文化的样态更加多元，近年来网络上的屌丝文化、恶搞文化等不断出现，丰富了信息的总量；特殊的网络交流习惯正作为信息的一部分，大量出现在虚拟世界，如火星文、注音文、表情符号、网络语言等。因此，从信息生产的角度看，数字出版时代有更多的信息被生产，信息的总量增加了。

另一方面，在信息总量中能够进入数字出版活动的那部分信息也增多了。传统出版时期，只有文字和图片才能够被出版主体关注，从而进入出版活动；数字出版时期，文字和图片仍然是描述信息的主要方式，但是新技术的出现使能够大量承载信息的音频、视频、动画等也能进入出版活动。

（二）信息载体多元

信息载体的发展与媒介技术的发展密切相关，从口头传播时代到文字传播时代再到数字化时代，信息的载体以叠加的方式出现，当今社会报纸、书籍、电视、广播、网络等各种载体共存。具体到出版领域，传统出版时期，几乎所有的信息都以报纸、杂志、书籍等纸质载体的形式承载；数字出版时期，信息的载体扩充至光、磁、电等媒介，如光盘、软件、电子书等，同样内容的信息可以通过不同的载体传播，如小说《三国演义》在除了以书籍为载体传播之外，还可以通过电视、网络、手机等载体传播。

（三）信息呈现方式多样

内容相同的信息，呈现方式不同，读者的理解与体验也有所不同。读小说《致我们终将逝去的青春》，与看同名电影相比，在理解信息的过程中参与体验的器官各有侧重，关注的角度也各不相同。读小说时，眼睛的重要地位凸显，读者的想象力更容易被激发；看电影时，视觉体验和听觉体验几乎同等重要，但是想象力往往被局限在丰富的画面和声音中，另外，如果不是在电影院，受众被其他事情打扰而分心的可能性较大。从这个意义上说，对理论上熵值一样的信息而言，每种呈现方式最终传给受众的信息量有所不同。

文字、图片、音频、视频是数字出版活动中最常见的信息呈现方式。对文字而言，通过 Office 办公软件、字体库等，文字能够以不同的色彩、字体呈现；对图片而言，在 Photoshop、Premiere、Painter 等图像处理软件的作用下，同样一张图片的色相、明度、饱和度千变万化，拉伸、扭曲、风格化等特效技术的应用更增加了图片的表现力；对音频来说，同样如此，Fl Studio、Cubase、Nuendo、Sonard 等软件对音频的处理十分多样；除了 Edius、Maya 等专业视频处理软件之外，近年来 3D、

4D技术的发展与应用为视频的呈现增色不少。总的来说，数字出版活动中信息呈现方式的种类增多，并且每种呈现方式的变形也越来越多。

三　受众分众化

传统出版时期，出版社在行政力量的干预下被分割为不同的条块，几乎每个省份都设有人民出版社、文艺出版社、少儿出版社、教育出版社、美术出版社、大学出版社等，内容资源按照这样的分类方式被不同的出版社编辑出版，受众也依据出版社的定位寻找合适的内容，如家长给学生买教材辅助资料时会首先想到教育出版社，小说、散文、诗歌等文艺作品往往由文艺出版社出版，每种出版社都会有一大批忠实的读者。另外，当时能够进入出版活动的内容资源有限，读者可选择的余地较小。因此，读者总是以大众的形式出现，围绕在图书或者出版社的周围。

数字出版时期，传统出版机构的优势逐渐变弱，更多的出版机构参与其中，数字出版活动的参与主体变多，根据读者的喜好生产具有针对性内容的机会增大，更多的读者甚至是极其小众的读者都会被数字出版主体发现，图书市场的受众细分更加明显。信息的多元化也为读者的分众化创造了条件，在信息的海洋里，读者可以根据喜好寻找到需要的信息，很少为信息的匮乏担忧，进而更多的潜在信息需求被激发出来，受众开始进一步地细分。

数字出版时期，受众分众化通常体现在对时间、空间和内容的不同选择上，而对时间和空间的综合选择更加直观地表现为对传播载体的选择。

（一）内容不同，受众不同

一般情况下，内容是读者选择出版物的最关键因素。就网络文学而言，起点中文网、榕树下、红袖添香等网络文学网站，都选择以内容作为细分标准，方便读者能够迅速找到需要的内容。

如起点中文网就将网站的所有内容资源划分为玄幻、奇幻、武侠、仙侠、都市、青春、历史、军事、游戏、竞技、科幻、灵异、同人、漫画等类型，供不同的细分受众选择。

图 1—2 起点中文网截图

（二）载体不同，受众不同

纸质载体、手机、平板电脑、计算机、电子书终端阅读器等不同载体对时间、空间的要求不同，对读者的阅读习惯的要求也不同。如果按照年龄标准细分，中老年人对纸质载体、电视的依赖性更强，年轻人对手机、平板电脑、计算机等载体更加青睐；如果按照阅读的时间和空间来划分，使用纸质载体时就需要较长的时间和较为安静的环境，使用手机、平板电脑和电子书阅读器终端时碎片化的时间可以被充分利用，其对空间的选择也不苛刻，排队中、公交车上等均可自由阅读，使用计算机进行阅读时对时间没有过多的要求，但是要求有一定的可摆放计算机的空间，并且台式电脑不具备随时携带的特点；如果按照读者在使用载体时的投入程度细分，读者在通过纸质载体阅读时的投入度最高，其次是电子书终端阅读器，以手机、平板电脑、计算机为载体阅读时的投入度较低。因此，就同样的内容而言，载体不同，受众的选择也会不同。

四　阅读交互化

交互化是网络媒体的最大特点之一，交互化加强了信息传播的反馈环节，受众与传播者的交流与互动增多。数字出版充分利用了网络的这一特点，使传统的读者单向阅读的状况有所改变，为读者与作者的互动、读者之间的互动、读者参与内容生产等提供了现实条件。在数字出版活动中，读者与作者的互动体现在读者利用电子邮件、微博、微信等与作者直接或间接沟通上，体现在读者对出版物的评价上；读者之间的互动更为常见，他们可以通过论坛、QQ群、贴吧等进行交流，以豆瓣网为例，不同的读者常常组成读书兴趣小组，对同一内容或相近内容各抒己见，参与讨论；读者参与内容生产是阅读交互化的高级形式，读者之间或与作者互动的过程中，观点、意见被内容生产者采纳，体现在以后的创作中，网络小说家以读者投票的方式决定小说的情节发展与结局就是例证，读者在互动过程中会形成对内容新的见解，并且将这些见解集结成册，以新的出版物的形式传播。

另外，数字出版活动中读者互动的方式更加多样，反馈的时间大大缩短。如上文所言，读者在阅读数字出版物时可以通过论坛、QQ群、贴吧、电子邮件、微博、微信等多种渠道与内容生产者或者其他读者互动，可以选择撰写只言片语的文字评论互动，可以选择不同的表情符号表达阅读之后的感受，或者仅仅是单击“赞”“转”“顶”“撒花”“飘过”“郁闷”等。与传统出版时代“读者来信”等待编辑、作者的回复不同，数字出版时代读者通过多种多样的互动方式与其他人互动的时间大大缩短，尤其是微博、微信的兴起与广泛应用，及时互动经常出现。

五 跨媒体传播

“一个内容，多种媒体”“一次创作，多元发布”可以概括数字出版跨媒体传播的总体特点。“一个内容，多种媒体”是说同样的内容，不经过加工改造，就可以选择不同的媒体进行传播，如同一篇网络小说，可以在原创网站上分章连载，可以在网上书店整本销售，也可以通过智能手机供读者随时翻阅。“一次创作，多元发布”指的是同一创作内容通过不同的服务方式能够以多元

的形式发布，如一部小说可以被改编为电视剧、电影、网络游戏等形式在不同媒体上发布。跨媒体传播是数字出版最显著的特点之一，在数字出版活动中跨媒体传播的现象经常出现。

案例：《淘气包马小跳》的跨媒体传播

《淘气包马小跳》是著名儿童文学作家杨红樱创作的儿童系列图书，描写了一群调皮孩子的快乐生活以及他们和家长、老师、同学之间的好玩故事，反映了当代儿童的生活现实与心理现实，呼唤张扬孩子的天性，舒展童心、童趣，探析成人世界与儿童世界之间的隔膜、误区，倡导理解、沟通，让孩子拥有健康、和谐、完美的生活。这套作品有《贪玩老爸》《轰隆隆老师》《笨女孩安琪儿》《四个调皮蛋》《同桌冤家》等20本，语言诙谐幽默，故事好玩有趣，深受小朋友们的喜爱。

随后，根据《淘气包马小跳》系列小说以及根据“马小跳”核心人物形象改编和创作的电影、电视剧、动画片、漫画、儿童舞台剧等纷纷出现，并且取得了不俗的成绩，实现了“一次创作、多元发布”的跨媒体传播。（见图1—3、1—4、1—5、1—6、1—7、1—8）

图1—3 电影《淘气包马小跳》宣传海报

图1—4 图书《淘气包马小跳》

图 1—5 漫画《淘气包马小跳》

图 1—6 动画片《淘气包马小跳》

图—7 电视剧《淘气包马小跳》剧照

图 1—8 舞台剧《淘气包马小跳》

思考题：

1. 数字出版和电子出版、网络出版有什么异同？
2. 数字出版的定义是什么？
3. 数字出版的主体和客体分别是什么？
4. 与传统出版相比，数字出版有哪些特点？

第二章　数字出版产业链的环境建设

数字出版产业链必须附着并归属一个现实环境，这个现实环境也就是数字出版产业所处的宏观外部环境。按照社会科学常用的分析工具 PEST 分析法，本章拟从政治（Politics）、经济（Economy）、社会（Society）、技术（Technology）四个方面对数字出版产业链的外部环境因素进行全面、系统的分析，并在此基础上讨论如何使这些制约因素有机互动以便产业能对其有效利用。

第一节　产业链与数字出版产业链

随着经济的发展，商业分工越来越复杂，交易活动越来越频繁，单一的企业难以完成某一商业活动的所有环节，企业间分工与合作的必要性逐渐显现。数字出版活动中，数字出版主体数量多、种类多，各自分工有所侧重，分别针对不同的数字出版环节。将这些企业以产业链的方式联系起来，贯通数字出版活动的前前后后，对数字出版活动的完成、数字出版产业的发展大有裨益。

一　产业链

产业链是产业经济学的重要概念之一。产业链是以生产相同或相近产品的企业集合所在产业为单位形成的价值链，是承担着不同的价值创造职能的相互联系的产业围绕核心产业，通过对信息流、物流、资金流的控制，在采购原材料、制成中间产品以及最终产品、通过下游网络把产品送到消费者手中的过程中形成的由供应商、制造商、分销商、零售商、最终用户构成的一个功能链机构模式。一条完整的产业链必然是以产业间的分工和合作为前提。因为没有分工，就无法区分相应的各个价值增值环节，也就没有产业链的存在。[①] 从这个定义可以看出产业链包含了价值链、企业链、供需链三个维度，此外，空间链也是产业链的重要维度。产业链的最终形成是价值链、企业链、供需链、空间链四个维度“相互对接”的结果。

产业链的本质是以产业活动中的“链核”为核心形成的产业集群，表现了特定产业的产业层次、产业关联程度、资源加工深度和满足需求程度，具有稳定性、指向性、延展性等特征。

（一）产业链的稳定性

同一产业链条的不同企业在战略层面展开合作，力求各自利益的最大化是产业链的最终目的之一。产业链一旦形成之后，上游、中游、下游的企业之间的合作关系比较稳定，同类企业的竞争也处于常态化，整个产业的运作处于一个动态平衡的环境中。稳定性是产业链的特点，也是产业链的最终要求。混乱的、动摇的产业链不利于整个产业的发展，对产业链条上企业的成长和壮大也十分不利。但是，产业链的稳定性是相对稳定性，变化能够给产业链注入新的力量，促使企业创新。在稳定中追求创新，在变化中保持平衡，是产业链稳定性的基本要求。

（二）产业链的指向性

产业链由不同的“链核”组成，“链核”在整条产业链中起核心作用，即指向性作用。“链核”的指向性体现在以下几个方

① 张铁男、罗晓梅：《产业链分析及其战略环节的确定与研究》，载《工业技术经济》，2005 年第 5 期。

面：第一，资源的指向性。“链核”的赢利，吸引着大量的类似资源和创新资源汇聚到同类的企业中，去创造更大的产业价值。第二，技术的指向性。关键技术的革新对产业的发展举足轻重，为了追求产业利益和企业利益的最大化，技术倾向于在“链核”上谋求创新。此外，在“链核”的巨大影响之下，针对“链核”的技术创新对产业的影响在深度和广度上都更进了一步。第三，区域的指向性。产业集群能够加强企业间的合作、提高资源的利用率、降低产业成本，从而提高产业的利润。产业集群是指在特定产业中，相似的或具有密切合作的不同企业与机构在空间上聚集在一起，在特定的区域进行生产活动，如在我国广泛出现的产业园、产业区等。每个产业集群就扮演了“链核”的作用，在区域内产业环境、利好政策、大量人才的吸引下，更多的企业愿意入驻产业园、产业区，从而使产业集群进一步壮大，集群效应更加显著。

（三）产业链的延展性

产业链的延展性表现在纵向延伸和横向扩展两个方面。纵向延伸是指产业链向上或向下延伸，在产业链的上下游扩展。向上产业链可以延伸到基础产业和技术研发环节，向下可以延伸到市场环节，尽可能地接近消费者。如液态奶产业，产业链向上可延伸到牧草的种植、奶牛的饲养等环节，向下可延伸到零售环节。产业链的横向扩展是指企业向不同于此产业的另一产业领域进军，进行混合经营。横向扩展的目的是利用企业聚集的资金和人脉资源，投资新的产业，谋求多元化经营。维珍集团（Virgin Group）是英国最大的私营企业，旗下有近200家公司，如维珍蓝天（营运于澳大利亚及南太平洋地区的航空公司）、维珍出版（书籍出版、零售、发行业务）、维珍汽车（英国廉价汽车零售商）、维珍限量版（高级酒店业务）等，经营范围涉及航空、传媒、娱乐、金融、网上购物等多个产业。

二　数字出版产业链

数字出版产业是文化产业的一部分，是传统出版产业与数字技术有机结合的新型产业形态。《数字出版“十二五”时期发展规划》指出：数字出版由于其海量储存、搜索方便、传输快捷、成本低廉、互动性强、环保低碳等特点，已经成为新闻出版业的战略性新兴产业和出版业发展的主要方向，也是国民经济和社会信息化的重要组成部分。大力发展数字出版产业，已成为我国实现向新闻出版强国迈进的重要战略任务。

（一）数字出版产业链的定义

数字出版产业链是指在数字出版产业中，相似或不同的企业由于产业功能、产业价值的异同，组合而成的一种功能链机构模式。数字出版产业链包括内容生产企业、电信运营企业、电子商务平台、技术提供商、终端阅读器制造商等。内容生产企业的主要任务是将分散的、潜在的内容资源加工、制作成适于出版的数字化内容；电信运营商的三大巨头是中国移动、中国联通、中国电信，提供固定电话、移动电话和互联网接入等业务，在数字出版产业中的主要职责是搭建应用平台，为消费者提供信息化服务；电子商务平台为数字出版物的在线销售和购买提供了一个虚拟的空间和保障交易活动顺利进行的管理环境，如当当网、亚马逊中国、淘宝网等；技术提供商基于对技术的掌握作用于数字出版产业链，现阶段内数字出版产业链仍处于不断的变化之中，核心技术的革新和关键技术的出现会对数字出版产业链产生较大的影响；终端阅读器制造商处于数字出版产业链的下游，其所生产的终端设备的优劣直接影响着数字出版产业链的最终完成，以及消费者对数字化内容的消费体验。

数字出版产业链由价值和功能不同的企业组成，但是就目前来说综合性企业在数字出版领域十分常见，例如进行内容生产的企业可能会涉及电子商务、终端阅读器的制造等，如盛大文学。盛大文学是中国最大的社区驱动型网络文学平台，是盛大集团旗下文学业务板块的运营和管理实体。盛大文学运营的原创文学网站包括起点中文网、红袖添香网、小说阅读网、榕树下、言情小说吧、潇湘书院等。盛大文学旗下的悦读网是中国最具创新力的数字出版发行平台之一，2012 年与苹果 App Store 应用商店合作，上线了大量的国内主流知名杂志，是报纸杂志栏目中发布中文杂志最多的国内 App 应用开发商之一。此外，盛大文学的云中书城是全球领先的中文正版数字书城，云中书城中的海量电子书可以通过云中书城网站、Android 客户端、iPhone/iPad 客户端、PC 客户端、Windows Phone 客户端、云中书城手机 WAP 网站、盛大 Bambook 等下载阅读。通过云中书城开放平台，所有出版单位均可自主上传数字图书、数字报刊等内容，借助云中书城庞大密集的销售网络进行推广销售。

（二）数字出版产业链的模式

从理论上讲，数字出版简化了出版的过程，缩短了内容资源到消费者之间的距离。但是，现在我国数字出版的发展处于全面成长阶段，尚未形成较为完善和稳定的产业链，产业链上内容生产商、平台运营商、技术提供商之间的竞争颇为激烈，有效的战略联盟尚未形成。目前，数字出版产业链可以简单地概括为下列模式（如图 2—1 所示）：

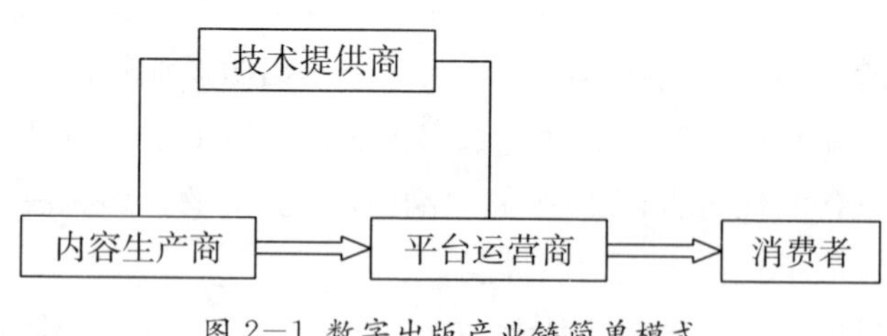

图 2—1 数字出版产业链简单模式

其中，内容资源在内容生产商那里被加工、制作或者转换成数字化内容，然后通过平台运营商传递给消费者，技术提供商与两者不同，通过研发和应用技术参与数字出版产业运作。这里平台运营商是一个较为复杂的集合概念，电信运营商、电子商务平台、云平台等凡是在数字出版产业中提供平台供内容生产商传播、销售数字内容，供消费者阅读、购买数字内容的企业都称为平台运营商，其核心竞争力在于对平台空间和管理环境的掌握。

在简单模式的基础上，数字出版产业链可以被大致划分为内容生产商主导的产业链、平台运营商主导的产业链、技术提供商主导的产业链三种模式：

1. 以内容生产商为主导的产业链模式（如图 2—2 所示）

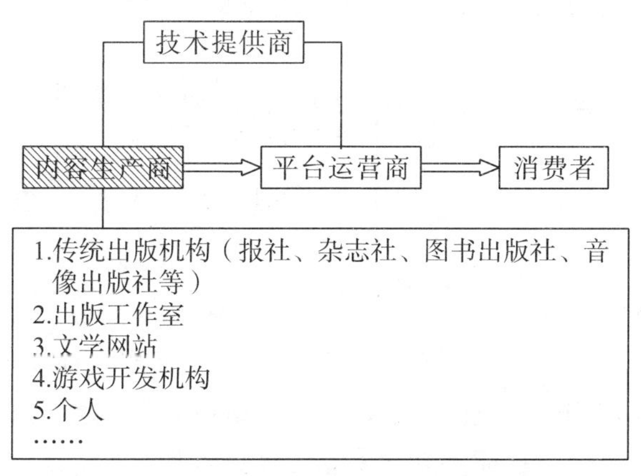

图 2—2 以内容生产商为主导的产业链模式

内容资源是数字出版产业最核心的资源，缺少了内容的提供，数字出版活动将寸步难行。凭借对内容资源的掌握和对内容的编辑、加工能力，内容生产商成为数字出版产业链的主导者并非不可能。然而，掌握绝大部分内容资源的传统出版机构对数字出版的重视程度不够，希望在数字出版领域有所作为的新兴内容生产商由于资金、人才、政策等原因暂时不具备与平台运营商和技术提供商相抗衡的议价能力。因此，以内容生产商为主导的数字出版产业链模式目前尚未形成。但是，数字出版产业的长远发展和消费者需求的满足，有赖于以内容生产商为主导的产业链模式的尽快形成。数字出版产业是名副其实的内容产业，以内容生产为主导的产业链模式把握了数字出版产业的核心特色，易形成产业核心竞争力。

2. 以平台运营商为主导的产业链模式（如图 2—3 所示）

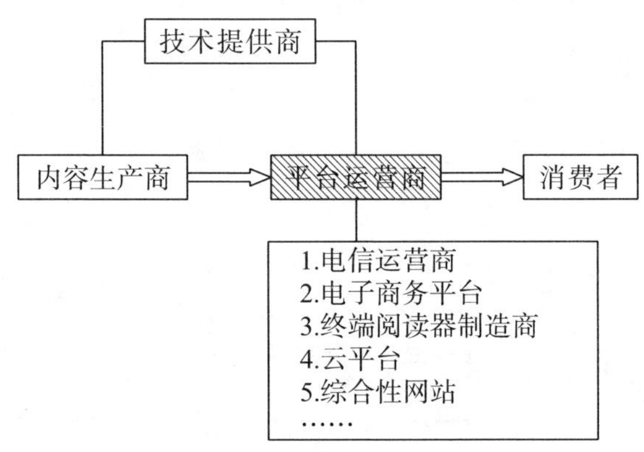

图 2—3 以平台运营商为主导的数字出版产业链模式

在营销理论中，“渠道为王”被不少企业奉为提高市场份额、获取企业利润的圭臬。的确，作为产品和消费者之间的通道，渠道一旦被抢占，任何产品都不能够接触消费者，实现与其之间的交易。同样，数字出版产业链中的平台运营商扮演着和渠道类似的角色，一端连接着丰富多彩的数字化内容，一端汇聚了一定的注意力资源。和沃尔玛、家乐福等超级市场一样，平台运营商对于提供产品的内容生产商和进行消费的消费者都具有较强的议价能力。但是，以平台运营商为主导的数字出版产业链模式中，内容生产商的意见容易被平台运营商左右，社会效益巨大而经济效益不理想的产品难以通过平台运营商接触消费者。

3．以技术提供商为主导的产业链模式（如图 2—4所示）

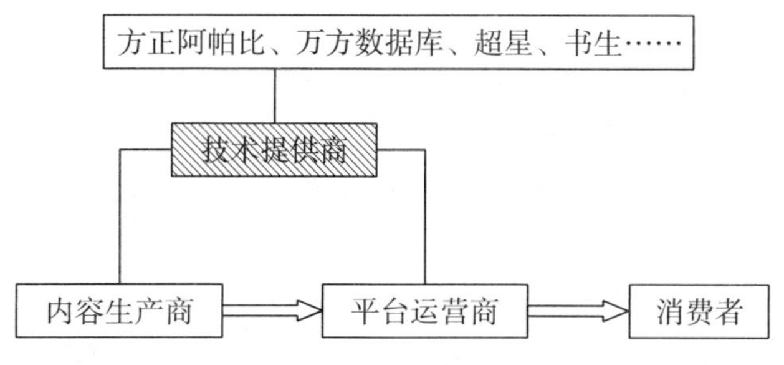

图 2—4 以技术提供商为主导的数字出版产业链模式

技术导致了数字出版和传统出版的不同，当数字技术运用到出版领域时，选题策划、编辑、发行等传统的出版活动发生了变化，表现出显著的数字化特征。技术的革新对数字出版产业的发展而言至关重要，云技术在数字出版行业的运用直接导致了云中书城、CNKI 云出版平台等一系列以云技术为核心技术支撑的数字出版企业的诞生，丰富了数字出版产业链平台运营商的种类。与内容生产商和平台运营商相比，技术提供商对技术更为敏感，致力于对技术的研发和改进，并且技术可以“一次生产，多次获益”，具有边际效益递增的优势。因此，技术提供商具有充足的研发技术的动力和能力。以技术提供商为主导的数字出版产业链更有利于整个产业在技术的引领下不断创新，在技术上为消费者创造更加满意的消费体验。但是，“为技术而技术”的情况一旦出现，数字出版产业将会被带领到一条忽视内容、忽视平台的歪路上。

不论是以内容生产商为主导的产业链模式，还是以平台运营商为主导的产业链模式，抑或是以技术提供商为主导的产业链模式，都各有利弊。不论是哪一种，建立数字出版产业链的最终目的都应该是有利于降低产业成本、有利于增加产业活力、有利于提高产业创新能力，进而有利于整个产业的健康快速发展。

三　建构数字出版产业链的意义

建构合理的产业链对数字出版的长远发展大有裨益。从企业的视角看，建立在企业有效分工和密切合作基础上的产业链，有利于企业在分工的基础上致力于产业的某一个环节形成专业优势，有利于企业在专业优势形成之后进行规模化生产节约成本，同时不同企业间的合作也有利于降低成本。“生于忧患，死于安乐”，同类企业之间的适度竞争促使企业在技术、管理、服务、产品等方面谋求创新。从产业的视角看，产业链的建构是营造产业环境的重要部分，建构合理的科学的产业链有助于合理分配产业资源，将新的产业资源投入到能够产生最大效益的环节上，有利于形成产业集群，在品牌效应和集群效应的影响下把同类企业或者具有合作关系的企业汇集到某一特定的区域，创造区位优势。

（一）有助于降低企业成本

一般而言，企业的成本由生产资料成本和劳动力成本构成，具体表现为管理成本、生产成本、销售成本、员工工资等。企业成本是补偿生产耗费的尺度，是制定产品价格的基础，是计算企业盈亏的依据，是企业进行决策的依据，是综合反映企业工作业绩的重要指标。降低成本是企业提高利润的不二法门，建构数字出版产业链对于数字出版企业而言一方面可以依据企业在产业链中的核心价值减少对次要项目的投资，一方面可以在与上下游企业的固定合作模式中获取更大的议价能力。以数字出版产业链中的内容生产企业为例，内容生产企业的核心功能是进行潜在内容发掘、现有内容编辑加工等与内容生产密切相关的一系列生产活动，而与内容生产关联度不大的经营活动如技术的开发、终端阅读器的制造等可以逐渐放手，将资金、人力等集中到核心业务上。内容生产企业与平台运营企业的合作关系较为密切，集中优势资源专注于内容生产，让内容成为消费者产生消费的最终决定因素，从一定程度上可以提高内容生产企业的议价能力，进而在数字化内容的分销环节降低成本。

（二）有助于形成专业化优势

专业化以分工为基础。企业将资金、人力等资源投入到能够为企业赢得最大竞争力和最大化利润业务上，并围绕这些核心业务培养专业化能力，同时把那些不提供竞争优势或对利润不能发挥关键杠杆作用的业务交由外部的专业合作伙伴来实现，以此形成专业化优势。一个企业的专业化水平包括产品、服务的水平、独特性和市场认同度三个层次。建构数字出版产业链能够形成专业优势首先体现在企业对核心业务的认同上，在完善的产业链中，企业对自身价值的认同较为准确，能够准确地把握为企业赢得竞争力和赚取最大利润的业务，为将资源从不提供竞争优势和对利润贡献较小的业务上转移至核心业务提供了认知上的先决条件。另外，产业链条中的不同企业在发展核心业务的同时，注意与其他企业的合作，这为企业将那些不提供竞争优势或者对利润贡献不大的业务转移给合作伙伴来现实提供了保障条件。在这两者的基础之上，数字出版产业链中的企业要形成专业化优势不再是一纸空文。如技术提供商北京方正阿帕比技术有限公司，在数字出版的活动中致力于研究数字出版技术，自主研发了数字出版技术及整体解决方案，已发展成为全球领先的数字出版技术提供商。

（三）有助于形成集群效应

产业链具有指向性，可以在资金、人才、区域等层面将产业资源汇聚在能够为产业创造巨大价值的商业活动上，数字出版产业链也同样如此。1990 年迈克·波特在《国家竞争优势》一书中指出，产业集群是指在特定区域中，具有竞争与合作关系，且在地理上集中，有交互关联性的企业、专业化供应商、服务供应商、金融机构、相关产业的厂商及其他相关机构等组成的群体。其中，对于企业间的竞争、合作等交互关联性的要求与产业链如出一辙。产业链的区域指向性为不同企业在特定区域的集中创造了可能。因此，在建构合理的数字出版产业链的基础上，产业集群的出现轻而易举，集群效应的形成指日可待。在建构产业链的过程中，产业集群逐步形成。目前，我国已经建成了上海张江国家数字出版基地、中南国家数字出版基地、天津数字出版基地、广东数字出版基地等具有规模化和初具集群效应的产业集群。

第二节　数字出版产业链的政治环境建设

政治环境集中体现了国家对数字出版产业的重视程度。在我国，从中央到地方各级政府及其相关部门高度重视数字出版产业的发展，颁布了多项有利政策，为数字出版产业的健康发展提供了良好的政治氛围。

一　国家政策

从 2005 年数字出版的概念被正式提出以来，国家对数字出版产业的发展就颇为重视，除了有新闻出版总署出版产业发展司、科技与数字出版司、版权管理司等部门对数字出版产业的整体发展做出部署和安排之外，更重要的是中共中央、国务院、新闻出版总署等以政策法规的形式对数字出版产业的发展提供方向上的引导和制度上的保障。以下简要介绍一些与数字出版产业相关的现阶段较为重要的国家政策。

（一）《文化产业振兴规划》

2009 年 7 月 22 日，《文化产业振兴规划》由国务院常务会议审议通过，是我国第一部文化产业专项规划。《文化产业振兴规划》强调了加快文化产业振兴的重要性和紧迫性，提出了文化产业振兴的指导思想、基本原则和规划目标。该规划说明了当前和今后的一个时期国家文化产业发展的六个方面的工作，分别是：发展重点文化产业，实施重大项目带动战略，加快文化产业园区和基地建设，建设现代文化市场体系，发展新兴文化业态，扩大对外文化贸易。其中对数字出版产业的发展颇为重视，在每个方面都有提到：

发展重点文化产业——以文化创意、影视制作、出版发行、印刷复制、广告、演艺娱乐、文化会展、数字内容和动漫等产业为重点，加大扶持力度，完善产业政策体系，实现跨越式发展。出版业要推动产业结构调整和升级，加快从主要依赖传统纸介质出版物向多种介质形态出版物的数字出版产业转型。出版物发行业要积极开展跨地区、跨行业、跨所有制经营，形成若干大型发行集团，提高整体实力和竞争力。印刷复制业要发展高新技术印刷、特色印刷，建成若干各具特色、技术先进的印刷复制基地。

实施重大项目带动战略——继续推进国产动漫振兴工程、国家数字电影制作基地建设工程、多媒体数据库和经济信息平台、“中华字库”工程、国家“知识资源数据库”出版工程等重大文化建设项目。

加快文化产业园区和基地建设——建设若干辐射全国的区域文化产品物流中心，建设一批文化创意、影视制作、出版发行、印刷复制、演艺娱乐和动漫等产业示范基地，支持和加快发展具有地域和民族特色的文化产业群。

建设现代文化市场体系——支持国有出版发行企业以资本为纽带实行跨地区兼并重组。

发展新兴文化业态——积极发展纸质有声读物、电子书、手机报和网络出版物等新兴出版发行业态。发展高新技术印刷，加强数字技术、数字内容、网络技术等核心技术的研发，加快关键技术设备改造更新。

扩大对外文化贸易——重点扶持具有民族特色的文化艺术、展览、电影、电视剧、动画片、网络游戏、出版物、民族音乐舞蹈和杂技等产品和服务的出口，抓好国际营销网络建设。支持动漫、网络游戏、电子出版物等文化产品进入国际市场。

此外，《文化产业振兴规划》从政策措施（准入门槛、政府投入、税收政策、金融支持、投资资金）和保障条件（组织领导、文化体制改革、文化产业人才、立法工作）两方面对包括数字出版产业在内的文化产业的振兴与发展提供了良好的政治环境。

（二）《数字出版“十二五”发展规划》

《数字出版“十二五”发展规划》是专门针对数字出版产业在“十二五”期间的发展所做的规划，规划开篇第一段明确指出数字出版产业“已经成为新闻出版业的战略性新兴产业和出版业发展的主要方向，也是国民经济和社会信息化的重要组成部分。大力发展数字出版产业，已成为我国实现向新闻出版强国迈进的重要战略任务”，强调了数字出版产业的重大意义。《数字出版“十二五”发展规划》在对“十一五”期间数字出版产业发展的总结之上，分析了“十二五”期间数字出版产业的机遇和挑战，明确提出了“十二五”期间数字出版产业的发展目标，全面回答了该如何发展的重要问题。

1. “十二五”期间数字出版产业发展主要目标

到“十二五”期末，我国数字出版总产出力争达到新闻出版产业总产出的25%，在全国形成8～10家各具特色，年产值超百亿元的国家数字出版基地或国家数字出版产业园区，建成5～8家集书报刊和音像电子出版物于一体的海量数字内容投送平台，形成20家左右年主营业务收入超过10亿元的具有国际竞争力的数字出版骨干企业。

2.“十二五”时期数字出版业发展的战略重点

积极推动传统出版企业向数字出版转型——加快传统出版业向数字出版转型步伐，完成存量出版资源数字化整理加工工作，对内容资源进行全方位、深层次的开发利用；改造传统出版流程，建立适应数字出版产业发展的内容生产方式和传播渠道；大力发展数字报刊，建设学术期刊网络发布平台；引导和鼓励传统印刷企业开展数字印刷业务。

发展壮大优势产业——大力发展网络游戏、电子书、精品学术期刊数据库等优势产业，加快发展民族动漫产业，大幅度提高国产动漫产品的数量和质量；大力扶持以手机等移动终端为主要传播渠道和载体的数字出版产品的开发，实现内容资源“多屏化”应用，提高内容资源的利用率和投资收益率；积极发展民族网络文化产业，鼓励扶持民族原创网络文化产品的创作和研发，拓展民族网络文化发展的空间。

提升数字出版版权保护水平——加快数字版权相关法律法规的制定工作，加大以数字版权加密保护技术（DRM）为核心的数字版权技术研发力度，鼓励数字版权保护技术的应用。

建立海量数字内容转换和加工中心——引导和鼓励传统出版企业将存量资源进行数字化转换，形成覆盖网络出版、手机出版、电子书以及各种新兴用户终端的数字出版产品体系，为公众提供类型丰富、品质过硬、价格合理、使用方便的海量数字出版产品。引导建立海量数字内容转换和加工中心，提高资源使用率和数字内容转换、加工的集约化水平。

建设布局合理、类型多样的数字出版产业基地——建设8～10家功能各异、重点突出的数字出版产业基地，带动和辐射周边地区共同发展。在华东、华南、华中、华北、东北、西北、西南等具备条件的地区分别建设1～2家国家级数字出版基地，提高数字出版产业集中度，打通产业链；鼓励基地集中资源，突出特色，尽快做强做大一批数字出版龙头企业，发挥带动和示范作用。研究制定科学合理的数字出版企业评估体系和评价标准，加大对重点企业的扶持力度，进一步增强企业的积极性和主动性。

构建公共数字出版服务体系——进一步加大对公益性数字出版业的投入，努力做好公益性数字出版工作；认真组织推出更多更好的服务“三农”、未成年人思想道德建设以及少数民族文字、盲文、学术文献和科普的数字出版产品；充分调动各种社会力量参与农村数字出版产品推广；依托农家书屋，加快农村“网络书屋”建设步伐；积极适应数字阅读潮流，大力开展内容丰富、形式多样的数字阅读活动。

积极实施数字出版“走出去”战略——大力推进数字出版产品“走出去”、版权“走出去”、企业“走出去”和标准“走出去”，努力提高中国企业的国际竞争力和中国文化的国际影响力。加强对外宣传、展示、推广工作，有计划、分阶段培育和扩大国际市场。鼓励出版企业和社会力量通过合资、合作、参股、控股、收购等方式，在境外设立数字出版机构，积极开拓海外市场。积极推动海峡两岸合作，增强中华文化的认同感和凝聚力，联手开发国际市场，共同发展具有传统中华文化特色的数字出版产业。

3. “十二五”时期数字出版业发展的重点项目

国家数字出版内容资源建设工程——着眼于第三代移动通信（3G）技术和三网融合，加强存量出版资源数字化，实现传统出版与数字出版的融合发展；建立健全涵盖多种出版形态的数字内容资源库，整合数字出版内容资源；加强数字样书库建设，打造内容资源丰富、拓展性强的国家数字出版内容资源系统，满足公众日益提高的数字出版内容需求。

农家书屋数字化建设工程——适应农民的数字化阅读需求，实施农家书屋数字化建设工程。依托农家书屋的覆盖体系，对农家书屋进行数字化改造，建设农村“网络书屋”，定制一批服务农民、农村、农业发展的数字化出版产品，更好地满足新时期农民的文化需求，缩小城乡数字化鸿沟。

电子书包及配套资源数字化工程——通过电子书包及配套资源数字化工程提高教学资源重复使用率，推动节能减排，形成内容丰富、互动性强、易于学生使用、符合青少年阅读习惯的数字教学出版体系，推动电子书包的发展。

《中国大百科全书》数字化工程——以《中国大百科全书》第一版、第二版优质存量资源为核心，结合其他各种优质出版资源中的有效知识，通过大规模知识挖掘、整理、组织和编辑加工，进行千万级各类标注，建成按统一标准和不同知识分类体系的20种数据库集群，建成适应不同发布模式的“《中国大百科全书》数字化知识服务系统”，形成内容资源充沛、覆盖领域广泛、出版形式多样、传输便捷、影响广泛的现代科学知识公共服务出版传播体系。

少数民族文化数字出版促进工程——推动少数民族文化传播，促进少数民族文化与汉族文化的有机融合，丰富具有中国特色、中国气派的文化内涵，为少数民族文化的传承保护、开发利用和持续发展提供数字化平台。

4. 推动数字出版业发展的保障措施

坚持正确舆论导向，确保可管可控——坚持社会效益第一原则，把握正确舆论导向；坚定不移地发展社会主义先进文化，确保数字出版内容可管可控，建设绿色健康的数字出版产业。

增强行政管理部门沟通协调，形成体制合力——促进行政管理部门理清职责、创新管理方式和管理机制；推进出版体制改革，解放出版企业数字出版生产力；加快形成体系相对完整、职责较为明确、评价体系科学的数字出版业行政管理体制。

理顺产业链各环节之间关系，提高协作水平——打通产业链，提高协作水平，建立和完善信用评价机制；加强关联产业各环节间横向、纵向的相互融合与合作。

加快法制建设，完善数字出版法律制度——坚持一手抓发展，一手抓管理，加快数字出版法制建设；进一步明确数字出版企业的法律责任；完善数字版权保护机制，提高保护效果。

大力实施数字版权战略，推动数字版权相关产业快速、健康发展——从国家战略的高度出发，不断完善我国数字版权保护制度，加大数字版权保护力度，增强智力创新能力；建立全国数字版权交易体系，促进数字版权贸易；深入开展以打击数字版权侵权盗版为重点的专项治理活动，规范市场秩序。

加大科技研发投入力度，占领数字出版技术高地——加大数字出版科技研发投入，整合协调高等院校、科研机构等有关方面力量加强关键技术攻关，形成一批拥有自主知识产权的核心技术；研究制定加快创新成果转化的扶持政策；加大对行业重点项目的投入，鼓励企业和社会参与重点项目建设。

加强数字出版人才队伍建设——鼓励相关高等院校培养数字出版复合型人才，加强数字出版学科建设和专业理论研究；完善数字出版从业人员的考核机制，制定数字出版人才激励措施；建立数字出版人才库，培养数字出版专业技术人才和行业领军人才，完善数字出版人才梯队建设；实行岗位培训、调训制度和业务轮训制度，提升数字出版从业人员综合素质。

（三）《关于加快我国数字出版产业发展的若干意见》

2010 年，新闻出版总署发布了《关于加快我国数字出版产业发展的若干意见》，提出了数字出版产业发展的总体目标、主要任务和保障措施，为我国数字出版产业的健康长远发展提出了颇具指导性和前瞻性的意见和建议。

1. 总体目标

战略目标——要以数字化带动新闻出版业现代化，鼓励自主创新，研发数字出版核心技术，推动出版传播技术升级换代，构建传输快捷、覆盖广泛的现代新闻出版传播体系；要形成一批发展思路清晰、内容资源充沛、立足自主创新、出版方式多样、营销模式成熟、市场竞争力强、产品影响广泛的数字出版龙头企业；要切实从社会需求出发，将优质内容与数字技术紧密结合，打造弘扬中华优秀文化、反映科学技术进步、体现时代精神、为大众喜闻乐见、具有国际影响力的数字出版产品和品牌；要构建要素完整、结构合理、水平先进、效益良好、多方共赢的数字出版产业发展新格局，把数字出版产业打造成新闻出版支柱产业。

发展指标——到“十二五”末，我国数字出版总产值力争达到新闻出版产业总产值的25%，整体规模居于世界领先水平。在全国形成8～10家各具特色、年产值超百亿的国家数字出版基地或国家数字出版产业园区，形成20家左右年主营业务收入超过10亿元的具有国际竞争力的数字出版骨干企业。到2020年，传统出版单位基本完成数字化转型，其数字化产品和服务的运营份额在总份额中占有明显优势。

2. 主要任务

(1) 加快推动传统出版单位数字化转型。

(2) 加快推动音像电子出版单位数字化升级。

(3) 加快推动传统印刷复制企业数字化改造。

(4) 大力增强网游动漫出版产品的创作和研发能力。

(5) 切实加强新闻出版公共服务项目的数字化建设。

(6) 加快国家数字出版重点科技工程和重大项目建设。

(7) 加快推进数字出版相关标准研制工作。

(8) 推动数字出版产业聚集区建设。

(9) 支持非公有制企业从事数字出版活动。

(10) 推动数字出版“走出去”。

3. 保障措施

(1) 加强组织领导。

（2）发挥部门合力。

（3）优化资源配置。

（4）加大投入力度。

（5）搭建交流平台。

（6）加强版权保护。

（7）强化网络监管。

（8）完善法规体系。

（9）健全考评体系。

（10）加快人才培养。

（四）《关于发展电子书产业的意见》

电子书产业与数字出版产业有不少重叠之处，甚至可以说电子书产业就是数字出版产业的子产业。电子书产业的兴盛与发展与数字出版产业的发展密切相关，因此国家针对电子书产业制定的政策对于数字出版产业的发展具有较大的影响。2010年，新闻出版总署在发布了《关于加快我国数字出版产业发展的若干意见》之后，发布了《关于发展电子书产业的意见》，对我国电子书产业的发展提出了一些意见。

《关于发展电子书产业的意见》指出我国电子书产业在现阶段的主要任务是：丰富电子书内容资源，优化传统出版资源数字化转换质量，搭建电子书内容资源投送平台，提高电子书生产技术水平，实施电子书产业重大项目，落实电子书品牌战略，培育电子书消费市场，加快电子书标准制订，依法依规建立电子书行业准入制度。提出了电子书产业发展的保障措施：制订电子书产业发展规划，加快电子书行业法规体系建设，优化电子书产业发展环境，加强电子书行业自律，深入开展电子书相关理论研究，加强电子书专业人才队伍建设。

在宏观布局之后，国家政策重点正在转入产业发展的深层次问题，主要体现在加强对数字出版资质的管理，加强数字出版内容管理，加强数字版权管理等产业的关键点。管理部门正在加快制定和落实数字出版产业发展政策，加快建立数字出版企业准入退出机制，加快推进国家数字出版产业基地建设，大力推动数字出版走出去，加快实施数字出版人才培养工程。针对产业发展的关键节点，如数字版权保护、数字内容投送、手机出版等，管理部门将陆续修订和出台一系列政策等。

二　各地政策

与国家政策类似，各地关于数字出版产业发展的政策也经历了空白期、摸索期、整体规划期、结构调整期等几个阶段。现在，各地政府纷纷出台了针对数字出版产业的优惠政策和扶持措施，通过加快推进基地建设，解决数字出版发展过程中资金、用地、人才、项目开发、产品研发等一系列问题，数字出版产业发展的政治环境得以进一步优化。本书以上海和广东两地为例，对地方的数字出版产业政策略作分析。

（一）上海

与全国其他地区相比，上海数字出版产业的发展较为迅速。我国第一个国家级数字出版基地——张江国家数字出版基地在上海成立，2011 年上海数字出版产业总产值达到了 278 亿元，同比增长 26.36%，2011 年上海共有新闻出版总署核发的网络出版许可企业 54 家，在全国居第二位。2012 年上海数字出版营业收入达 357 亿元，同比增长 28.4%。

上海市数字出版产业的成就与当地良好的产业政治环境密切相关，上海市政府高度重视数字出版产业的发展，在政策优惠、资金投入等方面为当地数字出版产业的发展提供了利好条件。早在 2009 年，当地政府就提出了为促进数字出版产业健康发展的几项优惠措施：对建设大型数据库给予资助，最高资助额度可达 200 万元；支持数字出版基地的公共服务平台建设；鼓励数字出版企业技术研发和内容原创；奖励创新性强的数字出版产业化项目，奖金数额可达300万元；对重大数字出版项目采用贷款贴息方式支持，贴息数额可达200万元；支持数字出版企业进行国内外市场推广，以及让入驻企业享受房租补贴等。这些优惠措施的实行，为数字出版企业的入驻、数字出版基地的建设、数字出版产业项目的孵化提供了十分有利的条件。2012年，上海市政府签发了《关于促进本市数字出版产业发展的若干意见》，这也是全国首个全方位支持数字出版产业发展的省级政府文件。

在推动数字出版产业快速发展的同时，上海市政府牢牢把握正确的舆论导向和积极的宣传基调。2011年，上海市开展红色主题阅读活动，要求原创文学网站必须建立健全自审机制，鼓励网络原创作者与知名作家结对，提升创作境界。并加快启动互联网出版内容监管平台的立项建设，不断充实上海市数字出版内容审读队伍，提升审读能力和效率。

（二）广东

广东省对数字出版产业高度重视，并将其列为打造数字广东的重要手段。“实施示范工程、加快整体推进”是广东省数字出版产业发展的整体思路，具体而言广东省以重大项目和示范工程牵头，激发数字出版产业的活力，并形成示范效应以带动全省数字出版产业的快速发展，以“择优定点、竞投招标、试点先行、重金扶持、限期试验、先试后推”的运作方式，重点实施“八大核心工程”，引领新兴产业走上发展快车道，形成了数字出版产业发展的“广东模式”——强化政策引导和行政推动、高起点、标准化、项目带动、试点推动、择优定点、量身打造、重点扶持、先试后推、整体升级。

广东省新闻出版局除了采取制定产业政策、制定目标规划、开展产业调研、探索发展道路等与其他地区类似的工作方案发展数字出版产业之外，还成立了数字出版产业联合会，创新战略合作机制，为加快推动数字出版提供了操作性强的实施方案。2010年，国内首个数字出版社团组织——广东数字出版产业联合会成立，由广东数字出版内容生产、技术研发、产业运营、教学科研等相关企事业单位组成，汇聚了广东省各大报业、期刊、出版、广电影视等媒体集团，报纸、图书、期刊、音像等出版单位，网游动漫企业，数字出版技术研发和运营企业，以及院校教学科研机构等国营和民营单位。广东数字出版产业联合会的主要任务是围绕数字化内容生产与出版、数字化技术应用与研发、数字出版研讨、参观与交流等产业特质，开展会员服务，并协调产业与政府的交流与沟通，依法维护产业整体利益。

广东省积极推动数字出版产业的集群化和规模化发展，发挥区域龙头带动作用，加强数字出版产业带、产业园区和产业基地建设。健全内容创作、生产、发布和物流等上中下游产业链配套群，提高产业集中度和集约化经营水平。支持产业园区和国家网游动漫出版产业发展基地建设，大力推进专业化集团化建设，做大主体，增强主业，打造大型数字化出版企业，培育产业战略投资者。扶持“专、精、特、新”中小企业，形成富有活力的优势产业群。充分利用广东数字出版核心技术、电子纸、阅读器、民族网游动漫等方面的研发和生产的比较优势，加快科技成果转化和产学研用等资源整合。

此外，广东省致力于培育龙头企业和高素质人才。广东省建立了绩效考核机制和激励机制，每两年评定“南粤数字出版优秀企业”及“南粤数字出版创新成果奖”，表彰发展数字出版的优秀企业、领军人物和知名品牌。加大海内外人才引进力度，加强专业人才培训工作，支持高等院校、职业院校与数字出版企业联合建设人才培养基地，着力培养懂出版、善经营、会技术的复合型出版人才。

第三节　数字出版产业链的经济环境建设

改革开放30多年以来，我国经济发展迅速，目前已经成为世界第二大经济体。良好的经济发展态势，颇具成效的经济发展规模为数字出版产业的健康快速发展提供了有利的经济环境。

一　国民经济

中国的国民经济发展始终坚持以科学发展为主题，以加快转变经济发展方式为主线，加强和改善宏观调控，正确处理保持经济平稳较快发展、调整经济结构和管理通货膨胀，巩固和扩大应对国际金融危机冲击成果。国民经济朝着宏观调控的预期方向发展，呈现增长加快、价格趋稳、效益较好、民生改善的良好态势。

（一）经济总量

“十一五”时期，我国的经济社会发展迈上了一个新的台阶，五年间我国经济总量从世界第五位跃居世界第二位。“十一五”期间，我国经济年均增长率为11.2%，远高于3.5%的世界平均水平。2006年和2007年中国经济增长分别为12.7%和14.2%，增长势头强劲；2008年和2009年，受国际金融危机的冲击，世界主要发达国家和地区经济深度衰退，我国经济虽然受到了较大冲击，但仍然保持了9%以上的增长率，2010年我国经济增长率达到10.3%。2011年，国内生产总值为471 564亿元，比上年增长10.7%；2012年，国内生产总值为519 322亿元，比上年增长7.8%。

我国人均国民总收入大幅提高。据世界银行计算，2009年我国人均国民总收入达到3650美元，比2005年增加了1.1倍，居世界第125位，比2005年前进了3位。人均国民总收入的提高说明了我国公民平均收入有所提高，一般普通公民的生活水平有所提高。伴随着生活水平的提升，人们在满足衣、食、住、行等物质消费之后有更多的余钱用于精神产品的消费。数字出版物是精神产品的一部分，当然也是人们精神消费的考虑对象，精神产品消费的增加为数字出版物消费的增加提供了可能性，对数字出版产业的发展而言颇为重要。

（二）消费需求

从改革开放至今，我国居民的消费需求一直较低，消费增长和经济发展发生了一定的偏离。2001年至2009年，我国消费需求年均增长率为9%，低于GDP的增长。21世纪初，我国经济将进入工业化中期阶段，这一时期我国的经济结构将产生剧烈变化。工业化、城市化、市场化、国际化等经济结构变动和消费体制改革的深化，将会对我国居民消费结构产生深远的影响。目前，我国城镇消费结构刚刚跨入小康门槛，升级主题是以居住、交通通讯、教育等新消费热点逐步成熟带动城镇居民消费走向较为宽裕的小康阶段；农村消费结构升级的主题是由温饱向小康型消费阶段迈进，恩格尔系数下降，教育、文化、耐用消费品等消费热点升温。在消费结构方面，城乡差别依然明显，城乡二元消费结构仍然是21世纪初我国居民消费最基本的机构特征。①

现阶段内，我国居民消费需求存在以下特点：第一，居民生活需求以食物消费为主。民以食为天，在除去住房等大宗消费之外，居民的日常生活仍然以食物的消费为主。第二，衣着消费支出绝对额增加，占生活消费支出的比重下降。在满足对食物的需求之后，衣着消费成为另一个主要消费。衣着消费支出绝对额的增加来自于两方面的原因：一是居民对衣着的数量和质量有了更

① 资料来源：《2010—2012年中国公民消费结构现状和消费趋势分析研究报告》。

高的消费需求，二是物价上涨带来的消费金额的增加。在增加衣着消费的同时，居民的其他生活消费支出也在增加，如观光旅游、耐用消费品等，且增加额度大于衣着消费。第三，耐用消费品支出逐年增加，但增长缓慢。第四，文化教育观光旅游成为重要的消费项目。文化教育和观光旅游日益受到居民的青睐，尤其是城镇居民。近年来，随着农村生活水平的不断提高，农民在观光旅游上的消费逐渐增多。第五，住房消费平稳增长。无房一族对住房的刚性需求以及有房一族对住房的投资需求在很大程度上决定了住房消费的增长态势。第六，医药保健费用开支逐年上升。环境的恶化、生活节奏的加快致使不少人处于亚健康状态，在满足温饱之后，人们更加注重健康和保健，对医药保健的消费动机有增无减。在收入增加的前提下，居民比以往更有能力在健康上作长远投资。

另外，随着社会生产力的不断发展、人民收入的逐渐增多，人们的消费领域不断扩展，消费内容日益丰富，消费质量不断提高，消费需求呈现出多样化、层次化、由物质产品消费为主向精神产品消费转移的趋势。

（三）经济结构[①]

第一产业、第二产业、第三产业全面发展，第三产业比重提高。“十一五”时期，三产业均保持较快的发展态势，2006—2010年第一产业年均增长率为4.5%，第二产业年均增长率为12.1%，第三产业年均增长率为11.9%。经济增长由主要依靠工业带动向三产业协同带动转变。从产业结构看，第一产业所占比重明显下降，第二产业所占比重略有下降，第三产业所占比重上升。其中，第一产业所占比重从2005年的12.1%下降到2010

① 数据来源：中国统计信息网《“十一五”经济社会发展成就系列报告之十六：我国经济结构取得重要进展》。

年的 10.2%，下降了 1.9 个百分点；第二产业所占比重由 47.4%下降到 46.8%，下降了 0.6 个百分点；第三产业所占比重由 40.5%上升为 43.0%，上升 2.5 个百分点。三产业就业结构也发生了明显的变化。2005—2009 年，第一产业就业人数占总就业人数的比重由 44.8%下降到 38.1%，下降了 6.7 个百分点；第二产业就业人数所占比重由 23.8%上升至 27.8%，上升了 4.0 个百分点；第三产业就业人数所占比重由 31.4%上升至 34.1%，上升了 2.7 个百分点。三产业中第三产业服务业稳步发展，业态日渐丰富。服务业尤其是现代服务业的快速发展，是"十一五"时期我国产业结构调整的突出特征。交通运输、批零贸易、餐饮等传统服务业得到了长足的发展，为增加就业、方便群众生活发挥了重要作用。为适应工业化、城镇化、市场化、信息化、国际化等的需求，金融保险、房地产、信息咨询、电子商务、现代物流、旅游等一大批现代服务业呈加速发展态势，大大提高了服务业的整体质量和水平。

在区域经济发展中，东部地区的经济发展仍然领先。我国中西部与东北地区后劲勃发，与东南沿海相比具有劳动力密集、土地资源丰富、政策优惠等优势，一大批劳动密集型的制造企业正在由东部地区向其他地区转移。随着工业由东南沿海向其他区域扩散，东部地区 GDP 占全国的比重由 2005 年的 55.5%下降为 2010 年的 53%，仅下降了 2.5 个百分点。由此可见，工业尤其是制造业向其他地区的转移并没有改变东部地区在我国经济中的重要地位。中、西部、东北地区经济快速发展。从生产总值看，"十一五"时期，东部地区 GDP 平均增长速度比"十五"时期加快 0.1 个百分点，中部地区加快 2.1 个百分点，西部地区加快 2.4 个百分点，东北地区加快 2.6 个百分点。2010 年，中部地区生产总值占全国的比重为 19.7%，西部地区生产总值占全国的比重为 18.7%，东北地区生产总值占全国的比重为 8.6%。

二　文化产业

我国文化部在2003年颁布的《关于支持和促进文化产业发展的若干意见》中明确指出："文化产业是指从事文化生产和提供文化服务的经营性行业，文化产业和文化事业是相对的，都是社会主义文化建设的重要组成部分。"从定义上看，数字出版产业毫无疑问是文化产业的重要组成部分。自从文化产业被提出以后，一直受到政府的高度重视，取得了一定的成绩。

（一）发展现状

2011年，我国文化产业增加值为23 940亿元，比2010年增长12.1%，高于同期GDP的增长速度。与较快的增长速度相比，文化产业产值占国民生产总值的比例较小，在国民经济发展中的地位有待提高。数据显示，中国GDP位于世界第二位，但文化产业所占比例不足3%，与发达国家的均值10%相比还存在较大差距，与美国25%的数值相比差距更大。

文化产业包括传媒、广告、影视、演艺、设计、动漫游戏、文化旅游、文化会展、出版发行等行业，每个行业的发展情况不一。其中网络游戏发展较快，《中国游戏产业报告》数据显示，报告显示，2015年，中国游戏用户达到5.34亿人，同比增长3.3%。中国游戏（包括客户端游戏、网页游戏、社交游戏、移动游戏、单机游戏、电视游戏等）市场实际销售收入达1407亿元，同比增长22.9%。中国网络游戏的增长速度是GDP增速的五倍左右，是文化产业增速的两倍左右。从地域上看，我国不同地区的文化产业发展情况不同，东部地区文化产业发展起步较早，汇聚了一大批文化产业发展项目；而中西部地区文化资源较为丰富，尤其是四川、陕西、河南等地，但是丰富的文化资源没有很好地转变为文化产业，造成了资源的浪费。

（二）文化产业的“拐点”

从2000年十五届五中全会正式提出发展文化产业的重大政策性建议开始，我国文化产业的发展被提上了记事日程，至今已经十多个年头。2013年3月发布的《中国文化产业发展报告（2012—2013）》指出，我国文化产业在经历了十年的“热运行”之后，已经到了“拐点”。《中国文化产业发展报告（2012—2013）》的主编，中国社会科学院文化研究中心副主任张晓明分析了我国文化产业出现的四个重大变化[①]：

第一，文化市场已经从总体“短缺”转向“短缺”与“过剩”并存，将迎来大规模洗牌和兼并重组浪潮。经过前十年的高速发展，我国文化产业投资高峰已过，发展的动力将从投资转向消费，发展方式将从注重数量规模走向注重质量效益。

第二，文化产业已经从“分业发展”走向融合发展，文化产业内各行业主管部门主导的发展，将越来越为跨行业的融合发展所取代，甚至为文化经济普遍融合发展所取代。随着“事转企”改革的完成，国有文化企业与主管部门逐步脱钩，成为独立的市场主体，必将在文化市场推动大规模的混业经营和跨界发展。今后一段时间，将是文化产业实现融合发展的高峰期。

第三，文化产业将从区域性竞争发展走向统一市场条件下的整体协调可持续发展，地方政府本位的发展模式将为国家层面、由综合经济管理部门主导的发展模式所取代。在这一背景下，区域特色发展、错位竞争发展将会成为主流。

第四，文化管理体制将从行政性的“行业分层管理”走向面向市场的综合性大部制管理，部门合并已成必然，从而解决文化行政管理体系中条块分割、只能职能交叉、效率低下的问题。

① 数据来源：http：//www. cnci. gov. cn/content/2013325/news _ 78243. shtml。

第四节　数字出版产业链的社会文化环境建设

社会文化环境的建设一方面为数字出版产业提供了丰富的出版资源，扩充了数字出版物的数量和种类；另一方面培养了数字阅读群体，为数字出版物的最终消费提供了有利条件，是数字出版产业发展的不竭动力。

一　数字出版资源

出版资源是进行数字出版的先决条件，内容生产者在搜集、筛选、评价、编辑出版资源的基础上制作数字出版物，继而数字出版物进入流通领域，最终传递给消费者。作为有着五千年历史的文明大国，我国有着丰富的传统文化资源。现代社会发展迅速，网络的助推导致亚文化的快速形成，丰富了我国文化的种类。“地球村”的时代悄然来临，国家与国家、地区与地区之间的交流比以往更加密切，文化交流是其中的一部分，中国文化“走出去”的同时，国外文化也进入中国；此外，在现代交通和通信技术的双重影响和国家促进文化交流的政策影响下，国内出版者奔赴国外寻找出版资源，引进出版资源成为常态。

（一）传统文化资源

与世界其他国家和地区相比，我国在五千年的历史发展中积累了丰富并且优秀的传统文化资源，这成为我国发展数字出版产业的比较优势。我国的传统文化包括诸子百家、琴棋书画、传统文化、传统节日、中华诗词、中国戏剧、中国建筑、汉字汉语、中医中药、宗教哲学、民间工艺、中华武术、地域文化、衣冠服饰、四大雅戏、古玩器物、饮食文化、传说神化、传统音乐、中国对联等优秀的内容，在适当的条件下，这些文化资源无一例外地都可以被制作成数字出版物。仅就《论语》《孙子兵法》《四库全书》《红楼梦》等传统经典书籍而言，被原版出版和演绎出版的数量不在少数，受到广大读者的热烈欢迎。

（二）流行文化资源

传统文化反映了过去人们物质生活和精神生活的面貌，对我们了解历史、把握当下、展望未来大有益处。流行文化虽然不及传统文化深厚、系统，但源于现在、服务于现在，对当今的读者而言，颇有亲近感。流行文化资源处于动态的变化之中，在消亡的同时被建构，在形成的同时被解构。流行文化的形成有几种方式：第一，传统文化在现代生活中的变形，形成新的文化形式，在形式上和内容上都有所创新，如红极一时的于丹讲《论语》等，虽然是对传统文化的解读，但是在演绎的过程中添加了诸多的流行元素，与其说是利用电视、光盘等现代手段传播传统经典，不如说是在利用传统文化解释流行文化。第二，现代社会滋生的不同于以往的新文化，这些是纯粹的现代文化，完全产生在当下，服务在当下，如奢侈文化、流行生活方式等。对于富裕的人而言，在基本的物质生活和精神生活满足之后，在攀比心理、虚荣心的驱使下，开始消费奢侈品。消费奢侈品不仅代表了金钱的富余，更反映出对奢侈理念的追随，对奢侈文化的认同。与“日出而作日入而息”传统的简单的生活方式不同，出入酒吧、迪吧、KTV、歌舞厅等夜间休闲、娱乐场所，享受夜生活成为现代人尤其是都市人的生活常态，生活方式的不同对文化产生了一定的影响，酒吧文化就诞生、兴盛于此。第三，国外文化对中国文化的冲击而产生的现代文化，如风靡一时的韩流等。如今对美国文化的追捧在年轻人中较为突出，看好莱坞大片、听美国流行音乐、关注美国娱乐界动态十分常见。

（三）国外文化资源

除了中国文化之外，在全球化的今天，国外的文化资源也可以成为我国的数字出版资源，并且现代交通发展、现代通信技术以及国家与国家之间在政治经济领域的友好合作为“引进”国外文化资源提供了保障。与中国文化不同，国外文化有着独特的思想观念、价值理念、行为方式、风俗习惯等，如圣经故事、希腊神话、文艺复兴等。

近年来，“走出去”一直是我国文化产业的一项战略，并且取得了一定的成绩。但是，与“走出去”相比，“引进来”在数字出版领域更为常见，奉行鲁迅的“拿来主义”，引进优秀的文化资源，尤其是出版物，在数字出版领域成为常态。美国、日本、韩国、英国、法国等国家的文化资源受到我国数字出版产业的青睐，每年引进的图书颇多，如美国的《警犬汉克历险记》《听见颜色的女孩》《失落的秘符》、日本的《地域吉他训练》、英国的《哈利·波特》系列图书等，除图书之外，电影、电视剧、动画片、流行音乐、网络游戏也是较为常见的文化引进形式。

二　数字阅读习惯

与数字出版相伴相生的数字阅读在数字出版产业风生水起的同时，开始逐渐抢占纸质阅读的读者群体，以方便快捷、生动形象、价格便宜等优势受到读者的青睐。2013 年发布的《第十次全国国民阅读调查》结果表明，数字阅读已经成为主要的阅读方式之一。从 20 世纪 80 年代电子出版时代开始，读者就开始进行数字阅读，发展至今已经有三十余年的历史，期间读者逐渐形成了与纸质阅读不同的数字阅读习惯。

（一）年轻人是数字阅读的主要群体

与儿童不具备独立阅读的能力以及老年人对新兴事物的接受比较缓慢相比，年轻人在具有较强阅读能力的同时，可以坦然面对阅读方式的改变，逐渐适应并喜欢数字阅读，这在理论上使年轻人成为数字阅读的主要群体成为可能。除此之外，年轻人成为数字阅读的主要群体还有以下几个原因：第一，数字阅读迎合了年轻人的个性化需求。追求个性、彰显自我是年轻人的天性，在阅读上也同样如此。在传统出版时代，书籍的形式大同小异，内容的种类不够多，更新也不及时；数字出版时代，内容丰富多彩，形式千变万化，可供年轻人选择的余地较大。此外，超链接、超文本以及交互化等数字出版物以其独特优势迎合了年轻人思维灵活、感官灵敏、交流欲望强烈的特点，为满足年轻人的个性化需求创造了条件。第二，数字阅读为年轻人提供了另类的阅读时空。现代人生活节奏加快，生活压力增大，很难有较长的完整的时间进行阅读，对于社会事务繁多的年轻人更是如此。另外，人口的压力以及交通的拥堵致使人们在生活和工作中等待的时间增多，碎片化的时间增多。数字阅读恰好满足了碎片化的阅读需求，同时手持阅读终端具有便携性，对阅读空间的要求较低，年轻人可以随时随地进行数字阅读。可以说，年轻人有欲望、有条件进行数字阅读，同时数字阅读也满足了年轻人对阅读的新要求。事实上，从统计数据看年轻人的确是数字阅读的主要群体。

《第十二次全国国民阅读调查》结果显示：2014 年我国 18～70 周岁国民的数字化阅读方式（网络在线阅读、手机阅读、电子阅读器阅读、光盘阅读、PDA/MP4/MP5 阅读等）的接触率为 58.0%。从数字化阅读方式的人群分布特征来看，我国 18～70 周岁国民数字化阅读方式接触中，18～29 岁人群占到 49.3%，30～39 周岁人群占 27.5%，40～49 周岁人群占 16.9%，50 周岁及以上人群占 6.3%。可见，我国数字化阅读接触者中 93.7%是 18～49 周岁人群。

（二）手机阅读是数字阅读的重要方式

手机作为数字阅读的终端之一，在我国的普及率非常高。工信部发布的统计公报显示，2015 年我国手机用户已经超过 13

亿，平均每100个人中几乎就有86个人持有手机，超过全球平均水平，其中六个省市的手机普及率已经达到人手一部以上。也就是说，全国有超过13亿手机持有者在理想状态下都可以成为数字阅读的读者，手机数字阅读潜在群体庞大。

手机便携性高，几乎可以作为人体的一部分被随身携带。因此，人们不论在何时何地，只要愿意都可以通过手机浏览网站、玩游戏、阅读电子书、进行及时交流等。另外一方面，手机作为私人通信工具，在一定程度上保护了读者的阅读隐私，使读者可以随心所欲地阅读自己喜欢的内容。现代的人们越来越习惯于使用手机阅读，据相关数据统计，2015年有56.9%的国民进行手机阅读，人均每天手机阅读的时长为21分钟。对于年轻人尤其是青少年来说，每天花费在手机阅读上的时间更长，阅读的内容也更加多样。

技术的革命性发展为手机阅读带来了新的阅读体验，当手机与互联网相连，当触屏成为智能手机的一大亮点，当WIFI逐渐免费，当手机的外观更加时尚，更多的手机用户选择了智能手机。智能手机兼具了手机便携性这一最大优势和互联网海量的内容资源，在最近几年中，受到广大人民的喜爱。《第36次中国互联网络发展状况统计报告》显示，截至2015年6月底，中国手机网民已经达到了6.68亿人，互联网普及率达48.4%，其中智能手机网民达到5.94亿，渗透率达到88.9%。除了即时通信之外，人们经常利用智能手机进行手机搜索、阅读电子书、浏览手机社交网站、查看手机地图或导航、进行手机支付等，应用十分广泛。

（三）休闲实用是数字阅读的主要目的

与传统图书的“线性阅读”相比，数字时代人们的阅读呈现出“非线性阅读”的特征。在浏览网站时，点击鼠标的简单操作就可以带给读者全新的阅读内容，这不得不归功于超链接技术的成功运用。跳跃式的、非线性的阅读方式能够随时满足读者的阅读欲望，激发读者更多的新的阅读兴趣，但是同时这种阅读的状态使读者难以集中于某一问题，进行较为深入的系统的思考。因此，从某种意义上而言，数字阅读“非线性阅读”的特点决定了读者在进行数字阅读时主要是为了获取信息，而不是进行思考。数字阅读虽然已经成为主要的阅读方式之一，但是对于深度阅读的读者而言，传统的纸质阅读仍然是首选。

生活状态影响阅读状态。现代人的生活压力增大、生活节奏加快，为了缓解生活压力，人们在阅读的时候通常会选择轻松愉快的内容，比如小说、新闻等，在阅读中放松心情；为了能够在快节奏的工作和生活中见缝插针地阅读，碎片化的浅阅读成为常态，如在上下班途中的公交车上通过智能手机、平板电脑等手持数字阅读终端浏览新闻、回复邮件、看电子书等。人们倾向于在阅读中补偿生活的不足，休闲阅读成为现代人数字阅读的主要目的之一。

现实生活中，数字阅读的另一主要目的是解决实际问题。搜索功能为人们利用数字阅读解决实际问题提供了技术上的保障，通过搜索功能，人们可以比较迅速地找到想要的内容，用以解决现实问题。比如驴友们在旅游的时候，通过百度地图、谷歌地图等实时更新的地图软件能够快速准确地找到吃、喝、玩、乐的地方，并且可以通过大众点评软件对餐馆、酒店等服务场所作简单地了解。数字阅读的实用性在数据库阅读时被体现得淋漓尽致，学者能够通过数据库如CNKI等有针对性地搜索到最新的全面的学术成果，用以学术研究。现在越来越多的人通过数字阅读解决实际问题，大到学术研究、行业分析等专业问题，小到查询一个菜谱、了解一条新闻等。

（四）付费阅读逐渐被读者接受

对于一个产业而言，只有建构了成熟的盈利模式，这个产业才能够快速、健康、长远地发展，对数字出版产业而言也是这样。在数字出版产业，成熟的盈利模式能否建立，与读者是否愿意为数字阅读“买单”息息相关。作为数字出版的关键环节，数字出版物只有被阅读被购买，这一数字出版活动才算结束。数字出版的消费者分为机构和个人两种类型，机构的付费阅读一直以来都是数字出版领域的共识，如大学、研究所等研究机构购买数据库供老师和学生获取知识和进行学术研究等；但是对于个人而言，在很长时间内在多数人看来，免费阅读数字化内容似乎理所当然，人们常常免费浏览网站、免费看大量电子书等，有些读者认为在数字阅读的过程中广告商获取的注意力资源已经足以支付数字阅读的费用。但是，在数字出版活动中，每个数字出版物都凝结了内容生产商、平台运营商、技术提供商的劳动，同时具有交换价值和使用价值。从这个意义上来说，个人应该为数字阅读付费。

可喜的是，近年来付费阅读逐渐呈现出被读者接受的趋势。据统计，在接触过数字化阅读方式的国民中，40.1%的人表示能够接受付费下载阅读，手机阅读群体中45.8%的人能够接受付费阅读。2012年手机阅读人群全年人均在手机阅读上的花费为23.31元，与2011年相比增加了2.56元。

第五节　数字出版产业链的技术环境建设

技术是传统出版向数字出版转换的最关键因素，没有现代数字技术的创造性发展和成功运用，数字出版的实现只是纸上谈兵。数字出版时代来临后，每一步的发展几乎都伴随着技术的改良或者创新。对于数字出版产业而言，必不可少的技术有内容加工技术、数字传输技术、显示技术、数字版权保护技术等，以及目前刚兴起的复合出版技术。然而，从长远和宏观的视角来看，技术在促进数字出版产业快速发展的同时，对文化的发展兼具促进和制约作用，而文化对技术的发展也存在一定的影响。

一　数字技术概要

从印刷技术到电波技术，从电波技术到电子技术，从电子技术到数字技术、网络技术，新技术产生所需的时间越来越短。与传统出版活动中的编辑加工技术、印刷技术、装订技术颇有差异，在完整的数字出版活动中需要内容加工技术、数字传输技术、显示技术、数字版权保护技术等数字技术。数字技术指的是以 0 和 1 的二进制编码为基础的，通过网络、通信卫星等设备表达、传输、处理信息的技术，是一个集合概念。

（一）数字技术分类

1. 数字内容加工技术

内容加工技术是指在数字出版的活动中与内容生产密切相关的所有技术的总称，主要包括两个层面的技术：第一，对文本自身的加工技术，包括对文字、图像、视频、音频的处理，如多媒体技术、流媒体技术等；第二，将编辑加工完成的独立文本按照一定的方式组合起来，如超链接技术、数据库技术等。独立文本的加工是独立文本聚合的基础，缺少对独立文本的加工，数字出版活动就难以开展，缺少对独立文本的聚合，数字出版物会出现离散化、碎片化的现象。

多媒体技术是指将文字、图形、图像、音频、视频、动画等两种或两种以上的信息形式通过计算机的处理集合成一个具有一定逻辑顺序的信息集合的系统化表现信息的技术，包括文字加工技术、图像处理技术、音频剪辑技术、视频编辑技术等。多媒体技术具有集合性、交互性、协调性等特征，是数字出版活动中重要的内容加工技术，有助于形成生动形象的数字出版物。

超链接技术以超文本传输协议（HTTP）、超文本标记语言（HTML）、通用资源定位符（URL）为基础，读者在浏览某一信息时可以通过简单的点击动作浏览链接的内容，方便用户对网络的访问。简单说来，超链接具有超文本链接、图像链接、视框链接三种基本形式。超链接打破了用户线性思维的束缚局面，通过超链接，用户可以随心所欲地访问任何感兴趣的内容。通过超链接技术，数字内容生产者可以将独立的数字化内容链接起来，在方便读者阅读的同时，提高了数字出版物的阅读率，为获取更大的收益奠定了基础。

数据库技术是专门研究、管理和应用数据库的一门软件科学，主要研究如何组织和储存数据，如何高效地获取和处理数据，如何有效地管理数据等。数据库技术能够使分散的、庞杂的信息按照一定的顺序组织起来，并且能通过搜索功能被用户快速定位。在数字出版领域数据库技术的应用比较广泛，如CNKI就是通过数据库技术建立了方便人们查阅各种知识的数据库，并且形成了独特的较为成熟的数字出版盈利模式。

2. 数字传输技术

按照数字出版活动的流程，在数字内容基本加工完毕之后，数字传输技术开始扮演重要角色，负责将数字内容推送至用户。数字传输技术指的是以二进制为基础，将数字内容通过网络、卫星等设备传输到计算机、手机、平板电脑等终端上供用户阅读的一项技术。

3. 数字显示技术

简而言之，利用电子技术给人提供视觉信息的技术称为显示技术。显示技术充分利用人接受信息最多的视觉器官，采用适当的方法改变光的强弱、颜色，提供不同形式的视觉信息。通过显示技术，数字化内容才能够被读者接受。现在，相关的显示技术较多，如电子墨水技术、液晶显示技术等。

电子墨水技术（E－ink）由大量的直径仅为头发丝一半左右的微小的透明颗粒组成，通过调整颗粒内的染料和微型粒子的颜色，能够显示出不同的色彩和图案。电子墨水具有易读性、柔性、价格低廉、低功耗等优势，可以制成能够任意弯曲的电子纸，使读者享受类似于读纸质读物时的视觉体验。电子墨水技术被较多地应用到电子书、电子纸等终端上。

液晶显示技术是指利用液晶对光的作用的变化进行显示的技术，以红、黄、蓝为基色。液晶显示技术到今天虽然只有不足五十年的历史，但是已经被广泛地运用在电脑、电视机、手机等设备上，这与液晶显示技术画面精确、可靠性高、耗能较低的优势密不可分。

4. 数字版权保护技术

数字版权保护技术（Digital Rights Management，简称DRM），是指利用一定的算法，防止文字、图片、视频、音频、动画等数字化内容非法复制、非法传播，保证数字出版物在流通期间被合法利用的技术手段。从产业链的角度看，数字版权保护技术在保障数字出版物合法传播的同时，也保障了数字出版产业链各环节的合法权益。数字版权保护依靠单一的技术难以实现，主要包括数字标识技术、加密解密技术、身份鉴别技术、密钥管理技术等。其中，密钥管理技术在数字版权保护技术中较为常见，如在安装软件的过程中，需要填写序列号，以保障软件开发者的合法权益。可以简单地将密钥分为主密钥、密钥加密密钥、会话密钥三个层次，常见的有数字证书、数字签名、序列号等。

目前，数字版权保护技术还不成熟，非法复制、非法传播等现象时有发生，如上海盛大网络《冒险岛》游戏外挂案、四川天籁村音乐网音乐作品侵权案、作家百度文库维权案等。另外，随着数字出版产业的发展和扩张，对数字版权保护提出了更高的要求，数字版权保护技术迫切地需要新鲜血液的注入。

5. 复合出版技术

2015 年提上议程的国家数字复合出版系统工程是我国政府在新时期振兴现代出版业的重点工程，倡导“科学策划，协同采编，多重标引，多元发布，互动服务”的新型出版业态，推动传统出版和数字出版在内容、渠道、平台、经营、管理等方面的深度融合。

在出版行业产业链方面，复合出版技术能为之提供资源链接以及产业链的贯通服务，具体包括基于 ISLI 的数字资源标识管理与解析服务能力，报业发表后的内容为主的全国内容交换服务能力，基于出版、流通、发行、零售、电商、机构购买者之间的信息交换与传递服务能力，以及基于短版、断版提高可供书目能力的按需印刷信息服务能力等等。

（二）技术新发展

1. 裸眼 3D 技术

3D 技术的出现带给了人们不一样的视听体验，但是现在被广泛应用的 3D 技术，如 3D 电影等，都需要佩戴专门的眼镜，只有通过眼镜才能让人的左眼和右眼看到不同的影像，使两幅画面产生一定的差距，从而产生立体的感觉。但是佩戴眼镜观看 3D 影像时会出现画面闪烁、进光量少等问题，并且给近视、远视等本身就需要佩戴眼镜的群体带来不便，使 3D 体验的舒适度和适用范围都打了折扣。裸眼 3D 技术是在 3D 技术的基础上研发的，将专用眼镜带给人的立体感觉直接转移到显示屏幕上，利用色彩灰度的不同而使人眼在视觉上产生错觉，在二维物体边缘的凸出部分一般显示高亮度色，而凹下去的部分由于光线的遮挡显示暗色，从而使二维物体显示出三维物体的基本特征，供人们直接观看。

裸眼 3D 技术在带给人们立体的视听体验的同时，与 3D 技术相比，更加舒适，应用范围也将更加广泛，并且价格也会更加便宜。目前裸眼3D技术已经被少量地应用到了手机、电脑上，据2013年3月6日《中国证券报》的报道，京东方成功地研发出了55英寸裸眼3D显示屏。裸眼3D技术的出现又一次增大了数字出版物相对于传统出版物的优势，为数字出版产业的发展增添了新的活力。

2. 智能语音技术

通过iPhone 4S的Siri应用功能，用户可以通过语音向手机“发号施令”，这仅是智能语音技术的冰山一角。智能语音技术可以在搜索引擎得到很好的应用，如可以通过人的语音进行直接指令搜索和相关指令搜索，可以通过哼唱歌曲的片段搜索整首歌曲等。智能语音技术主要包括了将简单的发音变成文字的语音识别技术，以及对语义进行判断的自然语言理解技术。目前，语音识别技术取得了相当的成就，比较成熟。然而要想让机器与人直接交流，理解人类的语言，现阶段还存在一些困难，自然语言理解技术的突破还需要一段相当长的时间。但是，仅仅通过语音识别技术人们就可以体会到智能语音技术的巨大优势，如微信，人们可以通过微信畅通无阻地进行语音交流，微信用户群体增速快、数量庞大，截至2015年我国微信日平均活跃用户已经达到5.7亿。

2013年5月，工信部将智能语音技术列入今后三到五年的重点发展方向，使之真正成为互联网交互的入口。《2014中国智能语音产业发展白皮书》正式发布，从产业规模、市场格局、细分市场、产业环境等维度，总结了2014年中国产业发展整体态势。白皮书指出，智能语音技术在移动互联网、智能家居、汽车电子等领域的应用逐步深入，带动智能语音产业规模持续快速增长。2013年，全球智能语音产业规模达到33.7亿美元。其中，中国智能语音产业规模达到16.9亿元，同比增长95.6%。2014年，中国智能语音产业规模预计达到30.6亿元，占全球智能语音产业规模的比重将从 2013 年的 8.4%增长到 10.7%。智能语音技术在互联网互动功能的提升上被寄予厚望，这一目的的实现势必为数字出版的交互化阅读增光添彩。

3. MEMS 传感技术

传感器的种类有很多，如霍尔传感器、温度传感器、压力传感器等，MEMS 是其中的一种，它能够让人们在有限的空间内最大限度地发挥传感器的功能，广泛地用于多种场合。MEMS 的全称是 Microelectromechanical Systems，中文是微机电系统，是将微电子技术与机械技术融合到一起的一种工业技术，它的操作范围在微米范围内。它具有微型化、智能化、多功能、高集成度、适于大批量生产等优点。

从 20 世纪七八十年代 MEMS 第一轮商业化浪潮开始，目前，这样的商业化浪潮已经开始了第四轮的发展。前几年，任天堂的 WII 游戏机运用 MEMS 传感技术，“智能”感知玩家的操控动作，改善了游戏操控体验。MEME 传感技术也可以运用在智能手机、平板电脑、智能电视等领域，它将会使人际界面变得简单、直观，通过手的动作就可以操作界面功能，在声音、影响、方向、位置、加速度上有巨大的应用空间。

除裸眼 3D 技术、智能语音技术、MEMS 传感技术外，云技术、Epub 技术、HTML5、二维码等新技术的普及也将给数字出版带来新的变革。

二　数字技术对数字出版的作用

数字技术使数字出版的出现与发展成为可能，在数字出版的发展过程中同样离不开数字技术，技术的每一次革新和发展都在相当的范围内对数字出版产生了巨大的影响，或者改变数字内容的呈现方式，或者改革编辑的工作，或者在数字出版物的销售与传播上有所革新等。归纳看来，技术带给数字出版的改变终将体现在改进出版流程、改善读者阅读体验、创造产业增长点等方面。

（一）改进出版流程

数字技术首先从具体的出版流程上改变了传统出版，制造了传统出版与数字出版的区隔。传统出版时期，出版活动包括选题策划、组稿、审稿、编辑加工、校对、装帧设计、版式设计、印刷、装订、发行、营销、版权贸易等具体工作。数字技术的出现或简化或改变或增加了传统的出版流程。数字出版活动中选题策划、组稿、审稿、编辑加工、校对等仍然占据重要地位，但是在数字技术加盟之后，这些工作的具体方式产生了变化，例如选题的来源更多了，在选题时需要更多地听取读者的意见，校对可以用专业的校对软件辅助校对，编辑加工的对象除了文字还包括图片、音频、视频、动画等形式，编辑加工不再是只用不同颜色的笔在纸上勾画，更多是使用相关的软件，通过计算机完成。传统的印刷、装订、装帧设计、板式设计等在数字出版活动中的重要性下降，在完全意义上的数字出版活动中装订、装帧设计等将不复存在，数字出版物在二进制编码的基础之上通过光、电、磁等手段进行数字传播。总之，由于数字技术的影响，数字出版的流程与传统出版相比大大不同了。

此外，在数字出版的发展过程中，数字技术的每一次革新都在一定程度上改变了数字出版的流程。如二维码技术的运用，使数字出版物不必要时时以完整的形式出现在读者面前，它将完整的数字化内容以二维条码的形式标识，随时随地供用户扫描阅读，改变了数字出版物的传播方式，也改变了数字出版物的最终呈现形式。

（二）改善阅读体验

读者的阅读体验一向被内容生产者、平台运营商、技术提供商重视，因为只有满足了读者的阅读需求，提高了读者的阅读体验，数字出版活动才能够得以继续。数字技术改善读者的阅读体验主要体现在以下几个方面：

第一，满足读者对不同知识的需求。互联网上具有海量的信息，宛如一个电子版的百科全书，通过门户网站、专业网站、社交网站等，人们可以找到各种各样的信息。数据库技术的成功应用，使读者获取知识更为方便，数据库集结了大量的知识，通过数据库读者可以找到会议资料、期刊文章、学位论文、工具书、年鉴等不同种类的知识。另外，数字图书馆的出现也为读者获取知识提供了便利。

第二，改善读者的视听体验。与纸质阅读不同，在技术的帮助下，对于相同的内容读者可以有不同的视听体验。多媒体技术改变了单一的对文字和图片的阅读，使同时对文字、图片、音频、视频、动画的阅读成为可能，满足了读者对视觉和听觉的要求。3D技术使用户脱离了二维图像的限制，可以观看三维的立体的影像。

第三，满足读者的互动需求。互动性强是数字出版的一大特征，读者在阅读数字出版物的同时，能够及时地和其他读者或者作者进行互动。微博、微信等的出现缩短了互动的时间、增加了互动的频率，在满足读者的互动需求方面迈出了一步。

（三）创造产业增长点

出版流程的改变与阅读体验的改变都可能为数字出版产业带来新的增长点，如在智能手机普及的情况下，更多的营运程序可以通过App Store直达用户。在技术创造产业增长点方面，最突出的是云技术。与其他算法相比，它的运算法有着自己独特的优势，通过运算法将资源汇聚在“云端”，用户可以随用随取，就像使用电力公司的电一样方便。2011年，运算法、云技术进入出版人的视野，云出版一时间成为出版界的“热词”。紧接着，盛大云中书城、阿帕比云出版服务平台、天津国家数字出版基地云计算中心等相继成立。内容生产者将数字化的内容提供给云平台，在云平台展示，供消费者自由选择。云平台在云技术的支撑下将内容的阅读、销售情况以及消费者的相关信息等提供给内容生产商，以此获利。同时也通过提供给内容生产者销售平台，消费者购买平台赚取利润。可以说，云技术为数字出版产业链上的平台运营商直接带来了新的产业增长点。

三 数字技术与文化的互动

科学技术是第一生产力。大到社会的进步小到个人的生活，都会受到技术的影响。文化是人类物质生活和精神生活的总和，文化的发展同样也会受到技术的影响。与此同时，文化也会作用于技术的创新与应用。

（一）数字技术对文化的作用

1. 数字技术促进文化发展

数字技术对文化的促进作用主要体现在以下三个方面：

第一，数字技术促进文化的形成。网络世界具有极强的开放型，不同的文化可以在网络上共同相处，不被主流认可的文化可以在这里找到展示的空间，提高了被人们了解和认可的机会，这有助于亚文化的形成。另外，在网络上人们受现实中的束缚较少，在表达不同看法时的顾虑较少，这为新文化的产生以及原有文化的改造提供了相对宽松的平台。

第二，数字技术有助于文化的传播。从理论上讲，在网络畅通的情况下通过电子邮件、数字图书馆、网站、数据库等，信息可以被传递到世界的每个角落，这些信息所反映和代表的文化同时也被传递了出去。

第三，数字技术有助于文化的保存。古代人们利用龟壳、竹简、羊皮等记录信息、保存文化，它们可以被保存的时间相对较长，但是可以记录的信息有限；后来人们发明了造纸技术，开始将更多的信息记录在纸张上，同时纸张也可以有相对较长的保存时间，但仍然面临着被烧毁、被虫蛀的危险；现在人们利用数字技术将海量的信息以数字化的形式保存在光盘、电脑等设备上，信息的储存量巨大，信息保存的时间更长。

2. 数字技术制约文化发展

数字技术在促进文化发展的同时也制约着文化的发展。数字技术的环境下，人们往往满足于对信息的浏览、碎片化的阅读，阅读方式从线性阅读逐渐转变为非线性阅读，进行系统而深入思考的时间较少，这对文化的升华与发展非常不利，难以想象人们在网络冲浪的时候会思考“存在主义”等哲学问题，在玩网络游戏的时候会对哲学理论有所了解。从理论层面讲，数字技术为不同文化的发展与传播提供了相对公平的环境，而实际上在数字技术有助于文化传播的同时促进了“文化霸权”的出现。通过网络，美国的好莱坞大片可以迅速地侵占全球市场，向所到之处渗透美国的价值观念、生活方式等。

（二）文化对数字技术的作用

马克斯·韦伯曾经说过，科学技术就像一张地图，它可以告诉你怎么到达一个地方，但是不能告诉你应该到达什么地方。而文化在某种程度上就在回答应该到达什么地方这一问题，人们在到达一个地方之后要开始新的旅程，这时候就需要新的技术。可以说，文化引起了人类的新需求，为新技术的研发提供了动力，指明了方向。

“外国人用火药制造子弹来打敌人，中国人却用它来做爆竹敬神；外国人用罗盘针来航海，中国人却用它来测风水。”技术缺乏理性，是促进社会的进步还是阻碍社会的进步，关键在于使用技术的人，而人在使用技术时的理性思考大多与文化相关。文化在一定程度上决定了人们对同一技术的不同应用。同样，在技术普及的过程中，也需要考虑文化的因素。

文化在促进数字技术发展的同时，也可能限制其发展。例如在传统文化根深蒂固的地区，新技术的推广和普及会面临困难，受特殊宗教文化的影响，人们会排斥某些技术等。

思考题：

1. 什么是产业链？什么是数字出版产业链？
2. 建构产业链对数字出版产业而言有什么意义？
3. 现代人有着什么样的数字阅读习惯？
4. 与数字出版相关的技术有哪些？
5. 数字技术如何作用于数字出版？

第三章　数字出版产品类型

数字出版是一个不断发展的、具有革命性的新型出版方式，数字出版技术借助计算机实现了数字生产和阅读的全过程，使得人类社会传播的一切信息都可以用编码的形式储存、传输和接收，打破了以往各类信息传播和接收媒介的物质形态限制。在数字出版产品中可以加入音乐、音响效果、动画和复杂的超文本链接，原本只能通过平面书写和印刷呈现的阅读内容可以变成数字编码在各种数字化格式的媒介上呈现。很显然，这是一个空前的引发人类社会深刻变革的时代，置身这一巨变中的出版产业以更多元的产品形态服务社会已成必然。

第一节　数字出版产品的概念与类型

数字出版产品的问世，标志着人类知识的传播方式完成了从铅与火到磁光电的过渡，从而引发了由垄断出版到自由信息的转变，数字出版产品的表现形式、传播方式、出版流程、管理手段以及服务营销方式等方面均发生着革命性的变化。数字出版产品不只单纯表现为出版物形式，其内容的承载方式和制作手段本身也是一种高新数字技术的体现，不仅在传播信息方面实现了与传统出版物同样的功能，在媒体产品的类型方面也更加丰富，传播更加迅速。

一　数字出版产品的概念

出版产品是出版活动的成果，是出版活动作用于社会的主要手段。所谓数字出版产品，就是借助数字出版技术，以数字出版的方式出版，以“数字”为特征的一种新型出版产物，是数字出版活动的成果。它既是涵盖传统出版的编辑、复制、发行等环节的数字化改造产品，又是包括许多新兴数字媒体的复合型出版产品。数字出版产品包含三个层面：一是数字化的印刷型传统出版物；二是直接的数字新兴出版产品；三是出版物的数字延伸产品。目前主要的数字出版产品包括电子图书、数字报纸、数字期刊、网络游戏、数字动漫、数字音乐、数据库出版物、手机出版物（彩信、彩铃、手机报纸、手机期刊、手机小说、手机音乐、手机动漫、手机游戏）等等。数字出版产品的传播途径除传统物流以外，还包括有线互联网传播、无线通讯网传播和卫星网络传播等。

（一）出版工艺数字化：数字化的印刷型传统出版物

最早的出版数字化出现在书报刊的编辑加工环节，即印前图文加工的数字化。传统出版物都是纸介质的印刷品，包括报纸、杂志和图书，它将精神产品转化为物质形态，制成原版并加以复制，便于在一定范围内传播。数字技术的出现，导致传统出版物制作的固有流程产生变革与创新，引起传统出版物在创作方式、编辑加工、印刷复制、发行销售和阅读消费过程中的数字化革命。因此，按数字出版物的形式来划分传统出版和数字出版是不科学的，传统出版物如果印前工艺数字化——也称“桌面出版物”，同样也属于数字出版产品。

一方面，数字出版物的原创文本内容以数字化的形式存放在数字空间，原有编辑工作的选题、组稿、审稿、编辑加工、排版、校对等“六艺”程序间的界限，在数字出版环境下已经逐渐一体化。另一方面，在全数字化印刷复制技术的整个生产流程中，各种胶片、印版都不复存在，印刷生产逐渐融入印前数字式处理系统。也就是说，从出版工艺的数字化角度来看，原创作品经过创作数字化、编辑加工数字化、印刷复制数字化、出版管理数字化，从而形成的传统印刷型出版物也可以称为数字出版产品。

（二）出版介质数字化：直接的数字新兴出版产品

随着现代技术的进步，出版产品的物质形态和它所负载的内容有了许多新的发展，出现了新兴的、非印刷品的出版物。从出版介质的数字化角度来看，新兴的复合型数字出版产品拥有便于存取数字内容的介质。作为数字出版产品的又一层面，新兴的复合型数字出版产品在不同阶段呈现出不同的形态。目前数字出版的发展现状，可以分为电子出版产品和网络出版产品。

电子出版产品，是指以数字代码方式将有知识性、思想性内容的图文声像等信息编辑加工后存储在固定物理形态的磁、光、电等介质上，通过电子阅读、显示、播放设备读取使用，以表达思想、普及知识和积累文化，并可复制，通过实际渠道发行的大众传播媒体。主要包括只读光盘（CD－ROM、DVD－ROM等）、一次写入光盘（CD－R、DVD－R 等）、可擦写光盘（CD－RW、DVD－RW 等）、软磁盘、硬磁盘、集成电路卡等。

网络出版产品，是指以数字化形式存储在磁、光、电等存储介质上，通过计算机网络高速传播，并通过计算机或类似设备阅读使用的出版产品。其一是纸质出版物的数字化产品，即将已经出版的纸质出版物进行数字化，转换为可以直接在计算机或具有类似功能的设备上读取使用的数字产品；其二是原创性多媒体数字出版物，即融合文本、图形、图像、声音和视频等多种媒体信息的全数字化出版产品，其创作、编校制作等都通过计算机网络进行，并且直接将产品内容以数字化的形式存储于数字空间，不存在印刷环节，通过网络发行，对内容的修订和修改也无需经由重新出片、打样、输出和装订等过程，只需即时更新，然后在网上发布最新版本。

电子出版产品和网络出版产品最主要的区别在于，前者是通过实际的发行渠道传播的，而后者在创作、编辑、印刷和发行的过程中都是通过网络出版发行的。

（三）出版外延扩大化：出版物的数字延伸产品

随着互联网的出现、发展、普及，不仅其应用技术在不断提高，为我们带来了新的信息传播方式，与此同时，数字产品的发展也使得它的概念外延越来越宽泛，出版物不再仅仅局限于印刷品。同时，以消费和娱乐为本的大众文化蓬勃发展，视听媒体充斥着现代社会生活的方方面面，代表娱乐精神的大众文化占领了文化市场，读者不再单纯以思想性来要求出版物，而是更多地以娱乐为需要来选择出版物。于是，人们同样把经过不同的技术手段制作和复制，具有一定传播功用的文化精神产品视为出版物。不同于数字化报纸、杂志和图书，网络游戏、数字动漫和数字音乐对人们娱乐方式产生了巨大的影响，是出版物的数字延伸产品中最为引人关注的方面。

二　数字出版产品的特征

数字出版产品采用现代信息技术，提供文本、超文本、多媒体的信息，将文本、图形、声音、动态图像组织在一起，形成一种完美的出版物，让欣赏者耳目一新。它采用数字代码方式记录信息，能用多种媒体形式表达内容，使用时需要有专门设备，与纸质载体相比具有以下特征。

（一）从制作过程来看

数字出版产品中包含多种技术结合以及多领域人员合作。数字出版过程中，文字、图像、声音、视频等信息都以统一的二进制代码形式存储于光、磁、电介质上，其信息加工必须借助于计算机、通信网络或类似设备进行。一般来说，一个完整的数字出版产品从产生到传播，包括了内容生产的数字化、管理过程的数字化、产品形态的数字化和传播渠道的网络化过程，期间除了有传统出版物制作所需的出版者的选题策划能力和编辑能力，还汇集了非线性编辑技术、多媒体技术、编程与设计技术以及新型印刷技术等等。可见，数字出版产品的出版队伍经由策划者、文字编辑、美术编辑、音频编辑、视频编辑、程序编辑、软件工作师和发行管理人员等多领域人才组成。

（二）从内容形式来看

1. 内容碎片化

那些独立存活、独立传播的微博文字和可融合的视像单元，已成为类似于微生物细菌级别的“活体”，散布在数字空间的各个角落。数字出版产品利用比特单位的数据元来叙事，碎片化早期只是编码与赋值，但随着“数字化生存的展开”，日益成为“有意义的生命的最小单元”。

2. 多媒体化

数字出版产品的信息量十分丰富，可以综合处理多种媒体，如文字、图形、影像、声音、动画等，是一种集成性出版物。它融合了书、报、刊、广播、电视、游戏甚至咨询、培训、远程教育、情报资料等多种功能，利用这种优势，它为读者提供了种种信息和良好的阅读体验，使读者十分容易地掌握各种知识。这种多媒体以丰富的文字、图形、图像、声音及动画，造就背景音乐、微观世界的图形、神奇的自然景观影像等有趣的情形。

3. 信息新颖

网络上的信息是动态的，每时每刻都有专人维护，随时将最新信息输入网络。由于它是在通信线路上实时发行，几秒钟后其最新信息就可到达世界任意接收方那里，无须原材料的加工，省去了许多中间环节。

（三）从存储载体来看

1. 物理空间利用率高

传统纸质出版物受版面、厚度或存储空间的限制，而“数字空间”是无穷无尽的。数字出版产品都利用光、电、磁介质作为存储载体，信息存储量大、体积小、重量轻、易保管。与纸张等载体相比，不仅在相同的单位空间内可以存储的信息量多得多，还能集文、图、音、像于一体。例如一本 70 万字的 32 开普通书籍，可厚达 1000 页。如果放在磁盘中，只需占用一张薄薄的、巴掌大的 3 英寸盘；而存储于网络空间则只是一个电脑屏幕或手机屏幕那么大。

2. 复制成本低廉，有利于环保

常见的数字出版物形态包括基于跨平台传播和多媒体表现形式的产品形态，无需纸张、油墨，是纯数字化、绿色环保的生产存储方式。数字出版物存储于网络服务器上，没有有形的载体，因此不可能产生有形的复制品，其传输也只能通过通信网络进行，降低了出版产品的复制成本。

（四）从发行过程来看

1. 出版周期短，信息更新及时

在出版发行方面，纸质文献通过印刷、装订来实现其复本，在确定版本后，不能随意改变其内容。而数字出版物可以省去制版、出片、印刷、包装、发行等传统流程，通过计算机复制功能制造出多个复本。由于网络传输的时间很短，因此用户可以很快得到出版物及其修改更新后的最新版本，无需重新打样、输出、装订等烦琐的过程。数字出版物具有随意性和灵活性，可根据客户要求随时出版，信息更新快、传播快。

2. 发行方式多元化

传统出版物的发行必须是出版物实体传播，而数字出版物发行则既可以是出版物实体传播，也可以是直接存储于计算机存储器上无形信息的在线服务传播，无需原材料、运输、库存和物流费用。对于短版或几乎绝版的图书来说，数字化的按需出版发行方式，显得更加实用、可行。

3. 发行范围广

网络的传播速度极快，而且从不休息，读者可不受时间、空间的限制，在任意时间任何地点使用网络电子出版物。任何地方的用户只要有一台计算机或者个人移动终端产品（手机、PDA、电子阅读器等），就可以接入网络访问或获取数字出版物。其传播范围极其广泛，遍及全球，真正实现资源共享。

（五）从管理运营来看

数字出版产品更加注重数字内容的整体策划与运营。从事数字出版的主体一方面必须要有强大丰富的资源储备与资源整合能力，有数字化、格式化的数据库资源。另一方面，也需要具有对内容的版权保护能力。除了少数网站对内容实行付费使用，几乎所有的网站的信息内容以“免费通吃”的方式盛行。而大多数数字出版物注定不会是免费的午餐，一旦实行收费，就会引起用户的反弹和对抗。这种对著作权的无视和慢待，不利于原创作者的创作和团队的运营。

（六）从读者体验来看

1. 互动性强，读者接受信息变被动为主动

首先，传统出版物一经出版，就无法对其进行修改，除非再版。读者对出版物所承载的信息只能被动接受，而电子出版物则具有很强的交互功能，除了能承载文字、图像、音频、视频、动画等多媒体信息，用户还可以根据需要对信息进行检索、统计、分析甚至根据自己的意愿重新编辑，读者与电子出版物之间可以互动。其次，与平常读书不同的是数字出版物为交互式，即人（读者）和机（电脑）之间存在着双向的信息交流。例如，人可以改变进度、难度，电脑也能向人提问，等等。读者轻松点击鼠

标或者直接使用触摸屏，就可以用出版物提供的菜单、按钮、按键等十几种交互手段达到轻松阅读。此外，通过网络，出版者和用户之间能够更加方便地进行实时交互。数字出版物的站点都设有 E－mail 信箱、二维码扫描、微博和微信平台，以便沟通与读者之间的关系，通过网络及时地收集反馈信息，可以和读者保持更密切的联系。

2. 信息易检索

数字出版产品采用超文本链接形式组织数字内容，具有十分方便的快速检索和查询性能。读者接受出版内容时，可以很方便地联想和跳转，从几千万字中找到所需要的数据或是与某个主题相关的更多内容，如某个字、词、数字、符号、句子等。从而更加符合读者的阅读习惯和思维规律，使读者更为全面地把握知识信息。

3. 满足多用户需求

数字出版物在提供信息服务方面，可同时迅速处理多用户要求，可以多人多次同时获取同一信息，不会出现出版物断货的问题。

4. 使用便捷

读者可以通过移动终端直接获取数字出版产品，数十秒之内就可以无线传送到用户终端，这省去了读者花时间逛实体书店和排队付款等麻烦。而且数字出版产品容量大、重量轻，便于读者随身携带。

三　数字出版产品的类型划分

关于数字出版产品的类型，由于人们划分的依据不同，从不同角度、按不同标准可得出不同的分类结果，而这些分类往往相互交叉。

（一）按产品内容分类

产品内容主要包括文本信息、图形信息、图像信息、动画信息和视频信息等。根据产品内容的种类，数字出版产品可以分为纯文本型数字出版产品、图像型数字出版产品、音像型数字出版产品以及多媒体数字出版产品等。

文本型数字出版产品中的文本并不仅仅指单纯的文字，也包括一些数值，其中文本型信息占绝大多数，甚至所有的信息都是文本信息，如数字报纸、书目数据库等；图像型数字出版产品中的内容以图像信息为主，例如一些专门的图像素材库等；音像型数字出版产品存储的多是音像信息，如早期的唱片、磁带、CD、VCD等；多媒体数字出版物则不只包含某一种类型的媒体信息，它融合了各种类型的媒体，并把它们有机地结合起来，提供充分的检索、统计等交互功能，这类出版物的典型是百科全书类、电子词典等教育类数字出版产品。

（二）按产品用途分类

从产品用途的角度划分数字出版产品类型，可以分为大众类、专业类和教育类。

大众类数字出版产品是与大众的日常生活、休闲阅读以及文化体验相关的数字出版产品，包括艺术、音像、小说、传记、理财、烹调、游戏、旅游、保健等内容。人们可以借助大众类数字出版产品玩游戏、观赏影视作品、获取实用知识。专业类数字出版产品通常又包括财经、法律、科技、医学和大学出版产品，是指与职业和行业有关的出版作品。而教育类数字出版产品是目前数字出版的重点，指的是与学生学习、教师教学有关的出版产品，主要包括基础教育类和高等教育类两方面。它的核心是教材，以及与之相配套的教辅。例如包含光盘辞书、网络辞书、掌上电子辞书、电子阅读器辞书在内的各种电子字典。

（三）按传统出版形式分类

传统出版物可分为连续出版物和非连续出版物，连续出版物又可分为报纸、期刊等，非连续出版物又可分为图书、音像等。根据这种分类方式，数字出版产品也有相应的分类，如图3-1所示。

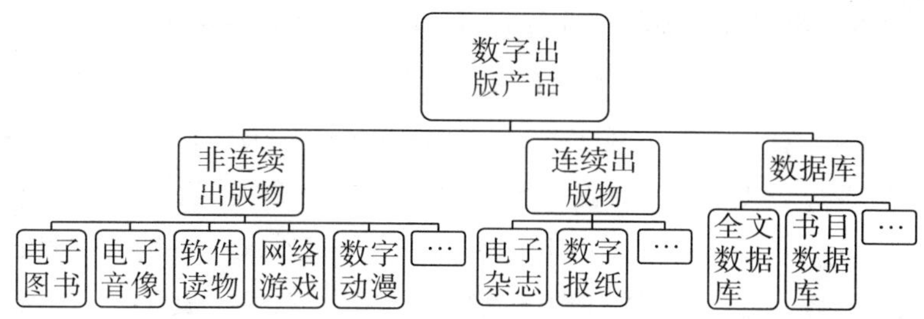

图 3—1 按传统出版形式分类的数字出版产品类型

数据库作为数字出版产品的一种，它可能是连续型的，如DIALOG 等一些连接数据库，是定期更新、连续出版的；它也可能是非连续型的，如某些全文数据库，一旦制作完成之后就很少进行更新甚至不再进行更新，例如存储在 CD—ROM 上的全文数据库，制作完成后就不再对其进行更新了。

（四）按内容载体分类

与传统印刷型出版物不同，数字出版产品的存储载体主要是以磁、光等为介质的有形数字出版产品和以手机、PDA 或电子阅读器等数字终端为载体的无形数字出版产品。根据内容载体的类型，数字出版产品可以分为以下几种类型，如图 3—2 所示。

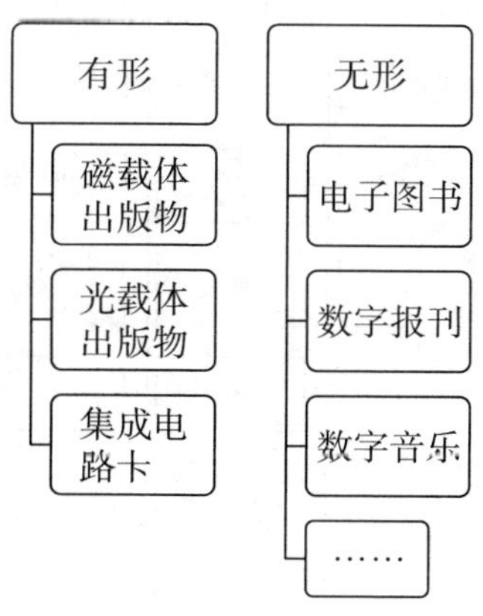

图 3—2 按内容载体分类的数字出版产品

有形的数字出版产品以磁盘、集成电路卡、光盘等为载体，有软盘（FD）、只读光盘（CD－ROM）、交互式光盘（CD－I）、图文光盘（CD－G）、照片光盘（PHOTO－CD）、高密度只读光盘（DVD－ROM）、集成电路卡（IC－CARD）、闪存盘及软件读物、一次写入光盘（CD－R、DVD－R 等）、可擦写光盘（CD－RW、DVD－RW 等）、软磁盘、硬磁盘等。其中只读光盘（CD－ROM）的优点最为突出，发展最为迅速。而无形的数字出版产品是以数据库和通信网络为基础，以计算机主机的硬盘为存储介质，它除了可以向用户提供即时的联机服务外，还可以通过通信网络迅速提供传真出版、电子邮件、下载等多种服务。

（五）按发行渠道分类

数字出版产品的发行渠道主要有三种：一是实际的传统发行渠道，二是互联网发行渠道，三是通信网络发行渠道。按发行渠道分类，数字出版产品可以分为传统发行数字产品、互联网数字产品和手机出版产品，如图 3－3 所示。

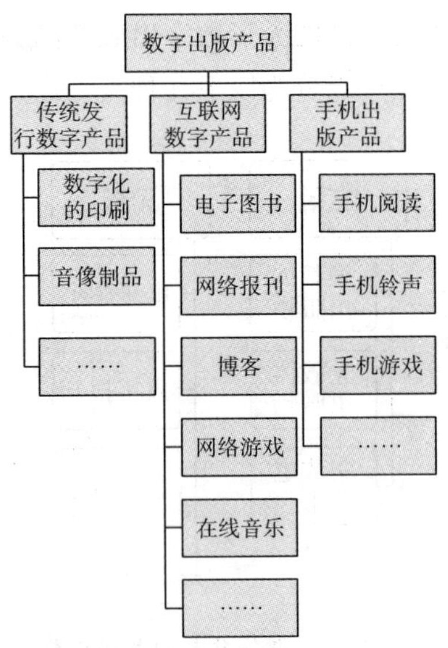

图 3－3 按发行方式分类的数字出版产品

随着留声机、缩微成像技术、录音技术、录像技术和计算机的发明与应用，音像制品应运而生，即录有内容的录音带（AT）、录像带（VT）、激光唱盘（CD）、视频光盘（VCD）及数字视盘（DVD）等。它是通过传统发行渠道发行的数字出版产品之一，除此之外还包括带有文字、图片、音像的磁带、软件、软盘、光盘和数字化的印刷型传统出版物等。

随着互联网的发展，原创网络文学、论坛连载、博客出版等方式逐步进入人们的视野，对这些新兴的出版方式，产生了“互联网出版产品”的概念，用它来称呼那些通过互联网出版的出版物，包括电子图书、有声读物、博客出版、网络期刊、网络学术出版、数字报纸、网络广告、网络游戏、在线音乐以及可供下载的各种资源等。

直到3G时代的到来，包括移动通信、计算机等在内的IT行业和技术超常规发展，我国手机用户数量也呈现大幅增长趋势，借助通信网络传播的手机出版产品越来越普及。所谓手机出版产品，是指手机运营商将加工后的数字作品以无线通信技术为手段按照特定的付费方式向手机用户发布的一种出版产品，包括手机音乐、铃声、彩信、彩铃、图片、动漫、手机游戏、手机阅读（图书杂志、新闻）等。其中，“加工后的数字作品”主要是由手机的内容提供商来供应的，包括报社、出版社、唱片公司、网络运营商等，内容包括新闻、小说、漫画、音乐、游戏等等。“按照特定的付费方式”包括包月收费、按条计费和按流量计费等多种模式，这是由用户的订阅方式和付费方式决定的。“发布”的意思主要是说它是一种大众传播行为，而不是一对一的互动。手机出版使手机从人际传播工具变成了大众传播媒介。

第二节　数字出版产品类型的发展

从世界范围来看，数字出版产品类型的发展相当迅速。数字出版的萌芽可以追溯到1951年，美国麻省理工学院的P. R. Bagley对利用计算机检索代码做文摘进行可行性分析。国内在20世纪70年代开始采用计算机进行汉字信息处理，80年代实现了版面编辑、数据储存和软件检索等功能，形成了初期的中文电子出版物。90年代，紧跟全球多媒体光盘出版热潮，中国也涌现出数以万计的多媒体公司和近百家电子出版社。但是由于技术和市场的不成熟，加之盗版猖獗，多媒体光盘成为过渡性的载体。2000年至今，信息技术迅速发展，数字出版产业发展一路高歌，2009年我国数字出版产业产值超过750亿元，首次超过纸质出版产值，营销与赢利模式实现突破，手机出版受到前所未有的重视，微博异军突起，众多传统出版集团开始涉足数字出版，网络传播逐渐显现出超越其他媒介的优越性，数字出版借此机会不断得到延续、巩固和扩张，伴随着产业融合的加剧，内容资源继续向少数出版企业高度集中，在线阅读成为未来阅读的大趋势，移动终端已经成为出版商的必争之地，全面开拓着数字复合出版物发展的新道路。

一　电子出版产品类型的发展

电子出版的发展，起始于计算机开始用来生产出版物。出版物借助计算机完成了制作、存储、发行、阅读的全过程，磁带、光盘等存储介质的发展将存储在这些光电磁介质之上的出版物称之为电子出版产品。

20世纪六七十年代的磁带出版物多为录音带、录像带等音像制品，后来陆续使用软盘、光盘等为载体或通过计算机网络发行，主要用途是取代磁带作为微机存储、传输数据和软件的工具。

（一）数据库的发展过程

作为一种主要的电子出版物，数据库在短短的几十年时间里发展极为迅速。这种发展不仅仅是数量上的增加，还包括数据库规模的扩大以及数据库涉及主题范围的拓展。

在 20 世纪 60 年代初期到 70 年代这段时期内，以科技数据库为主体，可以认为是数据库发展的萌芽阶段。这一阶段早期的联机数据库开始公之于众，但当时使用的联机系统还非常小。如 DIALOG，起初只有小规模数据量的 ERIC 数据库和 NTIS 数据库。数据库也通常是提供书目信息、文摘信息的参考型数据库。

20 世纪 70 年代中期到 80 年代中期，全文数据库从各类数据库中脱颖而出，打破了书目数据库的统治地位；同时，随着超文本、多媒体等技术的发展，各类图像数据库、图形数据库、视频数据库等多媒体数据库的数量迅速增加。数据库主题由科技型转为社会型、经济型，并朝着多样化、细微化方向发展。这一阶段是数据库的加速改进和提高阶段。

20 世纪 80 年代中后期至 90 年代中期是数据库转换发展阶段，这一阶段的数据库以应用新技术方法为主要特征。20 世纪中后期至今进入了全面面向社会、家庭，以及更友好的信息服务为主的繁荣发展阶段。

（二）电子出版产品载体发展过程

1. 计算机可读磁带（Computer Readable Magnetic Tape）

20 世纪 60 年代到 70 年代是世界数字出版的肇始阶段，这一时期以磁带为介质发行的数据库，主要为图书馆、资料室和情报所提供服务。

计算机可读磁带是 20 世纪 60 年代末发展起来的电子出版物

载体。人们主要用它出版专业期刊，如1961年出版的《化学题录》最初以磁带为载体出版，后来通过多种方式出版发行电子版，是第一种用计算机编辑出版的电子期刊，既是世界最早的电子出版物，也是持续出版时间最长的电子出版物之一。此外还有《化学题库》《生物学文摘》《工程索引年刊》等期刊。

继化学文摘社之后，实现编辑出版电子化的单位越来越多。从1962年开始定期发行《美国化学专利文献单元词索引》（Uniterm Index to U. S，Chemical Patents）及其他文献著录数据磁带版。美国国家医学图书馆（NLM）在1960年利用计算机编辑出版《医学索引》（Index Medicus）月刊印刷版，1961年8月至1963年12月与通用电气公司合作开发的“医学文献分析与检索系统”（MEDLARS），是世界最早的计算机化信息服务系统之一，1964年1月正式投入运营。

2. 软磁盘（Floppy Disk）

软磁盘于20世纪70年代初在美国研制成功，80年代初开始广泛应用与个人微型计算机数据存储和传输。它是以双轴取向的聚酯塑料薄膜为基体、表面涂有硬磁材料的圆盘形的电子信息载体，封装在一个正方形的塑料盘套内。这种软磁盘有两种规格：一种直径13.3cm，容量为150条题录；另一种直径20.3cm，容量为400条题录。从使用类别上分，可分为教学软件、生活与工作实用软件、通信软件三大类。从出版类别上，可分为图书、期刊两大类。

以软磁盘作载体的电子出版物在我国出现最早。20世纪80年代初期，随着微型计算机的逐步推广，一些应用软件和程序开始作为出版物进行传播。1985年，光明日报出版社专门成立了软件出版部，出版了几十种应用软件的电子出版物，并通过新华书店的图书流通渠道公开发行。计算机的辅助教育类软磁盘出版品种较多，最初这类产品是作为电化教育的辅助教材而开发的，没有作为出版物来对待。随着学校配备计算机，需要计算机辅助型教育（CAI）教材，许多原有的电化教育产品被稍加修改后成为了电子出版物。

3. 集成电路磁卡（IC 卡）

集成电路磁卡由若干个集成电路块组成，可容纳几张、十几张软磁盘的内容；集成电路交换信息的速度远远超过磁盘和光盘。集成电路卡不仅能记载文字和图形信息，还可以承载多媒体信息。最早的集成电路卡式电子出版物以文字信息为主，配以少量的图形，后来加进了声音成为第二代多媒体式的电子游戏卡。

常见的集成电路卡电子出版物是游戏卡。它最初只是作为一种电子玩具产品，后来发展成为可以宣传某种观念，具有较系统的内容和含义的准出版物。另一类常见的集成电路卡式电子出版物是笔记本式辞典。还有一种产品是阅读器和卡分离的。电脑发声辞典是集成电路卡式电子出版物数量最多的一种，它是语言学习考试辞典，也是文化旅游辞典，其外形结构像一个大的计算器，分键盘操作区、显示和声音输出区两大区域。

4. 只读光盘（CD－ROM）

只读光盘全称是“密集光盘型只读存储器”，由激光唱片改进而成，包含有可供计算机读取的数字信息，是最常见的电子出版的实体形态，也最适宜用作大型图书存储介质，其电子出版物的发行和销售依然借助传统书刊发行渠道。它的优点是体积小、容量大、保真度高、经久耐用，可录入文字、图形、声音、影像等多媒体，检索方便，但只能读出不能写入。

起初，只读光盘只是以提供书目信息、文摘信息等参考型数据库为主，20 世纪 80 年代以后出现的数据库以及多媒体数据库成为主要发展方向，它的出现大大加快了电子出版物的开发利用。20 世纪 90 年代，它作为应用最为广泛的电子出版物载体，是电子出版物成熟发展的明显标志。以 CD－ROM 光盘为载体的电子出版物包括电子图书、印刷型期刊的电子版和数据库等。率先出版的只读光盘版工具书有日本三修社的《科技词典》和格罗里耶电子出版公司的《美国学术百科全书》等。

数据库光盘是较早的实用性电子出版物，光盘存储的二次文献允许读者从各主题词进行查询，不仅可以利用时间、地点、作者、出版者等传统主题词进行检索，还可以通过关系词、同义词、反义词等灵活组合进行查询。全文数据库光盘继承了印刷出版物的全部内容，并附加了多种检索功能，以及统计、计量功能和分析比较功能，从而产生了新的知识，使读者从作者的叙述和论述的表达过程中了解到新的事实和新的发展，并对作者的风格特点有进一步的了解。

（三）我国电子出版产品的发展

我国电子出版物的编辑出版始于 20 世纪 80 年代。电子出版物分为在线电子出版物和离线电子出版物两大类，可供公众存取的在线文献数据库在国际上被认为是在线电子出版物的一种。

国家医药管理局科技情报所于 1981 年成功开发我国第一个中文数据库——中国药学文献数据库，目前已发展成为世界上拥有中药文献最多的数据库。该库的数据取自我国公开发行的药学及相关学科的中文期刊、会议论文、专利文献，以文摘、提要、简介和题录四种形式报道，可供计算机用户在线检索。中国药学文献数据库的获取方式有三种：光盘、软盘、因特网。如果把文献数据库在线版同软盘版、光盘版一样看作电子出版物的一种类型，那么可以认为我国电子出版物的编辑出版始于 20 世纪 80 年代初。

80 年代中期，一些大学和科研单位将其编制的计算机软件作为出版物通过正规的出版社出版，以获得版权保护，介质一般采用软磁盘。我国以软磁盘为载体的电子期刊起步于 80 年代中后期，最早的电子化文摘期刊是交通部科技信息研究所编辑出版的《公路运输文摘》和《水路运输文摘》，其发行载体为5英寸软磁盘，成为20世纪80年代一种能高效优质地为广大用户提供服务的检索工具。

我国的只读光盘出版物始于90年代初。第一种是介绍我国企业情况的英文版只读光盘《Chinese Business》，由上海经济信息中心研制，1991年10月向国内外发行。到1994年，国内20多家单位陆续制作了近百种只读光盘。与此同时，万方公司和维普公司在我国相继成立，这标志着我国文献数据库建设事业尝试新的管理与运作模式的开始，这一时期我国出现了一些有影响的文摘型数据库，如《中文科技期刊数据库》《中国科学文献数据库》等。此外，许多其他类型的数据库也相继问世，如《中国科技经济新闻数据库》《中国科技论文与引文数据库》《中国专利文献数据库》等。1996年12月，我国公开发行了中国学术期刊光盘全文数据库。目前，中国期刊网也在其网站提供了题录数据库的免费检索。

二 互联网出版产品的发展

网络出版产品与网络相融合，将出版数字化由作品的数字化、编辑加工的数字化，扩展到借助网络在线访问或下载接触消费者，即发行的数字化和阅读消费的数字化。网络的独特技术也带来一些新兴的独具网络特性的数字出版与发行方式，将数字化出版产品推向一个全新的发展阶段。

（一）在线报刊

美国传统报纸创办在线版的第一次浪潮始于20世纪80年代初，带有探索和试验性质，通过自有的或商用的计算机网络进行，时断时续。第二次浪潮始于90年代初，以互联网上新开发的万维网等工具为主要依托，逐渐扩展到全球。

美国第一家在线报纸是1980年7月由CompuServe公司和

俄亥俄州《哥伦布电讯报》提供的。在《哥伦布电讯报》之后，于1981年1—10月相继有10家报纸参加电子版试验。依靠计算机公司的技术，支持以个人计算机的用户为主要读者对象自办交互式在线报纸的出版试验，《沃思堡明星-电讯报》创办的在线报纸《星文》是最先获得成功者。《星文》作为早期的电子报纸具有以下特点：一是信息量比印刷报纸大，内容随时更新；二是具有交互性，包含人机交互和人际交互两个方面；三是自办在线信息服务。

国内第一份上互联网的中文电子期刊是国家教委创办的《神州学人》，网站（www. chisa. edu. cn）于1995年1月12日开通，通过中国教育和科研计算机网（CERNET）进入互联网向全球发行，主要是为出国留学人员服务。有统计材料显示，到1995年年底，我国第一批上网的报刊有七八家，包括在当年11月接入互联网提供在线服务的《中国计算机报》等。

中国新闻传播媒体网络化的进程，最早可以追溯到地方报纸《杭州日报·下午版》在1993年12月6日通过该市的联机服务网络—展望咨询网传送电子版。1995年，《中国日报》网站开通，成了国内最早上网的报纸。而我国第一家正式以互联网发行的中文报纸是《中国贸易报》，该报1995年10月20日在人民大会堂举行开播演示，12月20日正式发行。到1996年底，有30多家报纸在互联网上发行了数字版。1997年1月1日《人民日报》开设了自己的网站。人民日报网络版在信息量和时效性等方面远远超过其纸质母报，是国内外读者通过互联网了解、认识中国的重要窗口，1998年3月3日率先在中国实现了网上实时报道。

（二）电子书

电子书是以数字化的格式构成的或者是转换成数字化格式以供计算机屏幕上或手持装置上显示的书籍，多数电子书具有全文检索和超文本链接功能。其必要条件一是经过格式化、可以用一定的阅读装置显示，具有书籍内容的电子文本，二是电子阅读装置的硬件及用来显示书籍内容的软件。

20 世纪 60 年代初第一批电子期刊出版后，美国科技界和出版界把电子书籍的编辑出版提上了日程。《美国学术百科全书》全文多媒体版称为《格罗利耶多媒体百科全书》（Grolier Multimedia Encyclopedia），于 1988 年出版，于 90 年代中期发布在万维网上。《美国学术百科全书》的历史颇有代表性，大体反映了百科全书出版的发展趋势：印刷版—在线版—纯文本光盘版—多媒体光盘版—万维网版。

在计算机网络上连续出版发行的电子书籍是美国伊利诺伊大学迈克尔·哈特从 1971 年起推出的，通常认为这是电子书籍系统地出版发行的真正开端。1986 年美国新泽西州富兰克林电子出版公司的《富兰克林拼写词典》是在一种手持装置中搭载一部电子词典，从而制成了世界上第一种便携式电子书。1990 年 7 月索尼公司在日本推出名叫 Data Discman（数据光盘人）的手持电子书阅读器，可驱动激光唱盘和只读光盘。索尼还提供“索尼电子书编创系统”软件，可用来自己制作与“数据光盘人”兼容的电子书。

苹果计算机公司在 1993 年首次推出可生成和阅读电子文本的“苹果牛顿讯息”（Apple Newton Message Pad）。其特点是没有内置的键盘，采用点触屏幕、光笔和手写识别的办法输入指令和数据，功能有制作目录、图像、文字加工、标书签、加评注、建立超链接，能显示 Newton Book 格式的电子书，有打印、传真、电邮、复制、删除等按钮。但它多为袖珍型，屏幕小，在初期清晰度不够高，用来看书不如看印刷本舒适。

在 90 年代末期，模仿一般平装书开本设计的新一代便携式电子书便应运而生。第一种是加州帕洛阿尔托市新媒体公司在

1998 年 10 月推出的火箭电子书阅读器，幅面像标准平装书那样大小，可存储书 10 种或 3200 页。“火箭电子书”利用下页/上页按钮“翻”页，可选字号，用光笔标书签，在语句加下划线或评注，有内置词典可查阅词语释义，可用关键词进行全文检索。

基于 DOS 的电子书从 1992 年起转换成与 Windows 兼容的版本，1994 年部分电子书开始从纯文本改用 HTML 格式出版。1993 年 BiblioBytes（图书比特）公司建立网站通过互联网出售电子书，是第一家在万维网上创建的图书贸易公司。作为试验，1993 年史蒂芬·金的短篇小说《梦魇与幻境》（*Nightmares and Dreamscapes*）在印刷发行之前通过网络出版发行。这是史蒂芬·金通过美国普通书籍主流出版社推出的第一部网络作品。2000 年 3 月，他的第二本网络小说《骑弹飞行》（*Riding the Bullet*）引起轰动。

以亚马逊购物网为平台的 kindle 电纸书特指使用 E-ink 显示技术，提供类似纸张阅读感受的电子阅读产品。它是一种采用电子纸为显示屏幕的新式数字阅读器，可以阅读网上绝大部分格式的电子书，与传统设备相比，采用电子纸技术的电纸书阅读器有辐射小、耗电低、不伤眼睛的优点，而且它的显示效果逼真，能够取得和实体书接近的阅读效果。而亚马逊的电子书又是电子书品牌的一种，所占配市场占有量大，它的竞争力除了自身拥有丰富的资源外，主要特点还有它的网络支持功能，而且还可以订阅报纸杂志。

（三）博客（Blog）

博客是个人日志的综合平台，是一个属于个人的小型数据平台。在这个平台上，博主是既是创作者也是管理者，可以随意发布与修改、删除自己的作品，供人阅读与下载，也可以发布照片与音频、视频文件，并与他人进行在线交流。

博客现象始于 1998 年。麦特·德拉吉是最著名的博客

(http://www. drudgerepot. com),主持个人博客网站“德拉吉报道”。他以“每个公民都可以成为记者”的理念，掀起了全球网络“博客”的风潮。2001年后，博客这种新型的网络表达形态在我国迅速流行开来，并渐渐进入主流传播的视野。方兴东等人开始在中国大力推广Blog，并创建了国内第一家较有规模的专业博客网站——“博客中国”。2010年，微博客(即Microblog简称“微博”)开始在中国发展，它基于用户关系信息分享、传播以及获取平台。用户可以通过WEB、WAP等各种客户端组建个人社区，以140字左右的文字更新信息，并实现即时分享。

(四) 网络游戏

电子游戏起源于西方，国际游戏产业已有42年历史。网络游戏脱胎于传统的单机版PC游戏，世界上第一款网络游戏是1969年美国的瑞克·布罗米编写的《太空大战》(*Space War*)。

1978年，英国埃塞克斯大学的罗伊·特鲁布肖用DEC-10编写了世界上第一款MUD(Multiple User Dimension)游戏，是世界上第一款真正意义上的多人交互式网络游戏。此后，越来越多的专业游戏开发商和发行商开始介入网络游戏，“大型多人在线角色扮演游戏”的概念出现。网络游戏开始直接进入互联网，到了1997年，网游正式步入商业化运作时代。

2000年，随着大规模网络基础设施的建设，中国的互联网应用也随之进入发展高峰期，游戏出版物由原来以光盘为载体的单机电子游戏出版物向互联网延伸。由于当时市场竞争尚不激烈，引进到中国市场的网游都有不俗表现，代表作品有《万王之王》《网络天国》《千年》《石器时代》等。

2001年，以上海盛大网络发展有限公司正式引进韩国网络游戏《传奇》为开端，直至2002年7月这段时间可称之为“传奇时代”。《传奇》出版后运营仅半年，同时在线人数就突破10

万人，到2002年7月，更进一步扩大到同时在线人数50万。

2002年，九城开始代理《奇迹》(MU)，依靠游戏本身的高素质，游戏运营获得较大成功，成为当年最受欢迎的网络游戏之一，但中后期因外挂严重导致大量玩家流失。到2004年底，九城依靠对《奇迹》(MU)的成功运营和得到《魔兽世界》代理的利好消息，顺利于纳斯达克上市，成为第二支中国游戏概念股。

三　手机出版产品的发展

手机，原本只是一种人们在移动中进行人际交往的通信工具，又称为行动电话、移动电话。伴随着移动通信技术的发展，手机已不仅仅是现代通信业的代表，并且越来越成为通信与计算机融合的产物，而且成为网络媒体的延伸与组成要素。可以说，手机已经成为迷你型电脑。

（一）手机阅读

手机阅读主要是以各类电子书、手机报、杂志、漫画、文献等为内容，实现多样化的阅读形式。手机阅读基于用户对各类题材内容的阅读需求，整合具备内容出版或发行资质的机构提供的各类内容，目前以移动终端（包括手机、手持阅读终端）为主要阅读载体。

手机小说是由手机作为载体来完成小说的创作或者阅读的形式，具有可传播性。手机小说最早出现于日本，是建立在I-mode技术上的，并且有数万个I-mode手机网站在“销售”新鲜出炉的手机文学作品。早期中国的手机出版基本是借助短信技术进行的。中国首部手机短信连载小说作品名为《城外》，共4200字，被分割为60章节，每篇70个字，分次发送给手机订户。2004年11月15日，在上海和北京同时通过彩信首发的《距离》被称为是中国第一部彩信小说。2010年5月5日，中国移动手机阅读业务正式商用，至今还不到10年的时间，但是手机阅读已经逐步成为推动数字阅读的最具普及力和渗透力的新媒体。

另一种主要的手机阅读产品是手机报，它依托手机媒介，由报纸、移动通信商和网络运营商联手搭建的信息传播平台，将传统媒体的新闻内容通过无线技术平台发送至手机，包括短信、彩信、WAP（上网浏览）和客户端下载等多种形态。

我国手机报的雏形最早可以追溯到2000年。2000年6月19日，《人民日报》在日本正式开通了日文版、英文版的I－mode手机网站。但由于我国手机无线上网使用的是WAP模式，因此国内的手机用户无法进入网站进行手机阅读，其在国内影响力极为有限。2001年，由于手机短信的风行，一些门户网站和报社开始尝试用短信向用户发送新闻信息的服务。新浪、搜狐等大型门户网站向用户提供短信新闻订阅业务，江苏省的《扬子晚报》率先在全国新闻媒体中启动手机短信新闻服务，命名为“扬子随身看”。2002年，中国移动推出彩信业务，能够容纳文字、图像、视频、音频等多媒体格式文件，理论容量最大能达到100K，相当于2万个汉字。彩信的推出，大大扩展了短信的信息容量，为我国彩信手机报的诞生酝酿好了充分的技术条件。2004年7月18日，《中国妇女报》选择彩信作为手机报的传送平台，与北京好易时空公司和中国移动联合推出《中国妇女报·彩信版》，成为中国第一份手机报，标志着手机报正式诞生。2004年12月，重庆日报报业集团联合重庆移动、重庆联通推出了《重庆晨报》《重庆晚报》和《热报》WAP（无线应用协议）手机上网版，成为国内第一家WAP手机报。至此，我国手机报的两种主要形态（彩信手机报和WAP手机报）基本确立。现在，已有34家报社（杂志）开发了手机报，37家开发了移动应用。

随着3G时代的到来，由于内容运营商能够实时采集和了解读者对各类题材内容的阅读需求，并向内容出版商或发行商提供读者的各类阅读需求信息，因此可以根据读者的阅读需求精准地提供更多符合读者个性化的阅读内容，使读者以更便捷的方式随时获取到各类相关性信息。目前主要有以下三种阅读模式：

WAP 网站：这种模式是手机报订阅用户通过访问手机报的 WAP 网站，在线浏览信息，类似于上网浏览的方式。点击手机阅读 WAP 页面上“一键下载保存本站书签”按钮下载到本站书签，下次登录可通过点击书签直接访问。

客户端：通过下载阅读客户端，可以直接点击客户端图标进行手机阅读。

G3 阅读器：G3 阅读器是一种内置移动 2G/3G 网络模块的手持电子书阅读器，用户购买 G3 阅读器后，可自行决定是否绑定一个移动手机号码，然后可在线阅读无线书城相关电子书。

（二）手机游戏

手机游戏是指运行于手机上的游戏类应用程序，其需要具备一定硬件环境和一定系统级程序作为运行基础。早期的手机游戏有短信游戏和 WAP 游戏，都属于文字类游戏，娱乐性较差。随着手机硬件和软件技术的不断发展，手机游戏开发也得到了快速的发展和商业应用，现在的手机游戏采用了更为直观且更为精美的画面直接表现，已发展到了可以和掌上游戏机媲美的程度，具有很强的娱乐性和交互性的复杂形态，因此广受玩家们的欢迎。

首款备受全球用户青睐的手机游戏是诺基亚的《贪吃蛇》。游戏采用简单抽象形式，但其彻底颠覆手机设备的功能，大量类似内容随后纷纷涌现。黑白屏幕和数字键盘所能呈现的内容非常有限，但有些开发者极力挖掘设备潜力，制作纸牌游戏、射击游戏，甚至是赛车游戏。WAP 的问世是手机游戏领域的一大进步。这个服务不仅允许用户将基本游戏下载至手机设备，还支持多玩家模式，早期 WAP 游戏通常采用主题探险模式。自此之后，手机技术发展迅速，手机游戏也受到极大促进。

千禧年之际，彩屏手机设备开始涌入市场。早期彩色游戏，例如《俄罗斯方块》《吃豆人》等，相比如今的主流手机游戏而言显得非常粗糙，但随后逐步涌现出许多更具规模、品质更佳的游戏作品。

2007 年苹果推出首代 iPhone——此设备将手机游戏带入新高度。令 iPhone 成功变身游戏平台的一大因素是 App Store。这家数字商店于 2008 年问世，商店如今包含各式各样的作品。从复古作品《太空入侵者》《战斧》和《毁灭战士》到 AAA 游戏《刺客信条》《Rage》和《FIFA》，极大方便了游戏发行商发行作品。但并非只有大型工作室才从 iPhone 硬件和广泛用户基础中受益。独立开发者也给自己的免费平价作品找到大量用户。《愤怒的小鸟》开发商 Rovio 就是个典型例子，该公司凭借 iOS 市场取得突出成绩。该公司的这款经典之作自去年发行以来已达数亿次下载量。

第三节　主要数字出版产品

本节就目前最为普遍使用的电子书、数字报纸、数字期刊和其他几种网络产品进行概述。然而它们的市场优势和可能出现的技术短板或许更值得我们思考。

一　电子书

（一）电子书的概念与类型

电子书，英文名 E-Book（Electronic Book 的缩写），电子书是在 1999 年出现的十大技术之一，也是数字出版产品的主要类型之一。对于电子书的界定众说纷纭，学者徐丽芳认为：“电子图书是以数字形式将图书内容存储于硬盘、光盘、软盘、网络、闪存（Flash Memory）及其他计算机存储介质上的出版物。”将电子书看作是一种电子文件，并且该电子文件必须依附于一定的电、光、磁介质而存在。持有这种观点的还有北京方正阿帕比有限公司的薛凯，他认为：“电子书与纸质书相对应，可以直接在计算机或手持设备中阅读的计算机文件，具有许多纸质书所不具备的特点，如图文声像相结合的优点、可搜索文字、可复制选中的文字或图像、占用空间小、信息量大。”同样是把电子书定义为一种包括各种多媒体信息的计算机文件。也有学者持有相反意见，并未把电子书定义为一种电子文件的属性，清华大学的唐凤英、杨红梅认为：“狭义的电子书指的是手持阅读设备，广义的电子书是指从书的写作、编辑、出版、发行到阅读这样一个完整的产业链。”这个定义从硬件介质与整个出版环节考虑电子书，如果说作为计算机文件的电子书体现的是电子书的内部性，那么这个定义体现的就是电子书的外部性。

本文所指的电子书就是一种电子文件，是纸质图书的对应物。具体而言，是指将文字、图片、声音、影像等内容以数字代码方式存储在磁、光、电等介质上，可以直接在计算机或类似功能的阅读终端设备阅读使用的新型信息出版物。此类电子书根据制作公司的技术不同，文件格式的标准、阅读软件也不尽相同。

根据不同的划分标准对电子书进行划分，可以得到不同的分类结果。从传播方式来看，电子书可以分为单机型和网络型两种形式。

1. 单机型电子书

单机型电子书的载体主要为磁盘和CD－ROM光盘，尤以光盘常见。根据电子书的内容特征和信息提供方式，可将其分为文本型电子书和多媒体电子书。

文本型电子书由文本材料组成，按页的方式存储，这些材料已进行了加工处理，将信息按量分段。信息片段的大小由用户显示信息的屏幕规模和需要销售的每一页的信息量的多少来共同决定。

多媒体型电子书的信息内容不是单一的，而是包括文字、图像、声音、动画、视频等多种媒体信息。多媒体是数字出版物优于传统的印刷型出版物的重要方面。目前，多媒体技术在数字出版物中的应用也越来越多，尤其多见电子版百科全书、少儿类电子图书。

2. 网络型电子书

网络型电子书的载体主要是计算机、手机、PDA和专业电子阅读器等。网络型电子书的出版者将其作品制作成网页或某种电子文件，直接存储在联网的服务器上，允许读者访问、下载、打印等。

根据网络型电子书的发展，可以分为三类：一是电子书1.0，即纸质书电子版图书，指采用EPUB技术直接将印刷品转为电子形式的电子书；二是电子书2.0，即原生电子版图书，它通过建立阅读平台，吸引作者创作和读者阅读，例如盛大文学平台的原创文学作品；三是电子书3.0，即增强型电子版图书，是一种基于SWF技术或平板电脑技术的多媒体交互式电子书。

（二）电子书的构成要素

从电子书的使用方式可以看出，电子书的构成要素主要包括三个方面，分别为电子文件、电子阅读软件和电子阅读器。

电子文件是电子书的主体部分，提供电子书的内容信息。按照特定的格式和要求，将文字及其字体、字号、格式、颜色和声音、图形图像、超文本链接等信息通过专门的软件制作成相应的电子文档。电子书的内容可采用多种文件格式，最常见的有Epub、CEBX、TXT、PDF、JAR和MOBI等。

电子书阅读软件是用来将电子书文件中的文本、图片、声像等信息识别并以相应的形式呈现出来的应用软件。下面简单介绍两种国内外电子书阅读软件的性能。

一种是北大方正的 Apabi Reader。除了基本的拷贝、查找、注释、书签、页面放缩、保留阅读状态等基本功能外，Apabi Reader 的文件管理功能还可以对借阅和购买的图书进行管理，并且可以方便地管理本地 CEBX/CEB/PDF/TXT 文件。通过 Apabi Reader 不仅可以看书，还能用来听书，在启用播放功能时，软件从当前显示页开始朗读，同时与朗读同步的文字高亮显示。其中音量、音速均可设置，并且支持连页朗读。针对 Apabi Reader 平台性划分，目前有 Apabi Reader Windows 版、iOS 版和安卓版 3 个版本。

还有一种是美国 Adobe 公司开发的一款优秀的 PDF 文件阅读软件 Adobe Reader。它能为用户提供文件的组织、显示、打印等功能，还可提供独特的个人书库（Personalized Library）功能，读者可以从书名、主题、作者等角度分类整理下载的电子书。Adobe Reader 支持自己的 PDF 文件，并能保留来自任何源文件的所有字体、格式、颜色和图像。它的优点在于能将印刷版的图片高质量地还原出来，因而适合插图多的电子书。但是它不允许编辑和保存 PDF 文件，只有阅读和打印功能。

电子阅读器是指阅读电子书的阅读平台，是介于个人计算机和手机这两种终端之间的一个中间产品，包括固定阅读平台与移动阅读平台。前者是指将电子书放到网络上供读者在线浏览或下载到本地计算机（PC）中进行阅读的一种方式，后者是移动阅读终端（手机、PDA、电子书阅读器等）通过有线或无线传输的方式将电子书文件传送到阅读终端进行阅读的方式。目前电子书阅读器市场上，还可以看到具有无线下载功能、朗读功能（听书）的电子书阅读器，增强了电子书的交互性。

从显示屏采用的技术上分，电子阅读器可分为电子纸型和液晶型。电子阅读器通常使用电子墨水，相对于一个液晶屏幕而言，它提供了类似新闻纸的分辨率，消除了眩光和减少了视觉疲劳。由于电子墨水仅在文本变化时消耗电力，如翻页操作，因此一个满载的电池可以维持 7～10 天。相比之下，大多数采用液晶屏显示技术的设备的电池续航能力大概只有 10 小时。另一种是基于电子纸技术的电子书阅读器，是一种很轻巧的平板式阅读器，相当于一本薄薄的平装书，能储存约 200 本电子图书。它具有重量轻，容量大，电池使用时间长，大屏幕等特点，是办公无纸化的新选择。部分电子书阅读器具备调节字体大小的功能，并且能显示 JPEG、GIF 格式的黑白图像和 Word 文件、RSS 新闻订阅。电子纸显示屏通过反射环境光线达到可视效果，因此看上去更像普通纸张。这种显示屏的能效非常高，因为这种显示屏一旦开启，就不再需要电流来维持文字的显示，而只有翻页时才消耗电量。

（三）电子书的特点

1. 从电子书的内容来看，主要有以下八个特点：

（1）信息完整可长期保存。电子书不是按页地逐个打开，一部电子书的内容是一个完整的文件，下载后书中所有的信息都将完整地被保留，而且书中内容不会因为原提供下载的网站发生变动而改变，只要读者不从电脑等设备上删除，电子书可以长期保存，随时阅读。

（2）可以离线阅读。从网上下载后电子书即可用各种阅读设备离线阅读，不必像其他网上信息一样必须在线浏览，毕竟不是所有用户任何时候都可以方便地上网。而一本有价值的书往往会得到读者的反复阅读，并有可能在多人之间传播。正是在这样的阅读和传播中，电子书营销实现了其病毒性营销，达到了宣传和获得新用户的目的。

（3）便于传播。只要在互联网上查询到所需的电子书并通过网上支付相应的费用，就可足不出户获取所需图书信息。电子书下载后可以方便地通过电子邮件、P2P 等方式向别人继续传播，甚至可以在一定范围内共享。

（4）形式个性化。读者可以根据自己的兴趣爱好来决定电子书的封面、字体、字号等，并且可以在电子书中随意添加标注和评语等信息。

（5）价格便宜。与纸质图书相比，电子书的制作环节大大减少，节省成本，定价自然要比传统图书低很多。目前网络用户已达 3.38 亿，是电子书的主要目标消费者。

（6）实现社会化阅读。电子阅读是开放性的、社区性的和协作性的。一方面读者在电子书上做标注时，可以实时在自己的终端上看到其他读者对本书中同一段所做的标注；另一方面读者可将自己做的读书笔记实时发布到社会性媒体中，与其他读者分享，使读者能轻松找到与自己有共同爱好的人，及时分享对某本书、某个观点和某个作家的看法。

（7）流通环节便捷。电子书可以以网络为载体，它的出版只有信息内容的加工，省去了载体加工、印刷等中间环节，新的电子书一经上网发行，读者马上就能看到并立即下载，大大缩短了流通周期和成本。

（8）按需印刷。电子书可以根据读者需要随时按需印刷。这使得印数少又具价值的作品更容易出版，避免了图书投放的盲目性，有效抑制了退货及库存，其无纸化、低成本的特点节约了社会资源。

2. 从电子书目前最常用的阅读载体电子阅读器来看，主要有以下四个特点：

（1）体积小巧，方便携带。大多数电子书阅读器只有 5 至 6 英寸的屏幕，方便用户随身携带，并且有的阅读器支持无线下载功能，读者可以随时随地浏览自己喜欢的电子书。

（2）内存容量大。目前在市场上所能看到的电子书阅读器内存容量在 256M 到 2G 不等，有的阅读器还支持插入记忆卡存储，扩展内存容量，能在阅读器里存储上百本甚至上千本的图书，但重量只有几十克，相当于随身携带一个数字图书馆。

（3）易于检索。电子书为资料、数据的查询提供了最为简单和快捷的途径。使用电子书阅读器可以进行全文检索，根据书名、作者、内容等关键词就能定位用户想要查找的内容。

（4）节能环保。采用电子纸的电子阅读器如能得到推广，对推动全社会节能环保工作将产生积极作用。传统的书籍印刷业是污染环境的产业，如果电子书能够得到普及，将大大节省社会对纸张的需求，有利于促进节能减排工作。同时，由于电子阅读器携带轻便，可以减轻学生的负担，也容易得到学校和家长的认可。

（四）电子书的发展过程

以用户阅读方式进行划分，电子书至今经历了三个阶段的发展：

第一阶段，纯文本阅读阶段。这一阶段采用 login 授权的方式登陆远程服务器读取文件的形式。读者使用经过授权的账号，采用密码以远程登录方式访问存放电子书的服务器，可以在服务器上选择书目，然后在线阅读或者把书下载到本地计算机上阅读。此时的电子书一般以纯文本的电子格式存在，本身无需阅读软件支持，任何文字处理器都可以打开阅读。而且它没有版权保护限制，读者可以在下载后自行对电子文本进行版面设计、修改和复制。这种形式由最初互联局域网内部文件对传的方式发展而来，可以认为是电子书的雏形。

第二阶段，计算机专用阅读软件阶段。在这个阶段，电子书的专用阅读软件出现，通过互联网将电子书文件直接下载到计算机上，并使用与其格式匹配的阅读器软件，通过显示屏幕读取。

由于电子书的制作系统不同，所需的阅读器软件也不同，这些软件通常互不兼容。常用的阅读软件有 Adobe 公司的 Acrobat Reader、微软公司的 Microsoft Reader、华康公司的 DynaDoc，超星公司的国产阅读器软件 Ssreader 和北大方正的 Apabi Reader 等。这些阅读器制作出的供下载阅读的电子书能够保持纸质书原来的版式和色彩，可以限制拷贝和打印，所以受到作者和出版社的欢迎。不过，购书者只能在计算机上阅读，受空间限制影响。

第三阶段，电子阅读器阶段。电子阅读器（eReader）是一个书本大小的手持离线阅读电子书的专用设备，是一种类似书的电子文化产品，可以支持下载、网上购买和直接阅读电子书。这种电子阅读器是在美国电话电报公司（AT&T）最先提出的 PDA（Personal Digital Assistant，个人数字助理）基础上发展起来的。由于可以对硬件加密，所以这种方式可以实现对版权更为有效的保护。目前主要的国产电子阅读器有汉王、盛大旗下的 Bambook、爱国者等，国外的有亚马逊的 Kindle、索尼的 Sony Reader 等。

从这三个阶段可以看出，前两个阶段是针对电子书内容方面的改革，后一个阶段是对电子书阅读设备的改造。电子阅读器开创了内容获取的新模式，成为传统文本购买和再用模式的补充。

二　数字报纸

（一）数字报纸的概念与类型

数字报纸是利用数字技术对新闻内容进行加工，通过互联网或移动通信网发行，能在计算机、手机等移动终端等设备进行阅读，具有固定出版周期和栏目结构，兼具时效性、多媒体、互动性，提供新闻信息和相关服务的产品。包括媒体网站、商业网站的新闻版块、手机报、多媒体数字报、阅读器版数字报纸、App

版数字报纸。

阅读终端是数字信息的载体和阅读设备，如电脑、手机、电子阅读器等等。按照数字报纸所覆盖的阅读终端进行，可把数字报纸分为以下几类：

1. 固定阅读终端类数字报纸

固定阅读终端主要指计算机，固定阅读终端类数字报纸包括新闻网站（Website）和多媒体数字报。新闻网站可细分为：媒体网站，指报纸、通讯社、电视台、电台等传统媒体独立或联合开办的综合性网站；商业网站新闻板块，指商业网站进行新闻信息登载或服务的网站或板块，也包括和传统新闻媒体联合创办的网页和板块，如新浪新闻中心等；多媒体数字报，是由传统报纸媒体作为内容提供商，架设在网站上（通常是报业旗下的网站），兼具纸质报纸版面和多媒体、互动功能的，并且能提供在线、下载等多种阅读方式的数字报纸，如《人民日报》数字报。

2. 移动阅读终端类数字报纸

移动阅读终端指手机、PDA、阅读器、平板电脑等主要通过无线方式连接移动通信网、互联网的便携式个人终端设备。移动阅读终端类数字报纸有手机报和阅读器版数字报纸。其中手机报包括短信版、彩信版、WAP 版和 IVR（互动式语音应答）版。

3. 户外公共阅读终端类数字报纸

户外公共阅读终端指设立在户外公共场所的大型多媒体显示屏幕。目前对于户外公共阅读终端的新闻信息服务还处在非常初级的阶段，目前推出了这项业务的有解放日报报业集团的 s－treet、《人民日报》电子阅报栏、河南日报报业集团大河多媒体信息港等数家。

（二）报纸的数字化

报纸的数字化可以理解为，利用数字技术对传统纸质报纸的生产方式、业务形态、产品和服务进行技术改造，它是数字报纸的产出过程。

出版流程的数字化：在数字化条件下利用计算机和网络技术，将新闻稿件的选题、录入、编辑、校对、排版、发布等过程在同一个平台上进行，新闻稿件不用再流转于各个部门。这样大大减少了人力、物力损耗，加快了新闻的发布时间。

储存形式的数字化：新闻内容的存储形式也因为数字化而有了革命性的转变。以数字化形式存储在光、磁介质中的文字和图片，不仅容易修改，也利于大量复制，并在不同的阅读平台之间进行移植，应用起来更加灵活。

获取方式数字化：对于收费的数字报纸，在购买时不使用现金支付，而是通过网上银行、支付宝等数字支付平台完成付款。而实际上，目前的数字报纸由于付费模式不够成熟，多数都是免费获取的。在读者取得阅读权限后，可以任意选择阅读方式，或在线阅读，或下载到阅读设备上阅读。

阅读方式的数字化：数字报纸之于传统报纸，最显而易见的区别就是它的载体已不再是纸，而是各种的数字化产物，诸如Web网页、手机彩信、PDF文件等，读者则通过计算机、手机、PDA、平板电脑等各种设备来进行阅读。

（三）数字报纸的优势与不足

报纸是以刊载新闻和时事评论为主的定期向公众发行的印刷出版物，是大众传播的重要载体。早期的数字报纸在内容和组织形式上具有某些传统报纸的特征，如固定出版周期和栏目结构等。通过数字信息技术的改良与包装，数字报纸在保留了传统报纸核心价值——内容的同时，打破了固有的出版周期和地域限制，具有更多优势。

1. 时效性高

新闻是“新近发生的事实的报道”，新闻的时效性是新闻的价值要素，也是它区别于其他报道形式的最基本的特征。数字报纸的时效性表现在两个方面：其一，它加快了新闻的采编流程，缩短了制作时间；其二，数字报纸省略了发行流通环节，提高了信息送达读者的速度，甚至可以对新闻事件进行同步、实时报道。也就是说，只要做到及时更新和推送信息，读者就能同步接受实时新闻。

2. 信息量大

数字报纸在信息容量上可以覆盖全部纸质报纸的内容，而以互联网为依托的新闻网站的信息承载量则远远超出纸质报纸。

3. 多媒体化

数字报纸能运用的信息载体除了文字、图片还有声音、影像，再结合超文本技术，就形成了一个超媒体信息的集合，突破了二维空间的版面。实现了多维角度地对新闻事件进行阐释和描绘，使新闻报道能更加全面地展现新闻事件的原貌，也更充分地给读者的各个感官施以刺激，增强了信息源的感染力。

4. 传播范围广泛

一方面，以互联网和移动通信网络为依托的数字报纸，能轻易打破地域限制，网罗到世界各地的受众。另一方面，网络化的传播时代是面对面的“自媒体”时代，读者通过数字报纸的分享、转发等功能，可以把感兴趣的内容推送至自己的人际网络，实现新闻的多级传播。此外，读者还可以参与对新闻事件的互动，使新闻传播效果的反馈和收集更加迅速、全面。

5. 个性化

数字报纸可以根据受众的阅读习惯、接收渠道、信息需求等差异设计和制作不同的定制内容，满足不同的群体，甚至个体。目前使用较多的新闻定制服务主要有邮件订阅和 RSS 订阅两种。邮件订阅，是将所定制的新闻内容以电子邮件的形式发送至用户指定的电子邮箱中，以供及时阅读。RSS 订阅，是将不同来源的新闻内容聚合到同一平台进行阅读的方式。通过 RSS，受众只需开启一个页面或者桌面程序就能即刻阅读到从不同网站发送过来的新闻内容，方便快捷，并且不用受广告干扰。而且读者可以通过导航功能依据个人喜好快速选取感兴趣的版面或文章，点击放大新闻图片或文章字体，为读者接收信息提供便利。

虽然数字报纸有种种优势，却也存在着一些难以回避的不足。首先，数字报纸与现代传播技术是共生的，数字报纸的发展离不开现代传播技术，对技术和设备具有依赖性。若技术不到位，会在很大程度上影响数字报纸的阅读体验，导致它必须不断改版、升级。其次，由于出版者将工作的重点更多地放在了发行平台的建设、人气的聚集上，加之个人上传期刊的大量出现，对内容的三审就变得相对薄弱了，导致数字报纸内容的审查出现很大的不确定性。最后，人们固有的阅读习惯和对纸张的留恋也会影响数字报纸的推广。譬如许多老年人习惯于阅读纸质报纸，对上网读报的方式难以接受，对于这部分人，数字报纸很难将其转变为自己的受众。另外，数字报纸的内容和版式易于复制、拷贝，造成内容和版面的雷同，影响受众的阅读热情。

（四）数字报纸新技术

1. App 版数字报纸

App 是 Application（应用程序）的缩写，分为客户端应用程序和网页应用程序，App 版数字报纸是一种移动客户端应用程序，主要在手机、平板电脑等终端运行。现在全球市场上主要有适用于 iOS、Android、Window Phone、Symbian、Blackberry 等移动设备操作系统的 App，它通过应用商店出售和下载。

App 版数字报纸能够兼容多种移动数据网络，是当前移动阅读的趋势。在阅读体验和业务提供方面，App 版数字报纸接近新闻网站的水平，更好地展现了其商品价值。另外，App 版数字报纸以应用商店作为发布平台，强化了商品概念，有利于开展收费订阅。值得一提的是，App 版数字报纸的信息推送功能为数字报纸快速发布新闻提供了一条途径。这种功能可以将应用程序的升级提醒、内容更新等信息推送至前台，主动呈现给用户。利用这种功能简化了获取信息的路径，数字报纸便能把最及时、最重大、读者最关注的新闻报道推送出去，主动吸引读者，争取到更多的阅读量，有利于培养用户的忠实度。

2. "二维码"新闻

二维码（2—Dimensional Barcode），也称为 QR 码（Quick Response Code，快速反应码）或魔码（Magic Code），是用某种特定的几何图形按一定规律在平面（二维方向上）分布的黑白相间的图形记录数据信息的符号。它具有信息容量大、编码范围广、容错能力强、译码可靠性高、保密性及防伪性好、成本低、易制作、持久耐用等优点。

报纸对二维码技术的应用主要是基于手机对条码的主读功能，就是将安装了二维码解码应用程序的手机作为二维码的识别器，读取它所代表的信息，该信息可以是文本、图片、声音、视频、网址、身份信息，甚至指纹。我国传统报纸对二维码技术的应用起始于 2005 年 3 月 1 日的《北京晚报》，随着智能手机的普及，近年来全国已出现了多家使用二维码技术的报纸。2011 年 11 月 2 日，《华西都市报》在全国都市类报纸中首次推出华西魔码（二维码）阅读模式。这是华西都市报自行开发的拥有自主知识产权的二维码应用，魔码一经推出即受热捧，不到两周时间，已有超过 3 万 iPhone、iPad 及 iPod touch 用户、安卓用户下载客户端并进行用户体验。如图 3—4 左边的二维码就是一篇"魔码"新闻，它所指向的信息是一段《LNG 应急气源保障车驶抵事故演习现场》的视频。开启二维码应用程序后，通过手机摄像头扫描该条码，然后自动转跳到新闻视频播放页面。

图 3－4 魔码新闻

华西魔码受到热烈关注，让人们对这项曾经“看起来很美”却缺乏落地的技术有了更多的期待。究其实质，它与“1+1”的个体介质之间的组合不同，是在更深层次上的“一体化”“实体化”“应用化”的介质融合。魔码与报纸版面的融合，在载体上实现一体化的联通。这一微小的变化，却体现出与传统的媒介融合完全不同的理念。“魔码”在《华西都市报》的全面刊发和推广吸引了商业客户的兴趣，为一些既需要文字广告形式又需要视频形象推广的广告商提供了最佳载体。迄今为止，《华西都市报》已先后通过“魔码大楼书”“魔码城市群特刊”等形式，在广告经营方面取得了一定效益。为提升“魔码”视频报道效果，华西都市网在 2012 年专门成立了视频工作室，负责魔码视频的制作、记者拍摄视频的编辑以及重大新闻视频的拍摄等。同时，华西都市网不断对魔码进行升级，版本已更新至 1.42，客户端增加了新闻推送、本地生活信息一键查看等功能，用户黏性进一步加强。截至 2012 年 6 月，《华西都市报》共制作刊发了 10000 多个魔码，其中一半是原创性的视频或图片魔码，它们大多来自于报社记者拍摄，有效地服务于约 50 万魔码用户。值得关注的是，以“魔码”为标志，中国报业掀起了 3G 时代的新一轮二维码热潮，各种全媒体报纸、云报纸层出不穷。尽管近两年一些报纸版面上的二维码弱化了，甚至消失了，但是“魔码”由最初的 QR（二维码）扫码，到 AR（增强现实），再到移动支付；从华西传媒集群（WMG）内部5份报纸应用，到国内多家同行采用，“魔码”正在释放出巨大的魔力。这种魔力，不仅是产品功能的不断升级、应用范围的不断扩大，还有超过100万的总下载量和20余万的活跃用户数。网络时代，用户都喜新厌旧，魔码的功能也在不断增加。除了扫码看视频、扫图播视频等功能，魔码客户端还集成了公交信息、影院信息、冷笑话、同城活动等功能，从贴近性和实用性着手，增加用户黏性。

报纸虽然给出了乐观的运营数字：《华西都市报》“魔码”首日下载量为7000次，推出两周，3万用户下载，扫码22万次。然而，现在大家看到的情况是，“魔码”在报纸版面上逐渐减少。我们不得不承认，“魔码”更像是报纸用来吸引受众关注的一种营销手段，而且这种营销效果是短期的，并不是纸媒用来培养新受众、留住老受众的长期策略。其原因有二：其一，“魔码”对新闻报道方式和报道内容并没有实质性的改变，读者对有用信息的获得和把握，主要还是通过阅读文字的方式来实现；其二，“魔码”作为文字新闻的辅助报道与呈现形式，需要受众下载相应的App（应用程序）“魔码（More Code）”才能正常使用，“魔码”呈现的内容实际上与图片漫画的功能无异，运用起来却比图片漫画麻烦。因此，纵观纸报二维码这几年的运用情况，我们必须承认一个现实：纸报二维码确实在一定程度上提升了读者阅报的体验感，但是作为创新实践的阶段性成果，它绝不是传统媒体转型的最佳途径。

三　数字期刊

（一）数字期刊的定义与特点

数字期刊是以数字形式存储在光、磁等存储器上，并通过计算机、远程通信进行本地或远程阅读的机读型连续出版物。数字期刊在形式上保留了传统印刷的版式特点，在内容上又以数字信息的方式来呈现，是集文本、图像、音频和视频等表现手段为一体的新型数字文献资源。从定义来看，必须注意三点：一是以数字形式出版，这是数字期刊与传统印刷型期刊最显著的区别；二是有固定出版周期，否则就不能称之为期刊；三是在一定范围内发行的出版物，发行针对特定目标受众群，并在特定范围内传播的出版物。

利用计算机技术、通信技术和多媒体技术等信息技术，数字期刊具备了许多传统期刊无法企及的优点。

1. 生产成本低，出版周期短

数字期刊属于无纸出版，省去了纸张费、印刷费和装订费。而它利用网络传输一方面免去了期刊发行期间的运输费用，另一方面节省了出版时间，提高了数字期刊的时效性。

2. 容量无限

数字期刊没有开本和页数的限制，只要期刊的服务器硬盘足够大，就能使期刊的容量足够大。这样就能使有价值的文章及时发表，而长篇文章也不会受到影响质量的删减。

3. 使用便捷、灵活

数字期刊是24小时服务的，只要联网并取得授权，无论何时何地都能方便地访问数字期刊。此外数字期刊的阅读方式也很灵活，字体大小可根据个人喜好进行调节，而且既可以在线阅读，也可以将期刊下载后离线阅读，还可以将所需文章打印后在纸上阅读。

4. 具备检索功能

由于数字期刊可以充分利用计算机信息处理技术，使得一般的电子期刊都是由一个或多个数据库组成的，具备检索功能。读者可根据文章题目、关键词、作者或期刊号等从数据库中检索出所需信息。

（二）数字期刊的类型

从物理形式看，数字期刊有软盘版、光盘版与网络版等形式。软盘版的电子期刊出现最早。光盘的出现增大了信息容量，使电子期刊可用性大大增强。网络版的数字期刊是电子期刊的后起之秀，但也正是它使得数字期刊真正成为一种新的文献形式。

从所载内容看，数字期刊可分为全文型与摘要型两类。严格说来，摘要型数字期刊只是一种检索刊物，只能满足用户检索期刊论文的要求，但无法满足用户对期刊这种特定信息产品的要求。而全文型数字期刊不但能够满足用户对检索期刊论文的要求，也能够满足用户阅读期刊内容的要求。

从内容存储方式来看，数字期刊可以分为数据库和文件两种。以数据库方式存储的电子期刊一般只提供在线阅览，它具有较强的信息聚类、信息计量和信息检索功能。但目前大多数字期刊的内容还是以文件形式存储，阅读时需要使用不同的阅读软件。

从出版形式看，数字期刊可以是印刷型的数字化，也可以是直接的数字版。印刷型数字期刊是指在出版印刷期刊的同时，其数字版也在网络发行，这也是数字期刊的主要形式。而后者只是在网络发行，没有印刷型载体。由于出版不受传统出版体制的制约，其内容较前者更为广泛，出版时差也较小，但它们的可信任性却受到一些用户的怀疑。对于学术性期刊用户，最感兴趣的还是印刷型期刊的网络版。

从使用角度看，数字期刊可分为免费与收费两种类型。具体到某一种期刊，又有全部论文收费、部分论文收费与全部论文免费等。

（三）数字期刊的发展

纵观数字期刊的发展历程，大致经历了三个阶段：

一是联机电子期刊阶段。自 20 世纪 60 年代开始，传统出版物开始用计算机来排版，这样的背景下电子出版物开始出现。一些发达国家逐步采用计算机来存储和检索期刊文献，其中内容包括书目、数据库以及期刊全文资料，这就是联机电子期刊。

二是光盘电子期刊阶段。20 世纪 80 年代，计算机技术推动了高密度存储介质的出现和多媒体技术的发展成熟，光盘开始成为电子期刊的主要载体。传统出版社除了出版纸质期刊之外，还将期刊内容以光盘形式出版，这使得电子期刊的数量迅猛增长。光盘期刊还分为单机版和局域网版，以分别满足单机用户和团体用户的不同需求。光盘电子期刊的检索成本相对于联机电子期刊来说大为降低，但电子期刊更新缓慢，一般更新周期在半年以上。

三是网络数字期刊阶段。到了 20 世纪 90 年代，随着互联网的兴起，全球信息网络开始成熟和普及，网络型数字期刊更大地拓宽了文献信息的服务范围，为知识传播和学术交流提供了极大便利。

（四）典型的数字期刊网

1. 中国知网

国家知识基础设施（National Knowledge Infrastructure，NKI）的概念，由世界银行于 1998 年提出。中国知识基础设施（China National Knowledge Infrastructure，CNKI）工程是以实现全社会知识资源传播共享与增值利用为目标的信息化建设项目，由清华大学、清华同方发起，始建于 1999 年 6 月。

中国知网是全球领先的数字出版平台，致力于为海内外各行各业提供知识与情报业务。通过与期刊界、出版界及各内容提供商合作，已经发展成为集期刊、博士论文、硕士论文、会议论文、报纸、工具书、年鉴、专利、标准、国学、海外文献资源为一体的网络出版平台。

CNKI 的资源总库界面介绍了 CNKI 所包含的数据库系统，

如中国学术期刊网络出版总库、中国优秀博硕士论文全文数据库、中国重要报纸全文数据库等。（如图 3－5 所示）可见，CNKI 的数据库种类非常丰富。用户登录数据库后，即进入用户检索界面。（如图 3－6 所示）系统为用户提供了多种检索方式，如关键词、作者、文章篇名、中文期刊名称等，此外还有高级检索和专业检索等。

图 3－5 CNKI 资源总库

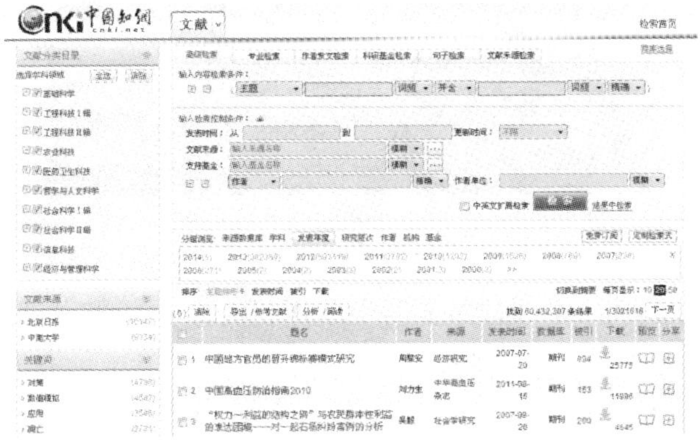

图 3－6 CNKI 用户检索页面

网站根据检索条件检索到的结果显示在结果窗口中（结果显示区域），并按照一定顺序进行排列，如年月先后排序等。如果选中某篇文章，在信息窗口可以显示文章的作者、单位、内容摘要等。此时点击文章名称，即可以打开该文章进行在线阅读或者保存。

2. 龙源期刊网

图 3—7 龙源期刊网

龙源期刊网是全球最大的中文期刊网，于 1998 年 12 月试运营，1999 年 6 月正式开通，拥有近 2000 种人文类期刊的全球营销种类，占全国总数 3000 多种人文大众类期刊三分之二的份额。龙源期刊网具有完备的网上交易结算功能和简繁体字转换功能，突出的电子期刊和纸版期刊互相结合特色使读者既可以购买电子版，也可以购买纸版，购买纸版的客户将可以优惠获得电子版。

其分类频道精选读者喜闻乐见的高品位文化、艺术期刊和生活、休闲、家庭、健康、社会热点等综合性期刊，按照性别、年龄、职业、爱好等不同兴趣群体分类组合，形成矩阵结构，方便读者检索、订阅。近年来，龙源不断增加增值服务，推出了 web2.0 的互动杂志、多媒体杂志、语音版杂志、原文原貌版杂志和手机杂志。

四　其他数字出版产品

（一）网络游戏

网络游戏又称“在线游戏”，简称“网游”。指以互联网为传输媒介，以游戏运营商服务器和用户计算机为处理终端，以游戏客户端软件为信息交互窗口的旨在实现娱乐、休闲、交流和取得虚拟成就的具有可持续性的个体性多人在线游戏。

网络游戏属于新兴的出版物。网络游戏的出版是以互联网（含局域网、专网）为传播载体，把互联网游戏软件作品发送至电脑、电视、手机等用户终端，供多人同时在线浏览、阅读、使用或者下载的一种出版行为。作为出版物，网络游戏作品以动画为主，具有引人入胜的故事情节，包含了大量多媒体信息，运用大量计算机处理手段进行选择和编辑加工，登载在互联网上或通过互联网发送至用户端，供公众浏览、阅读、使用或者下载。

按照不同的网络游戏运行平台，有浏览器形式的网络游戏和客户端形式的网络游戏。基于浏览器的游戏，也就是通常所说的网页游戏，是基于 Web 浏览器的网络在线多人互动游戏，无需下载客户端，只需打开浏览器，即可进入游戏，不存在机器配置不够的问题。其类型及题材丰富，典型的类型有角色扮演（功夫派）、战争策略（七雄争霸）、社区养成（洛克王国）、模拟经营（范特西篮球经理）、休闲竞技（弹弹堂）等。而客户端形式的网络游戏是由公司所架设的服务器来提供游戏，玩家们由公司所提供的客户端连上服务器以进行游戏，现在的网络游戏大都属于此类型。此类游戏的特征是大多数玩家都会有一个专属于自己的角色（虚拟身份），而一切角色资料以及游戏资讯均记录在服务端。这类型游戏有魔兽世界（美国）、穿越火线（韩国）、EVE（冰岛）、战地（瑞典）、最终幻想 14（日本）、天堂 2（韩国）、梦幻西游（中国）等等。按照游戏内容架构，网络游戏可以分为动作类、冒险类、益智类、策略类、格斗类、竞技类、教育类、角色扮演类、模拟现实类等等。

与单机游戏相比，网络游戏的乐趣较之更为多元化，除单机游戏所能提供的乐趣外，玩家可以交友、满足竞争欲，从体验中获得满足感。网络游戏的"交友"和"满足竞争欲"需要依靠其"网络"特性加以实现，因此，在网络游戏的研发中，"社区"的重要性超过了传统意义上的"游戏"的重要性。"获得现实受益"也是网络游戏区别于单机游戏的主要乐趣之一，这主要表现为虚拟角色和虚拟道具的交易。

网络游戏主要体现出以下特点：

1. 虚拟性

网络游戏提供虚拟网络世界中的现实生活体验，但任何一个网络游戏都有一定的现实生活作为虚拟背景，并且随着三维动画技术和虚拟现实技术的发展，网络游戏逐渐创造出越来越逼真的现实环境。虚拟的网络游戏中反映和表现的现实游戏，既有可能是现实的正确的反映，也有可能是现实的虚幻或者歪曲的反映。由于网络游戏能在一定程度上反映现实生活，缓解人们在现实中的压力，因此对现代社会中处于激烈竞争和压力下的人们具有很大吸引力。

2. 大众娱乐性

网络时代人人都有言论的自由，于是多元性的文化诞生，同时也使得大众走进自由的狂欢时代。网络游戏提供给人们一个无尽释放压力的自由场所，这是网络游戏的大众娱乐性所在。置身于现实世界中，人们总要受到各种法律、法规的制约，然而，在网络游戏中，游戏者有着最大程度的自由，可以自由地表达自己。网络游戏中抢占地盘、杀人越货、帮战，一言不合就大打出手，在玩家看来，死亡的不过是一些数据，不值得心理上有道德的负罪感，游戏中的感官快乐才是最重要的。为了提高自己的排名，只有通过不断地杀戮来磨炼自己的技术。殊不知经常性地面对暴力情景，会分不清现实世界和虚拟世界。

网络游戏作为一个对现实的虚拟世界，在游戏中，人们自主地选择自己的人生与角色模式，成为自己想成为的人，极大地满足了人们心理需求。

3. 互动性

现代网络游戏的设计者敏锐地观察到了当代人（尤其是青年人）渴望互动和平等交流的特点，在设计游戏时，他们巧妙地将网络游戏通过“人—机—人”方式，达成虚拟的互动和平等的交流，满足了人们对于自尊的心理需求。

4. 不确定性

网络游戏在开发和运营的过程中，遵循着绝对公平的原则，只要玩家进入游戏，无论是平民还是富豪，一样要遵守既定的规则。例如玩家们在一起组队完成任务时，就能得到相应的任务奖励，但是奖励物品都是随机产生的。游戏中，有些人物的装备、坐骑都需要合成。装备、坐骑等级低的时候容易合成，越到高级越难成功，其中就存在着运气和机遇，有很大的不确定性。网络游戏中充满了不确定性，没有预设的强制目标，更没有明确预知的结局。正是这种不确定性、未知性使得网络游戏成为一个具有挑战性的过程。

5. 刺激性

网络游戏的文化内涵与传统游戏相比更具魅力，更具攻心优势，它打破了传统游戏的时空观，把时间和距离缩小为零。挑战性是指网络游戏内容多以冒险和探索为主题，以过关和升级为决定胜负的形式。好的网络游戏可以锻炼人的幻想和空间想象能力，培养人的冒险精神。网络游戏的这些特征符合了现代人的心理诉求，玩家认为网络游戏是一种智力挑战，在解决难题和升级过关中能体会到一种虚拟的进步感和成就感。再加上网络游戏将声光电有效结合，提供多元化功能平台和挑战性游戏内容，极大地刺激着人们的感官。

6. 创新性

无论是产品还是产业，没有不断的技术升级和理念创新，是不会有长久生命力的，网络游戏充分表现了这一点。网络游戏设计者们在游戏理念上的思路和变化，可以通过游戏内容的变化得以体现，游戏内容始终与时俱进，紧跟现实生活。

网络游戏通过虚拟世界还原了游戏的娱乐和互动的本质。网络游戏把对人们个体生活的虚拟归根到对社会生活的虚拟中。也就是说，在网络游戏中，“人”不再是执行着游戏程序，而是在创造着游戏生活：没有明确预知的结局，每一个选择都将成为永远的历史，每一个人都在彼此影响。随着网络游戏的技术发展，其游戏方式将来一定还会发生难以想象的变化。

（二）数字动漫

动漫是一个复合性的概念，一般来说，包括漫画、动画和游戏，即通常所说的“ACG”。所谓“ACG”是 Animation（卡通动画）、Comics（漫画）、Game（游戏）的合称。

数字动漫主要有纯数字化出版物和纸质漫画数字化两种形态，是指采用数字图像与图形的处理技术，借助编程或数字技术软件生成一系列的景物与人物画面的原创动漫作品，通过互联网和手机下载实现传播。从内容上看，有 Flash 音乐、Flash 广告、Flash 短片、Flash 漫画、网络插画等表现形式。目前电子漫画和手机动漫是数字动漫开发的主要产品。2006 年 4 月，日本漫画出版社双叶社推出了号称“世界上第一本免费漫画网络杂志”的《Comic Seed》。而“数字动漫产品”是指通过互联网发布和传播的动漫所衍生出的产品，包括线上产品和线下产品，其中线下产品就是利用数字动漫明星的品牌效应，推出的与此相关的各种产品，如音像制品、玩具、服装、食品，还包括线上的网络游戏以及手机游戏等产品。

数字动漫主要体现了以下特点：一是利用软件制作，有别于传统的动漫制作方式；二是制作过程简单，成本低廉，普及快速；三是内容短小精悍，形态上具有一定的交互性，能更好地满足受众的需要；四是娱乐性、交互性及成人化的特点；五是跨媒体传播的空间较大（适用于网络、手机、电视、MP3 等的播放）；六是利用 Flash 技术制作的动漫作品的体积小，网络传输速度快。

（三）数字音乐

数字技术和数字媒体广泛应用于音乐的生产、制作和传播，由此催生了现代音乐的形式——数字音乐。数字音乐大大拓展了音乐生产与传播的能力和效率，降低了音乐出版的各种成本。由于声音是音乐的物理介质，数字技术能够将声音以数字的形式进行制作、存储和传播，从而为数字音乐的产生提供了可靠的技术支撑。因此，数字音乐是以数字技术手段进行创作、制作和传播的音乐作品及其表现形式，格式有 MIDI、WAV、MP3、MP4 等，既可以下载播放，也可以在线播放（流媒体播放）。

目前，涉及商业领域的数字音乐主要分为两大类：一是铃声、彩铃类，二是原声类。而按照发行平台，可以把数字音乐分为基于无线网络传输下载的无线音乐和基于有线互联网传输下载的在线音乐。前者对应的主要就是铃声和彩铃类产品，也包括整首音乐，其服务范围包括手机铃音和彩铃定制、手机音乐点播、音乐下载和在线收听等；后者则主要指整首音乐，其服务内容主要包括在线下载和在线收听。

数字音乐的特点在于：首先，数字音乐抛弃了实物载体，以数字信号的方式被储存在数据库里，在网络空间中流动传输，根据人们的需要被下载和删除。其次，数字音乐以数字信号的方式在网络空间中快速传输，相比以物流方式进行传播的传统音乐，在传播速度上的优势尤为明显。再次，数字音乐的音质不会因多次使用产生损耗，进而导致音乐品质下降，无论被下载、复制、播放多少遍，其品质都不会发生变化。最后，可以运用各种便捷的音频编辑软件编辑处理数字音乐，并实现很多传统手段难以实现的音效，并且降低了音乐制作和传播的门槛。

第四节　数字出版产品预测分析

早在2010年10月，新闻出版总署出台了《关于电子书产业发展的意见》，其中第一点就明确提出："电子书产业链由内容原创、编辑加工、数字转换、芯片植入、平台投送、设备生产、市场销售和进出口贸易等环节构成。"《意见》的出台，是要促进产业链各个环节中的企业更好地定位自身角色，共同做大电子书产业。因此，对于每个环节的企业都有促进作用，促使其发挥出最大作用。新闻出版总署还表示，到"十二五"末，我国数字出版总产值要力争达到新闻出版产业总产值的25%，整体规模居于世界领先水平。在全国形成8～10家各具特色、年产值超百亿的国家数字出版基地或国家数字出版产业园区，形成20家左右年主营业务收入超过10亿元的具有国际竞争力的数字出版骨干企业。到2020年，传统出版单位基本完成数字化转型，其数字化产品和服务的运营份额在总份额中占有明显优势。

一　数字出版产品的发展趋势

（一）数字出版产品最终将取代传统出版物

纵观文化积累传播载体经历的三次革命性变化，促使文化积累与传播载体变革的决定因素是“经济性、普遍性、便捷性”等优势，而数字出版产品除了这些优势外，还具有互动和多媒体的特点。基于技术进步、便捷互动、环境保护和经济成本四大因素的考量，由于印刷和发行成本上升，传统纸质出版与数字出版相比有明显的先天不足，尤其是数字出版产品拥有的高效、开放、交互、共享、音像等显著优势，决定了数字出版的发展势不可挡，从而导致人类文化积累与传播方式和传播载体的革命性变革。因此，数字出版产品取代纸质出版物是一个必然的结果。只是我们尚处在数字出版的门槛，决定取代时间早晚的重要因素在于技术进步的快慢，目前传统出版物将与数字出版产品长期并存。

（二）数字出版从“基础建设”走向“产品开发”

数字出版过程中，存在“重项目、轻产品”的现象，即过度集中于进行基础内容数字化加工转换、建立数字出版发行平台，而忽略了数字出版产品的开发。由于粗放式无法满足数字出版发展需求，应加强产品的精耕细作。于是，加强数字出版产品的开发，交互与体验功能成为最重要的设计理念。应通过系统的市场调研深入了解目标受众的特点与喜好，以优质资源与新兴技术来进行产品创新。

数字出版产品创新与数字出版“基础建设”并不冲突，而产品无疑是投入小、见效快的高效项目，我国数字出版的发展应加强数字出版产品开发，提升产品的功能性。

（三）移动终端将成为整合数字出版产品的下一个方向

移动阅读时代，最主流的产品应该是移动互联网。伴随移动互联网的普及，基于移动网络的应用会越来越多，移动平台与载体形式也将呈现多元化，今后移动终端的大面积覆盖将给移动阅读带来更多的便利。

在当前的数字出版产业中，手机出版是主要的盈利方式。国内数字出版产业 2010 年总产值达到 1051 亿元，其中手机出版占据了最大份额，达到 33.26%。随着数字技术、网络技术和移动通信技术的进一步发展，多种移动终端与智能系统完成有效对接，成为真正意义上的移动多媒体终端，可以实现听、看、读、写等多种功能，在人们生活中变成不可或缺的重要产品。如今，手机、平板电脑、电子书等移动终端已经覆盖半数以上的国民，新的移动阅读习惯和消费理念初步形成。

中国新闻出版研究院郝振省院长在《2011—2012 年中国数字出版产业年度报告》发布中提到“与网络相连这一趋势正蔓延至整个消费电子产品领域”，并建议关注植入无线网络的新终端与新商机，比如韩日推出植入无线共享功能的照相机与摄像机，实现拍摄与上传的同步，这一应用将为即时新闻、影像、视频、旅游等网站带来深远影响；已有欧洲企业推出 4G 移动汽车互联网，我国上汽集团也开始在荣威系车中装载无线网络，而定位于高端人群的车联网的数字内容平台将成为新热点；日本一家名为 Seraku 的公司新近推出一面“概念镜子”，可以连网，用户可以在洗手的时候查看新闻、天气等分类信息，这一镜子深具“概念价值”，它预示着：移动互联网时代，“万物互联”有可能成为现实，一切具备屏幕功能的产品，皆有可能成为数字产品终端。

（四）数字出版产品内容从“单元内容”走向“流内容”

传统出版是一种静态出版，载体内容与载体形式的不可分离使传统出版内容以一种整体的“单元内容”形态呈现，早期数字出版是这一形态的延续，即原文呈现，单元内容到了互联网，仍然是单元内容。单元内容有三个弊端：一是受载体所限，内容提供十分有限，不适应网络时代的海量信息；二是时间的滞后性，不能同步阅读信息；三是内容呈现方式单一，不能实现内容的重组与深挖。

“流内容”则很好地解决了“单元内容”的弊端，它具有四大优势：一是内容的碎片化，形成任意组合的内容板块，通过数字化程序追踪用户的阅读偏好，推送给不同读者，实现单元内容和“流内容”结合。二是即时性，“流内容”将不再固定出版时间，可以实现24小时随时更新随时传送。三是海量信息，数字内容不仅有原文内容的单元化呈现，而且有原文内容背后的内容，相关主题的内容，不是单点内容，而是汇聚成流的整体内容。四是流媒体的传送与呈现方式，“流内容”不仅仅是停留在静态出版，而是一种使用配音、视频、动漫和特效等多媒体表现形式，以流媒体的方式进行传送的动态出版产品。随着时代的发展，“流内容”将成为数字出版产品的主流内容模式，动态出版成为常态。

（五）教育产品数字化将加快进程

未来几年，教育出版数字化将从起步阶段步入快速发展期，电子书包将成为数字教育出版的新热点。电子书包是集硬件、内容、平台为一体的数字化教学系统平台，主要以学生为主体、个人电子终端和网络学习资源为载体，承载电子教材、电子教学资料以及相关虚拟学具，贯穿于学习的各个环节，可被多种终端设备访问。

一项美国调查显示，高达90%以上的学生对iPad等数字产品进入课堂表示欣喜和期待。另一项在美国河边联合校区的调查显示，用iPad的学生比用传统课本的学生学习效率提高了30%。这一项目的最大革新是教育模式的改变，打造学生自主学习的平台，它能大大减轻学生书包的重量和学习负担，并在数字环境下的课堂实现个性化的学习，让学生们的学习变得更有趣。电子书包的早期形态是电子阅读终端，下一步的发展将是对接学校，建立人机交互、网络互联的电子书包整体系统。

二　数字出版产品的发展困境

数字出版是对原有出版模式的突破，传统的出版管理方式和数字出版自身特点还不太适应。数字出版产品在发展中面临新的问题和挑战，目前存在的主要问题有以下七点。

（一）内容结构问题

出版物具有宣传科学思想，弘扬民族优秀文化，促进国际文化交流，丰富和提高人民精神生活的作用。但目前市场上缺乏丰富多彩、简便实用而又价格低廉的数字出版产品，导致盗版劣质产品泛滥，市场秩序混乱。一方面，盈利较好的数字出版物的选题大多集中在教材教辅类产品，自然科学和文化艺术等方面的数字出版产品则只在少量综合实力较强的出版社中涉及。长此以往，会造成数字出版产品品种的单一化，选题撞车、产品重复将影响到整个数字出版行业的利益和发展。另一方面，即便是以内容取胜的数字出版物，其多媒体以及数字化的技术优势尚未充分发挥，与题材内容和编辑设计的要求还存在着较大距离。尤其是我国数字出版产品，在技术手段上还明显存在模仿痕迹，自主研发新技术较为欠缺。

（二）产品主体问题

数字出版产品的类型很多，有电子书、数字报刊、数字图书馆等，当中涉及了技术提供商、数字出版机构、网上销售平台等。然而，谁是数字出版产品的主体，版权归属于谁，存在很大的争议。

理论上，著作权人可以不经过出版社直接通过数字出版机构出版数字出版物，但是出版社认为数字出版产品是在其纸质出版物的基础上加工而成的，没有出版社提供的出版物刊号，数字出版物就是非法出版物。那么，这些数字出版产品的主体到底是原纸质图书著作权人，还是原书出版社，抑或是数字出版技术提供商和运营商？如果出版产品主体关系不理清，就很难确定谁是数字出版的责任人和受益人，也就无法建立一种健全的盈利模式。

（三）版权保护问题

作为纸书，读者购买后可以随身携带，在多种场合阅读，也可以借阅给别人，而电子书的版权保护如何做到既控制盗版又满足读者应用需求，是数字出版业中存在争论的问题。

数字出版产品极容易被复制，复制件与原件一模一样，而且复制几乎没有什么成本，这就使得数字出版产品的版权控制更加困难。目前比较流行的数字版权技术（DRM）是采用下载计费、数字底纹加密和硬盘绑定等措施实现对数字出版物传播范围的控制。尽管数字版权保护技术可以对数字出版物进行一些必要的版权控制和管理，但数字出版物形式多种多样，制作技术手段不断进步，硬件产品也是日新月异，很难形成一种通用的、有效的数字版权技术和永远不被破解的加密技术，以彻底保护各种数字出版产品。

（四）产品收费问题

数字出版产品受到欢迎，很大程度是因为价格便宜。内容相同的一本书，电子书的价格通常只相当于纸质图书的三分之一甚至更低。由于数字出版物不需要纸张，没有印刷、装订、运输等中间环节，也没有中间商从中抽取利润，这使得数字出版产品的制作成本和流通成本比传统出版物更加低廉。

数字出版产品很大程度上节省了图书生产和流通的成本，但是数字出版和发行的全过程还是需要消耗人力和财力。数字出版的软件价格不菲，此外还有稿费、版税等支出，如果把这些费用加起来，数字出版产品的成本并没有降低多少。此外，国内读者对数字出版产品的阅读付费意愿极低，很多人都习惯于找免费图书来读，内容免费几乎成为国内互联网的铁律。免费内容与免费软件的盛行，一方面繁荣了互联网，但另一方面也极大地改变了中国互联网的生存方式，极大破坏了我们的文化创新能力。所以，数字出版产品想要发展起来，必须进行独立的成本核算和市场运作。

（五）产品标准不统一

数字出版技术的各个环节，如编码、作品格式、出版物流系统等都需要标准，只有数据标准化并完全共享才能把成本降低，利用有限的资源达到最优的传播效果。然而，我国的数字出版标准化问题却长期得不到解决，一是数字出版管理格式、数字出版防伪的保密、版权保护等技术问题还不完善，二是目前数字出版的技术系统和装备系统缺乏行业的总体标准，地域分割性较强，难以做到统一，致使元数据和信息交换格式未能形成标准，使得标准化成为困扰数字出版产品发展的难题之一。

由于缺乏统一的标准和文本格式，各技术提供商生产的电子阅读设备在文本格式上不能兼容，这既不利于数字出版机构开发通用格式的数字出版产品，也不利于读者的选购，并无形中增加了阅读的成本，造成读者的不断流失。这在一定程度上造成数字出版产业链的断裂，成为制约数字出版产品发展的瓶颈。

（六）产品保存问题

数字出版产品保存形式多种多样，可以是磁介质、光介质和电介质。与传统印刷出版物相比，保存在磁盘、光盘等存储介质上的数字出版产品同样容易因为操作不当而丢失，或者受到磨损、震动、潮湿、火烧、水浸等破坏。这些存储介质的容量非常大，可是一旦受到破坏通常是无法补救的，反而比传统出版物更不易保存。数字出版产品存储会因为阅读器的硬件或者软件故障而受到破坏，读者重新下载出版物信息的过程中正版用户身份再确认相对麻烦。传统出版物可以保存几百年的时间，而数字出版产品即使能够保存那么长时间，也会因为软硬件环境的变化而无法识别和读取。另外，传统出版物具有的收藏价值也是数字出版产品目前很难企及的。

（七）受众阅读习惯

尽管电子书发展迅速，已经具备诸多满足读者需求的使用技术，但与存在了一千多年的纸质书相比，人们仍未形成对着屏幕读书的习惯。尤其是年纪大的人群，他们很少接触网络，在他们的生活中大都是人际传播，对于网络时代的产品并不感兴趣，所以保持着读纸质书的习惯，并且难以改变。而且电脑屏幕、手机屏幕及其他电子设备的屏幕，大多还是处于液晶时代的产品，不利于人们长时间的“读屏”。

思考题：

1. 何为电子书，有哪些特征？
2. 何为电子报纸、期刊，有哪些特征？
3. 简述网络出版产品有哪些类型及特征？
4. 如何应对数字出版产品的发展困境？

第四章　数字出版物的创意与制作

本章旨在全面系统地讲述数字出版物的技术研发、选题策划、脚本文案编创、界面及包装设计和软件应用等技能，帮助读者了解数字出版物的相关知识和主要特点。

第一节　数字出版的技术研发与内容创意

技术研发和内容创意这两个概念之间并没有必然的联系。因为，内容创意是指依靠创意人的智慧、技能和天赋对自然资源和文化资源进行再创造与提升的过程，只有当这个过程需要由个人转化为一种社会价值和社会生产力，即社会需求通过知识产权的开发和运用，使得“这一个”创意的内容产生出附加值的文化产品，并且具备大规模流通的可能或者增加其审美和收藏价值时，内容创意才会借助已经研发成功或正在研发的技术去成就那些具有实现这一切并创造财富和就业潜力的产业。应该强调的一点是，这其中技术研发并不是“这一个”内容创意的必要条件，因为内容创意的核心只能是“创意”本身，是人脑智慧和手工技能的一种探索实验过程。借助技术研发成果，包括我们所说的高科技成果对其进行推广运用，那只是内容创意所选择的传播路径之一而已。当然，新技术也会刺激人们的创意活动，与内容创意活动形成一种良性的互动关系。但尽管如此，内容创意的自由度是永远不会受制于技术研发的时间进程的。

一　数字出版物的技术研发状况

数字出版产业链的每个环节都与技术相关。位于上游的作者、出版社与制作技术、版权保护技术相关；位于中游的分销网站、图书馆与管理技术、发行技术相关；位于下游的读者与阅读和显示技术相关。特别是在数字出版发展初期，技术商处于核心地位并且身兼数职：既要做数据制作商、技术开发商，又要参与数字作品的内容整合以及销售。

（一）数字出版的技术环境

数字出版是基于快速发展的计算机技术、网络技术、通信技术、信息技术、流媒体技术诞生的新的出版形态，融合传统出版内容，强调出版流程数字化、内容加工数字化、传播载体数字化和阅读消费数字化。数字出版对传统出版从选题策划到印刷发行，从内容生产到载体设计，从定价机制到阅读方式等各方面产生了深刻影响，而技术对于数字出版的发展起着举足轻重的作用。

从反映数字技术的活跃程度的科技活动来看，近些年来，不论是科技活动经费筹集额度，还是基础研究、试验发展均呈持续上升趋势。从软硬件产业的发展来看，据《2011 中国第三产业统计年鉴》数据显示，2010 年我国信息传输、计算机服务和软件业全社会固定资产投资 2454.49 亿元，建设总规模 4485.9 亿元，其中电信和其他信息传输服务业建设总规模 3407.8 亿元，计算机服务业总建设规模 242.8 亿元，软件业建设规模 835.3 亿元。软硬件为数字出版产业的发展提供了一种刚性条件。

随着互联网技术的日益发展，互联网应用的日益扩大，数字出版也逐渐得到充分发展。中国互联网信息中心 2013 年 1 月发布的第 31 次《中国互联网络发展状况统计报告》显示，排名前十位的网络应用主要是网络音乐、网络视频和网络游戏。目前，我国在数字出版内容投送上已经具备了四大技术能力，阅读方式上有了多种选择：一是互联网传播，我国已完成了4.3万亿元的互联网基础设施投资，建成光缆网络线路总长度达到826.7万公里，互联网传播能力大幅提高；二是无线通信传播，以手机阅读为代表的无线阅读方式逐渐成为数字出版重要的发展方向；三是有线电视网传播，通过遍布城乡的有线电视网络可以将数字化的出版产品方便快捷地传送到千家万户；四是卫星直接投送，通过接收卫星信号，在电视或手持阅读终端上下载、观看、阅读海量的数字化图书、报纸、期刊。投送能力的大幅提升，为推动数字出版产业发展奠定了坚实的技术基础，必将加快构建覆盖广泛、技术先进的数字出版传播体系，极大增强先进文化的传播力。而云出版、按需印刷、数字版权保护、电子纸等方面的技术创新，也成为推动数字出版发展的关键环节。这些技术上的发展与突破，为数字出版的迅猛发展提供了可靠的技术保障和支撑。

（二）数字阅读技术研发

数字阅读的发展得益于三大技术：数字版权保护技术、显示技术和互联网技术，这三类技术的发展水平也制约着数字阅读的发展状况。

1. 数字版权管理技术（Digital Rights Management，DRM）

数字版权保护技术是数字阅读相关技术中最重要的技术，数字版权管理技术（Digital Rights Management，即DRM）就是以一定的计算方法，实现对数字内容的保护，包括电子书、视频、音频、图片等数字内容，从技术上防止数字内容的非法复制，或者在一定程度上使复制很困难，最终用户必须得到授权后才能使用数字内容。

DRM通过加密等技术保证数字阅读产品的安全性，可以防止数字内容在非授权情况下的拷贝，不被随意修改，保证数字内容的合法使用（只有有权限的人能阅读），保证数字内容的完整性和严肃性，保证数字作品的可记数性，提供数字内容的权利描述与控制，控制电子文件的二次传播。一方面让作者和出版社出版的电子书或报纸杂志文章的相应版权得到保护，维护他们的利益；另一方面数字阅读的市场和经济效益，以及营销模式可以得到保障。

目前电子书的 DRM 技术相对成熟。国外的 DRM 系统有 Microsoft DAS、Adobe Content Server 等。而国内则有书生公司 2000 年推出的 TESDI 技术，限制数字阅读产品的盗版；还有超星数字图书馆的专用阅览器，采用了下载计费、数字底纹加密和硬盘绑定等措施。

2. 显示技术

目前数字阅读的显示器主要有两种：一种是 PC 的 CRT（阴极射线管）显示器，一种是液晶显示器。但显示器与纸质印刷品的分辨率相差巨大，直接导致了屏幕显示效果的粗糙。

为了提高数字阅读器的显示效果，一种清晰度高、能耗低，甚至手感都与纸质出版物极其相似的电子纸技术已然成型并投入使用。电子纸是代表未来趋势的新型显示技术，其应用几乎可以涵盖信息记录和传播的所有领域。具技术涉及光学、色彩学、高分子材料、电子学等，属于多学科综合类技术。不仅如此，作为兼具数字化纸张与物理纸张性能的电子纸，被许多专家预测为未来主要的信息传播介质，在印刷行业，有可能以电子图书、电子报纸、电子黑板等方式，取代部分纸质印刷品，并逐步实现无墨印刷。电子纸与数字化信息技术紧密结合，可以循环使用，生产过程不消耗大量水和木材，可以极大地降低对资源和环境的破坏；阅读和保存信息时，基本不再消耗其他能源，属于绿色传媒。

目前方正源于对出版业的多年技术积淀，推出的排版软件、

RIP 输出软件、字库和数据格式，已经成为相关行业主要使用系统和事实标准，并得到国家认可和支持。方正电子书格式 CEB 是总结自己在中文排版、印刷、出版领域多年的技术和经验，为适应互联网时代电子出版趋势，解决环境多样化、传播网络化要求而推出的数据格式。

3．互联网技术

互联网技术正以前所未有的速度飞速发展，高速宽带城市区域网络的普及和覆盖面的扩大以及无线网络的兴起，为数字阅读提供了越来越快速便捷的传输介质，同时基于光纤传输的网络存储技术的发展也为数字阅读产品的海量存储提供了技术保障。

（三）网络游戏技术研发

从技术角度来说，网络游戏是综合性很强的行业，依赖的相关技术包括：游戏设计、程序设计、数学、人工智能、图形图像、网络、音频处理等。根据《2012 中国网络游戏市场年度报告》结果显示，中国网络游戏企业在研游戏产品类型以网页游戏为主，客户端 MMORPG（Massive Multiplayer Online Role－Playing Game）比重有所下降，客户端休闲游戏比重有所上升。

数字娱乐产业独立的研究和咨询机构——文睿研究中心于 2011 年对北京、上海、广东、川渝、江浙和福建等国内网游企业集中地的游戏研发团队数量和游戏从业人员数量进行了调查。调查结果显示，2011 年全国有网游研发公司 164 家，这个收录量与 2010 年相比增加了 10 家，出现小幅增长。北京、上海、广东三地的网游研发企业数量依旧占据前三甲的位置，各地研发团队数量占据全国总量的比例分别为：北京 26％、上海 25％、广东 19％、江浙 10％、川渝 11％、福建 6％、其他 10％。

作为游戏软件的主程序，游戏引擎是游戏或一些交互式实时图像应用程序的核心，大多支持多种操作系统。游戏引擎主要包括以下几个部分：渲染引擎、物理引擎、碰撞检测系统、音效、脚本引擎、人工智能、电脑动画等等。相较于国外的游戏引擎多为商业通用引擎，国内的游戏引擎多为非通用引擎，即只用引擎，绝大多数是为了一个游戏项目而专门写的产品导向型引擎。

目前国内网络游戏开发商们采用的几款游戏开发引擎中不仅拥有国际上知名的游戏开发引擎，国外厂商专门为网络游戏开发而设计的游戏引擎，更有国内厂商自主研发并拥有自主知识产权的网络游戏引擎。例如北京完美时空公司自主研发的游戏引擎Angelica，这款由完美时空公司自主研发并拥有自主知识产权的游戏引擎，自推出之日起，就从来没有停止过自身的改进，推出了包括《武林外传》《完美世界》《诛仙》等网络游戏，号称采用了 Angelica2.0 开发的《赤壁》更是博得了众多好评。《完美世界》更是成为第一款进军韩国网络游戏市场的国内网络游戏产品。又如网龙公司游戏引擎，其游戏引擎的配置上相对比较丰富，除了自主研发的 2D、2.5D 引擎之外，更是花费重金引入了国外知名游戏引擎——虚幻 3 引擎（Unreal3 Engine）。以《机战》《征服》《魔域》《投名状 Online》等网络游戏开发而闻名的网龙公司，一直以来着眼于国外市场，旗下数款游戏在欧美网络游戏市场皆有良好的运营成绩。

（四）手机游戏技术研发

近年来，越来越多的发行商和开发商推出了手机游戏。根据北京海纳互联网研究中心 2011 年 5 月的《中国手机游戏行业研究报告》：截至 2011 年第一季度，中国手机游戏开发商团队中，20～40 人的规模占最多数，所占比重为 31.2%，其次是 40～80 人的规模，所占比重为 26%，其他团队规模所占比重相对较小，分别为：10～20 人，占比 19.5%，80～150 人，占比 11.7%，150 人及以上，占比 6.5%，10 人及以下，占比 5.2%。成立时间百分比中，有一半以上的开发商是在 2008 年之后成立，尤其是 2009 年成立的开发商所占比重高达 26.0%，截至目前，新入局的开发商数量仍在快速增加，这成了游戏开发商普遍感到的压力的重要原因。

与全国其他城市相比，作为中国西部中心城市的成都，手机游戏企业研发的研究实力和规模在整个中西部地区首屈一指。目前有手机增值服务和开发商 20 多家。2006 年，“成都造”手机游戏达到 200 多款，总下载量超过 1500 万次，创造产值超过 1.2 亿元。其中长城软件公司的手机游戏业务在下载和收入排名上连续两年均全国第一，累计收入 2000 多万元人民币；更值得一提的是，成都思盈科技有限公司在国内推出 10 款手机游戏运营的同时，还研发出 3 款游戏进入美国移动市场，从 2006 年 11 月至今，平均每月产生了近 5000 美元的收益，使“成都造”手机游戏再次参与到国际市场中。2007 年，联合众志的 20 余款游戏运营良好，大部分产品通过风险投资商销往日本和东南亚，预计年内将实现收入 2000 万元。全球第三、欧洲第一的手机游戏公司智乐（Gameloft）入驻数字娱乐软件园后快速扩张。

就规模和增长速度来说，Gameloft 一直是西方第二大手机游戏发行商。该公司目前拥有 4000 多个员工，在全球 12 个城市设有工作室，2010 年的销售额达 1.93 亿美元。除了 Gameloft 在开发手机游戏方面具有其他公司所没有的优势，2010 年它致力于开发玩家喜爱的高质量游戏，把游戏植入各种手机平台，并收取合理的费用，同时成功从用户身上创收。Gameloft 是最为高产的游戏开发公司，但它很少依赖授权游戏。从它基于掌机授权开发的游戏种类来看，如《N. O. V. A.》对应的是《Halo》，《Modern Combat》对应《使命的召唤：现代战争》(Call of Duty：Modern Warfare)、《Gangstar》与《GTA》，这些游戏都是榜上有名的作品。另外，Gameloft 的开发商种类最为繁杂，该公司支持多个手机平台的发行业务，即使是在有点落伍的 Java 和 Brew 平台上都有 Gameloft 活跃的身影。

（五）数字动漫产业技术研发

与传统的漫画、动画艺术相比，技术的推力在数字动漫创作中具有更为重要的规制作用，数字动漫的特色与优势正在于它能以技术的魔力提升艺术的想象力和感染力。动漫作品的数字制作技术主要包括运用特定电脑软件对2D手绘动画的上色、编辑摄影表、剪辑、制作特效、合成、3D动画、绘制背景等，可以说，新技术的神奇功能几乎覆盖数字动漫制作的所有环节，不断升级的技术手段甚至连人物道具和各种场景都可以通过数字建模来生成，包括光影、衣物的纹理、人物面部表情变化等，都由电脑模拟来设定和完成。信息虚拟技术创造的立体三维世界，有着传统动画无法企及的现场真实感和视觉冲击力，特别是在表现虚拟的宏大场面和快速运动时，更是有着得天独厚的优势。

在数字动漫中，3D、4D等CG技术的广泛运用，增加了动漫人物形象塑造的生动性和“随心所欲”性。如科幻动漫影片《阿凡达》中有60％的画面都使用全CG技术拍摄，导演卡梅隆采用“表演捕捉”技术，让真人表演与最终CG画面契合得天衣无缝，并通过LCD屏来预览人物的每一个细节，让“化身”为近3米高的蓝色纳美人行走在潘多拉星球上，创作者还将演员95％的面部动作传送给计算机里的虚拟角色，使得最后由电脑生成的CG角色与真人演员无异，大大增强了人物的生动性和形神兼备的艺术表现力。

因此，要想在数字动漫中制胜，关键在于技术，数字动漫技术的发展主要围绕两方面展开。一是追求更好的效果。通过在运动方面（如骨骼、皮肤、肌肉、变形、表情、口型、布料、流体、动力学、毛发、碰撞等）、渲染方面（分层技术、集群渲染、网络渲染等）、特效方面（粒子系统、群体技术等）的技术研究，以达到更为完美的视觉艺术效果，并建立相应插件和可以调用的数据库（动作库、表情库、素材库等），方便这些技术的运用。

二是追求更高的效率。早期动画分层技术的运用，就是追求效率的表现，后来的补插关键帧绘制分工也是如此。三维动画制作在效率上有着特有的优势，免除了传统二维动画中间画、着色等方面繁重的劳动，动作、渲染等步骤可以连续完成，并能反复修改，但现在三维动画制作在运动控制技术、渲染技术等方面仍然存在许多瓶颈，需进一步发展和完善。

（六）数字音乐技术研发

随着科技与音乐的结合，我国音乐产业的技术环境有以下三个特点：一是智能终端技术；二是“三网融合”环境；三是音乐云技术。

云计算被称为全球范围内最值得期待的技术革命，而云计算之所以在全球范围内得到普遍的关注，是因为它所标志的不只是一项新技术，还是技术而引发的整个产业的一次变革，将决定国家的竞争力。云计算的典型特征是资源共享、按需分配、弹性调度、服务可扩展。“音乐云”技术，指的是用户收藏的音乐内容存储在云端，也就是个人云储存服务，通过该技术服务，用户可以不受终端限制，随时享受音乐。作为数字音乐产业，未来的消费需求必将朝着多元化发展。用户在互联网环境下，可以通过手机、PC和电视等多种设备终端，直接播放、分享存储在“云端”的海量音乐内容，无需在多个终端设备之间进行拷贝等工作，实现最便捷、有效的音乐共享。音乐云技术或者音乐云已经不是一个概念问题了，已经成为业内投资的热点。如，中国移动、中国联通、A8等知名企业已经投入巨资，进行音乐云技术研发，并在实际运营中，取得了良好的社会效益和经济效益。亚马逊也推出了“云音乐”服务——“云同步”，备受广大音乐爱好者的欢迎。

以“音乐云”为核心，多米音乐作为中国首家、也是唯一一家专注于移动互联网，致力于解决亿万用户个性化音乐需求，提供便捷智能、跨终端于一体的专业数字音乐服务提供商，通过产品创新和技术创新，目前已经覆盖手机、PC、PAD、互联网HIFI音响、智能电视等多类终端，通过与各家内容提供商及终端厂商的合作，让用户随时随地、随心所欲地享受高品质音乐，共同打造一个数字音乐产业良性发展的生态圈。

（七）数字印刷技术研发

尽管数字印刷与传统印刷一样仍然需要必要的印前处理，但印前处理所形成的数字文件，页面并不需要立即印刷输出，而是按照数字方式存储在系统中或通过数字网络传输到异地，最后，根据顾客的订货需求再完成印刷输出。显然，这是一种建立在"数字流程+数字媒体/高密存储+网络传输"基础上的一种崭新的生产方式。数字印刷不像传统生产方式那样，受到时间和地域的限制，随着技术的发展，只要网络覆盖的区域，不管距离有多远，都可以实现产品（数字文件/页面）的实时传输，并按顾客的要求印刷输出。

数字印刷的关键技术有三种：一是静电成像数字印刷术，其基本原理是用激光扫描的方法在光导体上形成静电潜影，再利用带电色粉与静电潜影之间的库仑作用力实现潜影的可视化，最后将色粉影像转移到承印物上完成印刷，将小颗粒的粉末附着固定在纸上成像；二是喷墨成像数字印刷术，是以小滴的墨水滴到纸上组合成像；三是磁成像数字印刷术，依靠磁性材料的磁子在外磁场的作用下定向排列，形成磁性潜影，然后再利用磁性色粉与磁性潜影之间的磁场力的相互作用，完成潜影的可视化，最后将磁性色粉转移到承印物上。

二　数字出版物的内容创意

（一）数字出版物的内容提供商

内容是数字出版生存和发展的源泉，在一定程度上主导数字出版产业的未来。数字出版的内容提供商包括：传统出版商（出版社、期刊杂志社、报社、唱片公司）、手机内容商、游戏开发商。

1. 传统出版商

对出版社来说，经营数字图书馆业务的四大电子书出版商（方正阿帕比、书生、超星、中文在线）是其最主要的客户。出版社主要通过直接授权、一次售卖的方式与数字出版商进行内容合作。

对期刊杂志社来说，其内容资源主要提供给四大互联网期刊出版商（清华同方知网、万方数据、维普资讯、龙源期刊）。期刊杂志社与互联网期刊出版商合作方式和出版社方面相同，互联网出版商付费从杂志社取得期刊数字化授权，然后将文献、信息加以分析、加工和整合，形成大量内容的数据库。

对报社来说，主要为清华同方知网和方正"爱读爱看网"提供内容数字化授权。但报社对与数据库合作的热情不高。数字报业的热点集中在报纸网站和无线业务的拓展上，手机报近来就得到不少报社的青睐。

对唱片公司来说，由于越来越多的人通过网络在线收听或下载音乐，唱片销售量急剧下滑，唱片公司开始寻求与数字平台商展开合作。双方主要是通过三种方式展开合作：一是收取用户下载费用、双方分成获取利润。二是由唱片公司授权数字平台商使用其所有歌曲，供网民试听、下载，双方通过广告商的赞助收入分成。三是由唱片公司提供音乐资源，数字平台商开发业务模式，双方按约定比例分账。

2. 手机内容商

手机内容提供商是手机报纸、铃声、彩铃、音乐、游戏、动漫等内容的生产者。这些内容生产商可以分为内容收集类和内容创作类。收集类手机内容提供商一般与源数据拥有者签订授权协议，将源数据制作成符合自身需要的内容，像我们平时下载的手机铃声基本都只截取了一首歌的高潮部分，就是手机内容提供商对原歌曲的一次再制作。创作类手机内容提供商现在特别多见于手机彩铃业务中，彩铃下载排名靠前的基本都是网络原创作品，搞笑、搞怪类彩铃尤其受欢迎。

3．游戏开发商

游戏开发商是游戏的生产者和知识产权的拥有者，主要负责制作、调试游戏软件等工作。国内主要的游戏开发商有盛大、金山、网易和久游网。这些游戏开发商主要分为三类：一类是发行商公司的一个内部部门，自产自销；一类是独立的开发商，专门从事游戏的研发；还有一类是与发行商签约，为发行商“贴牌”开发游戏，这种开发商，通常具备特有技术，但缺乏资金。

（二）电子报刊内容分析

从网络报纸和期刊这块儿来说，其内容完全被传统媒体所决定，主要的门户网站上的内容也与传统媒体有着较强的重复性，没有自己的特点，也没有自己的专属领域。这对于电子报刊的发展很不利，我们应该努力提升网络媒体自身的采写新闻的能力。

目前电子杂志正处于其试验、发展和变化的阶段，国内还没有几本电子杂志的内容是100％原创，大部分还是通过互联网找到内容再做视觉加工。怎样为电子杂志定价一直是出版商和用户同时面对的一个棘手的问题。由于发行方式的巨大变化，电子杂志不但没有一个像印刷版一样成熟而且相对标准化的定价体系，而且因为其与计算机技术、网络和通信技术的密切联系，电子杂志的定价还不免受到许多不断变化的外来因素的制约。出版商在探索市场、发展电子杂志用户的同时，又担心电子杂志对印刷版发行量的影响。电子杂志应该和传统纸媒杂志一样，想办好办大，吸引更多的读者，必须提供独家的内容与自己独有的特色，原创内容太少或是新意不够，内容肤浅等等问题在制约着电子杂志行业的发展。

（三）游戏内容创意

1. 网络游戏

网络游戏产业作为创意产业的一个重要组成部分，在经济发展中发挥着重要的作用。如今，被大家称为“第九艺术”的网络游戏，已经逐渐成为一种新兴的文化艺术样式。在网络游戏中，以往各种传统艺术形式都在其中有较为广泛的体现，同时网络游戏里也包含了文学、音乐、美术、电影等多种艺术样式的审美因素。

最早在中国引起轰动的网络游戏是 2001 年由韩国游戏公司 ACTOZ 研发制作的《传奇》，这款游戏在当时无论是在画面风格还是内容设置上都给人以耳目一新的感觉，同时《传奇》的国内最高同时在线人数在不到一年的时间里便突破了 60 万人，注册用户也达到了上千万人。中国网络游戏制作者开始学习并模仿国外成功游戏的设计制作经验，将他们的设计创意融入国产游戏的研发当中，并融入了本民族的文化理念，再造经典武侠世界，制作出了一批较为成功的国产原创网络游戏产品，如：盛大的《传奇世界》，金山的《剑侠情缘 Online》，网易的《梦幻西游》和《大话西游 2》，完美、蜗牛等已经推出了众多具有真武侠特质的游戏如《笑傲江湖》《九阴真经》等等。这些游戏无一不是以诠释中国武侠文化为核心，烘托经典武侠元素，将创意融入游戏的研发设计过程之中，使产品蕴含多种创意元素。

2. 手机游戏

现在的手机游戏早已告别了俄罗斯方块、贪食蛇的时代，很多操作新颖内容新鲜的游戏诸如愤怒的小鸟、切水果、找你妹等已经成为人们的新宠。

由于手机体积小、屏幕面积小、随身性强等特点，手机游戏一般都是休闲游戏，且大部分都是免费试用。但是千篇一律的触屏互动方式也会使玩家产生厌倦，这还需要大量游戏研发人员更深一步地探索新技术。比如《水果忍者》，刚接触的玩家会觉得新鲜，但时间长了会觉得乏味，应该适当融入一些令人思考的元素，使玩家不仅可以体验到游戏的刺激，也能从中发散思维。手机终端的快速研发与发展，多点触摸已经颠覆以往的游戏控制方式，不仅如此，游戏还可以根据重力反应、传感感应以及声音分贝来控制。这使游戏用户比起单一触碰手机虚拟键盘的方向键更具动感和交互感。

例如在手机游戏《找你妹》中，玩家需要在规定时间内从众多日常用品中找到指定的物品，经过很多关卡，才能追到一位女子。这款游戏在 2013 年初开始流行，拥有风趣幽默的故事情节，诙谐搞笑的画面，包含丰富的游戏模式以及道具系统。随着春节的流动人群爆发，如今已经红遍了全国。截至 2013 年 3 月 18 日，《找你妹》的用户数已经接近 4000 万，日活跃用户达到 600 万。又如 3D 画面的中国风重力感应跑酷游戏《神庙逃亡：火影狂奔 3D》，利用简单的触摸滑动控制角色动作和倾斜控制左右方向，独创 3D 跑酷机器人以及转弯、跳跃、滑动等多种操作动作，继神庙逃亡（Temple Run）和地铁跑酷（Subway Surfers）之后，更迎合亚洲玩家口味。

（四）数字动漫内容创意分析

数字动漫作为一种新的视听艺术形态，从故事文本创意到影视生产流程，均有着自己特定的创作规制。譬如，数字动漫艺术故事文本的风格化创意，往往具有现代神话的叙事诗形态。数字动漫经过最初的漫画、连环画阶段后，已不仅仅是几幅逗笑、讽喻的图片了，动画的出现使它丰满了许多，由一帧帧的图片变成了连续运动的故事，有完整的开头、发展、高潮及结局，并塑造出许多令人印象深刻的动画形象。数字媒介时代的动漫艺术作品尽管可以运用最新的数字图像技术打造更完美的画面，但故事始终是动漫作品的地基，故事性极强的神话叙事情节一直是数字动漫艺术作品必不可少的元素，如美国的《机器人总动员》《功夫熊猫》，日本的《犬夜叉》《海贼王》等，无一不是以现代神话式的叙事诗形态，让观众在跌宕起伏的情节中大饱眼福。在我国近年来出现的数字动漫如《虹猫蓝兔七侠传》《喜羊羊与灰太狼》等作品中，我们都不难感受到数字动漫艺术文本的这一特征。

数字动漫的取材范围大，各种题材各种样式各种形式的动漫都有，一般来说有以下规律：首先，取材一般来自中国古典文化（例如《天上掉下个猪八戒》《古今诚信故事》）和地方特色文化（例如《巴布熊猫》），一般使用幽默轻松的方式来感染和吸引观众；其次，动漫的受众目标不仅仅是小孩子，面向成人的动画片《魁拔》就是由北京青青树动漫科技有限公司出品的一部严谨的玄幻动画。

第二节　数字出版物的基本制作流程

数字出版物是多种内容综合、多种技艺交融、多种人才合作的成果。素材的编辑加工是数字出版物的基础工作，通过媒体设计和软件编程的整合过程，所有的多媒体素材根据选题策划实现连接，从而形成完整的数字出版物。从内容编辑到表现形式，数字出版物都对传统出版物形成创新与突破，强调创意和表现方法。它的设计制作和质量的关键在于多媒体设计和交互功能运用。

通常情况下，数字出版物的设计制作包括内容策划、素材收集与编辑、界面创意设计、产品整合与检测、装帧设计五个阶段。

一　内容策划

一个数字出版物的内容策划需要从选题、脚本和风格设计的角度，针对数字出版物自身的特点和要求，对拟定出版物进行定性分析。在此基础上，为内容信息的来源、采集、编辑和组织提供策划依据，进而对表现手段和表现形式、使用需求和功能设计、终端设备和环境要求、读者对象和消费形式、复制发行和运营方式等各种因素进行综合性分析论证。通过内容的策划，对拟定出版物内容和风格做出一个可行性强的策划方案并付诸实施。

（一）选题策划

1. 策划报告

选题策划是数字出版物开发的首要阶段，就是试图在事前对将要开发的产品进行描述。策划报告的制定非常重要，它在项目的操作过程中，不仅对将要发生的情况提出见解，而且可以对项目进度实施有效的动态管理，展开追踪监督，以确保制作任务的完成。策划报告通常涉及七部分内容。

产品目标：产品的内容，使用对象和出版目的；

资源条件：有哪些资源和条件易用，要多长时间完成；

技术手段：如何使用媒体表现，如何使用软硬件开发产品；

人员设备：如何配置人员和设备，优化产品设计、制作、测试和出版的环境；

时间进度：每项主要工作和相关工作的时间进度，以及任务之间的互动关系；

经费预算：做出切实可行的预算，以控制成本，提高资金使用率；

风险控制：预测选题执行的困难和风险，制定相应的措施，防患于未然。

2. 前期调研

前期调研的目的是根据用户对象和要求，确定和预测数字出版物的设计目标和应用情况，确定技术应用系统，建立设计标准。数字出版物的选题定位要准确清晰，必须对下列问题进行调研。

产品主要用户：目标受众的年龄、性别、文化、生活方式，用户的消费能力、购买动机和方式、阅读习惯、使用场合和对同类出版物的认知度，潜在用户有哪些，针对基本用户的需求特点和使用风格进行调查研究等。

产品主题内容和主要功能：产品的类型、资料来源、规模和容量。

产品使用及设备要求：硬件的基本装备，多媒体软件环境，需要什么辅助设备，有无特殊需要以及提供其他技术条件支持等。

产品表现手段和策略：产品开发的方式、工具、运行环境以及技术水准，软件实现的功能与界面，所提供信息的使用价值如何，多媒体数据的使用频率如何。

产品成本和效益：产品的设计、制作、时间、人力、资源等方面的成本投入；产品所用资源和资金来源，产品的发行量，价格策略；产品的市场潜力和竞争力；产品的投资回报率，以及增值效益等。

技术执行能力：设计制作中涉及的软硬件技术的成熟度和可操作性；总体流程设计中涉及的多媒体元素以及组织结构等。

3. 内容编制

内容是数字出版物的生命，内容的创意设计是数字出版物的灵魂，而数字出版物的核心是内容的丰富性和价值性。数字出版物人员必须按照出版社的办社宗旨和出版方针，进行内容编制。

内容设计的重点在于把握好四方面的要求：一是内容的选材和设计取决于选题定位或用户需求；二是多媒体应着重用于表现

一些重要且生动的内容，特别是文字不能很好表达的内容；三是内容表现形式要丰富，表现风格要整体一致；四是内容设计和选择，应由熟悉内容的专业人员进行，并与技术人员和美术人员密切合作。

选准适合数字出版物表达特点的题材和资源是首要任务，但并非所有内容都适合数字出版物的表现形式。适合数字出版物表达特点的内容题材主要涉及以下几个方面：一是教育学习类，专门提供各种文化科技知识，用于教学、辅导和培训领域；二是素材资料库，主要以图片、音频、视频和动画资料为主，具有检索和利用的方便性；三是应用软件类，用于满足各种事件用途的计算机应用软件；四是娱乐游戏类，指各种休闲娱乐内容，或者娱乐性节目和电子游戏，具有交互性的体验；五是宣传介绍类，以多媒体形式生动地介绍有关内容，或用以进行商业广告宣传。

对于出版社而言，数字出版物的选题重点在于以符合本社办社宗旨和出版方针的出版资源，具有本地经济、文化特色的出版资源以及能够在国内外产生良好影响的出版资源为主。

4. 创意设计

创意是指创造、生产、构想过去不曾有过的事物或观念，即将两个或两个以上相关或不相关的事物和观念，根据某一目的，重新组合成新的事物或观念。

创意过程是一个复杂的思维过程，其包括三个基本步骤：首先，通过自觉地、有意识地思考，即搜索、接受和重组必要的信息，提出初步设想方案；其次，以初步设想方案为基础，进一步思索和酝酿方案重新组合的可能性；最后在某种因素的启发下，突然出现创意灵感，完成创意。

数字出版物不同于传统出版物之处，正在于它的图文声像并茂和交互式阅读。多媒体内容创意和互动性设计是数字出版物引人入胜的关键。精彩的创意不仅能为多媒体信息注入灵感和色彩，更能使原本呆板的内容变得生动活泼，提高数字出版物的易用性和可视性。数字出版物在进行创意设计时，要处理好各种信息交互间的关系。

一是呈现与交互结合。要在多媒体有机结合的“呈现”上做文章，要在用户与屏幕“交互”界面上下功夫。具有丰富多彩的表现形式和直观灵活的交互功能的数字出版物才更具吸引力。

二是时间与空间同步。多媒体信息不是简单地叠加，而是艺术融合。创意设计应把握各种媒体在时间和空间上的同步表现，即在空间与时间维度，立体构思多种媒体内容的展现形式。

三是创意与实际兼容。数字出版物采用创新技术可以增强多媒体效果，要充分考虑创意设计所采用的编程环境或创作工具的功能与特点，尤其是计算机资源的实用性，避免技术创意脱离实际的应用。

四是创新与切题运作。数字出版物离不开创新，而创新又不可脱离数字出版物的内容和形式的规定性。数字出版物的创意设计要紧扣主题，切忌一味求新，更不可玩弄技术、搞噱头，或过多使用与主题无关的媒体。

五是灵感与讨论交流。数字出版物所涉及的图像、动画、音乐和效果设计讲究艺术灵感，不要放过脑子里迸发出来的各种奇思妙想，刹那间的灵感可以形成精彩的创意。数字出版物不单是个人的创作，也是团队合作的产品。在尊重个人灵感的同时，要充分发挥团队集体智慧，进行头脑风暴，实现群策群力。

5. 选题论证

选题论证是保证选题质量的重要环节。选题不仅要经编辑个人论证，还要通过一定的程序交由集体论证。选题论证，既要从微观上论证选题的可行性，还要从宏观上考虑各类选题的合理结构。论证要坚持民主和集中相结合的方法。在选题论证会上，人人平等，各抒己见，科学分析，有理有据，力争取得一致意见。

在意见不一致的情况下，由社长或总编辑决定。选题要优选、优化，在论证时要多加阻力，在通过后要多加助力，因为“阻力”可以有效地控制平庸选题的出笼，而“助力”可以促进好选题尽快转化为书稿。

选题策划的论证审核工作包含选题的导向性、作者和编纂者的资质水平、读者的定位、读者或用户基本需求、内容定位、体例统一、技术应用和市场需求等，主要从三个方面进行论证：

价值判断。对选题的论证应该坚持图书的审稿标准，不能降格以求。原稿审读可以从现实出发，选题论证则应从理想出发，因为原稿是已经完成的精神产品，不能不考虑作者的现实情况，所以选题还处于设计阶段。限于选题提供的是基本框架和写作要求，还没有成为作品，在论证时只能从题材的现实意义、作者的写作实力以及内容可能达到的高度出发，从原则上评估未来电子书的价值及可能产生的社会影响。

市场判断。出版社要强化管理营销意识，必须从选题做起。选题论证既要判断该选题的市场号召力，又要考虑同类电子书出版的情况，分析选题的市场空间，还要审核关于选题的经济预算。总之，要通过市场判断使选题更贴近市场。

可行性判断。在选题论证时，要以高度负责的态度，审查选题是否存在无法实施的因素。主要是分析选题产品的开发成本、时间、人力物力，以及产品预计的发行量、价格定位、成本效益、竞争力、回报率，内容设计的软件技术等等。比如，选题是否超出出版社的专业范围？选题的高额投资本单位是否接受？目前的电子书制作水平是否能达到选题要求？选题的特殊、专业要求编辑能否胜任？在出版社工作中，无论是个人还是单位，都应量力而行，不可明知不可为而为之。

经过充分的选题论证，最后出版社的领导决策，将可行的选题列入选题计划。

（二）脚本设计

对于数字出版物而言，编写技术脚本十分重要。数字出版物的脚本必须覆盖整个出版物的系统结构，脚本编写识别信息内容与多媒体表现以及交互功能结合起来，为技术设计、美术设计和媒体制作人员提供设计制作的依据，脚本的好坏将直接关系到电子出版物的成败。

脚本设计的首要任务是写好创意描述，关键是说明内容重点、描述创意特色、排列内容纲目、注明技术细节。这不仅要求编创者具有创意能力、熟悉内容，还要能够理解多媒体的结构和表现，充分考虑如何利用计算机的工作功能，体现人机对话的交互性、图文声像并茂的生动性和超文本的优越性。数字出版物的脚本设计应做到：一是规划出各项内容显示的顺序和步骤，描述内容之间的分支路径和衔接流程；二是必须注意信息系统的完整性和连贯性，每一段内容的完整性都不可忽视；三是既要考虑整体结构，又要运用图文声像的多重组合以达到最佳效果；四是设计和描述内容系统与多媒体系统的交互。

在明确创意描述，熟悉掌握数字出版物技术和艺术的基础上，就要进行分屏脚本的设计了。按照总体规划，具体地写出有关页面的基本内容和表现形式，可以按照结构层次或页面类别编写，也可以写出每一页面的详细内容和形式要求。

（三）确定设计风格

设计风格是设计师在设计过程中表现出来的，具有自身独特的审美思维与技术表现形式，设计风格具有艺术、文化、社会发展等深刻的内涵。

经济条件、社会时期和地域特征对出版物设计风格的形成产生着重要的影响。对出版物而言，确定设计风格，不仅要考虑上述因素，还要考虑构成出版物的视觉组成要素，这些要素包括版式设计、色彩倾向、造型方法等。

1. 版式设计

版面只有经过设计才能称之为版式设计。进行版式设计的目的是要增强出版物的“易读性”“可读性”和“有序性”。版式设计不仅是一种编排技能，它还含有一定的科学性和艺术创造性。版式设计必须要在符合阅读习惯的基础上进行，并且大胆创新。只有这样才能设计出具有独特风格的版式。

2. 色彩倾向

色彩的表现在现代设计中具有举足轻重的地位。不同的色彩代表着不同的象征与联想，不同的色彩组合会产生不同的结果，色彩往往最直接地表现出某种情形、信息以及不同的风格流派。

3. 造型方法

针对不同的选题，需要找到合适的造型方法来完成作品，而同样的题材也可以有多种表现的方法。表现方法主要取决于设计师的创造力、判断力和鉴赏力。

二　素材收集与编辑

（一）收集内容

素材的收集对出版物设计非常重要，一般通过整理现有资料、查阅书籍报纸杂志、运用网络资源或发放问卷调查的方式来搜集。在进行出版物设计过程中，需要收集很多方面的素材。

1. 基本素材

文字：文字素材是出版物设计不可或缺的重要素材。在计算机字库十分发达的今天，平面设计所使用的文字素材除特别需要外，一般是选用计算机系统中已有的字体。

图片：出版物设计中内容最多、形式最丰富的是图形素材。图形可以通过收回，也可以通过照片扫描、数码相机拍照或直接从专业的图形素材库中得到。

图表：图表的形式更容易使读者理解某些只通过文字或语言

无法准确表述的信息，如地理位置、数据比较等。

音视频：针对多媒体数字出版物，都需要专门制作相关的音视频素材。

2. 与出版物制作相关的资料

搜集与出版物制作相关的资料包括，使用的材质、字体的大小、装帧的形式、印刷的特点等，这些资料可以为选题的具体实施带来很多方便，还可以有效控制成本。

3. 人体工程学资料

人体工程学是一门关于技术和人的协调关系的科学，它首先是一种理念，把使用产品的人作为产品设计的出发点，要求产品的外形、色彩、性能等都围绕人的生理和心理特点来设计。在出版物设计中，也需要考虑到出版物对于阅读者的影响。例如出版物的重量和开本的大小带来的阅读舒适程度、字体大小对阅读速度和理解的影响、出版物的色彩造成的视觉舒适程度。

在一般的多媒体系统中，文字的准备工作比较简单，所占的存储空间也很小，因此在一个多媒体系统中，基本可以不考虑文字所占用的存储空间；但所用到的另外几种媒体信息，如声音、动画、图像和视频等占用的存储空间就比较大，准备工作也较复杂。对图像来说，扫描处理过程十分关键，不仅要按脚本要求进行剪裁、处理，而且还需要在这个过程中对图像进行修饰、拼接及合并，以便能达到更好的效果。对于声音来说，音乐的选择、配音的录制工作也要事先做好，必要时可以通过合适的编辑器进行特技处理，如回声、放大、混声等。其他的媒体准备也十分类似，如动画的制作、视频的采集等。应该注意的是，数据准备工作是十分重要的基础工作，如果做不好，对数字出版物整体质量的影响将十分明显。

（二）素材的编辑

对选题所要求的各种媒体素材应该事先准备，并通过适合的软件对其做好预处理工作。由于多媒体创作具有媒体形式多、数据量大的特点，因此素材制作往往要由多人分工协作进行。无论是文本的录入、图像的扫描和加工，还是声音和视频的信号采集处理，都要根据脚本的要求，前后经过几道处理工序才可能做成所需的格式和尺寸。

1. 文本编辑

文本是数字出版物的基础，如何建立和编辑文本、如何存储和使用文本，关系到数字出版物的质量优劣。数字出版物中的文本表现形式很多，主要包括页面的标题、正文，以文字、句子或段落传递信息，图片标签、音视频解说、动画的对白，产品制作说明、程序操作说明等。文本的元素可以是大而深刻的，也可以是小而精细的。处理文本的方式取决于产品内容和技术程序的要求，以及受众的特点。

2. 图像编辑

图像的编辑处理必须围绕主题和内容进行。在编辑时，一是要注意确定尺寸和背景。根据设计目标，确定图像大小，为以后各个对象确定一个可以比较的基准。如果见了一副新图，应选择真彩和灰度模式，根据基本图像素材重新采样或裁剪、放大到合适尺寸。二是注意图像像素。由于图像原稿信息像素点有限，在编辑过程中会有一定信息损失。计算机图像与取样的分辨率有关，图像取样分辨率越高，质量就越好。因此用于印刷的图像，需要 300dpi 以上的分辨率。三是要注意绘图与添加文字。如果在设计中需要绘图或叠加文字，新添加的图文都可分别生成新的图层，便于对个图层中的元素进行编辑及调整图层间的位置关系。还要注意图像的转换与保存，图像处理完成后，应保存为“. psd”格式，保持各图层信息，以便进一步处理。最后，将处理完毕的图像进行变换，并保存为通用的图像格式，如“. tif”“. jepg”等。

3. 音视频编辑

音视频编辑一般采用非线性编辑，是指把输入的各种音频和视频信号进行 A/D（模拟/数字）转换，采用数字压缩技术存入计算机硬盘中。由于硬盘可以满足在（1/25）s 内仍以一帧画面的随即读取和存储，从而实现音视频编辑的非线性。非线性系统将传统后期制作系统中的切换机、数字特技、录像机、录音机、编辑机、调音台、字幕机、图形创作系统等设备集于一体，用计算机处理、编辑音像，再将编辑好的音视频信号输出。非线性视频编辑与计算机处理其他数据文件一样，可以随时随地、多次反复地编辑和处理，随意剪辑、修改、复制、调动画面前后顺序，都不会引起画面质量的下降。

三　界面的创意设计

（一）版式设计的法则

版式设计是指根据信息传达的需求，把特定的信息要素（图片、标题、内文、图形、色彩等）在版面上进行排版与安排的设计，是体现设计是否有效传达信息的关键。要使版式设计具有强烈的视觉冲击，可以借鉴以下法则：

1. 单纯与秩序

版式设计的单纯化可使版面获得完整明了的视觉效果。单纯化设计有两个基本准则：一是基本形简练，二是版面的编排结构简洁。秩序是指版面各视觉元素有组织有规律的表现形式。在实际运用中，要使版面有好的秩序感，就要考虑编排的形式。通常情况下，版面编排越单纯，版面整体性越强，秩序感也就越强。

2. 对比与调和

对比是将相同或相异的视觉元素做强弱对照编排。版面的各种视觉要素中均存在大小、多少、粗细、黑白、动静、疏密、虚实、刚柔、明暗等对比因素。这些对比因素所包含的对比关系彼此渗透，相互并存，交融在各个版面之中，强烈的对比关系能够获得强烈的视觉效果。

版面的调和包括两方面，一是内容与形式的调和，二是版面各部位、各视觉元素间，在对比时的调和。对比产生冲突，调和缓解冲突，二者结合起来，可营造出既对比又和谐的完美关系。

3. 对称与平衡

对称是指以中轴线为中心分成相等两部分的对应关系，给人以稳定沉静、庄重大方的感觉，产生秩序和理性之美，其应用广泛。平衡是以同量与不同形的组合方式形成稳定而均衡的状态，具有不规则形和运动感。版面的平衡是指版面的上下、左右所取得的面积、色彩等大体相当。在版面中掌握好对称与平衡关系，能够将两种形式有机地结合，做到灵活运用。

4. 节奏与韵律

节奏与韵律能够表现轻松、优雅的情感。节奏是周期性、规律性的运动形式，没有节奏的版面会让读者觉得沉闷乏味，失去阅读兴趣。将视觉元素的大小、位置、疏密适当改变，形成跳跃式的视觉线索，这样读者读来就会有种节奏感。而韵律透过节奏的变化产生，更多地呈现出灵活的流动美。无论是文字、图形或色彩等视觉要素，在组织上合乎某种规律时所给予读者的视觉和心理上的节奏感就是韵律感。本质上，静态版面的韵律感主要建立在以比例、轻重、缓急或反复、渐变为基础的规律形式上。

5. 极简与极繁

极简的版式追求版面分割的比例关系，设计主张尽可能地放弃不影响内容准确传达的装饰元素和辅助图形，尽量用较少的视觉元素来完成版面的设计，力求用较少的视觉元素营造平面的想象空间。极繁的版式设计形式法则与极简版式设计恰恰相反，它追求“极致丰富”，主张尽可能地用更多的装饰元素和辅助图形来丰富版面内容。极简与极繁的版面在具体版式设计课题中，或是以完全对立的风格独立存在，或是以对比的关系相互衬托。

（二）设计表现

数字出版物的设计表现涉及主题和整体结构，它处理的对象是整个选题，它包括确定版式和结构规划。也就是说，总体设计要对整个程序的版面、图文比例、呈现方式、色调、音乐及整体风格和结构进行设计和描述。

在经过资料搜集、设计思考等工作之后，需要将设计概念以创新、规范的方式表现出来。其表现的方面主要包括页面构思和页面设计两大类。

1．页面的构思

页面的内容主要包括文字、图片、视听资料，以及体现出版物的内容、性质、题材的装饰形象、色彩和构图。进行出版物的页面设计，首先要充分理解出版物的内涵、风格、体裁等，页面的表现形式要为其内容服务，不能简单地将诸多元素罗列，而是要做到结构合理，风格一致，主次分明。其次，通过想象、舍弃、象征等手法进行构思，使构思出的页面表现形式新颖、切题、具有感染力。

想象是构思的基点，想象以造型的知觉为中心，能产生明确的有意味的形象。通常说的灵感就是知识与想象的积累与结晶，它是设计构思的源泉。然而，在构思中往往“叠加多，舍弃难”，构思的特点是想得多，堆砌得多，对多余的细节不忍舍弃。因此在设计中，对于不重要的、可有可无的形象与细节，一定要舍弃。象征是艺术表现最得力的语言，用具体事物来表达抽象的概念或意境，或用抽象的形象来意喻表达具体的事物，都能为人们所接受。

熟悉的构思方法、常见的设计、习惯性的技巧是创新构思表现的大敌。构思要新鲜就需要不落俗套、标新立异。要有创新的构思就必须有孜孜不倦的探索精神。

2. 页面设计

页面设计通常从文字设计、图片设计、色彩表达和版面设计入手。

首先是文字设计。文字的编排包括字体、字号、字距、行距和文字的排版形式。从文字作用的角度来看，标题字体的选择要与内容的性质、格调相协调，要考虑阅读的节奏，字体要比正文有力、强烈，具有提示读者阅读的功能。标题是有层次的，主标题、副标题以及每一段落的小标题的字体都要分别考虑，这是字体设计应遵循的基本原则。至于正文排版字体，要清晰、典雅、秀美，一般选择宋体。无论字体大小都要有很好的阅读性，使之在 30cm 可视范围内能清晰辨认，但如字体过大也会导致频繁转换页面而分散注意力。还有页码字体，页码不起眼，但它也是版面中不可忽视的一部分。字号、字体不同，所产生的效果也不同，它可以调节版面的气氛。

第二是图片的设计。在出版物页面中，图像通常以插图的形式出现，用以说明文字内容或是作为版面装饰，具有传达信息和精神内涵的作用。因此，如何选图和创作图，一本书里需要多少图，在什么位置插入图，以何种形式插图是非常重要的。

书内的插图包括段落间歇插图、正文插图两种基本类型。段落间歇插图具有提示作用，能调节视觉疲劳，活跃出版物的气氛等。正文插图一般具有象征的含义，是为了对正文进行说明或图解。

第三是色彩表达。色彩的表达必须符合不同出版物的属性特征。色彩应用应该总体协调，局部对比，根据内容需要，分别采用不同的主体色彩。色彩的合理搭配不仅表现出强烈的艺术感染力，体现美学诉求，而且是一种可以强化的识别信号。色彩具有象征性，具有明显的心理暗示。通过对色彩性质的深刻理解，了解色彩在应用过程中的丰富联想，把握好象征寓意的准确性，开拓色彩的创意，能起到区分内容、渲染主题、烘托主题、增加立体效果等多种作用，以使出版物的内容与色彩在形式上达到完美统一，升华出版物的内涵。主体色一经确定，就要保持一定的稳定性，并用这种色彩帮助读者对数字出版物进行识别。若用色太多，就会对读者的吸引力造成干扰，影响信息的有效吸纳。

最后是版面设计。版面包括版心和版式。版心是每页容纳文字和图画的面积。版心四周有空白，上方空白叫“天头”，下方称“地脚”，靠近书外侧的叫“切口”，靠近书脊的叫“订口”。版心的大小和出版物的题材、性质、用途有关。一般文学类出版物的版心周围要留出大约 2cm 宽的空白外框，文学书字数较多，这样编排显得比较整齐。理论书籍的版心较文学书小，这样可以使读者集中视力和精力进行阅读。版式是正文中的字与行的排列方式，有竖排式和横排式两种，为了活跃版式气氛也有采用斜排式的。现代出版物大多采用横排式，因为横排更加符合阅读习惯。此外，字行最佳长度是 60～80cm，长度不能过长，否则会影响阅读，容易引起视觉疲劳。而 16 开或大于 16 开本的出版物由于页面较宽，字行太长则不便于阅读，因此排版可采用缩短字行，或排列成多栏的方式。

版面安排要考虑视觉中心，中心一般在页面中央或中间偏上部位。一些重要的内容可以安排在中心部位，使页面突出重点，主次有别。其中图文声像的安排要做到图文并茂，相得益彰，动静结合、虚实互补。版面文字太多会显得沉闷，缺乏生气；使用图片太多会减少信息量，过于花哨。音乐音效、视频动画等内容生动有趣，但只能作为版面上的点缀，不能作为中心内容。视频动画有助于增强阅读效果，但不宜滥用。声音和音效的配合可以锦上添花，但也要恰到好处，最好采用 MIDI、MP3 等格式，既减少数据量又增加了电声的韵味。

除了图文声像，还应适当增添页面装饰，如花边、底纹、光线、影调等。它们虽然不具有实质性的内容，却在引导视线、突出主体、显示质感差异、渲染氛围和保持页面均衡等方面有着重要作用。这些版面装饰性元素的运用，使用得当可以很好地活跃版面，吸引注意力。

（三）界面功能

界面基本功能包括功能的提供，如菜单、功能按钮或形象化的图标，还有功能在屏幕上的分布、位置、大小。在数字出版物中，界面功能控制所遵循的原则是让读者具有控制的主动性而又避免错误操作，尽可能为读者提供控制权，使其易于操作和互动。但并不是功能越丰富越好，而应简洁实用，尽量以自然的方式提供使用。

界面的设计应遵循一致性、兼容性、适应性、指导性和快捷性的原则，其内容主要有菜单、图标、窗口三个方面。

菜单设计：各级菜单中的选项宜用数字或字母做应答键盘，用鼠标按键定位选择。在多级菜单结构中，除将功能项与可选项正确分组外，还有对用户导航做出安排。在多级菜单的深度和宽度方面，一般每级设 7～9 个选择较为合适。

图标和按钮设计：图标的优点是逼真，但对于抽象的概念，用图标表达容易造成含义不明确。按钮可视为专用图标，用来进行超链接、分支转移。好的图标应做到易于辨认，使读者明白图标的含义。

窗口设计：窗口界面是数字出版物与读者交流的桥梁，是交互式设计的基本方式。读者可以根据喜好和需求，有目的地选择相关内容实现其自主阅读。窗口的设计可为读者提供方便，但需注意窗口不可太多以免使界面杂乱无章，分散读者注意力。

四　产品整合与检测

（一）整合设计

数字出版物的整合是根据事先布局构思把媒体内容填充到数字出版物软件开发环境中的过程，是整个数字出版物制作技艺流程中难度最大、要求最高的工作。进行数字出版物整合的程序员不仅要熟悉软件设计的各种技术和技巧，如图形、图像、原型设计、超媒体链接及面向对象设计等，还必须兼有艺术修养，熟悉文字、美术、音视频编辑等相关环节，涉及应用领域的知识处理以及人工智能等多方面技术。

数字出版物的整合任务主要有两项：一是内容组合，即将各种素材以超文本格式链接组合；二是功能编程，即创建可提供特定性能的软件环境。

整合的数字出版物的文字要醒目舒适，图片要美观有视觉冲击力，动画要生动活泼，声音要悦耳动听，从而达到数字出版物的多媒体艺术表现效果。这就需要做到：

1. 通过信息内容的表现力、结构形式的整体性、多媒体手法的艺术感等，充分展现数字出版物的艺术性。

2. 借鉴相关媒体的表现手法，丰富数字出版物的表现形式。

3. 注重艺术表现多元化与个性化，根据内容的丰富性，选择多样化的艺术手法，并依据主题的规定性，追求多样化的统一和鲜明的艺术个性。

4. 多媒体语言的组合与应用必须进行媒体素材的数字化处理，实现媒体组合的设计协调，包括静态界面与媒体素材的融合，动态转换与媒体素材匹配等。

5. 通过媒体控制力和交互性功能，支持多媒体表现，要注意各种媒体资源的合理配置和主辅功能设置的协调一致。

（二）检测

数字出版物制作完成后，要进行专门的调试，逐一检验各个功能，并对文字等进行核对，以便产品能够正常运行。本阶段主要对数字出版物中的程序进行测试并排错，并对产品进行修改。测试是数字出版物推广发行前的必要环节。在这一过程中，一般是将被测试软件交由部分使用者，由他们使用一个阶段后提出修改意见。

测试工作一般应包括以下几个方面：内容正确性测试、系统功能性测试、安装测试、执行效率测试、跨平台兼容性测试、内部人员测试、外部人员测试等。根据返回的测试意见，脚本设计人员修改脚本描述，素材制作人员修改信息媒体素材，最后由创作人员进行重新编辑、调试，再经过测试。这一过程有时要反复多次才能完成。在数字出版物正式交付使用之后再进行修改就属于维护范畴了。

五　装帧设计

出版物的装帧既是立体的，又是平面的。出版物的外部分为封面、封底和书脊三个面，内部则由多个页面组成，其中每一个面单独看来是属于平面的。但在整体上，随着人的视觉流动，出版物会产生立体的视觉效果。装帧通过封面、封底、书脊、环衬、扉页等，步步接近正文。

从装帧设计形式来看，数字出版物的设计风格应与其内容相匹配。装帧设计要根据不同类型，不同体裁，以及出版物的具体内容，设计出不同的风格。例如，感情色彩比较浓厚的文艺类书，风格形式的变化可大胆活泼一些，而严肃的理论专著，设计中则要求层次分明、有严谨的秩序感。

从装帧材料应用来看，出版物材料不仅能体现出版物的形式美感，还反映了出版物的属性和特征。目前出版物可选择的材料越来越多，仅纸张的种类就有数百种，不但有纸质、木质、丝绸，还有电子纸。不同类型的纸张，具有不同的肌理效果，而不同颜色的制作又开阔了出版物的设计空间。

从装订方式来看，现代主要的装订方式有平装和精装两种，平装包括骑马钉装、胶线装、锁线装、活页装等；精装包括圆脊和方脊精装。

数字出版物设计中，内容与形式构成了出版物的整体。在对出版物进行装帧设计时，对其每一个细小部分的设计都既要认真细致地思考，又要弄清每个部分之间的相互关系。由于读者将出版物拿在手上，每个细节立即呈现在眼前，所以，装订方式在出版物设计中具有举足轻重的作用，恰当的装订方式可以提升出版物的整体效果。

当然，针对不同的数字出版物，这些步骤可能会有不同的变化，但是总的来说，数字出版物的设计是一个比较复杂的综合性工作，除了需要时间、经历和技术外，严谨的工作态度和精益求精的工作精神也是必不可少的。

第三节　出版环节的数字化过程

出版印刷技术走过了机械化、电子化、数字化的艰难过程。传统印刷的主要工艺过程是“原稿→印前制作→印刷→印后制作”，即通过印前制作将原稿上的图文信息复制到印版上，再通过印刷机将附着在印版上体现图文形状的油墨转移到承印物上，最后通过印后加工使印刷品获得所要求的形态和使用性能。最普遍采用的传统书刊印制工艺流程是：原稿检验→图文输入→图文编辑→图文输出→印版制作（晒版）→打样→印刷→装订。

由于数字技术与传统印刷技术的并存，书刊印制呈现出多样化的工艺过程。

一　印前数字化

印前（Prepress）是一个非常宽泛的范畴，包含了印刷前的所有工作程序，譬如组稿、审稿、编辑、图文混排、打样、制版等，其间的数字化环节越多，工作流程就会越短。

（一）桌面出版系统

桌面出版系统（Desktop Publishing System，DTP）是指通过计算机系统进行文字编辑、版面设计和图形图像处理，并完成符合出版要求的排版工作的印前处理设备。它集文字照排、图像分色、图文编辑合成、创意设计和输出彩图或分色软片于一身。DTP解决了电子分色机处理文字功能弱，不能很好地制作图文合一的阴图底片的问题，使印前处理进入计算机图文合一、整页胶片输出的时代，数字链从原稿延伸到整页胶片。

DTP从总体结构上分为输入、加工处理和输出等三大部分。

输入设备的基本功能是对原稿进行扫描、分色并输入系统。除文字输入与计算机排版系统相同之外，图像的输入可以采用多种设备，如：扫描仪、电子分色机、摄像机、绘图仪以及卫星地面接收站等，而使用较多的是扫描仪。

加工处理设备统称为图文工作站，基本功能是对进入系统的原稿数据进行加工处理，例如：校色、修版、拼版和创意制作，并加上文字、符号等，构成完整的图文合一的页面，再传送到输出设备上。如PostScript，转换为控制输出设备的信号，是输出设备能依据页面描述语言的叙述而输出该文件的工具。其方式是将文件转成点对应模式，然后驱动输出装置，用激光打印在底片或相纸上，以激光点的方式形成影像。

输出设备是彩色桌面出版系统生成最终产品的设备。主要由高精度的激光照排机（也叫图文记录仪）和RIP（点阵图像处理器）两部分组成。激光照排机利用激光，将光束聚集成光点，打到感光材料上使其感光，经显影后成为黑白底片。RIP（Raster Image Processor）一般可以分为硬件RIP和软件RIP，输出设备既可以是彩色/褐色的激光、喷墨、热转印或热升华打印机，也可以是照排机、阳图记录器等，承担着繁重的生产任务，如补漏白、组版、图像自动替换等。

由于可用于桌面出版系统的硬件设备和软件设备极其丰富，因此，选择适合印刷要求的硬件、软件组合成系统时，应该考虑处理速度、处理容量、系统网络、中文环境等几个问题。

印刷业常用的数据格式主要有 TIFF（Tag Image File Format）、TIFF/IT（Tag Image File Format for Image Technology，印刷用标签图像文件格式）、JPEG、EPS（Encapsulated PostScript）、PICT、PS（PostScript）、PDF（Portable Document Format，便携式文件格式）、PDF/X（广告设计用数据格式）等。目前，行业已经逐步趋同于把 PDF 作为统一的数据输入格式。

（二）数字打样

数字打样（Digital Proofing）是直接把数据文件不经过任何形式的模拟手段，而是以电子文件的形式，通过数字打印机等设备输出样张，以检查印前工序的图像页面质量，为印刷工序提供参考样张，并为用户提供可以签字付印的依据，是从计算机到样张的全数字式过程。这种数字打样技术是通过复杂的色彩管理软件，使输出的样张能再现与之配套的印刷样张，包括纸张、油墨和印刷适性等多方面的匹配和相似，关键在于彩色输出设备和材料。

目前数字打样色彩管理的原理与实现方式主要有三种：第一种是采用 ICC 色彩匹配理论与技术，使用分光度仪，通过印刷样张和打印样张的色彩匹配，形成 ICCProfile 文件来管理与调试色彩。第二种是采用传统色彩控制理论，给予反射密度来通过模拟传统打样的控制方式，通过控制密度和网点来实现色彩管理，它是 ICC 方式控制色彩管理的基础，是传统打样向数字打样过渡的色彩管理技术，但也存在对操作人员理论与技术要求高的问题。第三种是将前两种融合的混合色彩管理方式，针对国内印刷生产的实际状况，采用混合色彩管理方式的数字打样系统效果较好，且易于掌握。

目前，数字打样的软件分三种类型：一是针对版面设计的设计打样（Design proof）；二是针对色彩效果的色彩打样（Color proof）；三是针对色彩及网点效果的网点打样（Screen proof）。其中色彩打样用途最广。

（三）计算机直接制版

计算机直接制版（Computer to Plate，CTP）采用数字化工作流程，是指经过计算机将图文直接输出到印刷版材上的工艺过程，省去了胶片这一材料、人工拼版的过程、半自动或全自动晒版工序。CTP 技术不用制作软片，不依靠手工制版，输出印版重复精度高，网点还原性好，可以根据完善的套印精度缩短印刷准备时间。它废除了以往印前处理的所有中间环节和设备，从而结束了印刷复制长期依赖银盐感光胶片的状况，具有巨大的经济效益和社会效益；同时大大简化了整个工艺流程，使印刷出版只需经过图文排版、直接制版就直接到印刷，具有快速、准确、稳定、重复性强、简洁、质量容易控制又不需胶片的优点。

二 印刷数字化

（一）数字印刷机

能够接受以数字形式存储的版面信息并实现印刷的设备，称之为数字印刷机。采用数字印刷机印刷是从计算机直接到印刷品的全数字化生产过程。

数字印刷机按照其结构，可分为无版数字印刷机和有版数字印刷机。有版数字印刷机在印版滚筒上必须安装有预先的印版，只不过此种印版是在印刷机上直接制作的。比如德国海德堡（Heidelberg）速霸 DI（Direct Image，直接成像）数字印刷机，在印刷机上完成制版；但这种机器由于还采用印版，所以无法实现可变数据印刷。而无版数字印刷的共同特征是能实现可变信息印刷，包括电子照相方式、电凝方式和喷墨方式等类型。无版数字印刷机省去了传统的打样、晒版、冲版、挂板、洗橡皮布、归位调整、水墨平衡、试车等工序；它的第一张到无数张的单品耗材成本不变，所以在短版印刷中占绝对优势，并使“按需出版”成为可能。

按照数字印刷机的成像原理，可以分为静电照相印刷机、喷墨印刷机、磁成像印刷机和热成像印刷机等。其中静电成像是应用最广的数字印刷成像技术。静电照相印刷机利用激光扫描法在光导体上形成静电潜影，利用带电色粉与静电潜影间的电荷作用形成潜影，转移到承印物上即完成印刷。

（二）电子纸与电子墨水

1. 电子纸

约2000年前，东汉人蔡伦改进了造纸术，从此世界文明发生了翻天覆地的变化。而今电子纸技术又给人们的生活带来一场变革。

一般把可以实现像纸一样阅读舒适、超薄轻便、可弯曲、超低耗电的显示技术称为电子纸技术。而电子纸（E—paper）即是这样一种类似纸张的电子显示器，其兼有纸的优点，显示效果接近自然纸张效果，免于阅读疲劳，又可以像常见的液晶显示器一样不断转换刷新显示内容，具有低功耗和可折叠弯曲功能，画面显示细腻、可视角度宽，相比其他显示技术，最大的优点是阳光下可视效果好。

实现电子纸技术的途径主要包括胆固醇液晶显示技术、电泳显示技术（Electrophoresis Display，EPD）以及电润湿显示技术等，其中以电泳显示技术为最有前途的技术途径。这种技术最早为麻省剑桥的E Ink公司开发和掌握，已进入市场化阶段，但实际上多家国际巨头对这项技术有过贡献，包括施乐、朗讯、飞利浦、爱普生等。开展电子纸研究的国内机构有中山大学、西北工业大学、浙江大学和清华大学等。

2. 电子墨水

电子墨水是一种革新信息被显示的新方法和技术，像多数传统墨水一样，可被印刷到任何材料的表面来显示文字或图像信息，从弯曲塑料、聚酯膜、纸到布，但与传统纸的差异在于电子墨水在通电时会改变颜色，并且可以显示变化的图像，类似计算器或手机那样的显示。

电子墨水屏表面附着很多与人类发丝直径差不多大小的微囊体，封装了带有负电的黑色颗粒和带有正电的白色颗粒，通过改变电荷使不同颜色的颗粒有序排列，从而呈现出黑白分明的可视化效果。

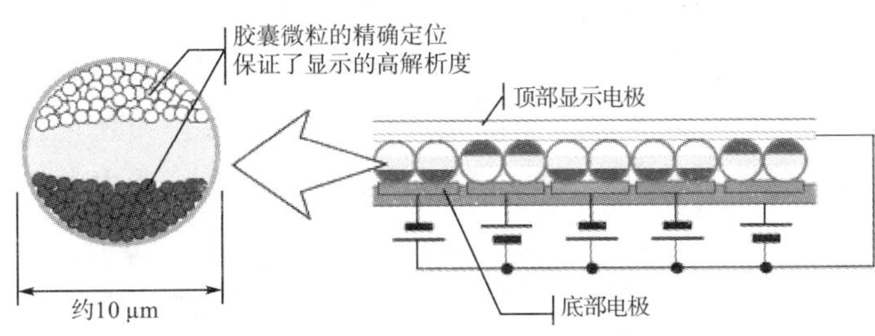

图 4—1 电子墨水工作原理

当微囊体两端被施加一个负电场的时候，带有正电荷的白色粒子在电场的作用下移动到电场负极，与此同时，带有负电荷的粒子移动到微囊体的底部"隐藏"起来，这时表面会显示白色。当相邻的微囊体两侧被施加一个正电场时，黑色粒子会在电场的作用下移动到微囊体的顶部，这时表面就显现为黑色。

目前，应用电子纸和电子墨水的电子阅读器有亚马逊推出的Kindle、索尼公司的Sony Reader、OPPO推出的Enjoy（首款基于Android系统的电子书阅读器）和汉王公司推出的汉王N系列电子阅览器（电纸书）等等。

三　印后数字化

（一）按需印刷

数字印刷的一张起印以及可变数据印刷的特点，使按需印刷成为现实，并使印刷行业从此摆脱传统印刷最低起印量的枷锁。

按需印刷（on-demand printing）是数字技术在印刷环节的实践，指按照用户的要求，依指定的地点和时间予以提供为目的，直接将所需资料的文件数据进行数码印刷、装订。它始于20世纪80年代，能满足个性印刷、减少浪费及印刷品一步到位的要求，实现零库存、即时出书和可选择的个性印书。

现在，不少国际印刷设备巨头如IBM、富士康乐、惠普、海德堡等公司都开发和推出了成熟的按需印刷设备和系统的解决方案。除了这些大型按需印刷设备，美国ODB公司还推出一种小型的“咖啡印书机”，该机器可以安装在书店、图书馆、咖啡馆等公共场所，供人自助按需印刷一本自己想要的图书。

按需印刷的出现打破了传统印刷业的业务流程，最大的变化就是省去了传统印刷中的制版环节，一台按需出版设备就能完成图书内容输入、储存、印刷、装订和产出成品等所有环节，而制版环节的取消也意味着图书印刷成本不再受到印数的影响，实现了一本起印、随需随印、即印即发。

（二）按需出版

随着按需印刷技术的发展，催生出一种新的出版形式，即按需出版（publishing on demand，POD）。按需出版是出版单位出版图书完全依据市场需求，出版单位与作者签订供稿合同，作者需要支付一笔一次性的费用，然后按20%的版税、依据实际图书销售状况付给作者稿费。而读者通过网站选择想要买的书，付费后，出版商就会按需印刷、装订、出版后寄给读者。

按需印刷一本起印、随需随印、即印即发的特征，使出版业实现先销后印，以销定印，从而实现零库存，传统意义上的退货、坏账等也就消失了。此外，出版社还可以根据读者个性化需求定制图书，从而实现按需印刷和按需出版。这些特征，实现了绝版书的重新按需出版，短版书也能重新上市，甚至所有作品都可以按需自助出版。

第四节　电子书的创意与制作

一　制作电子书的常用编译软件

面向个人用户的电子书基本上都有自己的电子书制作软件，制作电子书必须有一种或多种电子书编译软件。在 Adobe 的 InDesign 软件推出之前，在桌面印前排版领域中使用最广泛的是 PageMaker、北大方正的方正飞腾（国内少量使用）、Quark 公司的 QuarkXPress（欧美地区使用较多）。此外还有由 Adobe 公司发布的 Acrobat 软件、FrameMaker 软件，方正阿帕比个人版电子书制作软件 Apabi Publisher 等等。

下面主要介绍 PageMaker、InDesign 和国内的方正飞腾三种编译软件。

（一）PageMaker

PageMaker 由创立桌面出版概念的公司之一的 Aldus 于 1985 年推出，后来在升级至 5.0 版本时，被 Adobe 公司在 1994 年收购。

PageMaker 软件是一种排版软件，用于处理图文编辑，产生专业、高品质的出版刊物。它的使用把以前落后粗糙的徒手“设计—上色—手工制版”的繁重过程，简化为设计人员在电脑上一步即可完成，同时又为设计者节省出大量的宝贵时间，思维空间也得以开拓。此外，PageMaker 的长处还在于能处理大段长篇的文字及字符，并且可以处理多个页面，能进行页面编页码及页面合订。更重要的是，在 PageMaker 的出版物制作中，通过链接的方式置入图片，能确保印刷时的清晰度，这对彩色印刷尤为关键，而且界面及工具的使用也十分简洁灵活，借助丰富的模板、图形及直观的设计工具，用户可以迅速入门。

（二）InDesign

InDesign 是由 Adobe 公司开发的一款针对专业出版领域的排版设计软件。使用 InDesign 可方便地设计出精美的杂志、画册、图书等出版物，为数字出版物设计出极具吸引力的页面版式，且在页面布局中增添具有交互性的动画、视频和声音，以提升数字出版物对读者的吸引。

InDesign 从多种桌面排版技术中汲取精华，如将 QuarkXPress 和 Corel－Ventura（著名的 Corel 公司的一款排版软件）等高度结构化程序方式与较自然化的 PageMaker 方式相结合，还整合了多种关键技术，包括现在所有 Adobe 软件中拥有的图像、字型、色彩、印刷管理技术，为杂志、书籍、广告等灵活多变、复杂的设计工作提供了一系列更完善的排版功能。尤其该软件是基于一个创新的、面向受众对象的开放体系（允许第三方进行二次开发扩充加入功能），与 Photoshop 和 Illustrator 实现了无缝链接，确保了设计流程的顺畅，大大增加了专业设计人员用排版工具软件表达创意和观点的能力，功能强劲不逊于 QuarkXPress，比之 PageMaker 则更是性能卓越。此外 Adobe 与高术集团、启旋科技合作共同开发了中文 InDesign，全面扩展了 InDesign 适应中文排版习惯的要求，功能直逼北大方正集团的方正飞腾。

所以，InDesign 软件推出后，很快在行业内就被誉为“PageMaker 的终结者”。目前最新的版本是 Adobe InDesign CS6，软件能够通过内置的创意工具进行精确的排版控制。

（三）方正飞腾

方正飞腾（FIT）是由北大方正（Founder Group）自主开发生产的著名桌面排版软件，在中文文字处理上具备其他软件无法比拟的优势，是中文排版制作软件的首选。

方正飞腾具备处理图形、图像的强大能力，它整合了表格、GBK 字库、排版格式、对话框模板、插件机制等功能，保证彩色版面设计的高品质和高效率。其排版效果丰富，功能强大，以其丰富的字体、漂亮的彩色大样、所见即所得的交互界面，保证印刷效果的准确性，从而降低整个出版过程的成本。同时，它具备网络备份、自动存盘等功能，以保障系统运行更加稳定、可靠。这些强大功能为报纸、商业杂志等彩色出版物提供了很大便利，又符合国人习惯。

目前，国内超过 90％的中文报纸，数万种的期刊、杂志、DM 宣传单，都是由方正飞腾排版、设计、制作完成的。

方正飞腾主要是配合北大方正集团开发的另外一些软件，专供报社、出版社等具有连贯性、系统性的大型公司单位使用。但它的后端照排输出也有局限性，即 FIT 的 PS 文件只能在昂贵的方正 RIP 上输出等等，所以普通用户才不得不使用升级快、输出方便但功能不能让专业人士满意的 PageMaker。由于 PageMaker 的核心技术相对陈旧，在 7.0 版本之后，Adobe 公司便停止了对其的更新升级，而代之以新一代的排版软件 InDesign。

二 电子书制作的编辑意识与技术需求

（一）电子书制作的编辑意识

1. 技术意识

就数字出版而言，提高技术意识，就意味着提高了效率、节省了成本。

目前电子书格式没有统一的国际标准，所以存在形式多种多样，据不完全统计，全球有30余种。目前国际上使用最广泛的是Adobe公司开发的PDF格式，其专用阅读工具是Adobe Acrobat Reader软件。在我国，除使用PDF格式外，还有一些比较常用的电子书格式，如方正阿帕比公司的CEB电子图书格式、清华同方公司的CAJ电子期刊格式、超星公司的PDG电子书格式、书生公司的SEP格式、华康公司的WDL电子书格式以及自主文本编码的XML格式等。

数字出版与传统出版在产品开发流程方面有着本质的区别，所需要的输出文件格式也是不同的。因此必须了解传统出版图书与电子书文件格式的本质区别，才能根据不同数字出版平台的需要，通过技术升级或者更换排版软件，在生成传统出版文件的同时，也得到了数字出版所需要的文件格式。如Adobe公司最新研发的InDesign，Freehand和Illustrator软件，北大方正公司开发的2008年版纸版书软件等，这些软件在图书设计完成后，通用PDF格式，不但节省了人力和物力，而且缩短了出版时间，为新书提前上市获得了先机。

2. 深加工意识

目前所谓的电子书出版，只是简单地将原有的纸质作品转变成EPUB、XML或者PDF格式的文档，通过互联网或者其他渠道销售给读者，搭配的图片只是为了辅助阅读，却忽略了电子书这一新媒体的更大价值。据统计，截至2010年，我国电子书数量虽然超过了64万种，但市场产值只有8.695亿元，约占数字出版产业整体收入的0.873%。这一严酷的事实说明，不管是纸质图书，还是电子书，最核心的还是“内容为王”，简单地将纸质书数字化、屏幕化已经严重制约了电子图书的发展。所以强化电子书制作的内容深加工，是数字出版的必然选择。

出版社作为电子书的主要内容服务商，必须时时刻刻牢记自身的社会责任，精益求精，全心全意做好服务工作，努力加强网上阅读的愉悦性，提高网上阅读的便捷程度，打造一流品牌。只有这样，才能在数字出版的浪潮中立于不败之地。

3. 版权保护意识

在数字出版领域，只要进行复制、粘贴就可以完成盗版。盗版的便捷，使数字出版的盗版问题比传统纸质出版更为突出。这在很大程度上损害了作者、出版社和数字互联网服务商的根本利益，严重影响了数字出版产业的正常发展。

一方面，作者、出版社和网络服务商之间须签订有效的权利协议。数字版权分为作者享有的信息网络传播权和出版社享有的版式设计权两部分。因此，网络服务商要想获得完整的权利，必须同时获得作者和出版社的授权，否则，就是侵权行为。另一方面，从技术方面进行主动预防，在一定程度上可达到防止盗版的目的。随着云计算等相关技术的快速发展，数字互联网服务商只需要将数字出版内容储存在远程超级计算机上，消费者必须先上网注册，然后才能通过付费方式进行阅读；如果需要下载内容，必须另外付费。

（二）电子书的技术需求

在电子书出现后，随之而来的就是对技术的需求。这是一项需要高科技技术支撑的产业。对于电子书而言，它的存在和发展有着以下五项需求：

1. 安全需求

电子书的内容是出版社最重要的数字资源，出版社在出版纸书过程中为了防止盗版常常把一些重要的图书分别在不同的排版公司排版。电子书在传输、使用过程中必须在技术上有严格的保障措施，防止出现非授权的拷贝、打印等。

2. 高保真显示需求

电子书能否被舒适地阅读是读者关心的主要因素之一，因而也成为出版社培育和开展电子书业务的主要需求。电子书需要忠实于原纸书版面，保留原有的所有版式信息，包括文字、图形、图像，以及复杂的版面：数学公式、化学结构式、图表、表格、棋牌、乐谱等等。

3. 方便性需求

电子书市场的发展需要一个过程，在近期培育市场的过程中，出版社不太可能投入与出版纸质图书相当的人力和物力，因此要求电子书的制作比较简单方便，以最小的成本为市场提供电子书产品。比如直接将各种格式的排版文件转换为电子书。

4. 数据检索需求

随着电子书数据规模的迅速增加，数据检索的需求越来越突出。全文检索是海量文档数据检索重要而基础的技术手段。随着自然语言理解技术与人工智能技术的发展，在传统的检索技术的基础上逐渐发展起智能检索技术，对内容进行分析、分类和整理等。

5. 跨平台需求

为适应不同读者的需要，一本纸质图书可出版平装、精装等多个版本。同样一本电子书，有的读者愿意在计算机上阅读，有的习惯在专用阅读器上阅读，有的愿意在智能手机上阅读，因此电子书需要支持多个不同的阅读平台。由于技术的发展和用户需求的显现，移动阅读具有广阔的市场空间和发展前景，手持阅读设备（专用阅读器、掌上电脑、PDA 等）将成为未来阅读设备市场的主流。

三　利用 InDesign 制作 EPUB 电子书

EPUB（Electronic Publication，电子出版）是一个自由的开放标准，属于一种可以“自动重新编排”的电子书，即文字内容可以根据阅读设备的特性，以最适于阅读的方式显示。EPUB 档案内部使用了 XHTML 或 DTBook（一种由 DAISY Consortium 提出的 XML 标准）来展现文字，并以 zip 压缩格式来包裹档案内容，其中还包含了数位版权管理（DRM）相关功能可供选用。

EPUB 电子书文件小，适合网络传播，且只需制作一次即可发布在各种设备上，并实现一致的效果，几乎可以在所有的电子设备上阅读。它不但可以自由更改文字大小，可以根据屏幕大小的不同而自动重排，还可以将纸质图书以最佳的方式呈现在终端电子设备上。

有很多工具都可以制作 EPUB 电子书，但更推荐使用 InDesign。因为很多纸质出版的图书都是由 InDesign 完成排版的，所以这些大量的 InDesign 文件可以快速转换成 EPUB 电子书并投入到电子书市场。

（一）InDesign 的安装及运行要求

InDesign 安装的配置要求见表 4－1。

表 4－1 InDesign 安装及运行的硬件要求

名称	Windows	Mac OS
CPU	Intel Pentium4 或 AMD Athlon64 处理器	Intel 多核处理器
内存	1GB	
显卡	1280×800 符合条件的硬件加速 OpenGL 图形、16 位颜色和 256MB VRAM	
磁盘空间	1GB	3GB
操作系统	Windows2000 以上	Mac OS×10. 5. 7 或 10. 6 版
其他	多媒体功能需要 QuickTime7. 6. 2 软件，在线服务需要宽带连接	

安装 InDesign，如图 4－2 所示。

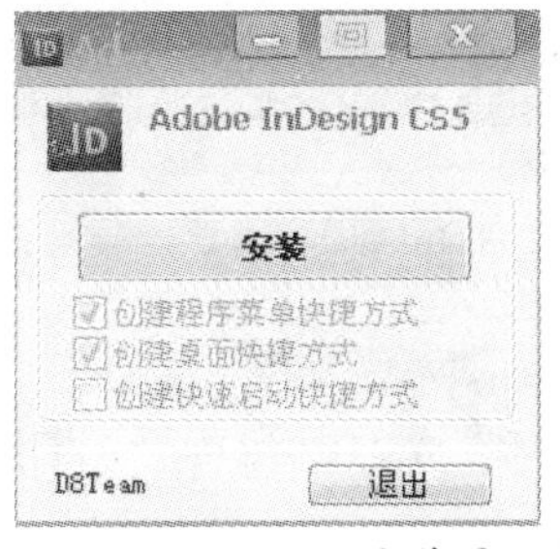

图 4－2 InDesign 安装界面

（二）建立和保存文件

1. 建立工作文件夹

InDesign 可以出色地完成排版工作，将文字、图片、音频、视频通过其专有的文件格式“. indd”整合在一起。而除了文字以外，通常其他的资源，如图片、音频、视频不会直接嵌入在. indd文件中，而是以“链接”的形式存放在外部。例如，可以建立一个文件夹来存放文字以外的内容，并将图片等“置入”到. indd文件中。

2. 新建文档

点击“文件”菜单中的“新建”命令，选择“文档”选项新建文档，也可按下快捷键 Ctrl+N 新建文档，出现如图 4—3 所示的对话框。

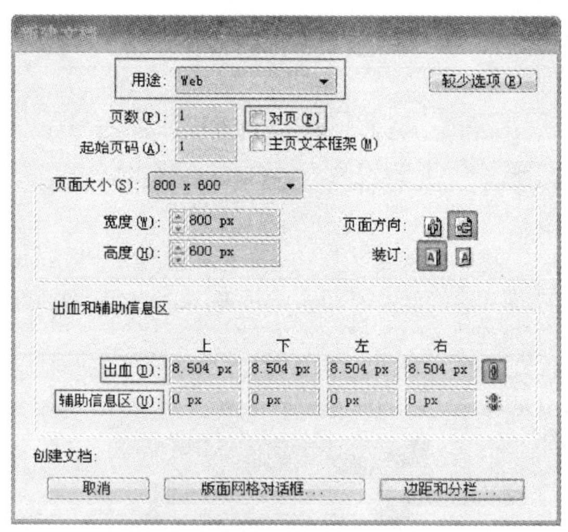

图 4—3 InDesign 新建文档对话框

其中，框出来的选项需要解释：

第一，“用途”下拉列表中包含“打印”和“web”两个选项，制作电子书选择“web”。

第二，制作纸质图书、杂志等印刷文件时需要勾选“对页”，而制作电子书通常不需勾选。

第三，“出血”是指超出版心部分印刷，电子书不需要设置出血，当然默认的出血设置也是没问题的，但须注意的是，不能将带有互动功能的内容放在出血位置上，这样会影响效果。

第四，“辅助信息区”是用于设置在页面外的辅助信息区里放置的不想在页面中出现或影响页面布局的内容，但这些内容又必须链接在文件夹中。因为 InDesign 默认页面外的图片、音频和视频不会被打包，所以设置“辅助信息区”可以将这一区域里的内容一起打包。

第五，“边距”设置是起到约束版面内容的作用，可以使版面看起来规整，让读者能够舒适地阅读内容；“分栏”的作用是在横版页面中，将文本分为多栏式，使版面规整统一，同时避免读者阅读疲劳。

3. 保存文档

新建文档后，及时按下快捷键 Ctrl+S，并起好文件名，保存. indd文档，而且完成每一步操作后，也应养成及时保存文档的习惯，以免文件丢失。

（三）置入和操作对象

文档建立好了，接下来需要将电子书中所用到的内容置入. indd文件中，这些内容可以是文字、图片、音频和视频。置入对象后，还可以在 InDesign 中很方便地操作它们。

以置入文字为例，有四种置入的方法：可以直接输入文字，可以复制粘贴文字，也可以置入文字，还可以拖曳文字。

直接输入文字：选择“文字工具”，在页面中由左上至右下拖曳一个文本框；将文字光标自动插入到文本框，直接输入文字。

复制粘贴文字：选中需要置入的文字，按 Ctrl+C 键复制文字，然后在 InDesign 中按 Ctrl+V 粘贴文字。

置入文字：选择“文件”下拉菜单中的“置入”选项，弹出如图 4—4 左边的对话框，选择需要置入的文本文件置入页面中。

拖曳文字：直接打开需要置入文本所在的文件夹，拖到 InDesign 文档中，松开鼠标后单击空白区域也可以完成置入文字的操作。

置入图片、音频和视频的方法与置入文字的方法相同，要注意的是，置入音频或视频文件后，可以通过“窗口\交互\媒体”进行测试，以查看音频或视频能否正常播放。

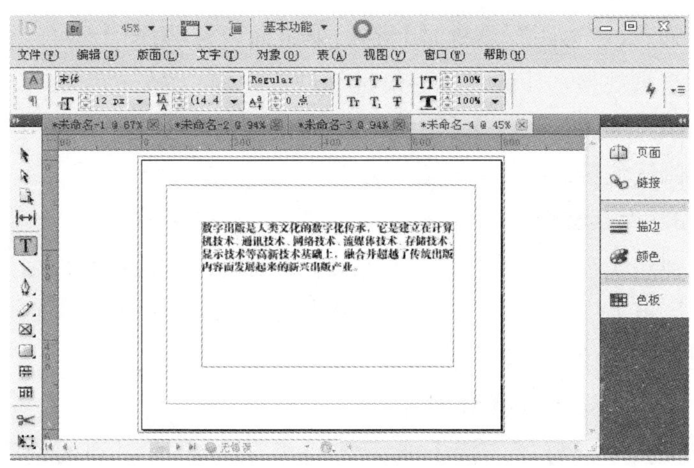

图 4—4 选择“置入”对象

（四）图文排版

1. 位置移动

在 InDesign 中，通过“选择工具”和“直接选择工具”来选择并编辑对象。“选择工具”可以选择文字、图片图形、视频和音频并移动它们的位置，而“直接选择工具”可以选择图片、视频和音频框架里的内容并在框架内移动它们的位置。

2. 适合显示

在选择文本框或图片时，控制面板上会出现一系列适合按钮，其中最常用的按钮是“平衡栏”“按比例扩充框架”“按比例适合内容”和“框架适合内容”以及“自动调整”。这些按钮的作用是通过框架和内容相互配合来调整文字的排列和图片的缩放。

例如：当图片内容被遮挡或图片框大于图片内容时，单击“按比例适合内容”，则图片按框架大小等比例调整，使图片内容完全显示（如图 4—5 所示）。

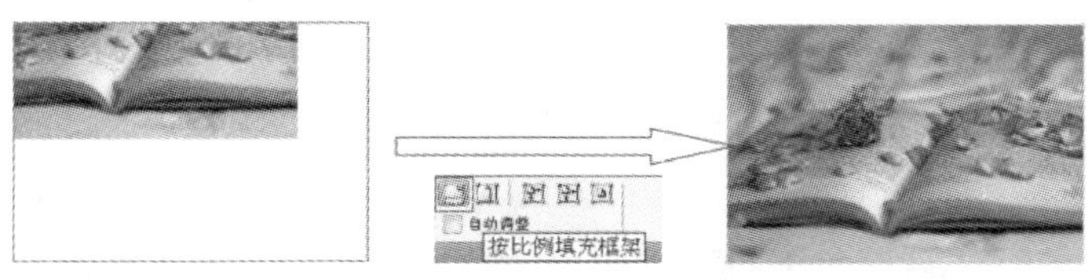

图 4—5 调整图片适合显示

3. 对齐和分布

多个文本框和多张图排版经常会要求图与图之间间距相等或没有间距，这些要求“对齐”面板都能实现。

对齐：用“选择工具”选择需要排版的文本框或图片，点击“窗口＼对象和版面＼对齐”，打开“对齐”面板，单击“顶对齐”（如图 4—6 所示）。

图 4—6 对齐操作

分布：同样，选中排版的图片，打开“对齐”面板，勾选“使用间距”，设置数字为24px，单击“水平分布间距”，则可使图片等间距分布（如图4—7所示）。如果要图片之间没有间距，可在“使用间距”的数值框中输入0px，再进行分布间距对齐。

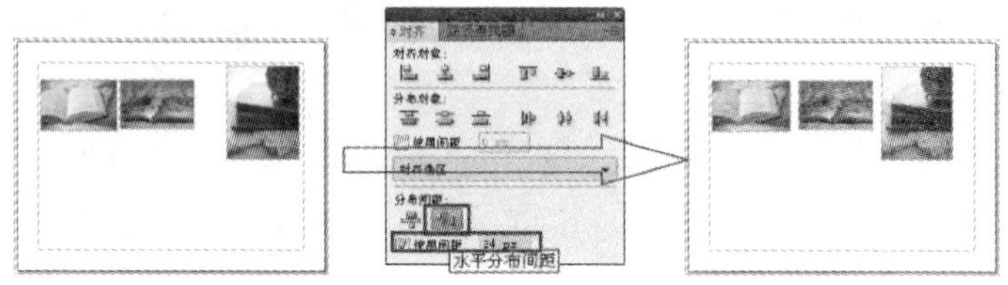

图4—7 分布操作

（五）设置页面

一本电子书当然不止一页，InDesign的“页面”面板可以很好地管理多页面。

打开“窗口”下拉菜单中的“页面”面板，单击页面。需要在被选中的页面后插入空白页，单击鼠标右键，选择“插入页面”，在弹出的“插入页面”对话框中可以设置“页数”和页面插入位置（如图4—8所示）。设置好后，单击“确定”按钮。如需删除页面，同样在“页面”面板中，选择需要删除的页面，单击鼠标右键，选择“删除跨页”，在弹出的对话框中，单击“确定”按钮。也可直接选中页面，拖入垃圾桶图标中。

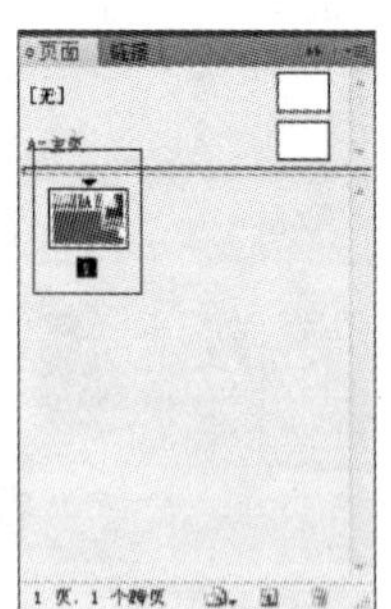

图4—8 添加页面

（六）导出文件

完成排版后，下一步任务是导出文件。制作在移动设备上阅读的电子书，一般输出为 EPUB 格式的文件。

选择“文件”下拉菜单中的“导出”选项，弹出“导出”对话框。在“保存类型”的下拉列表中选择 EPUB，如图 4－9 所示。点击“保存”按钮，默认弹出“EPUB 导出选项”对话框中的“常规”设置。单击“图像”选项卡，在“分辨率”下拉列表中可以选择图片导出时的分辨率；“图像大小”的下拉列表中有“固定”和“相对于页面”选项，若选择“固定”，则在阅读器中增大或缩小文本，图片大小都是固定不变的，若选择“相对于页面”，则图片会随文本的变化而变化。单击“目录”选项卡，如果在 InDesign 中设置了自动生成的目录，则可以勾选“使用 InDesign 目录样式”，其他保持默认设置即可。

导出文件完成。

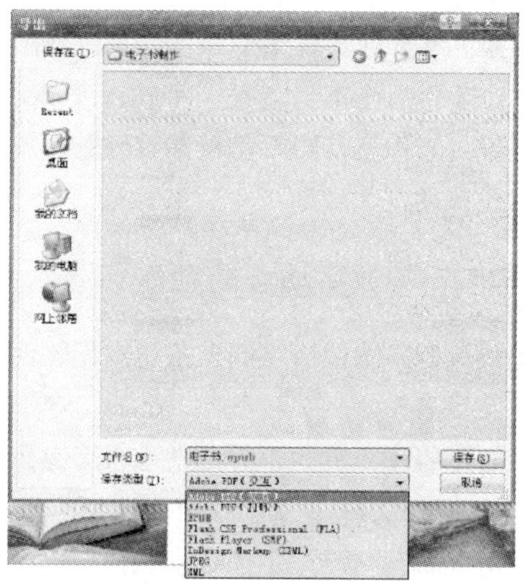

图 4－9　导出文件

此外，在制作完印刷文件后，还可以输出.pdf格式来审阅文件，因为PDF格式最接近印刷版文件格式；如果制作的是带有交互功能的文件，则一般输出.swf格式。

第五节　动漫创意与制作

数字动漫是在传统动漫基础上，使用计算机图形图像技术而迅速发展起来的，它区别于图形图像的重要标志在于动漫使静态图形图像产生了运动效果。数字动漫采用数字处理方式，动漫的运动效果、画面色调、纹理、光影效果等可以不断改变，输出方式也多种多样。因此，动漫是数字出版物中最具吸引力的产品，具有表现力丰富、直观、易于理解、吸引注意力和风趣幽默等特点。

从制作角度看，数字动漫简单到使一排字幕从屏幕的左端移入，从右端移出，复杂到需要大量专业计算机软硬件的支持。从艺术角度看，动漫的创作本身就是一种艺术实践，动漫的编剧、角色造型、构图、色彩等设计需要高素质的专业人员才能较好地完成。

一　数字动漫的制作环境

数字动漫的制作环境包括硬件设备和制作软件两大部分。

（一）硬件设备

制作数字动漫的计算机首先应该是一台多媒体计算机，能够使用和加工各种媒体。其次，动漫制作对于彩色显示器的要求极高，应尽量选用屏幕尺寸大、色彩还原好、点距小的彩色显示器。显示适配器的缓存容量与动漫系统的显示分辨率有着密切关系，其容量应尽可能大，大容量的缓存能使显示分辨率和颜色还原质量得到提高。

制作数字动漫主要是利用鼠标器绘制图画，因此鼠标对于动漫制作十分重要，需要选择反应灵敏、移动连续、无跳跃、手感舒适的鼠标。另外，动漫制作也需要一些特殊的多媒体配件，例如视频卡、视频压缩卡等，可根据动漫制作的实际需要选配相应的卡。

（二）制作软件

制作数字动漫需要依靠制作软件来完成。动漫制作软件具有大量用于绘制动画的编辑工具和效果工具，还有用于自动生成动画、产生运动模式的自动动画功能。

动漫设计软件分为网页动漫软件、2D 动漫软件和 3D 动漫软件。其中网页动漫软件一般采用 Flash、GIF Construction；2D 动漫软件包括 ANIMO、RETAS PRO、After Effects 等；3D 动漫软件有 Maya、3DMAX、LightWave 等。

1. 网页动漫制作软件

Flash 是一款网页动漫制作软件，用于绘制和加工帧动画、矢量动画，可以包含简单的动画、视频内容、复杂演示文稿和应用程序以及介于它们之间的任何内容。其特点是通过添加图片、声音、视频和特殊效果，构建包含丰富媒体的 Flash 应用程序。

GIF Construction（GIFCN）也是一款网页动画生成软件，其特点是可以把多种动画格式和图片序列转换成网页动画形式。

2. 2D 动漫制作软件

ANIMO 是世界上最受欢迎、使用最广泛的系统。它具有自动上色、自动线条封闭的功能以及包括灯光、阴影、照相机镜头的推拉、背景虚化、水波等在内的特技效果处理，还提供了不受数目限制的颜色和调色板，并可与二维、三维和实拍镜头进行合成。

RETAS PRO 是应用于普通 PC 和苹果机的专业二维动画制

作系统，填补了PC机和苹果机上没有专业二维动画制作系统的空白。

After Effects是一款图形视频处理软件，主要是用于影视后期制作。

3. 3D动漫制作软件

Maya是美国Autodesk公司出品的世界顶级的三维动画软件，应用对象是专业的影视广告、角色动画、电影特技等，其功能完善、工作灵活、易学易用、制作效率极高、渲染真实感极强，是电影级别的高端制作软件。

3D Studio MAX是一款三维动漫制作软件，广泛应用于建筑设计、三维动画、音视制作等各种静态、动态场景的模拟制作。

LightWave是一款高性价比的三维动画制作软件，它的功能非常强大，被广泛应用于电影、电视、游戏、网页、广告、印刷、动画等各领域。它的渲染品质几尽完美、性能优异，备受影视特效制作公司和游戏开发商的青睐。

二 数字动漫的制作原理

动画借助电影、电视、网络技术的发展，增强了动漫艺术的表现力，从而使动画的创作在观念上既具有纯绘画的精致，又具有通俗文化的漫画卡通特点，同时具有高空压机的技术含量。

（一）绘制原理

要解释如何才能流畅地连续播放一幅幅绘制出的画面，这就需要理解动漫制作的绘制原理。绘制原理包括绘制原画和加画中间画。

原画是由原画师根据剧情和导演意图来设计好形象，并赋予形象以生命和个性，画出不同动作和表情的关键动态图画。原画就是物体运动关键动态的画。角色的连续性动作是由原画师画出其中关键性的动态画面后，再由中间画来完成动作的全部中间过程。在原画之间加画中间画（动画），这就是动漫制作的技术原理之一。

中间画又称动画，是动画师将原画关键动态之间的连续变化过程，按照原画所规定的动作范围、张数及运动规律，一张张地画出来。动画就是展示运动物体关键动态之间渐变过程的画。

也就是说，绘制原画和加画中间画（动画）是最基本的动漫制作原理。

（二）层级技术原理

如果在镜头的一个图层中既有形象运动又有静止的场景，这样的动漫制作难度和强度就太大了，恐怕还会出现镜头画面抖动的感觉。所以，只要分别在不同图层里绘制背景和各个形象，就可以解决这样的难题。分层绘制是动漫制作的又一个基本技术原理。也就是说，在一个镜头中，每个形象可延展一个或几个层级，场景也分为前景、中景和后景，甚至更多的图层，在运动过程中其他层级中的形象或部位将不受任何影响，各个形象也就运动自如了。当然，层级越细，其制作工艺也就越复杂。

现在的数字动漫中，层级的透光性强，一部动漫甚至可用上百个层级。无论多少层级，视觉画面的色彩影调都不会受到层级透光的任何影响，始终保持其鲜艳明亮的效果。

在合成制作过程中，需要注意动作的跳层问题。比如处于不同层级的两个形象，一个形象在另一个形象后面，一会儿又运动到这个形象的前面，或者两个形象合为同一层里的画面，这个形象就出现了层级转换，这就是所谓的跳层。形象只有在不同的图层里表演，它们相互之间才不会受时间、节奏、路径等任何影响，从而使场景具有前后空间的感觉。使用不同的图层，在不同的图层里绘制动画元素，也是数字动漫制作的一个重要技术原理。

三　数字动漫的制作流程

一般来说，按电脑软件在动漫制作中的作用分类，数字动漫有电脑辅助动画和造型动画两种。电脑辅助动画属于二维动画，其主要用途是辅助动画师制作传统动画，而造型动画则属于三维动画。具体而言，数字动漫的生产流程如图 4－10 所示。①

总结起来，数字动漫的制作过程大概可以分为 6 个步骤：动漫策划→素材收集→录音→设计制作→调试与测试→发布。

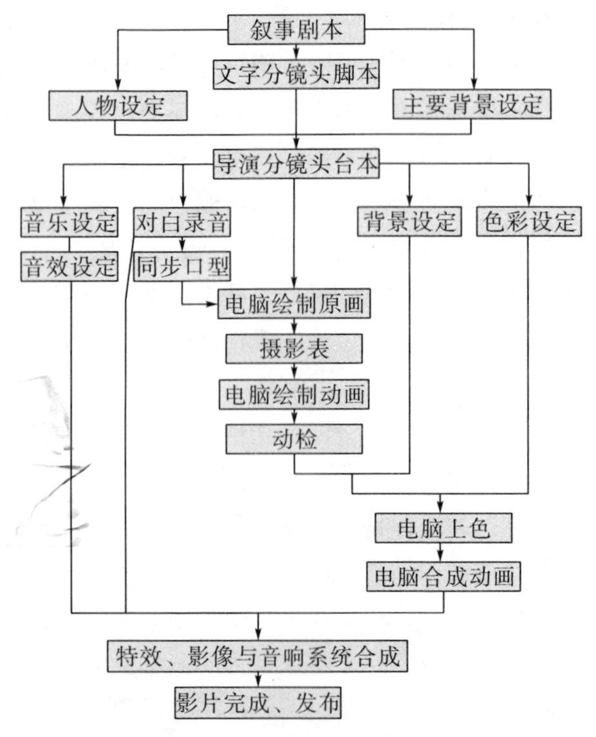

图 4－10 数字动漫生产流程

① 庞玉生：《数字动画制作技术：2D 影视动画制作流程》，中国海洋大学出版社，2008 年版，第 85 页。

（一）创意策划

动漫创意的策划主要由动漫创意策划商来完成，当然一个创意的产生很多情况下是个人的行为，但是其创意要想最终成为能够为市场所认可的动漫产品还是需要专门的创意策划商来完成。在创意策划商的构成形式上，多为由赞助商和原作者等成员组成的合作体的形式。比如在动漫产业十分发达的日本，其动漫产品在“立项”时，动漫创意策划商一般要和相关的产业组织组成制作委员会，如投资方（一般采用制作委员会成员共同出资）、广告代理商、播出方（电视台、电影公司）、衍生品开发商（玩具、食品公司等）、出版社（漫画的原创者）等。委员会成员涉及动漫产业价值链的各个环节。他们往往从动漫产品的整个产业链的视角对动画选题进行全面的市场评估，最终确定的动画题材一般能够兼顾各个产业价值链环节的经济利益，同时在动画市场的关注度和接受度也比较高。

在制作动漫前，首先应该明确目标，要制作什么样的动画，通过这个动画需要达到什么样的效果，动漫风格是怎样的，以及通过什么样的形式将它表现出来等。在明确了目标之后，就需要对整个动漫进行策划，其中包括动漫的剧情设计，各个动漫分镜头的表现手法，动漫片段的衔接，以及对角色、背景和音乐等进行构思。

1. 脚本

在脚本中设定叙事剧本，包括人物、主要背景、色彩以及音乐音效。动漫的脚本与真人表演的故事片剧本有很大不同。一般影片中的对话，对演员的表演是很重要的，而在动漫影片中则应尽可能避免复杂的对话。在这里最重要的是用画面去表现视觉动作，好的动画是通过滑稽的动作取得成功的，其中没有对话，而是由视觉创作去激发人们的想象。

2. 剧情设计

根据脚本，绘制出类似连环画的故事草图（分镜头绘图脚本），将脚本描述的动作表现出来。剧情由若干片段组成，每一片段由一系列场景组成，一个场景一般被限定在某一地点和一组人物内，而场景又可以分为一系列被视为图片单位的镜头，由此构造出一部动漫的整体结构。在绘制各个分镜头的同时，作为其内容的动作、对白的时间、摄影指示、画面连接等都要有相应的说明。一般 30 分钟的动漫脚本，若设置 400 个左右的分镜头，则要绘制约 800 幅图画的图画脚本。

3. 摄制表

摄制表是整个动漫制作的进度规划表，以指导动画创作集体各方人员统一协调地工作。

（二）素材收集

收集的素材应有针对性和目的性。在收集过程中应该根据动漫策划时所拟定好的素材类型进行收集，这样不但可以节约时间，还能有效地缩短动漫制作的时间。

（三）录音

在动漫制作时，因为动作必须与音乐匹配，所以音响录音不得不在动漫制作之前进行。录音完成后，还要把记录的声音精确地分解到每一幅画面位置上，即第几秒（或第几幅画面）开始说话，说话持续多久等。最后要把全部音响历程（或称音轨）分解到每一幅画面位置与声音对应的条表，供动画人员参考。

（四）设计制作

设计制作动漫是指利用所收集的动漫素材来完成动漫策划中各个项目的过程。在拥有独到的动漫构思、精美的动漫素材之后，动漫的最终成品将很大程度上取决于动漫的制作过程。

动漫产品的制作由动漫产品制作商来完成，由于动漫产品的制作工序比较复杂，使得单个公司很难完成全部的制作工序，所以动漫产品的制作商往往是由众多分工明确的小公司共同构成的集合体。比如按照动画制作的工序，这些公司包括原画制作公司、动画（指两帧间的过渡部分）制作公司、上色公司、背景制作公司、拍摄与编辑公司、主题音乐制作公司、配音公司等等。

1. 关键帧（原画）的产生

关键帧以及背景画面，可以用摄像机、扫描仪、数字化仪实现数字化输入，也可以用相应软件直接绘制。动漫软件都会提供各种工具以方便绘图。这大大改进了传统动漫画面的制作过程，可以随时存储、检索、修改和删除任意画面。

2. 中间画面的生成

中间插画是指两个重要位置或框架图之间的图画，一般就是两张原画之间的一幅画。利用电脑对两幅关键帧进行插值计算，可以自动生成中间画面，而且精确、流畅。

3. 分层制作合成

动漫的每一帧画面由多层透明胶片上的图画叠加合成，这是保证质量、提高效率的一种方法，制作中需要精确对位。

4. 着色

动漫着色是非常重要的一个环节。通常动漫都是彩色的，所以这一步是对描线后的胶片进行着色（或称上色）。动漫软件一般都会提供许多绘画颜料效果，如喷笔、调色板等。

5. 音像合成

编辑完成之后，选择音响效果配合动漫的动作。在所有音响效果选定并能很好地与动作同步之后，把声音、对话、音乐、音响都混合到一个声道上，最后记录在胶片或录像带上。

6. 预演

在生成和制作特技效果之前，可以直接在电脑屏幕上演示一下草图或原画，检查动画和时限以便能及时发现问题并进行修改。

（五）调试与测试

当动漫作品初步制作完成后，就可以对动漫进行调试了，主要是对动画的各个细节、片段的衔接、声音和动漫间的协调等进行调整，使整个动漫看起来更加流畅和谐。

测试动漫是在动漫完成之前对动漫的效果、品质等进行最后的检测。因为动漫的播放是通过计算机对动漫的各个矢量图形、元件的实时运算来实现的，所以动画播放的效果很大程度上取决于计算机的软硬件配置。在测试的时候，应尽可能多地在不同档次、不同配置的计算机上测试动画，然后根据测试后的结果对动漫进行调整和修改，以便在较低配置的计算机上也能运行。

（六）发布

动漫制作的最后一步就是发布动漫，用户可以对动漫的生成格式、画面品种和声音效果等进行设置，在动漫发布时的设置将最终影响到动漫文件的格式、文件大小和动漫在网络中的传输速率。值得注意的是，在进行动漫发布设置时，应根据动漫的用途和使用环境等进行设置，而不是一味地追求高品质的画面和声音，以免增加不必要的文件容量而影响动漫的传输。

思考题：

1. 何为创意，何为创意制作？
2. 数字出版的内容创意包括哪些内容？
3. 数字出版物的基本制作流程是什么？
4. 出版环节的数字化过程有哪三个阶段？
5. 简述电子书的创意与制作。
6. 简要分析数字动漫的制作原理。

第五章　数字出版各类平台建设

数字出版平台是“生产”和“消费”的枢纽，也是聚集海量优质信息的重要载体。任何一种产品转化为商品，都必须经历“生产—流通—消费”3个环节。数字出版活动也不例外。

在生产环节上，作为内容提供商，我国拥有580多家出版社，9000多种期刊，1900多家报社，380多家电子音像出版社，能够为各类平台提供充足的内容。2016年1月22日，中国互联网络信息中心（CNNIC）发布的第37次《中国互联网络发展状况统计报告》显示，截至2015年12月，中国网民规模达6.88亿，互联网普及率达到50.3%，半数中国人已接入互联网。同时，移动互联网塑造了全新的社会生活形态，“互联网+”行动计划不断助力企业发展，互联网对于整体社会的影响已进入新的阶段。从阅读终端看，以平板电脑、智能手机、阅读器为代表的各类终端阅读产品琳琅满目，销量不断增长，仅以3G用户为例，目前，中国3G用户数达1.1亿，我国的数字出版也将在“网络人口红利”的新商机中得到发展。

不容忽视的现实情况是，目前在数字出版整个出版过程中最薄弱的是流通环节，这在一定程度上导致了整个数字出版产业链的失衡。因此只有建立具有“动脉”“干流”式的数字出版平台，才能让“生产”和“流通”的联系更加紧密，特别是具有编辑出版资质的数字出版平台，更让“生产”和“消费”融为一体。原国家新闻出版总署提出的建立5～8家数字出版平台的目标，正是提高流通能力的重要举措。

第一节 网站设计基本概念

本节对互联网网站开发的相关技术和基本概念进行整理和介绍，旨在让将要进入数字出版行业的编辑通过对本节的学习，了解互联网开发技术的基础知识，建立基本概念结构，为更好地进行数字出版网站设计打下基础。

一 WWW网站设计技术简介

（一）WWW网站

World Wide Web 的中文译名为万维网，常被缩写成WWW。它是基于Internet的一种服务系统，主要用于在互联网上以标准的格式发布网页文档（也就是Web），供互联网用户浏览。超文本是Web的基础。当今数以亿计的网页，正是通过超文本实现关联和跳转，从而把海量的信息有机地整合起来。因此Web系统具有两个最大的特点。首先，Web系统是非线性的，信息在网络上可以以跳跃的方式呈现，人们只需要点一下链接就可以进入下一个页面。其次，Web系统是可交互的，除了能给用户提供信息外，还能接受用户的请求，与用户进行互动交流。随着技术的发展和爆炸，Web也在不停地发展，诞生了诸如“Web2.0”“Web3.0”等新兴的概念。人们通常所说的“网站（Web Site）”，本质上也是由相互关联的Web页面所构成，这些页面因为提供特定的网络信息服务而聚合在一起。

（二）为什么要讲技术

传统的印刷品设计和网络设计在思维和方式上都有着明显的不同。与被称为“图形设计”的印刷品相对，网络设计叫作“视觉交互设计”。在实现向读者传达图像、文字等信息的目的上，虽然印刷品和网络有着相同的使命，但和仅仅限于“观看”“阅读”信息的印刷品不同，网络具有交互性。因为网络不仅能向用户传达信息，同时也会从用户那里接收信息。这就是为了能最大限度地发挥“网络”的特点而需要进行设计的原因所在。

在阅读环境上，印刷品完成后版面格式都是固定的，读者只能单方面接受、阅读，而网络是动态的、双向式的。无论是电脑还是手机，用 Windows 还是 Mac 系统，或用哪种浏览器来阅读网页，用户首先都会选择阅读环境，然后变换文字大小和字体来设定合适自己的环境，因此网络会因用户的阅读环境不同而产生各种各样的差异。由于个人电脑或操作系统、显示器的大小、浏览器的不同会使文字的大小和颜色有差别，出现网页版面被破坏等情况。作为一名数字出版时代的编辑，不仅需要懂得网络环境差异给阅读造成的影响，还要懂得互联网的开发技术，有助于把握网站的可行性，制定和掌握网站开发进度，深入了解网站架构，才能更好地展示数字出版产品的特点，将编辑理念贯穿到网站建设中。

1. 把握网站可行性

可行性是在概念设计阶段就必须重视的问题。数字出版商要实现什么样的网站，需要策划编辑了解互联网开发技术，帮助网站开发技术人员构建网站的功能和结构。这里的“了解”并不是说编辑必须懂技术，会做研发，而是强调研发技术对于互联网网站的基础性。

2. 掌握开发进度

在网站即将展开研发时，需要编辑帮助技术开发人员确定产品的研发计划、规划研发周期。研发团队对于技术的把控程度，将直接决定计划的可执行性和可信度。在这个过程中，编辑具备的技术常识会有效提高与网站设计者的沟通效率，从而更好地把控进度。面对研发难点时，编辑可以利用自己对数字出版网站的理念协助研发人员寻求积极的解决方案，而不至于因为被告知“这个功能无法实现”而被迫放弃相应的设计。

3. 深入理解网站

互联网网站的技术架构将直接影响最终数字出版产品上线后的质量。编辑如果能够把握网站的技术架构，就可以更好地把握最终网站的质量，从而协助网站开发和维护人员制定网站的改进方案和发展规划。网站也会因为编辑的“编辑意识”的加入，从而使网站的内容区别于其他网站，更能体现数字出版行业的特点。

4. 保持产品嗅觉

互联网技术每天都在不断发展和创新，数字产品的特点之一就是高频率的更新换代，数字出版产品也不例外。编辑了解互联网技术，能够更好地把控业界动态，从而保持对新产品和新技术的敏锐嗅觉，使之运用到网站设计上。

（三）网站设计基本技术

1. HTML 和 XHTML

HTML 是“Hyper Text Markup Language”（超文本链接标记语言）的缩写，是描述网络页面的结构化语言。XHTML 是“Extensible Hyper Text Markup Language”（可扩展超文本链接标记语言）的缩写。HTML 和 XHTML 是制作网页使用的语言，两者都被称为“标识语言”，是文本文件的一种。标签赋予语句不同的意思，浏览器会根据标签显示出视觉效果。

HTML 中包含了用于装饰文件的标签，但现在只用于原本的“技术文件结构”。XHTML 删除了关于装饰部分的标签，有更加明确的文件结构，记述更加严密。

2. CSS

CSS 是“Cascading Style Sheet”（层叠样式表）的缩写，它负责网页装饰部分。CSS 是设计具体视觉化的必要技术，是制作网页时通常使用的样式表。除了可以控制文字的样式、背景颜色、隔线等细节装饰外，还可以进行分栏等排版设置。CSS也是文本文件的一种，虽然也可以在HTML文件里加入CSS的记述，不过现在的常用做法是单独做成CSS文件载入HTML中。

3. JavaScript

JavaScript是在浏览器（客户端）上工作的脚本（简单程序）语言，微软公司也开发了类似的JScript语言，标准化为ECMAScript。它用于将鼠标点击按钮产生动态效果、使画面随机变化、滚动文字等要为网络页面加入动态变化的情况。JavaScript也是一种文本文件，使用时直接记述在HTML文件里。

4. Flash & Action Script

Flash是可以记述在HTML中的“动画和内容”的典型代表，在整个网站中存在很多Flash内容。如果用Flash内容来显示，既不会被用户环境所左右，能够很好地再现实际原本的样子，又可以通过Action Script来添加复杂的动画，因此能大幅提升表现空间。Action Script是可以进行和JavaScript相同处理的Flash特有语言。

5. CGI&Ajax

提到构筑电子布告栏、网络购物车、博客这些网络应用的代表技术，那就是“CGI”。它的过程是依据用户的动作由浏览器对服务器产生要求，服务器中的CGI程序随之启动，并根据执行事项发送结果。自动生成的HTML文件通过服务器传送，由浏览器读取并显示。但由于操作页面和结果页面不同，有时会花费很长时间，且不能进行拖放的操作。与此相对，用Ajax构筑的网络由JavaScript对服务器产生要求，从而传送回XML等文本数据。由于是通过JavaScript对页面的一部分进行置换后显示，所以会感觉到用时比较短。而且由于HTML本身不被刷新，可以向服务器连续非同步地发送请求，并可以进行拖放操作。

（四）数字出版网站设计的原则

1. 内容第一原则

网站设计最核心的三个问题就是内容、功能和形式。内容可以是文本、图片、音频、视频或多种的混合体。对于目前的互联网状况和现实的需求，网站内容还是以文本为主，多媒体内容在网页中起到画龙点睛的作用。除了内容以外，网站的功能与形式也很重要。网站需要良好的功能来让用户迅速找到他想要的资源，最常见的功能是导航与搜索以及如何提高访问的速度。网站的形式主要包括颜色、图像、布局，它们会显著影响用户最初的价值判断。但长期使用后，用户会减少对外观的关注。

内容是网站的灵魂。内容的多与少、好与坏直接影响着网站的知名度和点击率。网站要长久发展，吸引用户的反复点击，必须依靠它的内容。以出版物特殊的精神文化属性，作为销售和展示数字出版物内容的网站，更需要把内容放在第一位，兼顾功能和形式。数字出版网站的建设已进入了“内容为王”的竞争阶段。当实际设计中遇到三者难以兼得的情况，即形式、功能与内容出现一定程度的矛盾时，应该遵循形式服从功能、功能服从内容的原则。

2. 保持更新原则

网站是一个网上信息传播媒体，必须保持及时、快速更新。尤其是数字出版网站具有新书发布的功能，更要在第一时间传递信息，随时更新各种出版物的出版情况，或出版社内的最新信息，或行业的最新发展情况。内容长期不更新的网站，即便有再多再好的内容，也不能吸引读者。没有持续的更新新书出版内容的数字出版网站，也难以聚集有忠诚度的读者。

此外，随着数字出版产品的不断发展和升级，数字出版网站的功能也要及时维护更新，维持网页设计的升级来适应产品的变化。只有不断地探索用户喜爱的浏览方式和阅读习惯，才能更好地将数字出版网站上的数字出版产品推向读者，才能实现数字出版网站作为数字出版产品的“网上展销店”的作用。

3. 互动服务原则

互联网的最大特色之一就是人们可以在网上互动交流。现代读者与传统读者已经有了很大不同。他们并不仅仅拥有对图书产品本身的需求，更多希望可以参与图书生产的过程，获得对图书文化氛围的深度体验。数字出版网站是数字出版商向外展示文化内涵的窗口，也是与读者们进行交流的舞台。将网站打造成一个编者读者共同参与的文化社区，一方面能向读者传递出版社的价值观，让读者更深入了解，另一方面可以使读者们参与进来，相互探讨、紧密联系，进行文化的交流和商业的交易。比如书评交流区的建立，可以为出版社收集书评，同时统计反馈意见，改善服务；在线客服可以解决读者购书的常见问题，指引读者正确购买；读者服务区的建立可以搜集读者的建议和意见，加强与读者的线上和线下的交流，便于开展读者活动和建立读者数据库。如此，人气高涨，关注愈多，数字出版商也实现了品牌推广的目的。

4. 用户体验原则

(1) 易读性。易读性即“易于阅读”，主要针对文字排版而言，包括“易看”和“易于理解”两点。

“易看”不仅指文字大小，还包括行长、行间距以及行对齐等。行与行之间的间隔太小会感觉“看起来费劲”，行长太长也会有同样的感觉。如果网页的文章数量较多，大多数网页都会设计成宽度可变的版面，文章会配合窗口大小随之横向拉伸，但这时的行长长度的不确定性就会影响观看效果。这种情况下就要通过在左右两侧设置其他竖栏来限制主内容的宽度。

行间距是阅读文章时影响易看程度的重要因素，通过恰当设定版面设置属性，会使阅读方便很多。页面不仅要易于观看，还要美观，这时就要考虑到行对齐。通常，网页基本是横排格式，因此主要是以左对齐，即以浏览方式的默认设置为主。

“易于理解”是指访问者看一下就能知道网站的大概内容，视线可以顺畅地移动，这就需要版面设计的元素要强。因此“易于理解”主要针对的是网络布局。布局其实是指综合颜色与图像，以及将内容以什么样的方式展示出来。为了做出“易于理解”的版面，要遵守几个原则。即将重要信息放置在第一视线范围中，各图文板块的位置按照人的自然视线移动路径放置，利用留白平衡页面配置。

（2）可操控性和可用性。可操控性和可用性构成了网站的易用性。可操控性是指“无论什么人都不受年龄、身体的制约，也不会被使用的环境所左右，可以任意访问、利用网络所提供的信息”。

可用性包括网络可用性和搜索可用性。网络可用性是指希望让初次访问网络的用户可以顺利地操作，快速得到所需要的信息，以达到访问的目的。可以从雅各布·尼尔森博士定义的五个属性来理解。“便于了解”，即新的访问者在访问网站时依然感到便捷和轻松，网站上的元素能够帮助访问者建立起合适的思维模式；“提高效率”，即访问者在网站上不需花费过多的时间就能实现自己的目标，简单的步骤就能完成基本的任务，妨碍访问者达成目标的元素很少；“便于记忆”，即再次访问的用户不需要经过太多的回忆就能继续高效地使用网站；“减少错误”，是指网站应减少导致网页出错的错误因素，即使在出现错误后，网站应允许用户轻松地从错误中恢复到原网页；“提升满意度”，指网站达成访问者目标的能力大小将极大地影响到用户的满意程度。

搜索可用性指的是用户通过检索、导航等手段，寻找和发现内容的难易程度。数字出版网站的功能之一就在于为读者提供网上数字出版物商店，满足读者对各种数字出版物的搜索、查询、了解、购买的需求。因此便利的站内搜索和站外搜索功能的建立是满足这一需求的重要方法。数字出版产品的形态将会越来越丰富，内容也会越来越多样化，让消费者在网站上快速、有效地找到自己想要的东西，是抓住读者的制胜法宝。

即使是考虑了可用性的优秀设计网站，如果没有顾及可操控性，其易用性也只是对一部分用户有效。因此我们应该在重视可操控性的基础之上考虑可用性来进行界面设计。

（五）网站元素设计

1. 基本元素

网站页面上的基本元素包括文字、图像、颜色。

在文字设计中可以使用 CSS 来对字体和字号进行指定。由于在网络设计中自由地选择文字字体比较困难，通常会将文字作为图像素材进行处理。将文字代替照片和插图作为视觉上的主要部分进行处理也是一种设计方法。将标题或广告语进行放大处理，在易于理解内容的同时也会给人带来冲击感。单纯由文字构成的网页通过留白的使用可以使文字的设计更显高雅考究。这种手法在某些数字出版网站的欢迎首页会见到。

在 CSS 中的版面设计，图像 img 标签直接嵌入在 HTML 中，或使用 CSS 的 background-image 属性将图像作为背景图像进行读取。由于 CSS 的 background-image 属性适用于所有元素，因此所有的图像都可以用 CSS 进行读取。如果标题和导航的图像是用 img 标签嵌入到 HTML 中，即使在没有读取 CSS 的情况下也能显示，去掉排版也能得到图像带来的宣传效果。要嵌入什么图像，什么图像用做背景图，需要根据制作的方针和网站的性质来定。方针之一是把作为重要“信息”的图像和可以达到宣传效果的图像嵌入到 HTML 中，用 CSS 来表示装饰性的图像。

颜色的搭配在用户形成对该网站的价值判断的过程中起着非常重要的作用。在设计中，我们常常以多种颜色组合的形式来使用。网络设计的配色最低限度也要有主色（基本色）、辅色、背景色这三种颜色。有时还使用称为点缀色的配色。在设计的过程中，必须要留意颜色的“易见性”，也就是视觉辨认性，这样才能有效传达信息。在配色过程中一定要考虑各种颜色给人的感觉，如红色给人的美好形象有“热情的”“有活力的”“喜庆的”；相反，负面形象有“花哨的”“暴力的”“低廉的”。在白色背景中使用红色文字会给人喜庆的感觉，但是在黑色背景中使用红色文字则让人联想到暴力，因此要特别注意颜色的搭配。

2. 设计元素

网页上的设计元素主要包括宣传语、灯光效果、社会化媒体链接、图标和照片背景。

宣传语一般都能在网站的首页上看到。在与用户快速沟通的过程中，宣传语发挥着极其重要的作用，它能在访客对网页的较短关注时间内展示网站的目的和功能。因此宣传语传达的信息一定要清晰、明确，才能达到效果。

光线和亮度是网页设计中非常强大的工具，它们通过内发光的感觉在网页上营造出某种美感和氛围，使网页具有“灯光效果”。这种设计元素的使用在数字出版网站里还比较少见，作为一直被忽略的元素，在营造阅读氛围方面却是不错的选择。

社会化媒体链接在网络里随处可见，网络上也有很多图标可以为设计者免费提供使用。常见的设计方式是把社会化媒体链接放在网页底部的一个列表中，在众多的数字出版网站的页脚都可以看到。另一种策略是把这些链接都放在页面顶部这个显著位置，这突出了放置链接的目的，引导访问者点击链接网页。

图标就像展示网页主题的符号，可以利用极小的空间传递大量信息，这是网页非常欢迎的。有的访问者看到图标的样子就能想到它们代表的常见意义，因此它们的实用性很强。

一直以来，照片或者其他基于纯色、图案和简单颜色渐变的复杂背景在网页设计中一直很受欢迎。传统上，很多网站以一种常见但不失优雅的方式运用这种风格。在使用了比较复杂的背景时，就使用相对简单的前景。照片能很好地营造网页的氛围，传达了设计者的某种意图。在背景设计中利用照片图像，背景同样可以成为主题内容的一部分。

二　WWW 网站开发流程

（一）需求阶段

网站的最初形态的设计都是从满足用户需求的角度出发的。数字出版网站的建设，就是为了满足读者在网上阅读和购买数字出版产品的需求。需求阶段需要经历以下两个步骤。

1. 市场需求报告

在构建网站前，一般由出版企业的高层负责人提出网站的概念，决定发展方向，推进网站开发，并最终保证网站的运营及改进。高层负责人会指定网站开发负责人，制作市场需求报告，以表达愿景和分析市场为主，确定网站的市场意义和经济效益。一份完整的市场需求报告的结构模板应包括：网站概述、网站目标、用户定位、市场总体定位、竞争分析、用例模型、用户需求与网站特点、时间规划、系统与技术需求、技术维护与测试简述、附录等。

2. 需求评审

根据前面的市场需求评定，已经提出了网站的显性需求并分析了市场效益，接下来就要进入网站的需求评审，将会审查、评价和批准项目计划，以此确保网站需求报告的质量。需求评审是整个流程中的重要环节，是对网站成型、网站质量、网站进展等环节的检测和评估过程，可以有效地降低需求阶段带来的研发风险，进而完善设计。

需求评审有两类方式，一类是正式技术评审，也称同行评审；另一类是非正式技术评审。正式评审组的成员一般由团队中经验最丰富、技术最强的人领衔，同时需要整个研发团队不同的人全部参与进来。大家仔细阅读需求报告，并着重根据自己将要开展的工作内容进行审查，提出问题、讨论完善方案。评判需求优劣的主要指标有：正确性、清晰性、准确性、一致性、必要性、完整性、可实现性、可测试性。

对市场进行需求评审的最终结果是确认市场需求文档，细分网站需求的优先级、权重等，并制定项目时间计划、确定人员分工。至此，网站的需求阶段得以完成。

（二）策划阶段

将市场需求报告上报相关负责人并立项后，进入项目的具体策划阶段。

1. 网站需求报告

网站需求报告侧重对网站的功能和性能的说明，需要把市场需要报告指标化和技术化，直接影响到网站的计划制定以及成本。这个阶段除了上一阶段的项目负责人外，主要由网站开发设计师来完成。完整的需求指标应当包括：功能要求、开发要求、兼容性要求、性能要求、扩展要求、网站界面要求、发布要求、网站支持和培训要求、网站其他要求。

2. 专家评审

网站需求报告完成后也需要对质量和细节进行完善，也就要进入“专家评审”阶段。参与评审的人员可能包括网站开发负责人、网站设计师、用户体验研究员、信息架构师、交互设计师、视觉设计师、前端工程师、后端工程师等，甚至还可能邀请企业的领导或项目决策层直接参与。从网站开发负责人的角度来看，经过专家评审的网站需求报告经过调整和修改后，已经可以作为控制产品研发进度的重要依据了。

3. 信息架构与交互设计

网站的交互原型由用户体验研究员、信息架构师和交互设计师共同完成。用户体验研究员的职责就是对网站的用户进行深入的研究，包括其行为、使用体验、消费心理等，总结用户行为，提取网站设计中应当遵从的习惯或规避的问题，最终优化网站，提升用户体验。信息架构师决定网站的组织方式以及归类，让用户更容易寻找与理解信息。该阶段涉及网站提供信息的可用性与可寻性，是一个将信息与使用者需求统一的过程。美国学者在1998年完成的著作《Web信息架构》中首次确立了万维网信息架构的核心构成要素，即网站的信息组织系统、标识系统、导航系统和搜索系统这4大系统。因此，信息架构师需要以文档的形式对几个主要的信息架构系统进行详细的设计，最终作为界面设计与交互设计的依据。交互设计师的职责就是完成网站一系列的交互设计文档。例如页面流程、页面布局的线框图、交互设计规范等。在网站的交互设计完成后，就可以把交互方案转化为一个可以用于展示的网站原型，有助于直观地反映交互流程，便于尽早地发现问题和改进。

4. 视觉设计

视觉设计师负责完成页面风格、配色、布局等的效果设计与最终的素材制作。视觉设计的展开是基于交互原型的，而设计的过程也需要与交互设计师多多沟通。视觉设计的评审工作十分重要，不仅要符合交互设计师的设计规范，同时也要得到用户的直接认同。视觉设计的阶段成果包括产品的视觉规范、主要界面的视觉效果图、相关图片素材等。

（三）开发阶段

网站的开发阶段就是使用相关的开发技术对网站进行完善并投入运营的过程。根据开发职能的不同，开发的工作可以分为前端开发与后端开发两部分。

前端开发工程师在拿到交互设计师的交互原型与视觉设计师的设计图后，对这些文档与素材进行技术上的整理，然后通过编写 HTML、CSS、JavaScript 等前端代码，把设计文档中的网站转换为现实的互联网网站。前端开发工程师的工作还包括界面改动的维护、前端安全和前端性能的优化。

后端开发是相对于前端开发而言的，前端开发负责用户能够看到的部分，而后端开发则对用户来说是透明的。后端开发的重点是处理业务逻辑、数据存储与访问，通常是运行在服务器上的程序。因此后端开发有时也可以称为服务端开发。

在网站的开发接近尾声的时候，将会经历两次测试。一次是 Alpha 测试，针对网站最初始的版本进行漏洞修补，由用户在开发环境下进行测试，也可以是公司内部的用户在模拟实际操作环境下进行的测试。然后是验收性的 Beta 测试，该阶段通常会有选择性地请一些最终用户完全脱离开发者，模仿最终的使用环境，反馈发现的问题，让开发者做最后的修改。

测试后，网站就要投入运营了，这意味着网站要脱离开发环境，正式上线为用户提供服务。这个阶段需要考虑的问题主要有 3 个部分：网络规划、系统规划和数据迁移。网络规划即选择网站的服务器应该托管在国内还是国外。系统规划的部分主要集中在服务器上，包括购买服务器、选择网站的存储方案、安装服务器的操作系统以及网站运行环境等。数据迁移包括产品本身的静态数据迁移和数据库迁移等，其意义在于把开发环境中的设计同步到线上环境中。

（四）校验阶段

流程的最后一个阶段是网站的校验。这个过程是伴随着网站的运营而展开的。网站校验需要接受用户的反馈，及时发现和修正产品漏洞，分析用户行为。最终的目的仍然是改进网站用户体验。网站的开发并不会随着某个项目的终结而结束，它将会是一个持续改动、进步的状态。校验阶段往往会孕育出网站新的需求，意味着新的项目开始。它包括内部测试和网站跟踪两个部分。

内部测试有别于开发阶段的测试。往往是以一个真实用户的身份在线上环境中展开的。由网站设计人员系统地验证线上环境中的网站功能、总结使用报告、验证全部功能点。内部测试的目的是确保网站在发布后可以正常访问以及做出的改动已经生效等。完成了内部测试后，应当出具相应的测试报告，以宣告网站发布流程的真正完结。

而网站跟踪主要是为了收集网站数据，例如用户使用数据，接收整理用户反馈信息，最终筛选数据，出具用户分析报告，与网站设计阶段的目标对比是否达到了预期的目标，并尝试找到网站运营后的非预期现象做出分析，作为今后的改进依据。

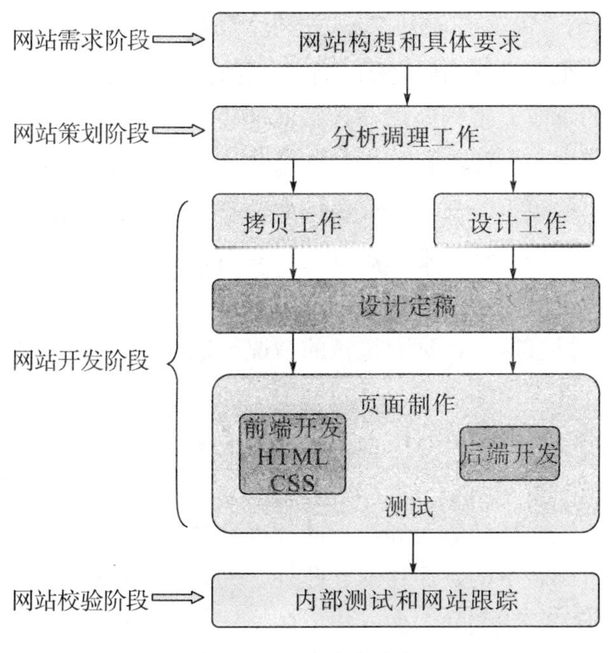

图 5—1　网站开发流程

图 5—1 可作为网站开发流程的一般参考。实践中的网站开发不一定会按标准流程按部就班地进行，不同出版企业、不同的团队对流程的理解也不尽相同。因此网站开发负责人应该深入理解和掌握开发流程，并根据团队的资源配置等具体因素为网站量身定做开发计划。灵活地调整开发计划，才能最大限度地保证网站质量。

第二节　数字出版网站框架设计

一　WWW 网站页面布局

（一）页面布局原则

1. 第一视点的意识

第一视点是指访问者第一眼看到的画面范围，因此把想传达的信息和重要元素都聚集在此处来显示是很重要的。在页面显示的原始状态，也就是在不拖动滚动条的状态下浏览器所显示的领域称为第一视点。如果把重要的内容配置在网页下面，会导致有些用户不使用滚动条就无法看到那些内容。对于第一视点，关键是尽量把重要元素都放在这个范围中，并且让读者看出下面还有内容，让读者即使在页面很长的情况下依然愿意被引导拖动滚动条，阅读完下面的内容。

2. 实现移动的设计

排版时重要的是考虑用户的“视线移动”。人在阅读竖排的文字时，视线按从右上到左下的顺序移动，阅读横排的文字则是按从左上到右下的顺序移动。此外，人的视线最先会被“显眼的内容”所吸引，例如图像、粗大的文字、鲜明的颜色等。考虑自然地视线移动，把想让读者阅读的内容以想让读者阅读的顺序进行配置，可以更加容易地传递信息。由于横排是网站的基本格式，按照从左上到右下的视线移动顺序来设计是最自然的。用图像的位置和大小来控制视线移动是常用方法。

3. 留白的设计

在考虑“便于理解”“便于观看”时，留白起到了非常重要的作用。没有留白的版面显得拘束而不便阅读，且容易使人产生疲劳。留白较多的版面让人感到舒畅，有高级感。另外，还能通过巧妙使用留白来调整页面平衡。在分量过重的部分加入留白能缓和这种沉重。在信息量大或烘托活泼气氛的时候，常常刻意减少留白，这种情况也要合理利用留白避免版面过于紧密。此外，把页面本身配置在浏览器窗口中央，有效利用页面之外的部分作为留白会更具效果。

4. 考虑网站的统一感

在页面布局中，从首页到次级页面之后，并不一定都要求共通。打开的网页层级越深，出现的信息越详细，为了与之相配而改变版面的情况就会越多。即使版面变化，为了让用户感到仍然是相同的网站，达到统一的效果，至少要做到有同样的页眉与页脚、链接的统一、留白的统一以及性质和用途相同的按钮形状的统一。

（二）基本排版模式

1. 2 竖栏排版

2 竖栏排版可以有效地把一定的信息呈现给用户。在把页面设定得较宽的情况下，和 3 竖栏相比能留出更多的空白。通过在上部配置主视觉图像，既可以做出易实现的移动引导，也容易保持页面平衡，虽然看起来简单但是给人很有条理的印象。

2. 3 竖栏排版

许多门户网站和企业网站采用的 3 竖栏排版是一种固定的版面。将竖栏设定为 3 个，可以把大量信息整齐地展现在用户面前。通常把导航或概要配置在左右竖栏中，中央竖栏放置正文。这种设计可以重点强调希望用户阅读的部分，因此用在信息量大的网站中非常有效。

3. 倒L字形排版

在页面上不配置全局导航，左竖栏中配置局部导航的倒L字形排版，由于可以放置两级导航，因此常用于深层级或多页面的网站。这种版面既可以把复杂的网站构造整齐清楚地展现给读者，也能给人井然有序的印象。

4. 水平型排版

横向排列的水平型版面，可以产生从左到右的自然视线移动顺序，让人有安定感和安心感，能烘托出沉着舒适的气氛，可以让读者产生要慢慢阅读的欲望。适用于更希望读者仔细阅读内容而不是只为提供大量信息的网站。由于导航是横向排列的，简单或精简项目数的设置会更有效果。

5. 垂直I字形排版

竖向I字形版面，给人纤细、灵巧的印象。通常在I字部分配置导航或图像，强调细长感，形成从上到下自然地视线移动顺序。即使信息量大、宽度狭小也能促使人自然地拖动滚动条。如果导航项目数较多也可以竖向排列，从而有足够的空间将元素整齐地配置在页面中。

6. 网格形排版

运用网格系统设计的网格形版面，图形排列规则，能给人高雅考究的感觉。其特征是有五个以上的竖栏，横向网格特意设置得错落有致，突出节奏感的版面比较引人注目。采用这种模式，要首先决定一个网格块的尺寸，然后按倍数变化来决定实际使用的网格块尺寸。

7. 图像为主型

以图片为主的版面，具有直接宣传效果和冲击效果。这种版面在完整 Flash 的丰富内容中经常见到，用在促销网站或有主题的网站中会很有效果。使用图像的尺寸、效果要和其他元素保持平衡，这一点很重要。图像周围的元素尽量设计得简单，这样图像就会格外显眼。

8. 重视留白的排版

考虑并重视留白的版面，也可以说是留白起主要作用的版面。留出较多空白能给人平静的印象，展现出畅快及“优雅”“讲究”的形象。另外，设计留白也能引导视线的移动。有效的留白设计还能使网站形象更加明确。

（三）数字出版 WWW 网站布局的策略

数字出版网站依然要遵循一般网站页面布局的几个原则。在展示数字出版物时，特别要注意第一视点和自然视线移动顺序的运用，合理安排图片位置引导读者浏览。

在排版上，由于数字出版网站的特点是页面层级多、文字信息量大、图像多，因此适合两种以上的排版模式综合使用，例如 3 竖栏排版和倒 L 字形排版结合。目前的数字出版 WWW 网站里，大部分都采取了这种综合模式。使用了首页前的欢迎页面的网站，都重视了留白的排版使用，从而在视觉上提升了网站页面的质感。

二　目录框架设计

（一）目录框架

目录框架就像超市中的商品分类区指示牌一样，其作用在于帮助用户缩小选择面，从而获得导向，找出目标内容。用户在网页里进行内容选择的时候通常会遵循 3 个步骤：筛选出所有的顶级选择，然后挑选出其中之一，最后查看该目标以验证它是否是想要的那一个。用户的这种选择行为正是我们设计目录框架时要遵循的用户行为模式，因此目录框架中的所有元素的作用都是支持这个选择的过程。

目录框架体现了一个基本的任务流程：用户从高级的分类页面移动到某个分类下的内容陈列区，然后直接选择某个希望查看的目标，从而抵达内容页面。目录框架由 4 个部分构成，它们分别是分类页、陈列页、内容页和引导链接。

1. 分类页

分类页能够表现出网站各个部分分别有什么东西。因此网站的首页也可以算作是分类页，因为通过它我们能概览网站里的所有内容。分类页为目标选择过程的第一步提供了便利：筛除。页面按照用户的理解，把网站内极为丰富的内容分割为粗略的组，将相互关联的内容划分到一起。这样用户就可以排除与目标内容无关的部分，进行下一步选择。

例如数字期刊网站的信息量非常巨大，因此网站的分类也较为详细。超星数字出版网站在首页的目录选项上突出了网站四大功能服务区的分类，即学术视频、读书、共享资料、学习空间。读者点击读书后就可以进入读书专区页面，而读书专区的全部分类又采用了下拉菜单后，纵向排列的导航推出横向展开详细分类的形式，与全局导航一起配置。中国知网在网站首页也采取了这样的分类方式（如图 5—2 所示）。

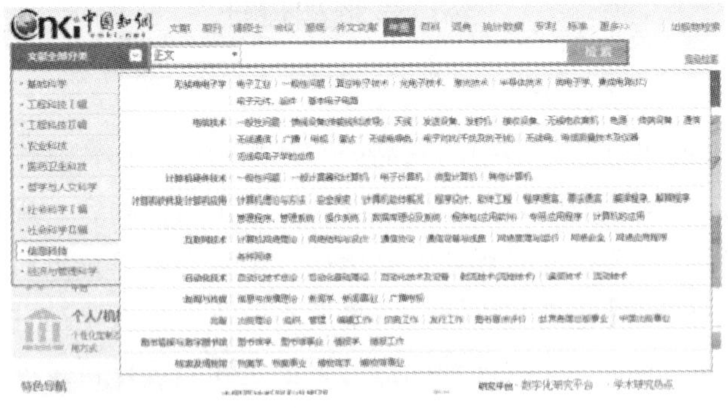

图 5—2 中国知网分类页

2. 陈列页

目标选择过程中的第二步，也就是选择，就发生在陈列页中。陈列页所展示的信息能够帮助用户找到所需内容。信息内容一般包括产品的名称以及价格，例如搜索某种图书后，就会显示每本结果相似的图书的书名、出版日期、出版单位、作者、价格等信息，帮助用户选择。每本图书的详细内容会在用户点击图书之后显示，也就是用户在陈列页上做出选择后，移动到选中的内容页。

3. 内容页

内容页也称为详细资料页，用户最终可以在这里验证自己的选择，浏览自己找到的内容。可以在这里把书放进购物车，阅读想看的文章，也可以在这里查阅评论，并决定自己是否应该买下这本书（如图 5—3 所示）。

图 5—3 当当网图书内容页

内容页要有对商品详细的条目描述，提供可查看的图片信息、商品价格、送货方式等。具有电子商务网站功能的数字出版网站还充分利用社交影响模式，包括评论、评分、推荐、转介等社交行为来影响用户。当用户在内容页验证了自己的目标内容并做出最后决定后，整个选择行为就结束了。

4. 引导链接

当用户带着明确的目标去网站搜索，直奔目标，完成选择行为后，会很少再去这个网站的其他地方浏览。当用户通过网站的分类链接点击到目标内容后，就会认识到网站中还有其他有价值的内容，在定位目标内容时，也会在心理上认为应该再回去看看其他内容的想法，这就提升了网站的商品展示范围。引导链接就能解决这个问题，它只是一些指向网站其他内容的链接，也因为它们的存在，用户才能进行辨别。所以几乎每个大型目录网站里的分类页、陈列页和内容页都会为浏览者提供引导链接。例如图5－3中，当当网图书的内容页左边的“浏览本商品的顾客还看过”一栏，就是一个引导浏览者链接到其他图书内容页的引导链接。

（二）优化设计

在目录框架设计中有两个方面需要注意优化。

首先是支持用户的探索。Web 用户在目录中寻找已知对象时会极度依赖搜索功能，但人们使用搜索功能并不一定会依赖于网站本身的搜索，更可能会依靠外部的搜索引擎（例如谷歌和雅虎）来寻找目标内容，然后直接访问在搜索结果中位居前列的网站。因此，数字出版网站的目录本身不仅需要适应网络的浏览方式，在整个过程中涉及的页面也必须维持独立的 URL，以及合适的页面标题和内容。只有这样，搜索引擎才能索引到正确的内容，这些页面才能出现在搜索结果里面，从而增加网站访问量。

其次是公布分类方法。对于同一个目标内容，不同的用户有不同的理解。为了让用户能够根据自己的想法来找到内容，现在许多网站都采用了为内容创建标签的形式，让每一个条目关联不同的词汇，从而提高它们的可查找性。例如亚马逊网站和当当网都允许注册用户对自己收藏的内容自行创建标签。这种让用户控制分类的方法，增强了分类法的可扩展性（最后产生了分众分类法）①。两个网站的用户可以自行决定如何分类产品，日后亦能根据自己的偏好来找到内容，而且他们在这一过程中或许还会帮助到其他的用户。

三　搜索框架设计

（一）搜索框架

通过固定的任务流程，搜索框架用户让用户能够定位具体的内容，而不必按图索骥地在网站各层级间来回穿梭。借助直接搜索，用户通常能够绕开探索过程：他们不必在各个分类页和陈列页中反复查看，就能够找出一系列与具体查询相关联的内容链接，从而直接点击进入内容页。也就是说，当目录导航无法帮助用户进行筛除时，或者用户发现只用名字就能轻松地搜索到目标内容时，就会使用到搜索。

搜索行为看似只有输入搜索词、查看结果、点击三个步骤，却需要多个设计模式来支撑。主要包括快速搜索、搜索结果、搜索产出、高级搜索、过滤器和分页模式等。这些模式还可以根据应对方案进一步被细分为多个类型。

1. 快速搜索

通常快速搜索只有一个简单的输入栏以及相邻的按钮，用于提交查询（如图 5－4 所示）。它通常被放置在页面中最容易找到的地方。

图 5－4 新华文轩网上书店快速搜索栏

① 分众分类法（Folksonomy）由 Folks（人群）和 Taxonomy（分类法）组合而成，如今已是信息架构学中的一个重要部分。它是指用户自发地以任意关键字（标签）为内容进行分类的一种公开共享的平面型非层级结构式分类法，目前被用于许多社会性网站及软件中。

2. 搜索结果

任何一次搜索都可能会产生两种类型的搜索页面。第一种结果页面就是搜索陈列页，例如在当当网快速搜索框内输入“莫言”，点击搜索后，就会出现一个页面呈现站内所有与莫言有关的图书的信息。它和目录框架类似，唯一的不同就是搜索陈列页上显示的结果完全是根据用户的搜索指令而动态创建的。第二种类型的结果页是搜索部门页。搜索部门页也会列出一系列结果，不过更类似于目录框架里的分类页。它显示通往不同陈列页的链接，并在显示具体的陈列页之前鼓励用户进一步缩小选择范围。

3. 搜索产出

不论结果页面的类型如何，都会产出四种结果。第一种是准确适配或非常相关，用户看到的结果能够带他直接前往所找的目标内容。第二种是相关条目，搜索结果与用户所找的内容相关，但不是非常相关。第三种是不相关的结果，搜索结果与用户内容毫无关系，用户搜索用词不当时就会出现这种情况。第四种是没有结果，即搜索无法产生任何结果。当用户搜索出现后三种情况时，网页应该加入一些鼓励性的搜索建议，帮助用户查找。

4. 高级搜索

高级搜索链接就在快速搜索栏的旁边，例如淘宝网、当当网、中国知网、万方知识服务平台等，新华文轩网上书店也设置了高级搜索来查找图书、音像、百货，点击进去以后会有较为详细的条件查询（如图 5－5 所示）。但它并没有被广泛地使用。另一种类型的高级搜索则经常会被用到，

图 5－5 新华文轩网上书店的高级搜索设置

即受限快速搜索，它也是快速搜索的一种形式。它请用户事先对搜索设定除关键字外的一些限制，以此进一步缩小搜索范围。

5. 过滤器

过滤器是另一种形式的高级搜索，主要有两个特点。首先，过滤器通常出现在最初的搜索执行之后，目的是帮助用户缩减选择数量，同时增加结果的准确度。其次，我们可以用多种方式来显示过滤器。既可以像关键字链接那样简单，直接前往子分类或者其他内容页，也可以包括一大堆滑动条、复选框和单选按钮，用以触发实时的更新。例如谷歌在每个结果页面的底部显示两行推荐搜索词链接，让用户能够直接点击以便进行修改后的搜索。又如中国知网，在网站首页选择报纸后，在最初的搜索结果页面左边就会出现一个边栏，里面的选项能够进一步缩小选择（如图 5－6所示）。

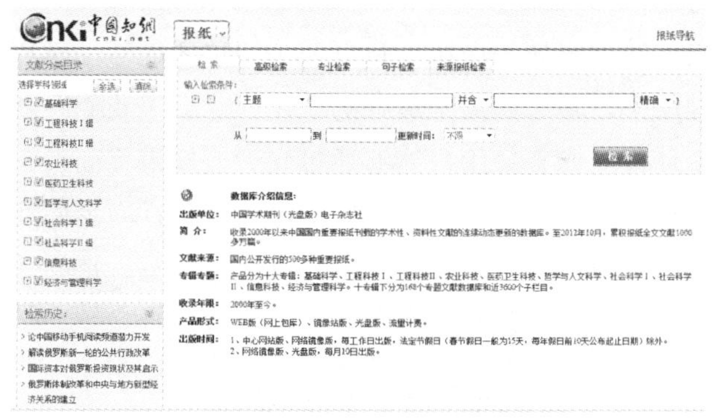

图 5－6 中国知网过滤器

6. 分页

分页模式设计就是在搜索结果页面底部显示的页码链接，说明还有更多结果供用户查看，并且可以在多个搜索结果页面间来回跳转，也能一次跳过多个页面。在许多数字出版网站里搜索一种出版物，只要搜索结果超过一个页面的篇幅，就会出现分页设计。

（二）优化设计

搜索框架的设计有三个方面需要注意。首先是提供多条通向内容的路径。改善搜索的方法之一就是不要过于关注搜索，而是想办法改善网站的导航。用户只有在难以依靠网站的信息导航来实现目标内容时，才会高频率地使用搜索功能。所以搜索框架的设计应该提供尽可能多的通向内容的路径，帮助网站信息导航系统的完善。

其次是使内容与用户的用词相关联。我们应把网站的内容与尽可能多的不同词汇相关，例如关键字、标签等。不管用户输入什么搜索词，都能得到好的结果。这种有关信息的信息，描述数据的数据被称为元数据，是非常重要的，它能创建第一次就能生效的搜索系统。建立数字出版网站就要做到完善自己的元数据数据库，这样才能在用户搜索时较为轻松地找到站内资源，否则就失去了可用性。

最后，让内容便于记忆。只有便于记忆才能便于寻找。在网站的主导航中，精干简洁是最好的。比如“关于我们”就是一个简洁的全局导航标签，用户能够通过它大概知道里面包含什么内容，比如有关网站、出版社的信息。但是如果在内容中间，或者是在搜索结果页面里，最好使用较长的链接标签，这样才能帮助用户确定下一个页面是否包含了想要的内容。

四　注册框架设计

（一）注册框架

注册框架的目的是劝说访问者进行注册并成为固定用户。它的目的不仅是消除用户在注册前可能产生的异议，同时还要吸引他们。在本质上，注册框架就是为了劝说用户，给予用户足够的信息，唤起用户的冲动从而对网站进行深入了解。该框架由 5 个关键元素组成。

1. 价值声明

价值声明是为了表达注册后的用途，告诉访问者成为固定用户后能够使用网站的哪些功能，例如保存、发布、存储、管理自己创建的内容等等，明白该服务可能带来的好处。在页面最突出的位置使用简短、易记和引人注目的文字描述效果最好。

2. 推荐语

在注册框架中，如果将具有行业权威的人的推荐语，甚至企业的投入成本明细和其他有说服力的元素搭配使用，就能不断增强用户的信任感。如有的出版社虽然没有在注册框架内而是在出版社简介里加入了社长寄语，也能让人对该出版社和网站产生信任感。

3. 行动号召

行动号召这一元素其实只是一个短句，常表现为“现在就注册”一类的措辞或如同命令一样的口号。有的网站不用立即注册也能直接深入网站，但是却在其他行动上号召访问者，例如“现在就创建你的第一笔结算单”“现在就动笔写你的第一篇文章”等，这在淘宝网和原创文学网站上常能见到。

4. 白板

最好的劝说莫过于一次用户体验。有的网站在注册框接力设计了称为白板的应用程序，用用户生成的内容进行填充。这一元素的初期目标是引导用户找到每一个他可能会遇到的问题的答案。通过白板的演练，用户能够使用系统预先加载的文字或图片进行试用，以此了解到自己可以做什么以及这些功能的好处。目前大部分的数字出版网站还没有这种设计，主要是因为网站涵盖的功能还比较简单，还没有复杂的操作程序，所以注册过程和网站浏览方式也比较简单。

5. 注册表单

注册表单设计的注册内容可以根据网站需求而定，不过应尽可能地方便访问者的填写，否则很可能会让还没下定决心的用户因一个冗长的注册表单而放弃注册。最简洁且最关键的注册表单所需元素就是用户名、E-mail和密码。

（二）优化设计

注册框架的要点就在于传达明确的价值声明，建立起用户的预期。想让用户相信执行某些操作后的回报的确物有所值，建立正确的预期至关重要。此外，还可以通过一些设计细节来号召用户采取行动。例如将注册按钮设计成会显示移动光标的小图标，或通过模拟3D的外观、投影和渐变使它看上去可以触摸和点击。

五　“关于我们”设计

（一）“关于我们”

“关于我们”通常并不表示字面意义上的关于我们，它能帮助访问者了解更多关于网站的信息，有助于建立有关网站效能和可靠性的第一感觉，而且让用户了解到在网站的背后有一个真实的出版社或出版集团。“关于我们”一般会在全局导航里，或者持久出现在网站的页眉或者页尾。比如“登陆/退出”选项和“我的账户”链接的旁边，它的附近也许还有“帮助”“网站地图”和“功能”等链接。“关于我们”的构成元素不少，主要包括网站背景、合作伙伴、团队介绍/部门介绍、时事与新闻、招聘信息、联系方式等。但是该框架的设计只有两个目的。首先，它提升了用户对出版机构的信任。其次，它有助于信息的传达，方便用户致电，发送E-mail或在线申请职位，或者及时了解最近的时事新闻。

“关于我们”可以是单个页面，只包含顶级信息，也可以是多个页面，涵盖了从出版集团概况到招聘信息等。例如商务印书馆的“关于我们”名为“我们”，里面包括了概述、招聘、历史三个顶级信息（如图 5-7 所示）。还有的网站将招聘信息、企业新闻也放在这里，例如淘宝网的“关于淘宝”里就有“新闻中心”“诚征英才”栏目。还有的出版社在网站上设置了展示出版社的历史、制度变迁、出版理念方针等出版社文化的视频，如重庆出版集团在“集团介绍”下会自动播放一段长达 15 分钟的视频介绍；二十一世纪出版社集团也在集团简介下方自动播放约 4 分钟的视频简介，给浏览过的读者留下深刻印象。

图 5-7 商务印书馆“概览”内容

（二）优化设计

“关于我们”是出版集团建立品牌信誉度的好方式，也是进一步打开沟通的好渠道，因此它更像是出版企业通过网站和读者交流的活动区，可以开发的内容很多。有的网站社通过将自己在其他社交网站上发表的文章或博客呈现在这里，让访问者通过链接了解更多的信息，或者开辟用户讨论专区，供用户发表自己的评论和意见。这些功能已经逐渐从该框架里分化出来，被一些网站单独设立在首页导航上，因此在许多数字出版网站里，“关于我们”常和“联系我们”“加入我们”并列放在一起。例如人民教育出版社在网站首页的导航上开辟了人教论坛，高等教育出版社把“联系我们”和“关于我们”并列设置在首页导航上，当当网则把“公司简介”“诚征英才”“官方 Blog”一起放在页尾部分。

第三节　出版社网站平台建设

一　网站的专业定位和功能设计

（一）出版社网站专业定位

随着出版业竞争的日益激烈，出版社已深刻认识到网站的宣传促销功能和信息交流功能。利用出版社网站进行宣传与销售，成本低，效果好，拥有远胜传统营销的众多优势。首先，网络售书是直接面向终端读者，省去了中间环节，从而提高效率降低成本。其次，网站的存在使得出版社和消费者能够直接互动，出版社充分与市场接轨，能够对市场变化以及读者需求有更准确地把握。同时，出版社网站又是一个信息发布与交流的平台，可以将信息整合，使之实现专业网站的功用。所以为了更快地传递出版信息，更广地传播出版形象，我国众多出版社开始利用网络资源，建立自己的出版社网站。

出版社建站的目的就是要传递信息，吸引受众，提供检索，实现电子商务。目前出版社网站的性质主要分三种，最主要和最常见的是宣传性网站，其次是电子商务网站，再次是被称为业务增长点的网络出版网站。网站是出版社在网络上进行出版活动的平台，无论是查询、购买还是下载等活动，均必须在网站里进行。此外，网站又是出版社的网上“门面”，网站的好与坏、美与丑直接影响整个出版社的形象。从这三方面来说，对网站精心设计具有十分重要的意义，明确出版社网站的功能定位则是为设计把好了第一道关。

每个出版社都有自己的专业定位和出版特色，网站也应该一样，要根据本出版社的业务性质和出版优势，形成专业网站特色。如人民教育出版社网站，教材纵览、教育科研、国际教育、培训服务、人教e学、教师网络培训与服务平台、人教版网络配套资源平台等特色栏目既体现了出版社的专业定位，也形成了网站特有的风格；高等教育出版社，根据业务性质分设网上发行（“蓝色畅想”）、网上学习（“数字化教学资源体验中心”）、教学资源（“立体化教学网”）三个独立网站页面，将专业特色体现得更加细致，网站定位明确、目标清晰、特色明显。内蒙古教育出版社网站，从2005年建立至今已是第三个版本。该出版社于2012年使用多文种、全媒体、跨平台的蒙古文信息处理技术对蒙汉文网站进行改版，实现了蒙古文的全媒体、跨平台显示及查询、复制、粘贴。读者可以使用WINDOWS7的IE8.0浏览器，苹果OS、苹果手机以及苹果平板电脑的Safari浏览器访问该出版社的站点，以上系统中的浏览器均可以正常显示网站中的传统蒙古文。即使读者使用的是WINDOWS XP操作系统无法正常显示传统蒙文，网页上也介绍了解决方法。

（二）出版社网站功能设计

认清自己的专业定位后，出版社就要围绕自己的特色资源，为网站设计一系列的配套功能，最终才能受到读者的认可和青睐。与其他出版企业不同，出版社的主营业务还是纸质图书、音像电子等出版物，并不是网站。譬如卓越、当当等网上书城是以网站经营为盈利来源的，而出版社的网站更多的是辅助、帮助其出版物的出版和销售业务。所以出版社网站应在网站内提供多功能服务，为读者提供便利、多项的选择，如进入实体书店一般享受人性化的购书体验。

一是信息检索服务。目前大多数网站都有了这个功能。出版社的书籍、音像制品或电子出版物品种繁多，可以通过书名、作者名、出版时间、书籍定价、所属类别、关键词、书籍简介、语种、发行范围等多种方式进行检索。还可以对其他网上书城进行检索，甚至连接到大的搜索引擎，比如出版集团网站加入百度、谷歌、新浪等，就扩大了用户的搜索范围。

二是提供下载或在线服务。出版社网站的下载可分为付费和免费两种，一般出版社正式出版的书不能下载，但有些网上图书、书籍的相关文库、书籍和音像电子制品的精选片断可以付费或免费下载。音乐、影视片段，可以在线视听，让读者先睹为快，吸引他们购买。还可以提供电子图书浏览器，音频、视频播放器如 real Player 等配套软件的下载，例如高等教育出版社就开设了资源下载专区。出版社可以根据自己的类型提供更多免费或试用软件下载，不过对软件的版权保护问题要多加注意。

三是开展网上调查。网上调查是获取反馈意见的良好方式，通过简单地点击，便可统计出读者的意见或建议。这种调查可以是读者的爱好、对服务的评价和价格的反映，也可以就特定的某本书的内容和形式展开调查。调查为出版社提供了改进服务的依据。

四是方便的链接。在此主要说的是与外部网络的链接。一个不与外界相连的网站就成了互联网上的孤岛。可以和同类的出版网站互建链接，比如与上级管理部门、兄弟社网站、网上书店及其他文教科普网站建立链接。同类网站具有相对固定的目标用户，网民可以方便地从其他网站的友情链接中，登陆本社网站。

五是开展书业电子商务。有条件的网站可以直接在网上开展售书活动。一些大型的出版集团已经开拓了网站的电子商务功能，例如中华书局、新华文轩旗下的九月网、人民教育出版社、高等教育出版社等。如若不能在本站实行在线交易，也可以通过链接到其他网上书店进行购买支付，例如广西师范大学出版社集团网站的图书可以通过链接到淘书网、当当网、卓越网和蔚蓝网实现在线购买。

二　出版社网站的页面设计要素

（一）出版社标志

出版社的标识就如商品的商标一样，有着区别他人，塑造本社品牌的作用。例如，三联书店的标识是一枚绘有劳动者剪影的圆形徽标，已经深深印在广大文化人的心目中；商务印书馆的书本图形和“商”字的结合言简意赅；一些古籍出版社的社标设计得古色古香，例如齐鲁书社的社标仿刻印砖瓦、西泠印社的社标仿一枚章印，都为书社增加了历史感。广西师范大学出版社坐落于山水秀丽的桂林，社徽以书籍的局部为图案主体，造型上稍似桂林市的标志性风景——象鼻山，将书籍概念和桂林地方特色结合在一起，既有鲜明的地域特点又有突出的创业特征。

图 5-8 三联书店、商务印书馆、西泠印社、齐鲁书社、广西师范大学出版社社徽

有的出版社还在“社况简介”“关于我们”及相关板块下，开设了“社标简介”“社名社徽”等栏目，详细介绍了出版社标志的来历及内涵。例如，广西师范大学出版社集团、中国计划出版社网站上就专门介绍了自己的社标。也有一部分出版社不仅有社标，还为自己的品牌设计标志。例如春风文艺出版社，为旗下的品牌系列“布老虎丛书”设计了精美的 logo，值得业界参考。

（二）社名标准字

社名标准字是将出版社的规模、性质、经营理念、精神，通过具有可读性、说明性、鲜明性、独特性的组合字体，在媒体上进行传播，以达到识别目的的标识字，其重要性绝不亚于社标。我国出版社的标准字大多采用的都是黑体、宋体或其他中规中矩的方块字，这样的标准字很快会淹没在字体的海洋中。然而也有一些优秀的作品让人印象深刻。例如商务印书馆、中华书局这样的百年老社，其社名采用的是传承下来的题词，笔力遒劲浑厚，出版社的风格一望即知；而三联书店，其社名由三种字体、三种写法结合而成，构思巧妙（如图 5－9 所示）。一些大学出版社的标准字也较有特色，大都采用该学校的题词题字体，沿袭了学院的风格，如北京大学出版社、复旦大学出版社、四川大学出版社等。

标准字的灵活设计与使用，可以体现出版社的深度营销意识。比如将标准字与网页一起组合出现在书封上，就能够指引读者到网站上获得更多信息。在设计标准字时，还要注意出版社品牌的一贯性，要在连续的时间内、在不同的场合和载体上保持出版社形象的统一，这也是出版社形象识别的关键。如果出版社网站上每本图书的社名字体不同，封面上英文名称时有时无，或者网站上的社名字体和图书上的社名字体不统一，都会破坏出版社品牌的一贯性。

图 5－9 中华书局、三联书店、商务印书馆社名标准字

（三）标准色

出版社标准色是指出版社指定某一特定的色彩或一组色彩系统，运用在出版社的视觉传达媒体上，以表现该社的出版文化和出版理念。目前，出版社网站上呈现的标准色集中在红色、蓝色、绿色、橘色这四大色系上。其中，中华书局和新华文轩出版集团的红、商务印书馆和人民教育出版社的绿、外语教学与研究出版社和人民邮电出版社的蓝等都给读者留下了较深的印象。但我国出版社的标准色的颜色选取还较为集中，少有出版社以色彩的组合搭配作为标准色。合理运用色彩的组合，可以增强视觉冲击力，留给受众独特而深刻的印象。例如安徽少年儿童出版社、浙江少年儿童出版社的社名标准字和出版社标志都采用了彩色搭配，十分醒目耐看。（如图 5－10 所示）

安徽少年儿童出版社　浙江少年儿童出版社

图 5－10 安徽少年儿童书版社、浙江少年儿童出版社标准色

（四）办公环境

出版社环境系统主要指出版社的建筑、办公环境以及社区环境，办公用品的识别设计。有的出版社直接在网站首页上展示出版社的建筑外观或办公系统的图片，比如中国书店、国家图书馆出版社、荣宝斋出版社等建筑外观富有古韵，放在首页上方十分引人瞩目，中华书局和商务印书馆还通过新旧出版社社址变换对比展示自己的历史底蕴（如图 5－11 所示）。有的出版社将这部分的展示放在了出版社简介里。还有一些出版社，专门设置出版社相册，可通过浏览出版社的照片来了解环境和风貌，例如广西师范大学出版社。

图 5—11 中华书局、商务印书馆网站上的办公环境图片

三　出版社网站设计风格

出版业既与文化相关，又与商业紧连。因此网页设计应该突出“儒商”气质。从构图、色彩、文字、动画、创意各方面都要既有文化底蕴，又要把握时代脉搏。网站的风格设计能反映出一个出版社的品位和档次。因此，设计网页时要运用美术、色彩、构图等手段，做到美观大方，突出各社风格。

（一）根据出版社的类型来设置网站风格

网站的风格设计可以根据出版社的类别来考量，除了利用展示的图书品种的不同来区分网站特色，另一个重要途径就是网页装饰设计。比如，古籍出版社可以在页面上使用毛笔字、松竹图案或水墨画甚至是动画等效果，配上背景音乐，营造典雅氛围，如荣宝斋的首页采用了《清明上河图》的一部分配上红漆黑瓦的古建筑作为页面背景，体现出深厚的历史底蕴和出版社主营书画古玩的业务范围（如图 5—12 所示）；教育类出版社则突出理性又不失温馨之感，如人民教育出版社，在菜单栏下的广告栏显示的是举办的各种宣扬民族文化的活动及各类教育界新闻；少儿社应体现活泼多彩，如安徽少年儿童出版社的首页采用大幅卡通图片作为背景，传递了童真和欢乐。

图 5—12 荣宝斋出版社网站页眉背景设置

（二）利用色彩搭配形成网站风格

利用色彩搭配也能形成网站的独特风格。比如，四川文艺出版社的网页便以粉色为基调，深浅相间，清新自然；浙江人民美术出版社浅黑、浅白灰和红色的搭配简洁明了又不失雅观；内蒙古教育出版社的首页使用了蓝色、白色和绿色的搭配，象征着内蒙古独特的地理风光蓝天白云和草原，十分具有文化和地理特色。

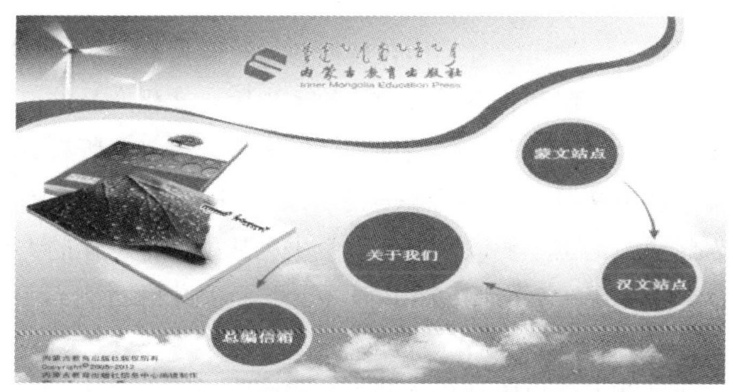

图 5—13 内蒙古出版社网站首页

（三）利用动画设计增添网站特色

设计时可以用打破常规的图、文、色表现形式，加入 Flash、Gif 等格式的动画，变静态为动态，变无声为有声。服务品牌随着出版社企业化管理的不断推进，每家出版社都有自己独特的符号识别系统。它可以是社标、口号等表层内容，也可以是一种文化理念。网站无疑应该为出版社的品牌形象服务，从网页风格、颜色到整体感受都应体现独有的文化氛围。如大多数出版社都会在首页进行一些书籍的推送广告，这些都是 Flash 格式的运用。

但需要注意的是，在进行网站设计时，不要在网页上加入过多的修饰性东西。出版社的网站不是纯粹的商业性网站，它展示的产品本身具有文化属性和商业属性，所以要注意网站风格的协调。有些网页在浏览过程中不断弹出广告窗口令人生厌；有的不断弹出对话框请求设为首页；有些网页还具有自动滚屏功能。这些“网页特效”固然有不少作用，但如果出版社的数字出版网站过多地加入这类修饰成分，不仅给浏览者造成麻烦，而且影响网页的打开速度，还会破坏出版社网站的文化属性，从而损失读者。

（四）案例分析——广西师范大学出版社集团

1. 网站定位

广西师范大学出版社集团化后便朝着综合化方向发展，业务范围涉及图书、期刊、电子音像及数字出版，文化产品的设计制作、印制、销售，以及教育培训、会展、咨询等，出版教育、学术人文、珍稀文献、艺术理论等图书，其中以出版教育图书为主。因此网站定位主要以服务广大学生和从事教育行业的人员为主，也兼顾了展示一般图书和广西本地特色文化的功能。

2. 首页设计及布局

广西师范大学出版社集团的首页素雅而灵巧。进入首页前有一个绿色的欢迎页面，页面以立体效果强烈的雕版印刷的文字模具和用线条组成的书的侧面为背景，显示社徽、社名、宣传语，以及公用网和教科网的选择入口。首页以社徽、社名、桂林山水的背景图片、宣传标语、内容框架和“相关链接”组成（如图 5−14 所示）。

在排版方式上，仍采用了竖栏排版和水平型排版的结合。导航上分别设立了“首页”“浏览本社”“图书专题”“名家作者”“资源下载”“诚聘英才”“媒体眼中的广西师大社”“微信”“微博”“博客”10 个选项。导航下方将本社的重点内容依次展示在首页，如“新书上架”“编辑推荐”“图书专题”“资源下载”，页面右边竖排设置了“媒体·资讯”“图书分类”“图书排行”三个分项。独立的尾行摆放了版权声明、经营许可证号等。

图 5－14 广西师范大学出版社网站首页

3. 网站的风格设计

（1）站点的 CI 设计。首页的页头主要分为 4 部分：最左边为出版社的 Logo，由出版社社徽和出版社集团公司名称组成；右上角是“关于我们”的框架设计；右下角是用户登录窗口；页头的背景图片采用桂林山水的漓江风光和左边的印刷文字模具组合，在绿色的图框之中若隐若现，既体现了桂林青山绿水的地理特色，又融合了出版社以书传世的文化意蕴（如图 5－15 所示）。

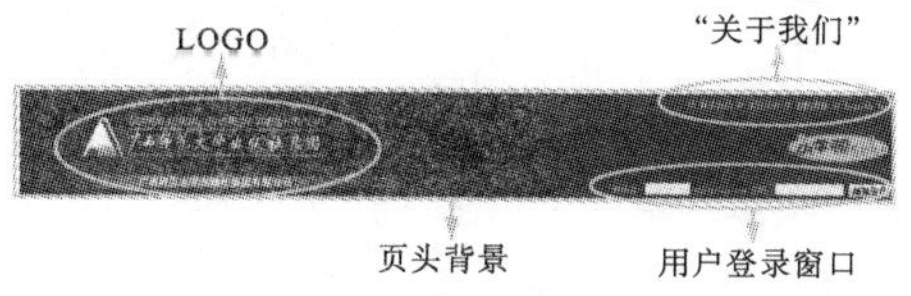

图 5－15 广西师范大学出版社网站首页页头

本该出现在页头的宣传语则被设计成浮窗悬挂在右边页面，跟随读者的浏览方向而上下滑行，这也成为设计的亮点之一。并且宣传语的外形模拟青铜铭文样式，让“得山水灵气，出图书精品”这句宣传语显得厚重而意蕴深长。

（2）版面布置。网站的首页采取的是水平型排版，总体而言分了四栏，左边横排三栏，右边竖排一栏。“新书上架”与图片新闻组成三个分栏；“编辑推荐”采用通栏图片展示，占了三栏；“图书专题”分为三栏；“资源下载”分为两栏。

（3）浏览方式。网站首页采用全局导航，除了读者自行浏览，还可以通过首页设置的“图书搜索”“新书预告”“图书专题”“图书分类”分页设置的高级搜索，“资源下载”页设置的“资源搜索”，“名家作者”页设置的搜索栏进行搜索浏览。

（4）网站颜色定位。网站以绿色、灰色和白色为主，顶行和尾行采用绿色，页面的中间区域为白色背景，左边页面使用灰色波浪花纹，整个页面素净自然，充满着山水灵气。页面中央四个栏目的名称使用隶书和绿色底纹，与网页灰色传统波浪纹背景、青铜铭文的浮标、立体的印刷文字等古典元素相得益彰。

4. 优化设计

虽然网站采用的是横向排列的水平型版面，可以产生从左到右的自然实现移动顺序，让读者慢慢阅读，适用于展示网站丰富的信息和内容，但如果精简导航项目的设置会更有效果。广西师范大学出版社网站首页的导航一共有十个项目，数量过多，可以采用下拉菜单的形式将导航简化，然后在首页将需要重点引起读者注意的栏目设置简单的栏目介绍，以此达到引导读者关注的目的。

第四节 智能手机阅读类 App 平台建设

一 阅读类 App 简介

（一）App 发展背景

随着信息技术以及科技的发展，智能手机和平板电脑作为新的媒介变得越来越普及，并且在人们的生活中扮演着越来越重要的角色。2015 年 6 月 CNNIC① 数据显示（如图 5－16 所示），截至 2015 年 6 月，我国手机网民规模达 5.94 亿，较 2014 年 12 月增加 3679 万人，网民中使用手机上网的人群占比由 2014 年 12 月的 85.8％提升至 88.9％，通过台式电脑、笔记本电脑和平板电脑接入互联网的比例均有下降。随着手机终端的大屏化和手机应用体验的不断提升，手机作为网民主要上网终端的趋势进一步明显，并且在 2015 年上半年，中国网民的人均周上网时长达 25.6 小时，显然手机上网已经成为网民首选的网络浏览方式，这充分说明网民的移动生活已经从碎片化的娱乐、通讯、社区全面渗透到常态化的生活方式。

① 中国互联网络信息中心：《第 36 次中国互联网络发展状况报告》，http：//www. cnnic. net. cn/hlwfzyj/hlwxzbg/hlwtjbg/201507/P020150723549500667087. pdf。

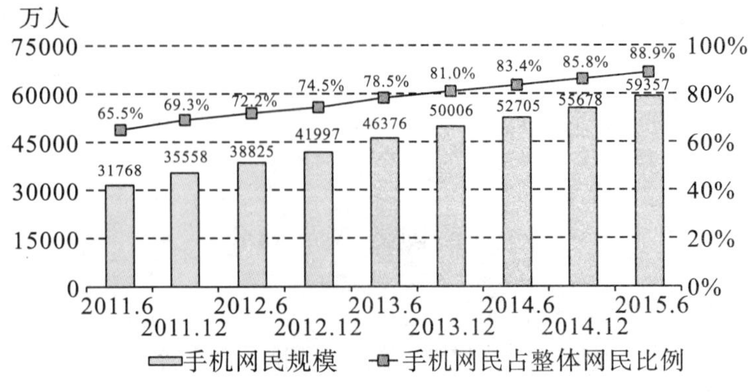

图 5—16 中国手机网民规模及其占整体网民比例

由于智能手机 3G/4G 网络的普及，手机因其便捷性，已经在电子消费品中占据了巨大的市场需求，人们可以在不同的时间、地点使用智能手机 App 进行移动购物、订票、手机支付、订餐、娱乐、团购、旅游、学习等，涉及生活的各个方面。在公交车上、地铁站、休闲娱乐场所等人们可以享受手机带来的无限乐趣，如浏览新闻资讯、发送微博、玩手机游戏、观看电影、炒股、聊天、听音乐、阅读电子书等。通过中国手机市场发展趋势分析数据以及互联网消费调研中心预测数据显示，智能手机将是未来手机行业的引领者。与此同时，各操作系统开发者都相应推出自己的应用软件，2008 年 7 月 11 日苹果公司推出基于 iOS 操作系统的 App Store；谷歌公司于 2008 年 10 月推出 Android 操作系统的应用程序商店；2010 年 10 月 11 日微软公司正式发布了智能手机操作系统 Windows Phone。

中国 IT 研究报告显示，近年来我国智能手机用户的 App 装机量和使用时长都实现了较大的提升，单机 App 总数超过 30 个以上的用户比例为 25％，这说明有四分之一的用户在手机装载了过量的 App；并且在使用时间上，数据表明使用时间超过 5 小时的用户比例为 45％左右，这说明将近一半的智能手机用户每天有超过五分之一的时间在使用手机。互联网移动化使得手机App使用率大大提升，越来越多的生活服务型应用在游戏类和社交类产品中突围而出，让人们更从容地面对纷繁复杂的生活。

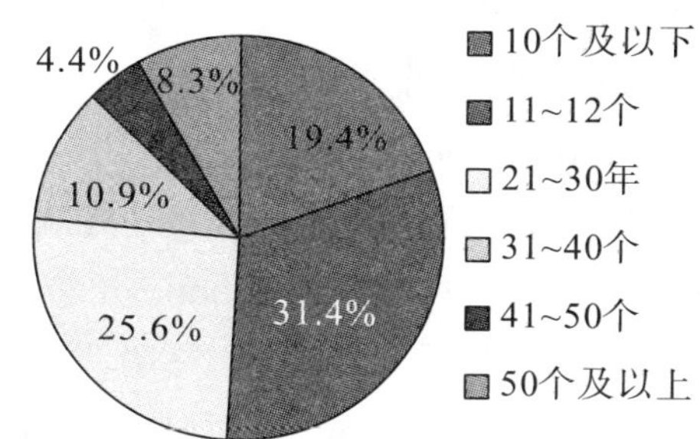

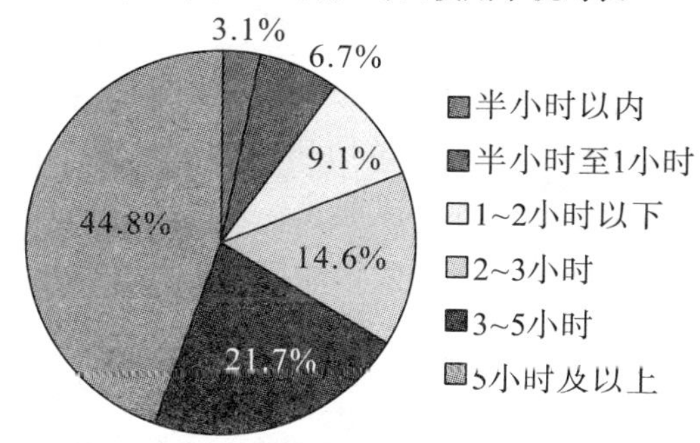

图 5—17　用户安装手机 App 的数量与每天使用手机时长

数字出版中手机出版算是新兴门类，但其发展速度，增长趋势却十分惊人。其市场份额在短时间内就在中国数字出版中占有较高比例。《2014—2015 中国数字出版产业年度报告》显示：2014 年我国数字出版产业收入为 3387.7 亿元，比 2013 年增长 33.36%。数字出版产业收入在新闻出版产业收入的占比由 2013 年的 13.9%提升至 17.1%。其中移动出版和网络游戏的收入分别为 784.9 亿元和 869.4 亿元，在数字出版总收入中所占比例分别为 23.17%和 25.66%，两者合计占比 48.83%，接近总收入规模的一半，这说明移动出版和网络游戏依然是拉动数字出版产业收入的主力军，也意味着休闲、娱乐类产品在数字出版产业中占据了相当比重。移动出版的各类参与者针对 App 市场的蓬勃发展，也积极地参与其中。

（二）阅读类 App 异军突起

App 是“Application program”（应用程序）的简称，现在多指应用于智能手机、平板计算机等移动终端的应用程序，有时也被通俗地称为移动客户端。从 iPhone 开始，移动互联网的入口被苹果公司重新定义为一个个应用终端，从而使移动互联网挣脱了来自 PC（personal computer，个人计算机）互联网的束缚。谷歌公司主导研发的 Android（安卓）系统延续了苹果模式，使 App 的应用更加普及。

目前，App 已成为炙手可热的当红词汇。App 在众多的 App 形式中，和传统出版业密切相关的阅读类 App 是重要的类别，它是数字出版的一种具体形式，是适应移动互联网发展的新生形态。新闻出版总署在《关于加快我国数字出版产业发展的若干意见》中明确指出，“到‘十二五’末，我国数字出版总产值要力争达到新闻出版产业总产值 25%，整体规模居于世界领先水平”。基于庞大的用户群体，阅读类 App 不断涌现，成为多方争抢移动互联网市场的重要入口。其中包括新兴科技公司，如掌阅、多看等；也包括传统新闻出版单位基于自身资源和品牌的 App 产品，如外语教学与研究出版社推出的双语阅读“爱洋葱”App、《三联生活周刊》的“节气”App 等。2013 年，互联网门户网站纷纷进军数字阅读领域，展开移动互联网布局，也纷纷推出图书或资讯类 App，如网易云阅读、搜狐新闻等，其通过在互联网强大的品牌影响力和用户积累，以强势之姿迅速赢得较高的市场占有率；此外，电信运营商和电子商务平台，近两年也凭借各自用户或平台上的优势，进军数字阅读市场，在阅读 App 市场也占有一席之地，如中国电信的天翼阅读和京东的 "Lebook" 等。在庞大的用户群体所产生的多元阅读需求的驱动下，App 成为多个领域、多方企业进军数字阅读市场的突破口，竞争日益激烈。

（三）智能手机是滋生阅读类 App 的温床

智能手机机身较小，便于用户携带，用户可以随时随地操作手机，可以自由选择使用的时间和地点。从家到办公场所、地铁到公交、商场到餐厅，我们一直在使用着手机，并且使用的情景也发生了很大的变化。以前我们是坐在舒适的椅子上、躺在床上看电视剧、聊 QQ、浏览网页、刷微博，而现在我们往往一只手攥着公交车上的吊环，一只手在刷微博、聊微信。大街上边走路边用手机搜索着地图，在熙熙攘攘的商场里发着微信，一边等公交车一边浏览着新闻，碎片化的阅读充斥着我们的生活，智能手机本身的特性为此做出了极大贡献。

1. 智能手机的操作平台

智能手机操作系统平台具有开放性特点，为众多智能手机软件开发提供了创新的可能性，不同的手机系统具有不同的操作规范，当下市面常见的操作系统包括安卓（Android）、苹果（iOS）、Windows Phone、Symbian 和 blackberry 等。互联网调研中心在 2015 年 2 月份的统计数据中显示，在中国的智能手机市场中，Android 和 iOS 为操作系统市场占有率的前两名，占有率分别为 82.8%和 13.8%。在众多操作系统中，Android 成为如今最流行的智能手机操作系统，具有较大的兼容性、扩展性、开放性。

（1）Android 操作系统。Android 操作系统是由 Andy Rubin 开发的一套兼容性较强的、开源移动智能设备操作系统，在 2005 年被谷歌公司收购后系统得到了更高水平的优化，2008 年正式运用到智能手机之中。鉴于其开源的特点，Android 系统迅速在世界范围内得到广泛运用，目前已经成为最大的智能手机操作系统。

（2）iOS 操作系统。iOS 是一种为移动设备所开发的操作系统，是苹果公司研发的。它是为 iPhone 设计的，后来 iPod touch、IPad、苹果电视等苹果的产品也都采用了这套系统。目前来说 iOS10 是最新的版本，它可以支持对热门中文互联网的服务，方便了中文用户。Home 按键是 iOS 唯一的固体按键，它的功能有退出程序、点亮屏幕、查看最近使用软件等。工具栏（Tool Bar）、状态栏（Status Bar）、操作栏（Action Bar）、导航栏（Navigation Bar）、标签栏共同组成了用户界面的功能栏。界面最顶部的是状态栏，时间、电量、信号、名称等都显示在状态栏。屏幕下方的 dock 有用户最常用的 App。用户当前的应用软件则显示在屏幕的其余内容。点击屏幕上的某软件图标则表示启动该应用软件，退出程序则需要点击 Home 固体按键。iOS 用户界面的交互都主要使用多点触控直接操作的方式，轻按、滑动、挤压等手势操作的方式被广泛采用。

（3）Windows Phone 操作系统。2010 年微软公司发布了一款智能手机操作系统 Windows Phone。与 iOS 和 Android 操作系统的界面相比，Windows Phone 很多地方做出了创新，它的界面和开发模式都是全新的。它创新了一系列的用户体验，可以桌面定制、图标拖拽、滑动控制等等。它的界面设计更加强调以信息为主导，冗余的界面元素则被舍弃。信息本身在交互设计上被强调，这样就可以将用户的注意力集中在信息内容上，而不是去关注交互界面的外观。

智能手机具有独立的操作系统，不仅具备手机接打电话、发短信以及内置娱乐功能，还可以根据自己的需求来安装第三方应用商店里所提供的一切软件。智能手机如同个人电脑一样，相对于传统手机来说具有更多综合性的扩展功能，用户可以借助应用市场等途径随意下载、安装自己需要的 App，使得智能手机在功能上变得无所不能。

2. 智能手机屏幕尺寸

智能手机屏幕尺寸是指屏幕对角线的长度，常见的屏幕尺寸大小有 3.5 英寸、4.0 英寸、4.3 英寸、5.0 英寸、5.5 英寸甚至更大一些的。不同屏幕的尺寸，用户对智能手机的体验感受各不相同，根据 ZDC 监测数据可知，用户关注智能手机屏幕尺寸的主流为 4.6～5.5 英寸屏幕。智能手机应用界面元素与 PC 界面设计的惯例不同，而是将主菜单放置于屏幕的底部，方便拇指触摸操控。

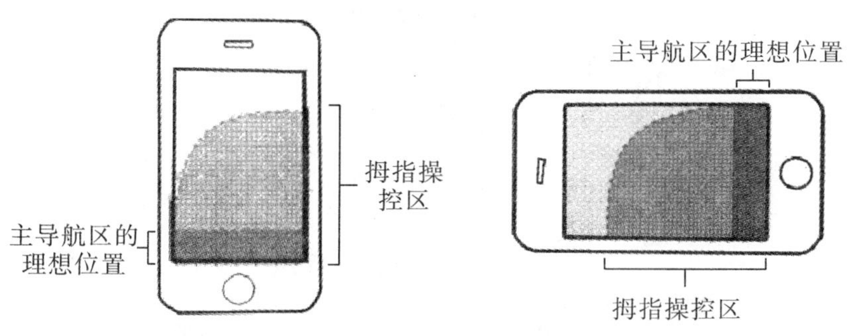

图 5—18 横向与纵向拇指操控区

3. 操作手势

手势是一种特定的表达与传递信息的方式，基于 GUI 界面元素上的提示信息如某个按钮可以点击或者滚动条可以移动等，总结出智能手机的手势操作大致可以分为点击、轻滑、按住拖拽、缩小、伸展、按压、压点、转动、摇晃、碰撞、颠倒这十一种最常见的移动手势（如图 5—19 所示）。这是基于熟悉的手势操作经验而设计的，用户很容易掌握，但是操作精确度低、可视性差也成为其设计的不足之处。

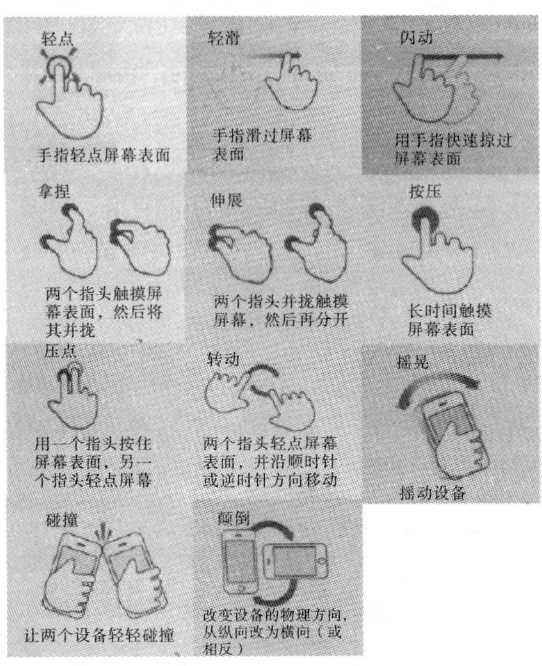

图 5—19 移动手势

二 App 的制作方法

App 也是网站的另一种形式，它所呈现的内容也是网站的另一种表现形式，因为它的平台搭建都是由网站的平台建设中发展而来的，开发的基本技术、设计元素、开发流程都有共同性，但 App 又有自己的特点。

（一）应用程序 App 分类

在智能手机系统中有三种应用程序 App：一种是基于本地操作系统（如 iOS、Android），并使用原生程序编写运行的第三方应用程序，也叫本地程序（Native App）；一种是基于高端机的浏览器运行的网页应用程序（Web App）；最后一种是混合应用程序（Hybrid App），它看上去像 Native App，但只有一个

UI WebView，里面访问的仍然是 Web App，例如淘宝客户端。

Web App 的优点是解决了跨平台使用的问题，既可以在手机上使用也可以在平台电脑上使用，不像 Native App 只针对某个平台设计。Web App 不需要接受 App Store 的严格审查和提交时间限制，使得它的升级和维护变得更加便捷，其原理就是 Web App 是基于一个独立的站点存在，而并不是挂靠在某个 App Store 上，不管是升级还是日常维护都可以在自己的站点完成。

三种应用程序 App 各有优劣，开发商根据自己的实际需求可灵活选用适合本公司或本产品的 App，以合适的成本实现双赢。

表 5-2　Web App、Hybrid App、Native App 对比

项目	Web App	Hybrid App	Native App
开发成本	低	普通	高
维护更新	简单	简单	复杂
用户体验	较差	优良	优良
App　Store 许可	无须许可	需要许可	需要许可
跨平台体验	优良	优良	较差
安装需要	不需要	需要	需要
访问途径	通过浏览器访问	通过 App Store 安装	通过 App Store 安装

（二）App 制作方法

1. 制作 App 的开发类语言

（1）Objective-C 是开发 iOS 系统（苹果）App 的标准语言，使用起来较难。

（2）JavaScript 是脚本语言，使用起来灵活简便，相比其他语言，减少了编译的过程，对于开发者稍微降低了门槛，使用起来容易上手。

（3）HTML5 也可用来开发 App，也是可以直接上手的语言，可以省去前期繁复的培训工作。

与 Objective-C 相比，HTML5、CSS 以及 JavaScript 等语言更容易些，不过对于非专业人士来说，无论简单还是困难，都属于非零门槛的方法，还是需要相关的基础培训。

2. 制作 App 的应用类软件

AppBook 平台是多平台移动应用制作工具，可以广泛用于书籍制作、个人杂志发行和宣传手册，支持 iPad、iPhone、Andriod、PC 等平台，真正做到了一次编译、多平台发布。此软件有免费使用版，提供简单的文本剪辑功能，但无法直接导出 iOS 和 Android 应用，只有收费版才能实现真正的 App 应用功能。

3. 在线制作 App 开发工具

面对越来越壮大的想自己制作 App 的客户群体，在线制作 App 开发工具应运而生，大部分这样的应用工具完全免费，是一种自由开放的应用分享平台，让每个人都有成为 App 制作者和发布者的可能。国外目前较为流行的在线制作工具主要有 Infinite Monkeys、AppMakr、GameSalad、Jimu、Mobile Roadie、Attendify、AppMachine、DOROKURI 等。在国内，比较流行的在线 DIY App 平台有：

（1）Appbyme（安米网）。安米网是一款能够帮助用户快速免费在线制作 App 的工具，用户可以按照自己的兴趣偏好，根据不同主题新建 App。注册、登录网站、制作 App——一个普通的电脑用户只需要简单的 3 个步骤，就可以完成一款 iOS/Android 应用程序。不过，与大部分的免费 DIY App 平台相同，在安米网生成的 App 中，系统会默认投放广告。

（2）Appnow。Appnow 由单词 App 和 now 组合而成，寓意

明显。它的宗旨是以最快的速度，为客户提供一个便捷的一键式App生成平台。用户可以直接通过鼠标拖拽的方式一键生成基于iOS、Android、HTML5、WP8等4种平台的App。

（3）Appcan。Appcan是国内首个基于HTML5开发的移动应用在线开发平台，致力于解决应用开发门槛高、平台适配难、开发周期长等问题。广大用户可以在Appcan平台上简单、快速、高效地免费开发HTML5移动应用，基于HTML5的跨平台特性，开发者只需开发一次即可适配iOS、Android、Symbian三大职能平台。Appcan2.0版本还支持分权限打包和消息推送功能。

（4）Rexsee。Rexsee在同类型DIY App平台中更专业。它是一个开源的Android应用开发平台，针对Android等终端设备，提供底层开发、运行平台、扩展工具包等。用户无须任何技术背景，一分钟之类就可以制作出图片、电子书、自媒体等各类型的个性化应用。

（5）追信魔盒。追信魔盒的最大宗旨就是让完全不懂编程的用户迅速完成App在线制作。它将制作App的复杂过程整合到后端，前端的用户通过点击鼠标就可完成制作App的所有操作。和前述的App在线制作平台相比，追信魔盒的优势在于能够实现全部平台覆盖，iOS、Android、Windows、Phone等各大平台都在其支持范围内。它还创造性地打造了个性创建入口，淘宝店主、网站站长、报刊主编、微博博主等有不同类型的创建入口，可满足不同App的创建需要。

（6）应用之星。应用之星网站（http：//www. Appstar. com. cn）是完全免费、无须编码、基于组件的App应用开发平台，服务于广大平板电脑和手机用户，目的是解决开发人员稀缺、成本高、进度慢、门槛障碍等问题。应用制作通过应用之星的核心“ACE（Application creation environment）平台”完成，整个应用过程中不需要写代码，不需要搭建环境，真正实现人人都可以制作 App，尤其适用于有内容生产能力又不懂编程的人员。应用之星应用平台的特点是：①无须编码，完全图形化开发，所见即所得；②同时支持 Android 和 iOS 手机操作系统；③支持制作者自定义上传内容；④打通支付接口，可以为开发者提供应用计费技术支持；⑤网站已经与部分媒体签约，开发者在制作 App 时可以植入广告，以获得盈利；⑥同时提供制作和发布平台。

（三）App 的设计原则

移动设备的“用户体验设计”（User Experience Design）是指在研究目标用户以及用户使用情境的基础上，通过对产品的信息架构、交互设计以及视觉设计的综合考虑去影响和优化用户在使用产品达成其目标的整个过程中的体验。用户体验设计包括内容、行为和形式三方面的关注。内容指的是产品的概念功能和信息架构设计。信息架构是指将功能和内容组织成一种逻辑化的结构，以帮助用户查找信息，完成任务。信息架构关注的是内容的结构。交互设计关注的是行为的设计。通过行为的设计让用户简单高效并愉悦地完成其目标，提高产品的易用性。视觉设计关注的是形式的设计，也就是产品的视觉表现。Kevn Mullet 在其著作《Design Visual Interfaces》中指出：“设计关心的是寻找最合适的表现方式来传达一些具体的信息。”视觉设计师就是用简单易理解的表现方式来传达交互产品的行为和产品的信息。这三部分的互相协作与联系才能创造出良好的用户体验设计。

1. App 设计注意内容

内容是出版的“制胜之王”，无论是网站还是移动端都要牢牢把握住内容，关于内容设计，在前面已经讲过，这里我们就不再赘述，唯一需要注意的是移动端的阅读不像电脑端可以展示很多内容，所以手机端的 App 的内容要更精炼。

2. App设计参照用户行为

产品的行为方面主要指产品的交互设计，交互设计是将复杂的问题用简单化的方式呈献给用户，促使产品的行为能够帮助用户达成其目标，满足其需求，创造积极的用户体验。优秀的交互设计能够让用户在使用产品的时候更加有效果，更加有效率并更加容易融入产品营造的氛围。对于移动阅读类产品来说，用户的最终目标是利用碎片化的时间，快速地获取、吸收、消化、分享所需信息。

（1）简化交互，将用户的阅读负荷降至最低。对于移动阅读类产品，用户的目标是对内容的获取，并且用户移动阅读的情境是复杂多变的，因此，产品应当避免一切复杂的交互操作，尽可能地让交互行为无形化，让信息去引导用户的操作，强调沉浸式的阅读体验。

第一，优先展示产品的主要功能以适应用户的需求。任何产品根据其定位，都有其核心的功能，也就是产品最擅长什么，最想要给用户营造的一种什么体验。比如，对于“深度阅读”的产品来说，通常核心的功能是为用户营造一种沉浸式的读书氛围，强调的是用户的书架、用户的读书清单以及用户的阅读进度等等。因此用户登录应用后的首屏展示的应该是用户自己的读书情况，而不是书籍商店。这是根据产品的定位，确定产品的核心功能，并优先展示给用户，符合用户的需求，同时也适应用户复杂多变的使用情境。

第二，强调用户直接操作信息，让导航功能最小化。对于移动阅读类产品来说，用户的需求是信息本身，因此产品应当营造的是通过信息内容的流动带动用户的使用，把用户的注意力永远集中在信息本身上，通过用户对于内容的潜意识去引导用户的操作，而不是用功能去引导用户的操作，为用户营造沉浸式的阅读体验。这就要求产品在设计中弱化传统导航的概念，让用户直接与信息本身进行互动。

第三，给用户带来及时有效且友好的反馈。在用户与产品交互的过程中，产品应当对用户的操作做出及时有效的反馈，避免用户产生困惑的心理感受。产品的反馈大致分为两种：一种是操作反馈，是用户在进行某项操作时，产品对于用户操作是否成功或者相关提示的反馈：另一种是系统反馈，是用户对产品进行操作后，系统加载时的 loading 动画的反馈。对于移动阅读类产品来说，在用户切换内容页数时，到达最后或者最前用户无法再继续操作的时候，给用户一些操作反馈提示。对于移动阅读产品的系统反馈来说，由于信息图片多，经常会造成加载速度过慢，用户在加载等待的过程中通常会因为没有耐心而选择放弃使用，这是用户体验上的一个问题。

第四，避免打断用户，避免不必要的报告。营造沉浸式的阅读体验，就要避免用户在阅读过程中被不必要的事件打断，要停下进行的阅读行为去处理其他事件。打断用户的阅读体验主要体现在两个方面：一方面是在用户阅读过程中产生的某种功能上的需求，在当前阅读页面无法完成，需要跳转到其他页面操作，这样的行为打断了用户的阅读连贯性，给用户带来不好的体验。另一方面是一些不必要的通知行为，不必要的通知对用户没有意义且影响了用户沉浸的阅读体验。

(2) 设计适合用户使用情境的交互行为。对于移动设备来说，产品内容上满足用户移动使用情境中的需求，行为上符合用户在移动情境中的行为模式是构建移动设备良好用户体验的核心。用户使用手机进行移动阅读的行为模式主要为：单手操作手机、频繁使用拇指操作、频繁切换左右手。根据用户的行为模式，设计师应当考虑更自然、方便的交互方式来适应用户的使用情境。比如，为了减轻拇指长时间滑动操作的疲劳感，可以适当地借助移动设备的物理按键，赋予其适当的操作含义。如利用使用手机的音量键执行翻页操作，替代拇指的左右滑动，这对于用户的睡前阅读情境是一个不错的体验。总的来说在设计时，要考虑用户在情境中遇到的问题以及使用中的不便，为用户建立简单高效的符合移动阅读情境的交互行为，减少用户的误操作，提高产品的可用性以及易用性从而创造良好的移动阅读体验。

3. 视觉设计原则

从移动阅读应用产品的视觉体验设计总体发展上看，其趋势主要有以下两个方向：其一，拟物化界面向扁平化界面的转变。移动应用最早出现在大众视野中时，智能移动产品在大众眼中依然是相对陌生且神奇的，这一时期所有的移动应用产品在视觉设计上都在追求对传统产品的模仿，使用户在使用过程中更容易找到使用真实产品的感觉，这也是早期移动 App 设计中容易出现拟物化特征的主要因素。而随着几大操作系统的发展，新一代的 WP 系统引导了移动应用产品视觉设计的一次巨大变革，即拟物化向扁平化的转变。拟物化更大的价值是直观性，但是随着移动阅读产品的可视面积增大，拟物效果的使用则更容易引起视觉疲劳，这在阅读产品的设计中影响十分明显，很容易导致使用者出现厌倦、抵触的心理。而扁平化则能够有效地解决这一问题，同时也更加符合大面积可视情况下的用户视觉习惯。从 iBooks 的风格演变我们可以很清楚地看到移动阅读应用产品从拟物化到扁平化的设计转变（如图 5－20 所示）。

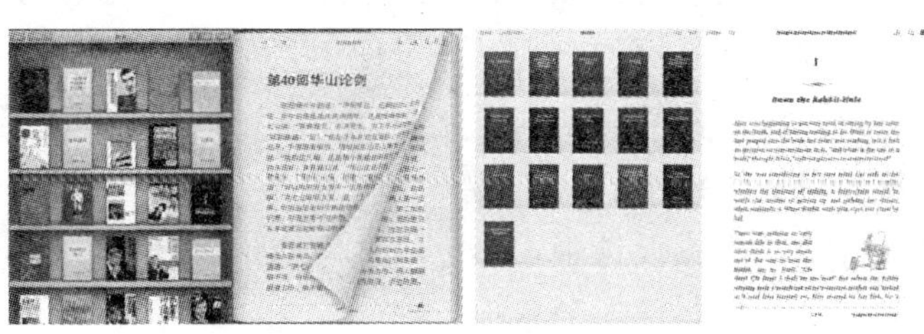

图 5－20 iBooks 向扁平化的设计转变

其二，色彩的应用向单一化转变。单一色彩的搭配相较混合多种色彩的搭配，可以给人更加平和、整体和内敛的感受，这并不意味着这种重复使用一种色彩的单色设计会变得呆板与沉闷。在单一色彩的色调、明暗度等多种形式的组合搭配后，单色设计同样可以产生让人不可思议的变化效果。这与拟物化向扁平化的过渡一样，表面上看是设计方式的沉淀和归一，实际上是设计者对应用设计中色彩使用的总结。热情洋溢的撞色在视觉设计中很容易产生冲击感，更容易引起人的短效关注和共鸣，因此在广告设计中会经常用到，但这种设计应用在阅读产品中只会适得其反，长期观看甚至容易让人产生烦躁感，所以现在的移动应用产品视觉设计中色彩的应用更加趋向于单一的暖色或冷色，突出简约和极致。

阅读类 App 视觉设计整体而言都向扁平化靠拢，拟物化视觉设计简言之更多是画龙点睛之笔。扁平化设计需要遵循以下四个原则：

第一，拒绝特效。所有的元素都不添加任何修饰——斜面、阴影、渐变、浮雕、投影、羽化、高光等特效，放弃一切装饰效果。与拟物化设计所强调的质感光影不同，扁平化设计简化了诸如按钮、图标一类的界面元素，运用明亮柔和的色块和粗重醒目的文字进行信息呈现。

第二，仅使用简洁的视觉元素。在扁平化设计中，设计师往往更多采用简单的视觉元素，诸如直线、圆形、矩形、方形等，确保应用程序或网站更加直观，易于使用，不需要任何引导。

第三，关注色彩鲜明。扁平化设计常常用色鲜艳、明亮，倾向于有更多色彩的搭配，同一界面的配色平均会使用到 6～8 种颜色。在界面的视觉设计中，颜色的选用应该秉承“整体上协调一致，局部上对比鲜明”的原则。

第四，注重排版。把文字、简单的图形元素、图片等进行合理的编排，使界面设计达到美观的视觉效果。了解用户的需求，在合适的地方以适当的字体字号呈现，展现清晰的视觉层次，帮助用户更有效地理解设计，注重增强易用性和交互性，有助于提高用户体验。

三 案例分析

（一）深阅读——豆瓣阅读

豆瓣阅读是豆瓣读书 2012 年推出的数字阅读服务，支持 Web、iPhone、iPad、Android、Kindle 等桌面端和移动设备。豆瓣阅读现有内容涵盖了小说、历史、科技、艺术与设计、生活等多种门类，形式包括自出版、图书、杂志等电子书，是集电子书城图书选购、阅读、评论于一体的专门阅读软件。需要注意的是通常所说的“豆瓣”是指豆瓣网站（www. douban. com），而与“豆瓣”同名的 App 中的读书栏目，也集合了电子书城选购、阅读与评论的功能。这里我们介绍的“豆瓣阅读 App”是阅读性质的 App，下文中指网站之处我们会特别说明。

从产品的功能维度来看，豆瓣阅读具有下列功能：SNS 账号绑定（豆瓣账号和新浪微博账号）；云数据同步，与其他设备同步阅读进度；用户阅读列表；集成作品商店（按新上架，热门和免费分类），供用户挑选书籍添加到个人阅读列表；分类搜索图书；个人充值账户（提供支付宝支付方式以及多种充值金额选择）；社会化分享（推荐到绑定的豆瓣账号和新浪微博账号）；读者沙龙（评论作品与查看他人对作品的评论）；亮度调节、字号调节以及音量键翻页。

从可用性和易用性方面来看，豆瓣阅读具有以下特点：第一，信息架构呈扁平化，产品导航简洁、明确，让用户容易操作。第二，优先展示产品的核心功能，当用户阅读书籍之前把用户的注意力集中于用户的阅读列表，在用户需要选择书籍时再指引用户去相应地方寻找，且导航功能在页面下方，方便用户单手拇指操作。第三，拥有及时有效的反馈系统，比如在用户翻到最前页时弹出“已是最前一页”的提示等等。

图 5—21 豆瓣 App 界面分析

视觉设计方面，豆瓣阅读 App 的视觉设计传达了豆瓣公司的品牌形象，展现了清新、简洁的品牌风格，加深了人们对于豆瓣品牌的认识。在阅读列表中用斑马纹（两种相同样式颜色不同的背景），来间隔阅读列表中显示的内容，增强人们的视觉认知。在单个图书列表中用可视化的方式向用户传达阅读进度。豆瓣阅读在界面视觉设计中简洁、清晰地传达了信息，给用户带来良好的阅读体验。

（二）浅阅读——今日头条

今日头条是一款根据用户社交网络账号的信息，计算用户的兴趣，并依据用户的后续阅读行为而做出调整，从而推送给用户符合他们兴趣爱好的内容的资讯阅读类应用（App）。目前支持平台 iOS 系统和 Android 系统。产品除了信息资讯阅读外还扩展了阅读的社交网络功能，为用户提供了好友的阅读动态。这是在移动阅读社交化发展基础上的功能扩展。

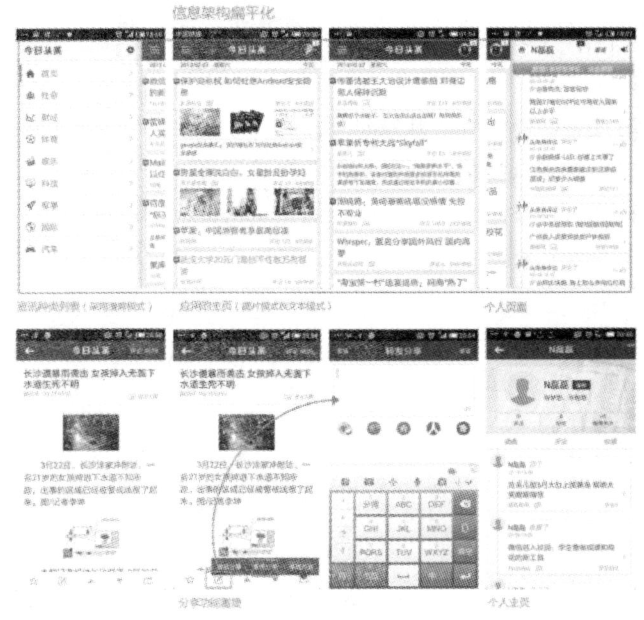

图 5－22 今日头条 App 界面分析

从产品交互设计的可用性和易用性方面来看，今日头条具有以下特点：第一，信息架构扁平化，以展示资讯内容为主，用滑屏的方式切换到资讯分类导航以及好友阅读动态界面，对于单手操作手机的用户，手势滑动提升了产品的可用性。第二，在文章细化页面，在底部工具栏为用户提供了两种方式的分享，一种是添加评论分享，一种是直接分享，笔者认为这样的处理方式容易引起用户的误解，不符合用户的心理模型，降低了产品的用户体验。

在视觉设计方面，今日头条还存在下列特点与不足：第一，产品运用了颜色、形式等视觉元素传达了信息的层级以及产品的导航，突出了产品的主要功能是资讯信息的展示。第二，对于首页资讯信息的呈现并不清晰明了，视觉噪音略大，显得杂乱，没有突出主旋律。第三，在具体文章的信息展示中，没有很好的考虑图片与文字的版面形式，降低了产品的阅读体验。

思考题：

1. 简述 WWW 网站开发的流程。
2. 数字出版网站框架设计的要素有哪些？
3. 智能手机阅读类 App 平台建设的方法有哪些？

第六章　数字出版的信息检索与利用

本章系统地叙述了文献的手工检索和信息的计算机检索方法，尤其是在数字出版环境中，人们如何更好地对信息进行分析研究和开发利用。

第一节　信息检索概论

所谓信息检索是指为处理、解决各种问题而从大量存储的信息中查找、识别、获取相关的事实、数据和知识。它是信息管理的核心部分。信息检索的目的是使用户能够从纷繁芜杂的信息中，搜索、查询、提取出能够满足自身需求的信息资源。对于编辑人员而言，了解信息检索的基本原理，掌握信息检索的策略和技巧，有利于在信息资源过载的现实环境中捕获到有价值的信息，用以开发选题、发现新人、了解业界动向，使自己成为一个集合当下优质资源的信息库。对于出版社而言，用户体验是数字出版营销的核心，为用户提供友好的检索界面，个性化的检索服务，精确的检索结果，使读者能够轻松便捷地检索到所需要的出版物，有利于增强出版社在产业链上的竞争优势。

一　信息检索工具的类型

目前，Internet 上信息检索的方式主要分为二种：即非 Web 信息检索方式和 Web 信息检索方式。这两种检索方式为人们及时准确地检索网络信息提供了极大的方便和可能，尤其是 Web

信息检索工具中的搜索引擎，它已成为人们查询网上信息最重要的检索工具，几乎成了网络信息检索工具的代称，因而本章在论述网络信息检索工具时以搜索引擎为主要代表。

（一）非 Web 资源检索工具

非 Web 资源检索工具是以 FTP、Telnet、Gopher 等为检索对象的检索工具。

1. FTP 类检索工具（如图 6—1 所示）

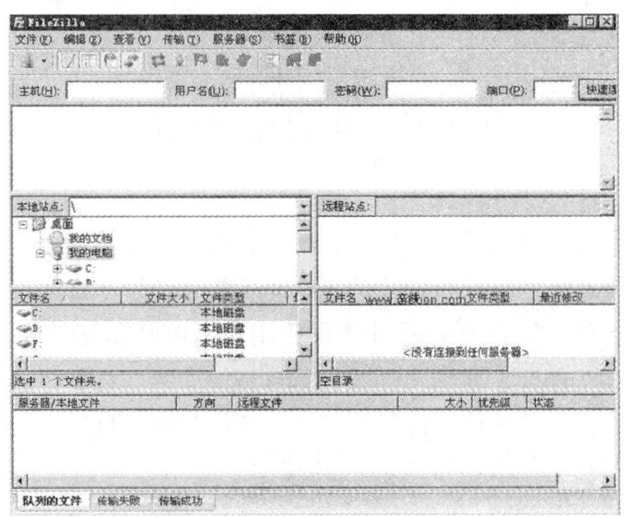

图 6—1 FTP 客户端

这是一种实时的联机检索工具，通过登录到对方计算机来检索、传输有关文件。FTP 是一种文件传输协议，其主要功能是完成从一个系统到另一个系统的完整的文件拷贝，同时也可将本地计算机上的文件上传到远程计算机上。它是获取免费软件，共享软件资源所不可或缺的工具。FTP 的架构为客户机加服务器的结构，既需要客户机软件，又需要服务器软件。客户机程序在用户计算机上运行，服务器程序在远程计算机上运行。在使用的时候，需首先在客户机上输入用户名和口令，与远程计算机建立联系后便可以开始上传或下载文件了。通过 FTP 获得的资源主要有两种，一种是信息资源如电子书、电子期刊、政府机构的信息、实验数据等；一种是免费或共享的软件。

FTP 检索主要存在以下不足：第一，不能支持 AND、OR 等简单的布尔检索。第二，由于 FTP 的服务器遍布世界各地，如果想在匿名的服务器的某个目录上查找自己想要的文件无异于大海捞针，需要借助其他专门的检索设备。第三，FTP 需要登录用户名，对使用时间和登录用户量等有限制，用户体验不好。

2. Telnet 类检索工具（如图 6—2 所示）

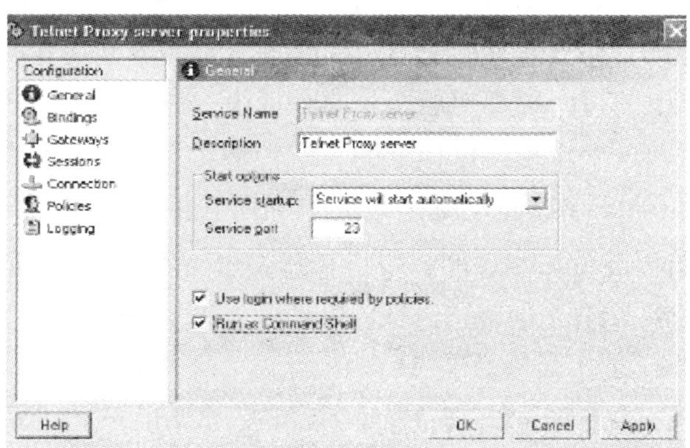

图 6—2 Telnet 客户端

Telnet 检索工具也是一种实时的联机检索工具，Telnet 是一种远程登录协议，其功能是借助该协议在远程计算机上登录，使自己的计算机成为远程计算机的终端，进而实时访问远程计算机对外开放的资源。这些资源包括硬件资源（如精密绘图仪）和软件资源（图形处理软件）。使用 Telnet 必须在本地计算机上装有包含 Telnet 协议的客户端，需知道远程主机的 IP 地址或域名，知道登录标识和口令。在使用的时候，首先在 Telnet 命令中输入远程计算机的 IP 地址和域名，成功建立连接之后，输入用户名和口令，就可以根据给定的权限访问远程计算机上的资源。

Telnet 的不足在于：第一，只有文字模式，缺乏展现多媒体的能力。第二，不同的系统需采用不同的指令和操作方式。第三，所得的资料需逐页地显示，使用效率低。

3. Gopher 类——基于菜单式的检索工具

Gopher 是一种交互式、菜单式的信息查询软件，用于处理分布式文件访问。它以主题的方式将各种信息资源加以分类，再以按照等级排列的菜单形式显示给用户。该系统是以明尼苏达大学校运动队“金色地鼠”来命名的。Gopher 采用客户机/服务器的架构。在启动 Gopher 后，Gopher 服务器将发送一个菜单给用户，菜单中的每一项都对应一个文档或下一级菜单。单击所需要的文档，则这个文档将以标准的方式传输给用户；如果是另一个菜单，则 Gopher 将自动确定该菜单项所在的计算机，用户可以通过 Telnet 进行远程访问。可以运用 Gopher 进行查询的信息类型包括文本文件、Telnet 信息、电话簿、专有格式文件等。

Gopher 的不足在于它只支持纯文字环境，无法提供影像、声音服务。在万维网出现之前，Gopher 是 Internet 上最主要的信息检索工具，但现在基本过时，很少有人使用。

（二）Web 资源检索工具

Web 信息资源是指建立在超文本、超媒体技术基础上，集文本、图形、图像、声音为一体，并以直观的图形用户界面展现和提供信息的网络资源形式。Web 信息检索工具是以 Web 信息资源为对象的检索工具，主要有三类：搜索引擎、目录型网络检索工具和元搜索引擎。

1. 搜索引擎

搜索引擎是指根据一定的策略，运用特定的计算机程序从互联网上搜集信息，在对信息进行组织和处理后，为用户提供检索服务，将用户检索相关的信息展示给用户的系统。用户输入与所需信息相关的关键词，然后系统输出显示含有关键词的网页一览表。通常，检索结果中包含网页的 URL 和标题、关键词所在位置的前后若干行，用户从结果中再选取适当的网页。自 1994 年以来，已经有众多的搜索引擎在 Internet 上运行，搜索引擎逐渐成为 Web 信息检索利用的主要方式之一。目前主要的搜索引擎有 Google、Excite、Bing（必应）、百度、搜狗等。

下面主要以 Google（https：//www. google. com.）来举例说明。

（1）概述。Google 由斯坦福大学博士生 Larry Page 与 Sergey Brin 于 1998 年开发。Google 这个名称源于数学术语"googol"，即数字 1 后跟 100 个零。Google 目前是全球公认的最大的搜索引擎，其以完美的搜索引擎、不做恶作为公司的服务宗旨。Google 使用 PageRank 技术检查整个网络链接结构，并确定哪些网页重要性最高，然后进行超文本匹配分析，以确定哪些网页与正在执行的特定搜索相关，最终将最相关最可靠的搜索结果放在首位。

（2）界面显示。

①检索界面（如图 6—3 所示）

图 6—3 GOOGLE 首页

Google 的首页简洁明朗，在 Logo 的下面直接是提问框，相关的模块选择被设置在了网页的左上角，高级检索、搜索设置、网页浏览记录及语言工具设置在右上角齿轮图标的下拉菜单里。不同元素分区放置，页面干净清爽，用户使用简单明了。

在提问框中，输入检索词后按回车或者“Google 搜索”便可执行检索操作。如果用户对所检索目标的路径很明确（如检索“中国知网”），那么点击“手气不错”的按钮，Google 将不会再显示搜索页面，而是直接导入该网页进行浏览。目前，除关键词搜索系统外，Google 还提供语义搜索，即系统能够明白关键词的意义，那么，搜索引擎给出的结果将不仅仅是一个个网络链接清单，还将包括一系列的事实和对搜索问题的直接回答。这使得 Google 以人类理解这个世界的方式进行运作，真正实现智能搜索。

Google 的模块包括图片、地图、Play、YouTube、新闻、Gmail、视频等。点击“更多”按钮，界面会转入 Google 大全，里面提供了专业搜索、移动应用、社交、地理、媒体等方面的应用产品，为用户提供了办公、生活全方位的移动互联网络服务。

②高级检索（如图 6－4 所示）

图 6－4 Google 高级检索界面

在高级检索中，Google 提供了其可使用的所有检索方法，包括布尔检索、截词检索、位置检索、链接检索、域名检索等。同时，可以通过限制条件的设定如语言、地区等的选择进行结果的筛选，并设定结果显示的格式。

③结果显示（如图 6—5 所示）

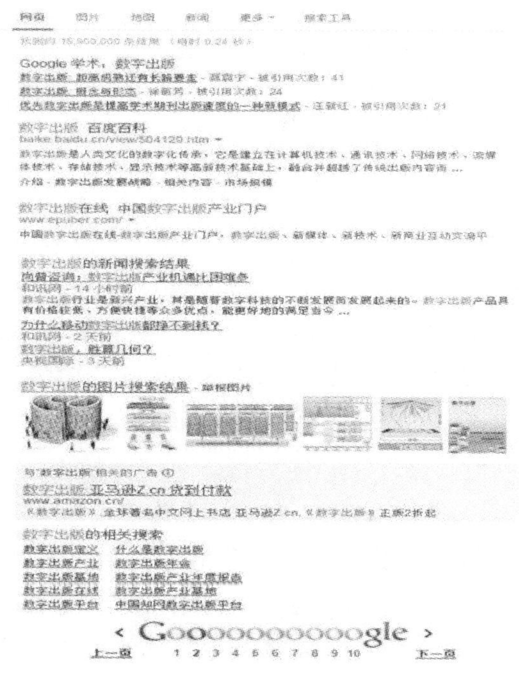

图 6—5 Google 结果显示界面

提问框的下方显示命中结果数及所消耗的时间。

每个结果包括网页的标题、URL 链接、关键词所在的上下文、网页快照和类似网页链接。

显示有关该提问的新闻、图片等。

如果是专业词汇，通常会在检索结果的首位显示专业搜索的结果。如输入“数字出版”，Google 学术关于数字出版的内容将出现在检索结果的首位。

根据所检索的词汇，在检索结果的下方出现有关该内容的广告。

采用语义检索，在页面的下方给出与内容相关的事实搜索链接。

④其他界面

其他界面主要有 Google 博客：http://www. google. com. hk/blogsearch? hl = zh - CN；Google 快讯：http://www. google. com. hk/alerts? hl = zh - CN；Google 学术：http://scholar. google. com. hk/schhp? hl = zh - CN；Google 图书：http://books. google. com. hk/books? hl = zh - CN；Google 财经：http://www. google. com. hk/finance 等。

（3）检索功能。Google 提供的检索功能包括布尔检索、词组检索、禁用词检索、截词检索和同义词检索。在布尔检索中，其支持不完全的布尔检索，关键词会自动以 AND 连接，在进行 OR 操作时，操作符必须大写；在词组检索中，通过加“ ”，表示该词组为一个整体，中间不允许插入其他词；在禁用词检索中，某些常用词如助词，它们无助于检索，却降低了检索的效率，会被 Google 直接忽略掉（即所谓的禁用词），如果这些词对检索很重要，则在该词前加“+”；在截词检索中，Google 不支持截词符的使用，但具有后台截词检索功能；在同义词检索中，英文单词前加“~”，Google 将搜索该词的单复数形式或同义词。

（4）特色搜索。Google 提供特殊文档的检索，其中包括微软 Office 中的 xls、ppt、doc、rtf 等，Adobe 的 pdf 文档，ShockWave 的 swf 文档等。对特殊文档的检索主要有两条途径：一是在高级检索界面选择限定条件，二是在检索式中加入限定词 file：* * *（文档类型）。

Google 提供视觉搜索，用户不需要输入文字，只需要点击提问框右侧的相机图标，上传所需图片的示例，或者粘贴图片网址，Google 便能通过对示例图片内容特征的提取进行相关图片的搜索。

此外，Google 还提供字段检索。（见表 6－1）

表 6－1 字段检索的功能说明

常用字段	功能说明
title	在 HTML 的 title 标签中查找关键词
anchort	查询网页中包含特定字或词组的超链接
url	限定查询 url 中含有特定字词的网页
like	查询与指定的 url 相似或相关的网页
link	查询连接到指定 url 的网页
host	限定查询特定计算机主机的网页
image	限定查询特定的影音文件

2. 目录型网络检索工具

目录型网络检索工具又称分类站点目录、站点导航系统、专题目录或主题指南等，是一种将收集来的网络资源，按照一定的分类方式如主题分类、图书分类、学科分类等进行组织加工，结合检索法构成的可供分类浏览和检索的等级结构式目录。用户根据需求，通过浏览其分类目录树，依据类别的上下位关系逐次点击，层层深入，随着目录范围的缩小，最终查询到所需要的相关信息。主要的网络资源目录有：Yahoo、Galaxy、Virtual Library、Google 网页目录、雅虎中国、搜狐、新浪、网易等。下面以雅虎为例进行简单介绍。

图 6－6 Yahoo! 分类目录页

雅虎分类目录一直被认为是世界上最有价值的分类目录之一，也是最流行的网络资源导航指南。（如图 6－6 所示）它于 1994 年由斯坦福大学两位博士研究生 David Filo 和杨致远创建，该目录上收录的内容包括网站、Web 页、新闻组、FTP 等众多资源。从专题上，雅虎分了 16 个大类，包括艺术与人文、新闻与媒体、商业与经济、教育、健康、科学等。每个总类下链接多个子类，层层链接，最后与相关的 Web 页、新闻组、FTP 站链接。除了浏览目录外，雅虎还在每级类目下提供查询，可查询所有雅虎的内容或当前所在目录的内容。另外雅虎还具备跨库检索的功能，即当用户所需内容在雅虎中搜索不到时，它会自动链接到其他搜索引擎的数据库中进行检索，结果通过雅虎返回。

雅虎分类目录的优点在于其可浏览的分类等级目录。雅虎采用分面分析的方法，人工对提交的网页进行筛选、归类和组织。目录分类科学、层次清晰、内容深入，克服了搜索软件自动分类的不确定性，增强了分类的条理性。雅虎提供 Search Preferences 功能，允许用户设置、保存个性化要求，并记录用户检索倾向。

3. 元搜索引擎

元搜索引擎是一种基于搜索引擎的网络检索工具，它将多个独立的搜索引擎集中在一起，通过其制作的统一检索界面接触并处理用户的查询要求。元搜索引擎在进行检索时会调用一个或者多个独立搜索引擎的数据库，检索结果可能是来自独立搜索引擎的检索结果，又或者是来自多个搜索引擎检索结果集合的综合。其呈现给用户的检索结果既可以是引用原始的独立搜索引擎的页面，也可以是由元搜索引擎重新定制后的形式。元搜索引擎集成的一般都是检索性能优异的主流搜索引擎的数据库，检索效率高，提高了信息覆盖率，同时能够对检索工具起到推荐和指南的作用。但由于不同搜索引擎的检索机制、检索算法等的不同，导致检索结果的准确性和查准率较低。

根据使用的目标引擎、检索提问处理方式以及如何编译和显示结果等的不同，可以将元搜索引擎划分为：集中罗列式元搜索引擎和统一入口式元搜索引擎；桌面型元搜索引擎和基于 Web 的元搜索引擎；并行处理式元搜索引擎和串行处理式元搜索引擎。主要的中文元搜索引擎有 360 综合搜索、搜魅网、雅虎聚搜、觅搜等等。

觅搜网集合了百度、Google、搜狗、雅虎等多家主流搜索引擎的结果，提供网页、资讯、网址导航等聚合查询，整合了包括网页、软件、新闻、图片等多类别、近五十个搜索引擎的全方位互联网信息检索工具。采用多线程并行运作，同步开动多个搜索引擎进行检索，内置多窗口支持的浏览器，直接浏览结果。高效易用，是一款优秀的桌面元搜索引擎和多窗口浏览工具。

在搜索引擎分类中，飕风所提供的搜索内容包括中文网页、英文网页、新闻、图片、软件、词典、拍卖、购书、论坛、地图等 11 个大类。提供用户自定义项，用户可以根据自己的需要在搜索引擎列表中添加网页名称。如果想保存某个搜索引擎的搜索结果，单击工具栏上的“保存”图标即可。

第二节　互联网信息检索

一　互联网信息检索的工作原理

网络信息检索主要分为两个环节，信息的组织和信息的检索。在信息组织环节，主要是对分散在各处的文档信息进行抓取，分析，建立索引，并将文档表示的结果组织为索引数据库。在信息检索环节，用户通过输入用户检索表达式，使检索引擎对输入的检索式进行分析处理和匹配运算，从而获得检索结果。一个完整的搜索引擎主要包括以下 5 个部分：搜索器、搜索引擎数据库、索引器、检索引擎和用户接口。其工作流程如图 6－7 所示：

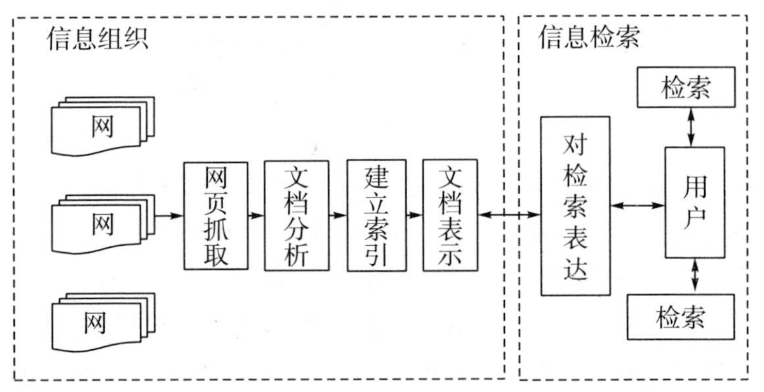

图 6－7　网络信息检索工作流程

（一）网页抓取

通过搜索器进行网页抓取的工作。搜索器即爬虫，其按照一定的协议日夜不停地搜集互联网上的网页信息，并将信息推送给搜索引擎的数据库，同时更新索引数据库中已有网页信息，避免死链接。一般来说，搜索器从一个包含多个链接的单个网页开始，获取页面上有价值的信息，并将它们发送到搜索引擎数据库中，然后从网页上的某个链接跳转到另一个页面，重复摘抄工作。以此循环往复，如同蜘蛛织网，连接整个互联网上的信息资源。

但是基于互联网上层出不穷的网络资源和搜索引擎的商业需要，搜索器难以穷尽互联网上的所有页面。因此如果用户想要自己的网页被搜索引擎收录，需要主动向搜索引擎提交请求，要求其收录该网页。

（二）文档分析

原始的文档信息在被网页爬虫抓回后，借助词频统计、词语位置认定和特定的算法，对网页进行标引，并对其中的网页超链接进行关联。网页爬虫所搜集到的信息类型多种多样，包括 HTML、XML、JSP、ASP 等格式，文档分析的主要功能是过滤文件系统信息，将词从大量用于描述文档格式的标签中分离出来（即所谓的去壳），为文件系统的表达提供一种满意的索引输出，从而获取最优的索引记录，使用户通过关键词的输入能够轻松检索到所需要的信息。

（三）建立索引

索引是一种将关键词词目映射到相应文档的数据结构。索引器根据文档分析器生成的关键词通过索引，建立从关键词到网页 URL 的关系倒排文档，即建立索引数据库。理论上，最好的索引应该是对文档中的所有内容建立索引（包括所有词和数据，标点符号和标记符号除外），即全文索引。

（四）文档表示

搜索器在过滤掉文档的格式之后，会提取文本数据，每个文档都对应一个文本数据，内容包括网页标题、网页 URL、大小、时间、长度、类型、分类等属性和文本的内容，所生成的这些数据将被全部存入数据库中。

（五）检索表达式

检索表达式是检索策略的具体体现，简称检索式。检索式一般由检索词和各种逻辑运算符组成。具体来说，它是用检索系统规定的各种算符将检索词之间的逻辑关系、位置关系等连接起来，构成的计算机可以识别和执行的检索命令式

布尔检索：在输入两个及以上的关键词进行信息查询时，在关键词之间加入 AND、OR、AND NOT、NEAR 等布尔操作符，使用规定的句法进行检索提问，这样的提问就是布尔表达式。布尔表达式只有 True 和 False 两个取值。当取值为 True 的时候，表示被检索的文档中至少有一个匹配提问的结果，否则检索结果为零。

截词检索：在检索式中用专门符号表示检索词的某一部分，检索词允许部分变化，检索词的不变部分加上由截词符号所代表的任何变化形式所构成的词汇都是合法检索词。不同的检索系统采用的截词符号不完全相同，一般采用“?”“*”等。截词检索表达式在西文检索中使用广泛，中文信息检索中也有一定的应用。采用截词检索表达式能够防止漏检，既节省时间又能提高检索效率。

位置检索：在检索词之间，使用一些特定的算符来表达检索词间的位置关系，并且不依赖主题词表而直接使用自由词进行检索。它增强了选词的灵活性，部分地弥补了布尔逻辑不能表达检索词间的关系问题。位置检索表达式的算符有“（W）”“（nW）”“（N）”“（nN）”“（F）”“（S）”六种。

（六）进行检索

检索器根据用户输入的提问，在索引数据库中进行提问词和索引词的匹配运算，然后将查询结果呈现给用户。

二　互联网信息检索的技术

（一）全文检索技术

全文检索是以各类型数据，诸如文字、声音、图像等为处理对象，提供按照数据资料的内容而不是外在特征来实现的信息检索手段。而文本中任何有意义的字符和字符串都可以作为检索的“关键词”来进行检索。这种方法省去了人工标引，提高了文本文献的入库率，特别适用于新闻出版数据库系统。

目前实现中文全文检索有 3 种方法：

1. 自由文本查询

以计算机自动切分技术对文本文件按词进行切分，以切分出的词作为“关键词”进行检索，这种方法查准率较高，系统需要建立供切分用的字典。由于字典更新和增添有一定时间阶段，有可能会造成一定程度的漏检现象。

2. 文本文件逐字扫描

对文本文件逐字进行位置扫描，然后排序，最后建立以每个词（字）的离散码为目标的倒排文件。这种方法查全率较高，查准率较低，系统不需要建立切分字典。

3. 全文数据库

采用全文数据库，该数据库是基于 HTML/XML 语言的超文本模型建立的，能让用户便捷地浏览查询结果。

全文检索的优点主要有以下几个方面：

（1）全文检索的查全率高于一般的信息检索系统。全文检索系统可以对文本中的每个字、词进行标引。再生疏的字词，只要在文本中出现过，都可以被检索到。

（2）全文检索能够实现自动标引。不同于关键词索引法依赖人工对字词进行标引，全文检索采用计算机自动标引，提高了标引的效率。

（3）友好的检索界面。全文检索系统采用 Web 技术和 HTML/XML 语言，可以向用户提供简洁、美观、易用的检索界面。其整个检索过程对于用户是透明的。

（4）检索功能多样化。全文检索系统除提供“AND”“OR”“NOT”的布尔逻辑检索外，还提供位置逻辑检索、字符串检索、截词检索等多种检索方式。同时，它还向用户提供一系列支持，如相近检索词等，使用户可以更便捷地进行信息的检索。

（5）检索方法简单易用。全文检索系统对原始文献全文中的每个字、词都进行了标引，因此原始文献的标题和正文中的每一个有意义的词都可以作为检索入口（即关键词），可以实现对原始文献任何一章、段、句子或字词的检索。因此，用户只需使用自然语言，而不需要掌握复杂的检索表达式，就能进行信息的查询和浏览。

（二）多媒体信息检索技术

多媒体信息检索技术是根据用户的需求，对文字、图像、声音、动画等多媒体信息进行识别、过滤，并提取所需信息的技术。多媒体信息检索技术主要包括对各种媒体的获取、压缩、存取（本地存取和网络存取）和输出（显示和打印）。

目前，多媒体信息检索技术主要分为两类：基于文本的多媒体信息检索和基于内容的多媒体信息检索。此外，还有语义检索。

1. 基于文本的多媒体信息检索

基于文本的多媒体信息检索沿用了全文检索技术，并不对多媒体的视觉和听觉元素做分析，而是从图像或音视频的名称、压缩类型、作者、时间等方面进行标引。目前，在互联网环境中，基于文本的多媒体信息检索仍占主导地位。

基于文本的多媒体检索的优点主要有以下两个方面：

（1）检索效果好。网页中的多媒体资源，处于一定的上下文环境中，借助 Web 文档中多媒体资源的文件名及网址、图像替代文字、多媒体周边的文字、所在页面的标题及网页之间的链接等内容可以为多媒体资源的分析和标引提供依据，从而提高了多媒体信息检索的效果。

（2）使用方便。由于基于文本的多媒体检索是通过元数据的描述来实现的，结合已有成熟的文本检索技术和网络搜索技术，用户只需使用自然语言就可以对信息进行检索，简单易用。

2. 基于内容的多媒体信息检索

基于内容的多媒体信息检索是对多媒体图像、音视频内容进行分析，抽取多媒体内容的特征和语义，利用这些内容特征建立索引库，并进行检索。其主要是利用媒体对象的语义、视觉、听觉特征和文本信息来进行检索，如图像中的颜色、纹理、形状，音频中的音调、声强、声道数等，视频中的场景、镜头、帧等。

基于内容的多媒体信息检索的优点主要有以下三个方面：

（1）查询语言的多功能性。基于内容的多媒体信息检索，由于其主要是利用多媒体信息的特征进行检索，使得多媒体数据库查询语言不仅要支持各种多媒体数据类型，还要满足一些新的要求，如模糊查询等。

（2）交互性强。区别于文本数据库的精确匹配，基于内容的检索采用相似性匹配，通过用户与系统的不断交流互动，最后获得所需信息。系统首先向用户提供一定数量的示例，用户选择某一示例，并设定一些属性值。查询系统通过对示例的特征进行提取分析，在数据库中检索具有相似特征的对象，并将结果返回给用户。用户根据自己的需求来决定是否继续查询。在这一过程中，用户与系统处于持续不断的互动之中，具有较强的互动性。

（3）提供多层次的检索。基于内容的检索系统通常由媒体库、特征库和知识库组成。媒体库存储多媒体数据，如图像、音频、视频、文本等；特征库中包含用户输入的客观特征和预处理自动提取的内容特征；知识库包含领域知识和通用知识。三个数据库的复合使用，能够满足用户不同层次检索的需求。

3. 语义检索

语义检索是指搜索引擎通过对用户的检索提问进行语义上的分析，捕捉到用户的真实意图，使得检索结果在意义上更能满足用户的需求，而非仅仅是基于关键词在结构上的匹配的文档检索。语义检索的概念最早由 Web 创始人 Tim Berners－Leet 提出，他希望计算机能像人一样思考，去理解信息的含义。语义检索的实质是自然语言处理技术，它立足于对原文信息进行语义层次上的分析和理解，提取各种概念信息，并由此形成知识库，能根据用户提问的理解来检索知识库中相关信息以提供直接的回答。

语义检索的优点在于能表达和处理信息的语义内容以实现基于语义的匹配和推理。传统网络检索最大的问题就是检索模式单一，表面化，仅用单一的词或词组来进行检索，缺乏对词的理解和处理，其结果仅仅是提供相关文档的链接，通常用户所需要的信息是分散在多个文档中的，需要对多次查询所得的相关文档进行逐一浏览、提取和整合才能达到目的。而语义检索则能提供包括相关知识及信息的检索。目前百度已采用语义检索技术，如果检索“成都”，会在检索界面的右侧看到有关成都的相关属性，如所在地区、行政区划、著名景点、天气状况等。而非像以往只显示与成都有关的百度百科、旅游网站等文档文件的网页链接。

第二节　互联网信息检索策略

对于编辑人员而言，如何才能从林林总总的搜索引擎、网络目录资源等信息海洋中找到有价值的选题信息，如何能找到相关的材料以比较审核稿件中所使用的材料、理论观点及相关专业知识，如何能了解同类型出版社的出版情况及国内外业界的相关动向等，都是非常重要的。数字出版的发展要求我们的编辑人员必须掌握检索的技能和策略，提高自身的信息素养，以挖掘前沿信息和优质素材，为读者提供优质的内容服务。

一　关键词检索

关键词检索是根据信息资源的内容性质，提炼出最能概括和体现资源主题的关键性词语，并利用关键词进行相关的信息、资源检索。关键词检索是基于检索器对数据库的巡视、发现并提取相关文档信息，再将符合条件的结果以一定的排序算法，按级别从高到低呈现给用户。关键词检索具有检索速度快，检索范围广，检索结果更新频繁等特点。

（一）关键词的选取

关键词检索最重要的也是最困难的，是使用什么样的关键词进行提问。关键词的选择就是对检索主题的提炼。因此在一次检索中，首先要明确检索的主题是什么。可以根据“who，what，when，where，how and why”的格式进行主题的概括，并从概括的主题句中筛选出关键词。尽管每一次检索不可能都完全按照上述格式进行概括，但在进行检索构思时需要从这 6 个方面进行思考。在进行关键词的选取中，一般采用以下方法：

（1）选取足够多的关键词以提高查全率。

（2）选取专业术语如专有名词、特定概念或非常用语等来进行检索，以提高查准率。

（3）避免使用如跑、跳、飞等行为关键词，谨慎使用修饰词。

（4）选择合适的关键词级别，了解关键词的上下位关系，可提高检索结果的质量。

（5）在需要扩大检索范围时，可以使用同义词、近义词。这里的同义词指能够表明同一个概念。如学名与俗名、不同语言的不同说法、不同时代的说法等。

（6）避免使用停用词和单独使用常用词。汉字中“了”“很”“这”“的”等，英语中的“and”“why”“never”“if”等词信息价值低，检索工具会自动忽略掉。Internet 检索工具一般都有一个停用词表，如果关键词中包含停用词表中的词汇，检索工具将自动忽略这些词。同时如“出版”这类普通词，由于使用太广泛，检索时不宜单独使用。

（7）利用通配符和截词检索进行检索。截词检索在中文中使用不多，但在西文检索中意义重大，通过词干加星号（*）可以扩大检索的范围，提高查全率。

（二）检索结果的筛选

通过关键词检索来的信息并不能直接利用，而需要对其进行甄选，挑选出最符合检索要求和具有使用价值的资源。主要方法包括：

（1）对于返回的检索结果，搜索引擎根据一定的排序算法，与检索内容关系最接近的内容一定放置在列表的最前面位置，因此，网页位置越是往后，重要性则依次降低。

（2）根据网页 URL 的构成，通过对结果页面在其网站结构中的物理位置和对网站主题的考察判断网页的质量和价值。

（3）在检索结果中，当获取一个较长的网址，如果想要了解该网页所在整个网站的质量，可以采取右截断网址的方法。通过此办法有可能意外获得有收藏价值的站点。

（4）使用网页快照。当搜索到的原站点被删除或改名时，可以利用网页快照，了解该网页的内容，以对内容价值进行判断。

二 布尔检索式的使用

关键词的使用构成了检索提问的基础，而检索式的使用将分散的关键词连接起来，构成完整的检索提问。布尔检索是利用布尔表达式将检索的范围加以扩大或缩小，从而使查询结果更加准确。几乎所有的搜索引擎都将布尔逻辑操作符作为最基本的语法规则使用。

布尔逻辑操作符及句法解释如下：

AND：逻辑“与”，用AND操作符连接的关键词都必须出现在检索结果中。某些检索工具用“+”代替AND。如“数字出版AND出版社”，在检索结果中两个词都必须出现，并且限定了是与出版社有关的数字出版信息。AND并不限制检索词间的距离和出现的次序。

OR：逻辑“或”，用OR操作符连接的关键词必须至少有一个出现在检索结果中。某些检索工具用blank来代替OR。如“北京OR帝都”，在检索结果中必须至少出现一个关键词，也可以两个同时出现。在网络语言、圈子暗语层出不穷的当下，采用OR逻辑，能够较快找到相关群体情况、所关注的问题等。

AND NOT：逻辑“非”，AND NOT操作符后面的关键词不能出现在检索结果中。某些检索工具用NOT或者符号“—”代替AND NOT。AND NOT是一元运算符，它只对紧跟其后的关键词起作用。谷歌支持但百度不支持这一逻辑。

NEAR：近似，功能与AND操作符类似，连接的两个关键词在检索结果中的位置距离必须在一定范围之内。但用NEAR连接的两个关键词在检索结果中的位置距离必须在一定范围之内。通过限定关键词之间出现的距离，能够提高检索到的信息的相关性。但仅部分搜索引擎支持该逻辑。

BEFORE：近似+之前，功能与NEAR操作符类似，但

BEFORE 前面的关键词在检索结果中必须出现在其后面的关键词之前。

AFTER：近似+之后，功能与 NEAR 操作符类似，连接的两个关键词在检索结果中的位置距离必须在一定范围之内。但 AFTER 前面的关键词在检索结果中必须出现在其后面的关键词之后。仅有少数搜索引擎支持 BEFORE 和 AFTER 逻辑。

括号：类似于四则运算中的圆括号，用来改变布尔运算的优先级。如（市+北京+上海+广州+重庆+武汉+天津）□（大气+空气+尾气）□（尘+污染+质量+颗粒+二氧化+气溶胶），运算次序从左到右。

为了缩短检索的时间，提高检索的效率，在构造检索式时可以采用以下技巧：

第一，把出现频率低的检索词放在逻辑“与”（AND）的左边，而把出现频率高的检索词放在逻辑“或”（OR）的左边，以缩短检索时间。

第二，如果关键词表达的是两个及以上不同概念则用 AND，如果它们是同一事物的不同表达方式，即使用的同义词，则使用 OR。

第三，AND NOT 仅适用于待排除的主题伴随有出现概率极大的其他关键词。如在输入辽宁时，出现辽宁号的概率极大，因此宜用“辽宁 AND NOT 辽宁号”。

第四，在进行外国人名检索的时候宜使用 NEAR。

第五，同时使用 AND 和 OR 检索时，应把 OR 运算放到 AND 的左边。

第六，在括号的使用中，整个表达式的构建应该从简单到复杂，最先写出的简单布尔表达式应该是最核心的主题，随后写出的布尔表达式重要性依次递减。

三　检索工具的选择

进行信息检索的时候，要根据自己的信息需求来选择相关的检索工具。一些常见的信息需求与适合需求的检索工具总结见表 6－2：

表 6－2 检索工具总结表

信息需求	实用工具
学术信息	综合性学术信息检索系统主要收录了包括自然科学、工程技术、社会科学、艺术与人文科学信息资源等，主要包括： ISI Web of knowledge（isiwebofknowledge. com），基于因特网建立的数字化学术，为学术机构、企业和政府提供不同层次信息 OCLC FirstSearch（firstseach. global. oclc. org），世界上最大的文献信息服务机构之一 Virtual Library（http：//vlib. org/），是一个学术信息主题目录，从上可以链接到不少免费的学术全文数据库 Springer Link（www. springerlink. com），由德国斯普林格创建，提供 Springer 集团出版的电子期刊、电子书以及专家系统等在线服务 CNKI 平台（www. cnki. net），由中国学术期刊和清华同方创建，收录的文献类型有期刊、博士硕士论文、报纸、图书、会议论文等 CALIS（www. calis. edu. cn），中国高等教育文献保障体系，是教育文献联合保障体系，提供馆际互借、文献传递等文献信息服务
社会科学信息资源检索工具	SOSIG（http：//sosig. esrc. bris. ac. uk），提供高质量的社会科学、商业和法律等领域的信息 SSRN（http：//www. ssrn. com），提供会计、金融、经济、法律等方面的信息 CCST（http：//www. csstoday. net/），是中国社会科学院直属的学术报刊在线网，提供有关中国的社会科学研究情况及学术信息

续表6－2

信息需求	实用工具
各专业领域的检索工具	Headline Spot（www. headlinespot. com），可检索到各大行业尤其是工业领域主要媒体的概观 APA（www. apa. org），美国心理学协会，提供心理学方面的学术研究和实践专著 Intute（http：//www. intute. ac. uk/），提供优质的心理学学术资源站点 IDEAS（http：//ideas. repec. org/），最大的提供免费经济学文献及学术研究的资源站点 国际经济学门户（http：//altaplana. com），提供优质的国际经济学信息 清华大学经济研究中心（www. ncer. tsinghua. edu. cn）
各专业领域的检索工具	LexisNexis（www. lexis. com），为专业人士、企业界、政府以及法律机构等提供全方位的法律信息服务 北大法律信息网（www. lawinfochina. com），法律从业者和法律教学工作者查询和研究中国法律的重要网络平台 Ei Village2（www. ei. org），提供专业化、实用化的在线数据信息服务 中国工程信息网（www. cetin. net. cn），提供包括数据库、电子读物、网站导航等 10 项内容的工程技术信息 中国医学生物信息网（http：//cmbi. bjmu. edu. cn/），提供国际国内医学生物学的信息 EBI（www. ebi. ac. uk），提供包括分子生物学、遗传基因、医学、农学等 34 个数据库 中国数字出版信息网（http：//www. cdpi. cn/index. html），提供有关中国数字出版的行业资讯和文献内容
图书信息检索工具	世界各地图书馆的公共检索目录（OPAC） 联合书目数据库，如 Worldcat、CALIS 联合目录数据库 GPO Access（www. gpoaccess. gov/topics/index. html），统管美国出版物发行，负责编辑出版物目录 各大网络书店，如当当、亚马逊、Barnes and Nobles、各出版社网站等 中国电子书，如起点中文网、红袖添香、番薯网、榕树下等了解最新的各大出版社的书讯和网络原创 国外电子书，如 Ebrary、Safari、美国书商协会会员目录、纽约时报书评、出版商周刊畅销书目目录等

续表 6－2

信息需求	实用工具
会议文献	OCLC FirstSearch 检索系统中的 Papersfirst 提供世界范围内各类学术会议上发表的学术论文的索引信息 ISI Proceedings（www. isiwebofknowlege. com），提供汇集了世界各地的新出版的会议资料，包括专著、丛书、预印本以及来源于期刊上的会议论文等 中国会议论文数据库（http：//epub. cnki. net/kns/brief/result. aspx? dbPrefix=CIPD），由中国知网提供，重点收录 1999 年以来，中国科协系统及国家二级以上的学会、协会，高校、科研院所，政府机关举办的重要会议以及在国内召开的国际会议上发表的文献。其中，国际会议文献占全部文献的 20％以上，全国性会议文献占全部文献的 70％以上，部分重点会议文献回溯至 1953 年
会议文献	中国学术会议论文数据库（www. wanfangdata. com. cn/），是国内唯一的学术会议文献全文数据库，主要收录 1998 年以来国家级学会、协会、研究会组织召开的全国性学术会议论文，数据范围覆盖自然科学、工程技术、农林、医学等领域，是了解国内学术动态必不可少的帮手
专利信息检索	国家知识产权局专利检索平台（http：//www. sipo. gov. cn/zljs/），提供 1985 年以来公布的全部中国专利信息，包括发明、使用新型和外观设计三种专利的著录项目及摘要 知网版专利数据库（http：//dbpub. cnki. net/Grid2008/Dbpub/Brief. aspx? ID=SCPD&subBase=all），每条专利的知网节集成了与该专利相关的最新文献、科技成果、标准等信息，可以完整地展现该专利产生的背景、最新发展动态、相关领域的发展趋势，可以浏览发明人与发明机构更多的论述以及在各种出版物上发表的文献 中国专利信息网（www. patent. com. cn），提供“傻瓜型”检索，无需接受任何培训即可使用 中国知识产权网（www. cnipr. com），提供中外专利信息检索平台
标准信息检索	国际标准化组织（www. iso. org），是世界上最大的非政府标准化专门机构，提供该组织标准化活动的最新信息，各技术委员会、分委员会的目录及国家标准目录 中国标准服务网（www. cssn. net. cn），提供中国国家标准、国际标准、发达国家的标准等 15 个标准数据库、种类齐全 国家标准化管理委员会（www. sac. bov. cn/about. htm），提供各种机构的信息、动态、论坛、法律法规等

续表6－2

信息需求	实用工具
百科知识检索	不列颠百科全书网站（www. britannica. com），以《不列颠百科全书》为主要资源的综合性百科知识检索网站，同时提供各国的文化、基本信息以及年度事件和人物 McGraw－Hill 科技百科全书网站（www. accessscience. com），提供最新的科技资讯和文献资料的全文检索 中国大百科（http：//ecph. cnki. net/aboutus. aspx），基于中国大百科全书，由中国知网提供综合性百科知识检索 维基百科（http：//zh. wikipedia. org/wiki/），是一个多语言、内容自由、通过网民协作完成的完整、中立、准确的百科全书
人物信息检索	Marquis Who is Who（www. marquiswhoswho. com），收录了上百万位人物的传记资料，内容涵盖文学、科学、政治、历史、商业、娱乐、体育、艺术等方面的名人 Infoplease Biograghy（www. infoplease. com/people. html），根据职业的不同，收录了 3 万以上的当代名人资料 Live（http：//amillionlives. com/），收录已故名人的资料 中国人物库（http：//news. cnlinfo. net/renwu. aspx），提供详尽的中国主要政治、经济、工业、金融、教育等方面的著名人物的相关资料
资讯信息检索	Google 快讯，可以获得你所订购方面的最新资讯 雅虎新闻（http：//news. cn. yahoo. com/），分类简明清晰，除常规新闻资讯外，还有专题特色栏目，信息全面而有深度 新浪（http：//www. sina. com. cn/），提供最新的资讯 华尔街日报（http：//cn. wsj. com/gb/），除提供全球的最新资讯外，在经济方面的信息全面而深入 新华网（http：//www. xinhuanet. com/），作为新华社的官方网站，是了解中国时政的方向标
机构信息检索	联合国机构及文献信息检索（www. unsystem. org） 美国政府信息（www. firstgov. gov/index. shtml） 中国政府信息网（http：//www. gov. cn/）
统计信息检索	联合国教科文组织统计学会网站（UNESCO Institute for Statistics），提供有关教育、科技、文化和交流的全球性可靠统计数据 Fedstats（www. fedstats. gov），提供由 70 多家美国联邦机构收集和出版的官方统计数据 中共国家统计局（www. stats. gov. cn），是我国国家统计局对外发布统计数据的唯一窗口

续表 6－2

信息需求	实用工具
地理信息检索	Google 地图（http：//ditu. google. cn/），包括局部详细的卫星照片，此款服务可以提供含有政区和交通以及商业信息的矢量地图、不同分辨率的卫星照片和可以用来显示地形和等高线地形视图，还提供 3D 效果图 Mapblast（www. mapblast. com），提供 17 个国家最精确的交通地图和行车指南以及世界各地的简略地图，同时提供住宿信息、交通报告和当地新闻 MapQuest（www. mapquest. com），该系统除提供地图查询外，还提供行车路线、航班信息、餐饮住宿等查询功能
图像音视频信息检索	Google 图像（www. google. com. hk/imghp? hl＝zh－CN&tab＝wi），提供文本和内容两种检索方法，可以根据用户上次的图片进行同样图片的检索分析和呈现 百度图片（http：//image. baidu. com/），全球最大的中文图库，提供内容图像检索，设有不同的专栏，提供高质量的图片 雅虎图片（http：//image. yahoo. cn/），经过人工筛选分类，图片质量高，采用目录式分类，用户可逐层点击进入 MP3. com（http：//mp3. com/），提供各类乐曲的检索和下载，提供相关的娱乐新闻，新歌、榜单和播放软件，可以说是欧美一流的数字音乐网站 搜刮（http：//www. sogua. com/），是中国最大的数字音乐资讯共享交流平台，提供各种音乐的视听下载和娱乐资讯 Publicradiofan（www. publicradiofan. com），是一个世界级的电台目录，提供数百个著名电台的流媒体文件链接 上海交通大学数字音乐数据库检索系统，提供基于音乐内容的音乐旋律检索，其检索结果显示相应的五线谱 百度视频（http：//video. baidu. com/），汇集了互联网众多在线视频播放资源而建立的庞大的视频数据库，是全球最大的中文视频搜索网站 The Internet Movie database（http：//us. imdb. com），是一个含有丰富影视信息的数据库网站，能够提供关于一部电影几乎所有的信息 好莱坞（www. hollywood. com），是反映好莱坞影视动态的权威网站

第三节　信息检索服务

数字出版要求出版社由信息提供者向信息服务者的角色转变。技术的发展，把出版社从销售的后台推向了前台。数字营销的关键在于对用户体验的打造。出版社通过长期的苦心经营，积累了大量的出版资源。这些海量的出版信息分散在网站的各处，读者置身于纷繁芜杂的信息堆中，大有“只在此山中，云深不知处”的信息迷失感。要使读者轻松便捷地查找出其所需要的产品，出版社需要提供智能信息检索服务，提高读者使用体验，抓住大众不停流转的目光。同时，良好的检索服务也有益于使出版社的优秀内容资源更好地服务于社会，从而实现经济效益和社会效益的双丰收。

智能化检索是以用户为中心的信息检索技术，为不同读者提供不同的服务，满足同一读者在不同时期的需求。它通过收集和分析读者信息来学习读者的兴趣和行为，并综合利用这些信息，满足用户的个体信息需求。具体而言，即智能信息推拉服务。

智能信息推拉通过跟踪并学习读者的行为，根据读者的兴趣，向读者推荐其感兴趣的信息以及自动过滤检索结果，这种方式尤其适用于网上书店。它包括两个过程：一方面服务器主动将信息发送给读者，即信息推送；另一方面读者检索信息，服务器按读者需求发现个性化信息，并对检索结果进行筛选过滤。个性化信息推拉的实质是一种“信息找人”的服务模式，减少读者寻找信息的时间，及时获知关于自己感兴趣的方向的最新信息。

读者在出版社网站检索信息时，有的读者由于专业知识的缺乏，不能提供准确的关键词信息，导致信息查全率低；而不同的读者由于受教育程度、职业以及兴趣爱好上的不同，需要的信息也不尽相同，使得检索结果存在大量的冗余信息。为了给读者提供更好的使用体验，出版社可采用信息分类技术，用“分类”代替“关键词”，如根据图书馆信息的分类，提供图书的分类目录，读者只需逐层点击，便能查询到自己所需要的相关书籍。采用语义检索技术，对读者的检索提问进行分析，了解读者的真实意图，以提供解读方案。采用智能检索技术，了解分析读者的兴趣偏好，考虑不同用户的差异，自动推送其感兴趣的信息以及相近兴趣的用户群所浏览的内容产品，过滤掉冗余的信息，使搜索信息更加个人化。在亚马逊的检索服务中，亚马逊会根据用户的浏览记录推荐与该类图书相关的或类似的其他图书，或者推送购买过该图书的读者还购买过类似的哪些图书。同时亚马逊还提供定制服务，读者可以对自己的检索记录进行编辑，删除某些检索记录或者标记不感兴趣的商品，使其能够推送更加符合读者需要的信息。

除了通过检索技术提供智能化的服务外还应该注意细节的打磨，包括检索界面的设计应该做到简洁突出，易于辨识；搜索结果的呈现，应做到层次清晰；用户能够对已购买的物品进行检索；提供检索小贴士，指导用户如何能够快速准确地搜索到需要的图书产品等。

思考题：

1. 什么是信息检索？什么是数字出版的信息检索？
2. 信息检索对数字出版有何影响？
3. 信息检索主要有哪些工具？
4. 归纳总结一下你在本章学习到的信息检索策略有哪些？
5. 数字出版的信息检索服务有哪些？

第七章　网上书店与数字图书馆

第一节　网上书店

一　概　述

随着网络技术的迅速发展，电子商务网站迅速发展并成为21世纪主流的商业模式。网上书店是随着这些网络技术的发展而出现的一种新型图书销售渠道。它通过人与电子通信方式的结合，依靠计算机网络，以通信技术为基础，实现图书销售的网上交易。

网上书店主要是指有自己的网站，并在互联网上进行出版物购销活动或提供出版物信息及相关服务的经营单位。网上书店可以利用覆盖全球的互联网连接无数企业的内部网络，其触角可以伸展到买书客户的家中，在买方和卖方及供应商之间架起一座桥梁，以先进的技术渗透于订货、送货、支付，甚至意见反馈等整个商务过程。网上书店不仅可用于图书的在线销售，也有音碟、影碟的在线销售。而且网站式的书店对图书的管理更加合理化、信息化。售书的同时具有书籍类商品管理、购物车、订单管理、会员管理等功能，具有非常丰富的网站内容和强大的文章管理功能。

国外最早的电子商务体验就是从网上售书开始的。1994年7月，美国考夫·贝佐斯在西雅图开设了全球第一家网上书店——亚马逊书店。这个与世界最长河流亚马逊同名的网络书店也是全球电子商务的一面旗帜。

亚马逊成功的示范效应让网上售书在世界范围内很快形成了一股汹涌之潮，尤其是在西欧、北美等发达国家。甚至在传统发行体系颇为完善的德国，也同样刮起了网上售书的旋风。

我国第一家网上书店是1995年建立的中国书店，1997年4月杭州新华书店建立了新华书店系统的第一个网上书店，1999年号称全球最大的中文网上书店——当当网上书店成立。此后中国的网上书店有如雨后春笋般涌现，卓越网上书店、旌旗席殊网上书店、中国书网北京图书大厦、上海书城、中国寻书网上书店等先后出现。

二　网上书店的类型

网上书店的数目不断增加，规模和特点各不相同，目前为止，没有统一的分类标准，一般来说有以下几种分类方法。

根据开办主体的不同，可以划分为以下五种：

信息提供商设立的网络书店（频道）。如盛大文学的云中书城，新浪、搜狐和腾讯等门户网站的读书频道，中国移动阅读网，中国天翼阅读网等。这类网络书店的特点是主要由信息提供商设立，以提供图书的网上阅读为主要内容，或者以发展数字图书的付费阅读业务作为经营方向。

以实体书店为依托开办的网上书店。如中国现代书店、风入松的燕京书苑、越洋书城等。其中以新华书店为依托的网上书店尤为突出，如上海书城网上书店、北京图书大厦的网上书厦、杭州新华书店网上书店等。

出版社自办的网上书店。这类网上书店的特点是以其自身出版或者经营的图书商品作为主要依托，以销售或者推广图书为主营业务。其中大部分出版社的网络书店也是自身形象宣传和展示的平台。一部分出版社或者出版集团的网络书店还专门设有电子书阅读频道。

由运营商、书业出版发行企业和信息提供商等建立的网络书店。这类网络书店的特点是以网络渠道作为销售推广平台，销售纸质图书，具有较大的市场影响力和品牌号召力，在多年的市场竞争和发展中，这类网站一般具备较成熟的结算体系、物流配送系统和信息管理系统。当当网、亚马逊中国网、京东商城等均属于运营商设立的网络书店。

此外，还有从事 IT 行业的机构创办的网上书店，如广东壹网计算机有限公司的壹网书店、上海市邮电局的上海邮电书店等。一些教育、文化部门开办的专为某一范围的机关团体服务的网上书店，如教育部图工委的世界书苑等。

按照营销模式划分，我国的网上书店可以分为以下四种：

“B to B”模式，即商家对商家（书店对书店、出版社对书店）的销售或订货，又称为“图书交易平台”“电子中盘”。如部分出版社（集团）建设的网上批发平台。该模式使书业企业清晰掌握供需信息和财务状况，实现新书与可供书目信息的适时发布、网上查书、网上订货、网上余缺调剂等多种业务功能，从而有助于减少书业企业的图书库存、降低成本、扩大市场、提高效益。

“B to C”模式，即商家对用户（书店对读者、出版社对读者）的销售。主要是指为数众多的图书网上零售店。如当当网、书业出版发行企业的网上书店等。该类型网上书店为消费者提供了科学的商品分类、直观的网站导航、智能的查询系统和便捷的流程。

“BBC”模式，即对 B to B 和 B to C 模式的整合，将出版物发行的全流程在互联网上完成。这是出版社—批发商—书店—读者的全程电子商务模式。这种模式的网上书店作为交易的平台和交流的中心，通过信息化的集成方式，提供从出版到发行直至零售的各种服务，有利于经营者之间高度协作来实现信息与商业机会的共享，同时也能直接面对广大终端消费者，从而有效开展各项图书交易活动。

“信息服务”模式，即仅从事出版物资讯服务，为出版社、书店及读者提供信息发布平台、在线阅读和下载，沟通信息渠道，不搞网络出版、不卖书、不搞配送。

根据网上书店的经营思路，可以划分为以下四种：

以售书营利为目的网上书店。这种书店利用网络提供大量的书目，读者可以进行查询、选择，然后在网上直接订购，结算方式以信用卡结算为主，也可采用邮购、电汇等方式，书店确认读者已付款后，就通过自己的配送体系，把图书送到读者手中。它的优点是能提供大量书目，读者选择面大，购书效率高。但是它的不足也是明显的，它必须有大量的网上购书者、先进方便的结算方式、完善的配送体系、较高的折扣率等条件支持。国内现有的网上书店绝大部分都是这种类型的。

以提供信息服务为主的网上书店。这种书店以图书销售为核心，提供各种类型的信息服务。在这种运营方式下，图书销售不是它的全部目标，通过信息服务把读者的注意力集中过来，以服务为纽带，把作者、出版社、书商、书店、读者紧密地联系起来。

有专业性特点的网上书店。前面所述的两种类型的书店主要是综合型书店，它依靠书目全、服务好、信息量大取胜，一般经营者需要具备相当的实力。而对于实力较弱的经营者，可采取“以专取胜”的策略。这里的“专”指的一是书籍内容专，二是销售对象专，三是书籍类型专，四是出版单位专。

以电子版图书为主的网上书店。随着网络的普及和其他信息技术的发展，图书发行电子化将是必然趋势。尤其是网络版的图书，可以在网络上方便、快速地传递，省去了图书配送这一环节。为解决这类图书的阅读问题，很多公司纷纷推出了电子图书阅读器。随着手机功能的强大，手机也逐渐成为人们电子阅读的主要中介。电子版图书发行量还在不断增大，这种销售方式也将成为一种趋势，并有望成为销售盈利的突破口。

三　网上书店与数字出版

随着网络的普及和人们阅读习惯的改变，出版物形态也发生着巨大的变化，电子书、数字报纸、互联网期刊等非纸质形态的出版物越来越丰富，出版物发行数字化成为大势所趋，数字出版时代正在到来。目前，网上书店大多是售书盈利类型，读者在网上查询、浏览、比较、下单购买，由商家发货。这种方式只是实体书通过互联网销售而已，如果仅停留在这一阶段，网上书店就只是实体书店在网上的延伸，不具备自己的特色和精髓。

数字出版产业中内容资源是产业链发展的基础，因而把握好内容资源是网上书店发展的王道。一方面，随着网络的普及和搜索技术的广泛应用，网上书店现有的内容资源和内容服务功能已经越来越不能满足用户多元化和分散化的需求。另一方面，作为产业链上内容提供方的主体，出版社和图书馆积极寻找着自身发展的出路，但从资金、技术方面，发展标准的建设方面以及规模化信息处理等方面都存在不同程度的劣势，相对而言，网上书店具备这些方面的比较优势。结合网上书店和内容行业的这些现状，网上书店应当积极同内容提供商协商，参与到上游业务活动中，在整合内容提供方的基础上，增加内容资源数量，提高内容资源质量，丰富个性化服务内容。近几年，淘宝、当当网和京东商城等电子商务平台纷纷盯上了电子书这块大蛋糕。当当网2010年11月成立出版物数字业务部，并透露将开放30%内容免费下载。随后京东方面也表示，将在3到5年内进军电子书市场。而几乎是在同时，百度、谷歌两大搜索引擎网站也都进入了电子书市场。旗下囊括了起点中文网等原创文学网站的盛大文学，更是利用自身强大的内容优势，在 2010 年 3 月公布了建立“云中书城”等一系列电子书战略，并顺势推出了自己的阅读器。

网上书店要在数字出版的浪潮中站稳脚跟，获取更多发展，必须做出营销模式和结构上的改变。比如，数字出版时代，按需出版也成为一种新的出版形态。通过采用先进的数据处理技术、数字印刷系统和网络系统，突破传统模式的印数限制，重新组合出版流程中编、印、发各个环节，特别适合于断版图书、短版图书和具有较强个性化特点图书的出版发行。网上书店就需要具备编、排、印、发一体化能力，读者需要某种图书时，书店与出版社取得在线联系，出版社将储存在光盘中的图书传到书店，书店再使用激光打印机和自动装订机制作。因此，数字出版给网上书店带来的变革绝不仅限于书店经营形式的改变，在线阅读、在线出版、按需出版等都是出版的新形式，网上书店的发展应赶上出版业变革的步伐。

第二节　网上书店的经营建设

一　网上书店的系统结构

网上书店系统结构可分为前台和后台两部分，其中后台事务是由特定的管理员来管理的，其他人不能随便进入，以防数据被破坏。而前台网站页面尽管任何人都可以访问，但是只有注册用户在登录以后才有购买商品等权限。其中前台管理员级包括用户管理、信息发布、交易管理、帮助中心四大模块，后台一般用户级包括用户管理、书目管理、单据管理、数据分析四大模块。（如图 7－1 所示）

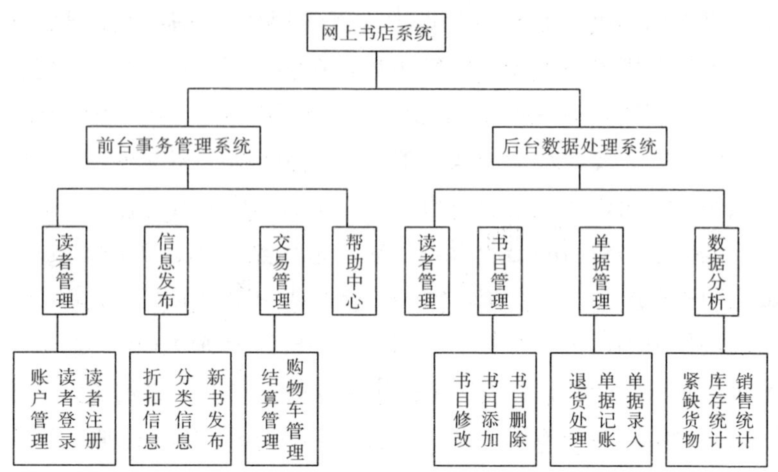

图 7—1 网上书店系统结构示意图

（一）前台事务管理系统

1. 用户管理

读者注册：每一个浏览该网上书店的用户，如果想要购买商品首先必须成为注册读者。读者注册成功后，系统将保存该读者的所有注册信息，而这些信息将作为读者以后登录和购买图书时送货的依据。

读者登陆：读者可在此对自己的注册信息进行修改，查看自己的积分（积分累计到一定程度可成为 VIP，享受各种服务和优惠）和订单等信息。为读者提供身份确认的功能，保证合法读者应有的权益，只有登录后读者才能购书。

账户管理：向登录本书店的读者提供读者登录所提到的各类信息。

2. 信息发布

分类信息：把数据库中的各种书籍按类型显示出来，不仅方便读者查找书目信息，同时也使读者对网上书店有一个清晰的总体结构概念。

3. 交易管理

购物车管理：为方便读者购书，每个读者都有一个购物车。在读者购买书籍的过程中，随时可以查看自己的购物车，知晓自己购买的书籍的数量和所需的金额，当然还包括书籍本身的信息。

结算管理：当读者确定要购买的书目后，可通过结算中心完成自己的订单定制，并发送购物请求。

4. 帮助中心

书店的帮助索引为读者提供了各类帮助信息，使读者在本书店遇到的问题尽可能得到方便、快速的解决。

（二）后台数据处理系统

1. 读者管理

通过前台提供的读者注册和登陆的信息，完成对读者信息的添加、删除、修改和浏览。

2. 书目管理

理员依据原始的书目信息以及已有的书目数据库，完成对各类书目的添加、删除、修改和查看。

3. 单据管理

完成单据录入、记账、删除以及退货处理查询结果等功能。

4. 数据分析

对积压书目、紧缺书目、库存书目和已销售书目进行统计。

二　图书的分类与检索

（一）图书销售流程

网上书店的图书销售流程基本模式如图 7-2 所示：

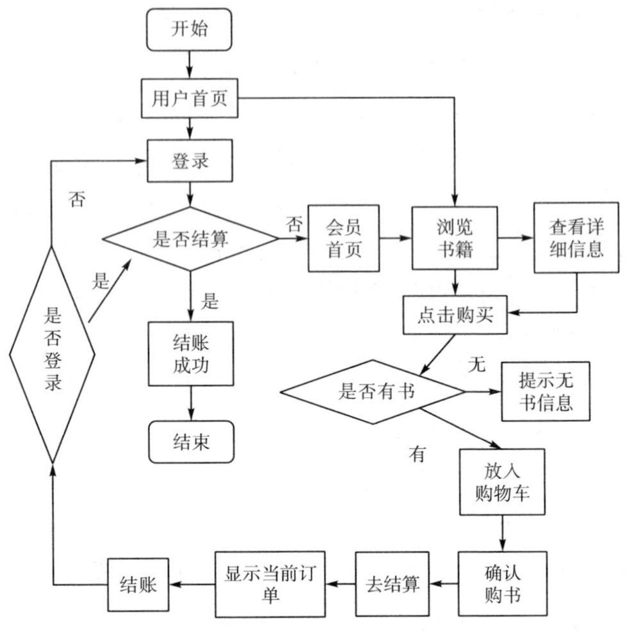

图 7—2 销售系统流程图

任何人进入网上书店的首页，都可以浏览网页，阅读信息，筛选书目，当点击“购买”的图书有货时，即可下单，但是结算的时候需要登录自己的注册账号，才能获得购买权限。在图书销售的过程中，图书的营销分类有着重要的影响。

（二）图书营销分类

为了便于管理和销售，网上书店需要有简单明晰的分类。我国网上书店的图书营销分类普遍借鉴了《中国图书馆分类法》（以下简称《中图法》）的分类依据，按照图书内容所属学科进行分类。

网上书店营销分类的类目设置包括两个部分：基本大类和子类目的设置。基本大类大多是依据《中图法》按“社会科学”“自然科学”“综合图书”的顺序排列。网上书店在设置基本大类时，一般着重考虑以下几个因素：一是网上书店经营的侧重点。

各个网上书店的营销分类在设置类目时都注意突出自身的经营特色，将书店重点经营的图书类型设置为基本大类。二是网上书店的图书信息量。网上书店所含图书信息如果较多，则基本大类设置相对较细，反之则基本大类显得比较宽泛。三是读者的阅读取向。网上书店在进行营销分类时注重从读者的角度出发，将读者关心的图书类型列为基本大类。

基本大类确定后，再对各类目进一步细分，形成一系列子目。网上书店在确定子类目归属时，除考虑图书知识内容的学科属性外，更应注重的是读者的分类检索习惯。

类目的序列是反映营销分类基本特征的重要方面，它体现着营销分类的逻辑性和系统性。类目的编排可以按类名字顺序排列；按类名字拼音首字母从 A 到 Z 顺序排列；按类目之间的内在联系（如从属关系、并列关系等）排列；按类目重要程度排列。

只有合理的图书营销分类还不够，还需要有方便实用的分类框架结构。网上书店图书营销分类是依附于网页而存在的，多个网页链接起来就构成了网上书店营销分类结构。我国网上书店营销分类结构主要有以下两种形式：

一是单层网页结构，即网上书店在一个网页上显示全部类目。这种形式揭示图书分类信息简单明了，适用于规模较小、图书种类单一的网上书店。

二是多层网页线性结构。这种营销分类结构有两种表现形式：第一，网上书店在主页上只列出一级类目，然后将子类目严格按级别分别列在相应的页面上。这种类目与所列页面级别相对应的类目组织方式，层次分明，一目了然。第二，网上书店在主页上列出全部基本大类和部分重要的二级或三级类目。将二级或三级类目和基本大类同列在主页上，便于读者直接查询。

构建营销分类框架应注意以下几点：

第一，网上书店营销分类框架的构建应以《中图法》和传统书店的营销分类为基础。构建相对统一的营销分类是对以往各个网上书店的营销分类加以整合，使网上书店营销分类既体现知识内容的逻辑性，又具有主题类目无限扩展的特性。

第二，网上书店营销分类框架的类目层次不宜过多，以控制在两级为宜。

第三，营销分类体系框架的类目名称应做到科学、准确、简洁，对难以直接揭示内涵和外延的类名，一定要加以注释。

（三）检索系统

网上书店的检索系统是书店与用户交流的窗口，任何一家网上书店想要在充斥着众多竞争对手的无形网络中占有一席之地、成为其中的佼佼者，都不能忽略网上书店检索系统的建设。

目前，网上书店比较常用的检索方式有基本检索和高级检索。网上书店都会提供书名、作者、出版社三个检索点的入口，一些网上书店还提供了全部综合检索的功能。利用高级检索中的不同检索途径予以组合，可进行多种不同方式的组合检索。另外，在高级检索中增加模糊匹配、分类查询、出版社检索等功能，用户可以根据自己的需要来确定精确或模糊匹配检索，利用分类查询通过对大类及相应下位类的选择，限定查找图书的所属类别，这两种功能的设定大大提高了检准率。

另一种常用的方式是分类检索。各家网上书店的检索系统设计风格各异、功能的设置也有所不同，并且，网上书店还没有一套完整、通用的科学分类方法。大多数网站都将当前较热门的话题，如考试、娱乐、美容、旅游等类目提升为一级或二级类目，这种分类体系的设计看起来直观，查找起来也比较方便、容易。但由于各家网站各行其是，不注重彼此之间的兼容性，致使各网上书店之间缺乏通用性，用户每到一家书店就要重新熟悉它的分类体系，这样就给用户造成了一定的负担，浪费时间和精力。

限制检索是一种常见的数据库检索功能，它能通过对检索条件的限制来缩小检索范围，从而提高查准率。利用递进搜索器对第一次的搜索结果进行二次检索，或是在关键词中添入需要搜索的相关词汇，或是在其他条件不变的情况下搜索新的关键字，或进行新的搜索。用户通过在表框中简单地填写与选择，减少了负担，达到了较好的检索效果。

除了智能高效的检索方式，还需要有合理明晰的检索结果呈现，即检索结果自动归类功能。检索结果的显示方式在检索界面的设计中极其重要，尤其是在检索结果较多的情况下，更加不可小视。每个人的习惯与爱好的不同，对于检索结果的显示方式也就各有偏好。有的用户喜欢按一栏顺序浏览；而有的用户更偏向于二栏的显示格式，这样利于比较。简单的文字显示则使得整个页面更简洁，浏览起来更加方便，因此就要增加显示方式以供用户选择。

三　营销服务与营销策略

（一）网上书店的营销服务

网上书店的营销服务主要是通过互联网来实现的，是图书营销的一个有机组成部分。网上书店的营销服务有两类：一类是为网上书店出售的图书产品提供基本的支持和技术服务，另一类是网上书店为满足读者的附加需求而提供的增值服务。

根据读者与网上书店发生关系的阶段，可以把网上书店的营销服务分为售前服务、售中服务和售后服务。

1. 售前服务

（1）信息提供服务。互联网为网上书店提供了广阔的信息发布平台。一般来说，网上书店提供的信息主要包括图书的出版信息、书业企业营销信息和一些宏观的书业信息等。

（2）信息整合服务。互联网具有交互性的特点，为网上书店有效地整合各种信息创造了条件。网上书店要整合读者与书业企业，包括出版社和书店之间的信息；整合读者与读者之间的信息。信息整合服务的关键是要为读者提供一个友好的交流平台。

2. 售中服务

（1）参考建议服务。一方面，网上书店要为读者提供方便快捷的信息搜索方式，包括使用实用的图书分类方法、提供多种途径的图书检索方式和多角度的链接方式。另一方面，要提供科学、人性化的参考建议。网上书店应建立读者信息数据库，在读者选购图书时，服务软件就可以在综合分析读者的年龄、职业、兴趣爱好、购买频次等信息的基础上向读者推荐相关的图书。

（2）金融信贷服务。网上书店要根据读者购书的具体情况在付款方式上提供一些便利措施，主要包括三种方式：延期付款、分期付款、信用卡付款。

（3）安全保障服务。一方面，网上书店要建立安全可靠的支付协议，确保网上读者安全支付。另一方面，网上书店要采取一套安全消费保证措施来处理交易过程中的差错故障。

3. 售后服务

（1）配送服务。网上书店只是提供了一个虚拟的卖场，配送服务也是网上书店营销服务的一项主要内容。当前网上书店可以选择的送货方式主要有三种：一是通过邮局寄送，二是雇用配送公司发送，三是自己组织人员配送。这三种方式各有优劣（如邮局平件寄送价格低但速度慢，配送公司发送速度快但配送能力有限，自己组织人员配送准确性高但成本高），网上书店可以根据实际情况加以选择。

（2）质量保证服务。网上书店的质量保证服务主要包括两方面的内容：一是确保读者购买的图书准确、及时地被送到。所谓准确是指送出的书是读者所选定的图书、送到的地方是购买者指定的地点，所谓及时是指图书应在规定的期限内被送到。二是提供退换服务，允许读者对不满意的图书进行退换。

（3）消费指导服务。网上书店对读者进行消费指导可以从以下三个方面着手：一是解答读者的问题，这是最直接的一种指导方法，即读者把阅读图书时产生的疑难困惑反馈到网上，网上书店帮助其解决这些问题；二是在网上发布相关的书评或读后感，为读者提供一些背景知识和参考意见，以帮助读者更好地阅读使用图书；三是对于一些专业性较强的图书，网上书店可以在取得读者的同意后，定期用电子邮件向读者发送专家的特色书评，与读者进行互动式的沟通，以建立一种持久的、有价值的合作关系。

（二）网上书店的营销策略

网上书店不管是结构形态还是经营模式都与传统书店不同，其营销策略从产品营销、价格营销、渠道营销和促销几个方面分析，也有自己的特色。

1. 产品营销

（1）产品种类。网上书店产品营销是品种全、成本低以及专业化的经营模式。与传统书店不同，网上书店推荐热门书的同时，也使专业、冷门的图书以较低的投入进入图书市场，最大化地满足读者的需求。

（2）产品不同周期的应对措施。网上书店产品周期分为投入期、成长期、成熟期和衰退期。在图书投入期，应加大图书的投入促销力度，合理运用图书广告，加强网上书店的互联网链接。在成长期，书店要加大宣传力度，吸引更多读者。这时应该进一步加大促销广告的投入，充分利用网络资源，加强网上宣传力度。在成熟期，要强化市场营销手段，采取各种促销办法。在衰退期，应尽量推迟衰退期的到来，增加优惠折扣、搞特价销售、有奖销售等活动。

2. 价格营销

价格指顾客购买产品时的价格，包括折扣、支付期限等。传统实体书店用于设施服务的成本包括店面的租金、店内装潢摆设费用、图书的库存费用，以及负责销售、收银等工作的员工的工资等等。而网上书店则没有这方面的困扰。同时网上售书减少了中间商的利润截留，所以其价格低于传统书店出售的图书。另外，网上书店出售的图书都是顾客预订的，可根据一定的预订量，有针对性地统一发货到消费者，减少中间环节，量大从优，出版社也会给予更多的折扣，这又支持了网上书店的优惠售书策略。

3. 渠道营销

(1) 分销渠道。渠道指产品进入或到达目标市场的种种途径，包括区域、场所、运输等。传统书店基本模式包括：出版商—读者；出版商—零售商—读者；出版商—批发商—零售商—读者；出版商—代理商—批发商—零售商—读者；出版商—代理商—零售商—读者。网上书店采用的是直接面对消费者模式。这种模式简化了批发商、代理商和中间商的数量，大大缩短了中间环节，节省了流通费用，提高了流通效率，更不会因为中间环节而影响出版物的辐射范围。所以网上书店要善于发挥网上购物的优势，减少中间环节，提高服务效率，让利于顾客，这也是发展电子商务的初衷。

(2) 支付手段。网上书店的消费者可以不受地域与渠道的限制，可以选择网银支付、信用卡支付，除了这些还可以选择货到付款、请人代付等多种支付方式，方便快捷。

4. 促销

促销指企业宣传、介绍其产品和说服顾客购买其产品所进行的种种活动，其中包括广告、宣传、公关、人员推销、促销活动等。促销在网上书店的经营活动中占有重要地位，因为读者在网上买书时面临的主要问题就是网站的书籍信息过量，要让读者在茫茫的信息海洋中注意到特定的网络出版物及其服务，网上书店不可避免地要扮演好信息传播者和促销者的角色，综合运用线上和线下的各种营销工具来进行促销活动。可以利用的促销渠道和方式有以下几种：

（1）搜索引擎。搜索引擎允许用户利用关键词搜索其数据库，是网络用户发现、寻找新网站的重要途径。网上书店第一步是尽可能多地在搜索引擎上登记、注册自己的网站。把关键词包含在文献的标题中，尽量将重要的文字放在页面上端，读者能通过搜索引擎快速搜索到想要的网上书店。

（2）电子邮件。电子邮件被认为是目前最好的一对一传播载体，为快捷、低成本地递送个性化、时效性强的信息提供了通畅的途径。网上书店不仅可以用邮件向原有的顾客告知网站的存在，还可以定期向读者发送更多信息，直接促销新产品和服务。

（3）媒体广告。使用传统广告媒体是网上书店的必然选择，诸如报刊、电视、广告牌等形式都得到了广泛的应用。

（4）口头传播。口头传播是效果最好和最容易被读者接受的一种方式。网上书店要想生存发展，必须首先建立良好的商业信誉，用优质的服务取信于读者，从而形成良好的口碑，获取更大的市场份额。

四　网上书店的建设

网上书店的建设远不止原来传统书店的销售系统建设、安全建设、物流发展等方面的问题，在数字出版的环境下，网上书店的建设还需要注意产业链、网站和数据库几个部分的发展。

（一）产业链疏通

网上书店要发展，必须寻求合作互利的发展路径。产业链重新定位，成了网上书店发展的有效方式：整合上游内容机构资源，扩大网上书店书目的量和内容范围；加强自身个性化服务打造，加大宣传力度，发掘新的盈利点；联合下游移动网络服务提供商，进一步开辟个性化服务推送业务，拓宽盈利渠道。网上书店的定位不再仅仅是一个书目、数字内容甚至小百货信息服务、网购平台，而是通过利用网上书店已有的客户群体和网络平台、渠道，借助用户群体特殊性质，运用多元化盈利分成模式，联合产业链上各方形成利益共同体。

1. 整合上游内容提供方

（1）主动提供第三方服务。首先，积极推动合作平台的建设。总体来说，我国数字化产业链缺乏有效的合作和沟通平台，尤其是上游企业自身发展时，往往因为信息共享效果欠佳、发展标准不统一等因素，致使内容产业发展始终步履蹒跚。基于此，网上书店可以借助同众多数字内容企业关系密切的优势，联合有关主体合作，构建第三方服务平台。网上书店应积极同内容提供商磋商，建立信息与资源共享机制，进而拓展到建立“数字版权集成管理”平台，积极提供在线数字内容版权认证服务。

其次，适当介入上游企业数字化活动。网上书店可以同出版社协商，以第三方形式参与到图书资源数字化活动中，为其提供人力、技术和资金。与此同时，网上书店在平台上提供这部分数字化内容，并在用户为使用相应资源付费后，按照约定比例支付给出版社。

最后，打造数字版权集成管理平台。数字产业的核心问题之一是版权的规模化管理，即怎样在海量业务中处理版权问题。网上书店作为具备先入优势的平台运营商，应该在同上游企业合作的基础上，积极争取内容提供商的版权授权，作为第三方，通力打造数字版权集成管理平台。

（2）积极进行数据分析。大规模使用商务智能，是电子商务企业发展的趋势，数字出版业也不例外。作为平台的网上书店可以借助其渠道和数据库对网上用户信息处理的规模效应，引入商务智能分析系统，将海量的用户点击流量数据、需求信息等及时建立起数据仓库，运用合适的分析工具进行数据挖掘，形成有效的市场信息，为上游企业提供知识服务，开拓新的盈利点。

具体说来，网上书店通过平台直接反馈消费者的意愿，使数字产品从内容创作之初就考虑选择不同的数字形态，如何投放适宜的销售渠道等，以便更准确地把握市场动向，并定期组织专业人员编写成市场需求分析报告，同上游的合作出版社共享，使之能够及时处理信息，做好印刷生产计划、库存容量控制计划、消费区位重点调整计划等规划。基于此，网上书店应要求出版商按约定好的互惠合作条件提供更为广泛的内容资源支持。

2. 开拓自身盈利空间

面对多元化、个性化和分散化的需求，网上书店必须进一步加强自身服务功能的建设，不断整合信息资源、提供集成化的平台服务，借助网上书店这一现有平台，在鼓励用户参与网站内容建设和模块建设的基础上，分析网站与用户的交互信息，及时反馈给相关部门，开发新的更有针对性的用户模块，发掘盈利空间。据《第31次中国互联网络发展状况统计报告》指出，截至2012年12月，在我国5.64亿网民中，农村网民规模达到1.56亿。但是因为物流难以充分覆盖居住更为分散化的农村，农村上网硬件相对欠缺以及网上书店针对农村功能的设置不全等因素，导致网上书店短期内无法在农村创造出明显的利益。但是网上书店必须看到农村网民用户基数大，大众媒体覆盖面广，政策鼓励农村网络书店、网络期刊、网络报纸的普及等特点，积极开拓农村市场。网上书店可利用Web.2.0“共同参与、共同建设”的特性，配合通过平台收集得来的信息，了解需求，开辟“三农服务”专版图书和信息模块。

3. 联合下游移动网络服务运营商

伴随着手机阅读现象的出现和普及，人们的阅读方式发生了巨大的变化。移动终端阅读，已经越来越受到大众的青睐。网上书店应联合移动终端积极打造个性化服务。

（1）建立同移动网络服务运营商合作机制。在手机阅读形式的多元化、呈现形式的多样化以及服务个性化的趋势下，盈利空间将进一步扩大。手机阅读市场将成为数字出版产业链各方争夺的主要阵地之一。网上书店必须有一个清晰的认识并建立起有效的合作机制。一方面，网上书店在进军移动阅读领域应该先充分和正确地定位：在选择好恰当的移动业务运营商的基础上，定位于移动阅读内容提供商和移动网络服务提供商之间的桥梁，并运用已有的消费群体、宣传渠道和商品规模化销售所产生的集成化管理等优势大力推广联合移动阅读业务。另一方面，网上书店要积极推动利益分配机制的制定，移动网络服务运营商在合作中处于强势地位，但网上书店可以借助其已有的特定客户群体资源为条件，以自身已有平台和渠道为优势，积极同运营商谈判，适当让利，促成合作的建立，抢占市场先机，建立起行业先入优势。

（2）打造网上书店手机社区。网络快速的发展已经使得“虚拟社区”的概念深入人心，与此同时移动网络服务已开始向人们生活的各个方面渗透。网上书店可利用手机的覆盖面广，针对性强的特点，积极将自身网上的业务经过二次开发延伸到移动网络，并大力开发新型的个性化业务，进行全方位商品信息和服务推送。具体说来，网上书店利用已有的客户群体以及网站对客户群体建立的分类，设计不同社区，并将用户资料反馈给移动网络运营商，利用运营商平台和技术支持，建立起手机社区。在手机社区中，网上书店和移动运营商要做好以下几点：首先，健全用户需求信息反馈机制，做到及时处理，及时反馈；其次，做好社区数据挖掘和信息处理报告工作，做到发掘市场信息，形成有效用的市场分析报告；最后，不断开发新型社区功能服务，提高用户使用黏性。

（二）网站建设

国内网上书店网站首页的结构都明显分成7个部分：共用程序导航（一般包括用户的个人信息及一些帮助等）、搜索栏、主导航区、左侧局部导航（多数网站为图书分类）、主要内容导航（多种专题的浏览）、右侧局部导航（多种活动浏览）、页脚导航（一些合作信息及帮助信息），如图7－3所示：

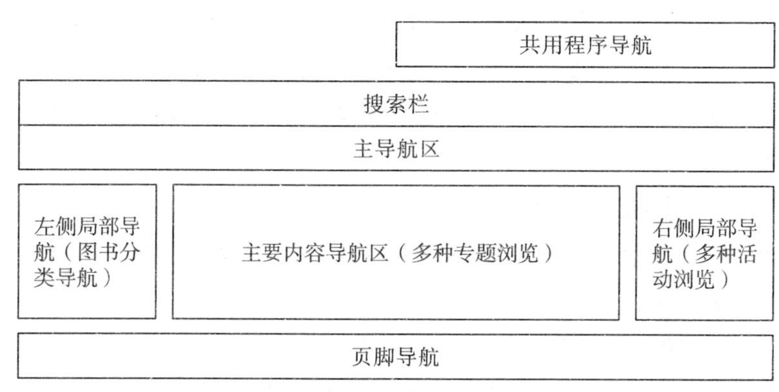

图7－3　国内网上书店首页结构

网上书店的首页基本体现了网站所有的信息类别。这些信息内容包括图书类信息链接、网站推出的活动类信息链接、用户的个人信息链接以及网站提供的服务信息链接。

网上书店网站的建设除了与一般网站建设一样的要求，也有自己的特点及不足：

第一，对网上书店的各种信息进行归类，增加相关信息的层级建设，建立合理详细的网站导航地图。网上书店大多只有对书籍类目信息的层级建设，却忽视了对其他信息的组织。

第二，简化网站首页信息内容，相似信息放在网站相近的位置，便于用户对信息的理解及查找。

第三，将信息与用户行为相结合进行构建。如网站是把“客户服务”放在页脚导航处，用户要浏览完整个页面才能看到这个链接，这种构建就没有考虑用户行为。

第四，从用户对信息认知的不同维度来合理地组织网站架构。用户对网上书店的信息划分存在着某种潜在的依据。网上书店可以根据多维尺度的分析对网站的架构进行合理的组织，这种信息架构对用户来说是潜在的，但是可以为用户提供良好的、有利于用户完成购买行为的用户体验。

第五，多让用户参与到网站的设计中，利用网站可用性设计评估的一些方法加强对网站的建设，构建真正以用户为中心的网站。这些方法包括卡片分类法、任务分析、情景调查、用户访谈等。

（三）数据库建设

网上书店的数据库建设，主要有三个环节：数据库的建立、使用和维护。

1. 建立数据库

数据库是要为营销和最终的销售结果提供基础信息的，所以数据库的建立基础并不仅仅来源于客户的销售行为，还可能涉及网上书店商业链条的各个环节。除了图书信息这个必须关注的基本数据库之外，比较重要的还有三个环节：

一是与合作方（出版社、合作方等）之间的联络网。网上书店的业务人员划分与实体书店不太相同，对数据的要求相对也更高些。好的数据库资料和更新机制是保障工作顺畅进行的基础。

二是书评体系的建立。书评是客户消费行为的参考，也是读者对产品的评价集结，它可以在很大程度上左右读者的消费行为。

三是会员数据库和会员行为的直接追踪。出版社要重视网上书店的会员价值，保持与会员的联系。

2. 使用数据库

数据库的功用主要表现在以下四个方面：

（1）前台的客户行为引导。网站的后台支持可以记录用户的消费行为和浏览路径，并通过后台运算，在用户访问其网站时向其推荐有可能合适的图书。

（2）邮件营销。网站可以根据图书内容提取相应适合客户的信息然后群发邮件提醒其购买，或者是发送打折等广告至客户端。

（3）订单广告。订单流程是网上书店不同于实体书店的最大特色之一，如果出版社计划发送一些宣传页而又怕损耗较大的话，可以试一试网店订单夹带这种方式。当然，并不是所有的网上书店都愿意配合，毕竟这有时会涉及物流的成本问题。

（4）销售分析。与实体书店的销售数据不同，网上书店的销售数据相对来说获取更容易，使用也更方便。网上书店的辅助分析系统越来越精密，甚至能精准预测客户行为和消费走向。

3. 维护数据库

庞大而完善的数据库系统是网上书店生存的利器之一，但是数据库从某种意义上来说也是易耗品，如果不能及时维护和更新，作用会大打折扣。说到维护，大多数客户类数据库的维护基本上以问候和回访居多，然而数据库的维护也是有技巧可寻的，并不是单纯地依靠电话和邮件的回访就可以做好。

维护数据库需要理解数据含义，学会分析数据，使数据产生应有的价值。比如理解客户需求，有人在意购买方便，有人在意新书信息及时，有人在意折扣够低，有人在意经常被问候，这些都是能够用数据分析出来的。按照客户们喜欢的方式去维护他们的时候，得到的总会是更好的回报。

第三节　数字图书馆的概念和发展

一　数字图书馆的概念

（一）理论研究

信息与人类社会共存，人类对于信息的需求程度因时代而不同。随着计算机技术、通讯和网络技术、高密度存储技术以及多媒体技术的发展，以数字方式记载的信息应运而生，即利用数字技术采集存储和保存并提供存取信息，丰富了信息资源，提高了信息质量，促进了信息传播，带来了信息技术的革命，出现了数字图书馆。

对于数字图书馆理论的研究早于对其应用的实现。数字图书馆作为一种科学的概念和理论，它的理论源头可以追溯到 1945 年。该年，美国著名科学技术管理学家布什（V. Bush）在《大西洋月刊》上发表了《诚如我们所想象的》（“As We May Think”）一文，生动描绘了新技术在信息收集、存储、发现和检索方面的应用前景。他讨论了最新的技术进步和这些技术在不久的将来被加以应用的方式，勾勒出一种可行的技术方法的轮廓，并称之为 Memex。虽然 Memex 所采用的技术基础是缩微胶片而不是电子计算机，但布什提出了诸如远程存取等重要概念。这些概念日后与电子计算机相结合而成为数字图书馆理论发展的重要基础。

“数字图书馆”是从英文 digital library 翻译过来的，这个词最早是在 1987 年出现，但 digital library 作为一种科学的概念被人们广泛接受是在 1992 年。这年 7 月美国国家科学基金会（NSF）主持了一个“电子图书馆研讨班”，会上 John Garrette

在介绍美国国家先导研究公司的CNRI研究项目时提到了数字图书馆计划，同年12月同样的研讨班就更名为“数字图书馆研讨班”，美国数字图书馆研究专家在会上做了《数字图书馆：它是什么，为什么是这样》的主题发言。此后，数字图书馆成为主流概念。

我国对于数字图书馆的研究起步较晚，最早在1994年左右，1998年开始升温。在国家科技部的支持和协调下，国家863计划智能计算机系统主题专家组设立了数字图书馆重点项目——“中国数字图书馆示范工程”，该项目的最终目标是建立中国数字图书馆系统。国家863计划智能计算机主题组为了从总体上把握这一工程，于1999年5月成立了中国数字图书馆发展战略组，专门对数字图书馆工程涉及的技术、管理、运营、法律等问题展开研究。

（二）概念界定

数字图书馆是伴随计算机技术、网络技术而发展起来的新事物。正如我们所看到的计算机和网络一直处于不断的发展升级的过程中一样，数字图书馆也一直处于成长过程中，没有完全定型，学界对于数字图书馆的概念尚未达成一致的说法。

在众多对数字图书馆的定义中，大多数都是列举式、解释式的。例如：“数字图书馆是指具有分散于不同存储处的大量的有组织的信息源，并上网为用户提供有效服务的系统，它在本质构造和运行机理上都需要以网络技术为核心的数字化技术支撑，是以各种数字化资源为核心的资源体系，其最终目标是为用户提供数字化服务。”① 又如：“（数字图书馆）是一个全球性的分布式的大型知识库，即以分布式海量数据库群为支撑，基于智能技术

① 韩立栋：《数字图书馆研究》，载《现代情报》，2003年第7期。

的大型、开放、分布式信息库。”①

参考众多的关于数字图书馆的定义、解释，结合数字图书馆所要做的主要工作、主要工作方式及实现这些工作所依赖的条件，可以发现，数字图书馆作为一个崭新的概念，其内涵应有如下几个方面的界定：图书馆工作者与信息用户均应处于数字信息资源的环境下；不依赖信息存放地点及管理范围，以集成的和因地制宜的方式，向用户提供信息服务；应用信息技术、数字技术、网络技术；图书馆为信息用户提供的信息服务内容是电子信息资源；信息用户对图书馆的利用可以是任何时间、任何地点，通过与网络连接的计算机，查询图书馆的信息资源。

根据上述界定，可给数字图书馆定义为：数字图书馆是应用信息技术、数字技术、网络技术，对电子型文献和网络信息资源进行收集、组织、管理，实现一体化存取，为信息用户提供不受时间和地域限制的网络信息服务。

（三）数字图书馆与传统图书馆

讨论数字图书馆，必然涉及的一个问题就是数字图书馆与传统图书馆的关系。目前基本上有两种观点，一种认为，数字图书馆既与传统图书馆紧密结合，又促进传统图书馆的变革，提升传统图书馆的服务能力和服务质量。另一种观点认为，数字图书馆植根于现代信息技术的土壤，是一种网络环境下的全新的图书馆形态，具有与传统图书馆完全不同的理念追求、运作方式和管理模式。事实上，前一种观点描述了一种现存现象，但对现象背后的原因与根据缺乏分析与研究；后一种观点则更多地抓住了数字图书馆与传统图书馆的要害，从而得出完全不同的结论。

---

① 陈军：《近十年国内数字图书馆研究状况》，载《科技信息》，2007 年第 35 期。

数字图书馆与传统图书馆的区别是多方面的，见表 7—1：

表 7—1 数字图书馆与传统图书馆工作内容和模式对比

	工作中心	馆藏基础	工作方式	馆藏加工	服务对象	检索手段	服务方式
传统图书馆	馆藏	印刷型	手工作业	不加工	到馆读者	手工检索卡片	手工服务
数字图书馆	用户	数字信息资源	对文献内容进行自动化加工	加工，并使馆藏具有增值效应	全球用户	对文献内容进行智能检索	网上服务

传统图书馆是数字图书馆信息资源的基础，给数字图书馆提供了信息资源组织的技术基础，也是数字图书馆的人才基础。数字图书馆作为一种信息环境，如果没有传统图书馆的收藏、分类、索引、共享、传递等，数字图书馆在起步、维护、发展等各方面均需要巨大的投入。数字图书馆是传统图书馆的发展，数字图书馆发展了传统图书馆的馆藏资源、服务空间和时间、服务对象和服务领域、信息组织手段和检索手段。数字图书馆具有许多传统图书馆所不具备的条件，从而在服务手段、服务质量，提高信息的深度和广度等方面都比传统图书馆有了质的提高。数字图书馆长时期内将与传统图书馆并存互补，二者具有不可分割的联系性，因此二者并不互相排斥，且必须进行有机的结合，才有发展前途。

二　数字图书馆的生存状态

（一）数字图书馆的结构模型

数字图书馆作为信息服务系统，其结构框架如图 7—4 所示：

InDesign 安装及运行的硬件要求

<table>
<tr><td rowspan="7">网络管理系统</td><td>用　户</td><td rowspan="7">标准规范体系</td></tr>
<tr><td>终端界面</td></tr>
<tr><td>网络环境</td></tr>
<tr><td>数字资源</td></tr>
<tr><td>硬件平台</td></tr>
<tr><td>软件系统</td></tr>
<tr><td>馆　员</td></tr>
</table>

图 7—4 数字图书馆系统结构图

从图 7—4 可以看出，数字图书馆作为一个大系统，是由 9 个子系统组成的，其中包括网络管理系统和标准规范体系，还有用户、终端、网络环境、数字资源、硬件平台、软件系统和馆员几个组成部分。

网络管理是保证网络高效、可靠、经济和安全运行的重要基础，其主要目的是保障网络运作的品质，如维持网络传送频率，降低传送错误率，确保网络安全等。管理的内容包括系统管理、故障管理、效率管理、安全管理、计量管理和信息管理。

数字图书馆的系统是开放的，它面对的是整个互联网用户。这就要求它尽可能地采用国际标准，或国际通用规范。现有的国际通用规范还不完善，还处在发展、进步的过程中。我们可以在现行国际标准和通用规范的基础上深入研究，根据实际需要推出更好的标准规范，最终形成包括资源标识、描述、存储、查询、交换、管理和使用的标准规范体系。

在数字图书馆系统中，用户具有重要的地位和作用。他们不仅是信息的接受者，更是信息的创造者。在用户中心的数字图书馆中，必须认识了解用户，把握用户的个性化需求。依据不同的标准可以将用户划分为不同的类型和层次。只有对用户进行科学分析，把握其信息需求，才能做好信息服务工作。

用户终端包括硬件和软件两个方面。硬件就是显示器，软件就是用户界面。数字图书馆的发展需要开发多样化的用户终端设备。随着掌上电脑、手机的普及和功能的丰富，数字图书馆的终端更加便携、灵巧，界面更加友好亲近，今后，还将有更智能的人机界面，能“理解”用户的各种问题，满足用户较为复杂的信息需求。

数字图书馆依附于网络而存在，其对内的业务组织和对外的服务都是以网络为载体。数字图书馆赖以存在的网络应当是立体化的。在电信网、数据通信网、电视网的范围之外，还有支持移动通讯的卫星、微波网等，方能支持移动终端设备在野外上网。

以数字方式存在的信息资源是数字图书馆存在的“物质”基础。数字图书馆数字化资源按数字化的程度可以分为标引性资源、数字化资源、数据化资源、信息化资源和知识化资源。

数字图书馆的硬件设备是不可缺少的，其中包括信息转换设备、信息处理设备、信息存储设备、信息交换设备和信息接收设备等，以及存放这些设备的场所。

数字图书馆系统中运行的软件是多种多样的，但统一的要求就是更高的智能化水平，这样才能满足用户多样化的需求。

在数字图书馆系统中，用户居于更加主动的地位。馆员从原来服务的前台退居后台，馆员作为数字图书馆重要的组成部分，应有如下角色内涵：知识提供、知识中介、知识教员、知识组织、知识创建和知识交流。

（二）中国数字图书馆

1. 中国国家数字图书馆工程

国家图书馆自 1995 年起开始跟踪国外数字图书馆的研发进展。1998 年，国家图书馆向文化部提出申请，由国家立项实施“中国数字图书馆工程”，并开始了中国数字图书馆工程的筹备工作。文化部于 2000 年开始在全国倡导实施中国数字图书馆工程。

中国数字图书馆工程总体的建设目标是：通过资源建设工作的

组织与实施，建成超大规模的、高质量的分布式中文数字资源库群并提供上网等多种服务；联合引进若干国内需要的国外专题资源库并实现共享；实现全国大部分地区图书馆文献资源的联合目录系统。以国家数字图书馆国家中心为基础，以行业、地区分中心为辐射，逐步建设具有模块化、开放性、互相联通并且稳定可靠、可扩展的计算机网络与存储体系。集成具有自主知识产权的高新技术成果，努力形成总体技术与国际主流技术接轨的中国数字图书馆总体架构；开发具有中国特色的数字图书馆智能应用系统。培养一批高水平的专业人才队伍，持续发展中国数字图书馆工程。

中国数字图书馆是以国家为数字图书馆工程基础，充分依托中国国家图书馆丰富的馆藏资源和国家数字图书馆工程资源建设联盟成员的特色资源，借助遍布全国的信息组织与服务网络，建立起来的目前我国规模最大数字图书馆。

图 7—5 中国国家数字图书馆主页

中国数字图书馆在数字资源建设方面，以图书文献机构的丰富馆藏为依托，并结合其他文化机构的资源，累积建设了总量近10TB的数字资源，内容涉及文学、艺术、法律、科技、教育、旅游等各类信息，并依托国家图书馆馆藏进行了古籍的数字化加工工作；在技术研发方面，开发并完成了数字资源加工系统、数字图书馆应用系统、数字图书馆区域服务系统和文献数字化工业化生产加工系统；在知识产权解决方面进行了有益的探索，并组织开发了版权管理系统；积极参与数字图书馆标准规范的研制工作，制订完成了《中元数据方案》等。

2. 中国科学院国家科学数字图书馆

中科院国家科学数字图书馆（Chinese National Science Digital Library，CSDL）是服务于中国科学院全院网络的科技信息服务环境。

图 7—6 中国科学院国家科学数字图书馆主页

CSDL为中国科学院遍布全国各省市的研究院、所提供文献信息服务。通过CSDL，可以登录因特网免费使用30多个科学文献数据库，并获得跨库检索、参考咨询、文献传递及随易通等近 10 项网络化服务。CSDL 提供 13 种外文全文数据库，覆盖了 2863 种核心期刊，6409 种西文会议录。内容涉及数学、物理、化学、生命科学、社会科学、天文学、电气与电子学、计算机科学等领域。用户利用其跨库检索引擎可直接查询上百个全文、文摘和馆藏目录数据库，并获取电子版全文；利用其文献传递系统与国家科技图书文献中心网络服务系统，用户可在 48 小时内获得 18000 种西文期刊的全文传递服务；它的随意通服务，使用户在任何地点上网，均可查询所在单位已购买开通的数据库。

CSDL 的服务内容主要分两大块：一是电子文献服务。内容包括文献数据库、集成期刊目录、学科信息门户、中国科学文献数据库、中国科学院学位论文库。二是文献服务内容。包括随意通认证、原文传递服务、参考咨询服务、跨库检索、我的图书馆等。

3．超星数字图书馆

图 7—7 超星数字图书馆主页

参与数字图书馆建设的不仅有各类传统图书馆，还有信息时代出现的电子内容企业，北京超星公司建设的超星数字图书馆已经成为目前世界最大的中文在线数字图书馆。超星数字图书馆成立于1993年，是国内专业的数字图书馆解决方案提供商和数字图书资源供应商。超星数字图书馆，是国家“863”计划中国数字图书馆示范工程项目，2000年1月在互联网上正式开通。它由北京世纪超星信息技术发展有限责任公司投资兴建，目前拥有数字图书八十多万种，提供大量的电子图书资源可供阅读。其中包括文学、经济、计算机等五十余大类，数十万册电子图书，300万篇论文，全文总量4亿余页，数据总量占30000GB，大量免费的电子图书，每天仍在不断增加与更新。涉及哲学、宗教、社科总论、经典理论、民族学、经济学、自然科学总论、计算机等各个学科门类。此外，还设有特色的文献资源，包括两院院士图书馆、资深院士图书馆、古代文献、国家档案文献图书馆等。

超星数字图书馆提供两种检索方式：

（1）根据数字图书分类进行浏览，用户可以查找到所需的数字图书。

（2）检索数字图书，用户可以对书名、作者以及整书内容进行检索。

数字图书馆不仅可以直接在线阅读，还提供下载（借阅）和打印，具有多种图书浏览方式、强大的检索功能与在线找书专家的共同引导，能帮助用户及时准确地查找并阅读到书籍。书签、交互式标注、全文检索等使用功能，让用户充分体验到数字化阅读的乐趣。24小时在线服务，只要上网即可随时随地阅读，国外很多图书馆都购买超星的电子图书，建立镜像站为读者服务。

（三）国外数字图书馆

1．美国记忆——国家数字图书馆

美国记忆（American memory）——国家数字图书馆

(national digital library) 源起于 1990—1995 年间实施的一个试验性计划。该计划的数字馆藏对象主要为美国的历史文献，包括历史照片、手稿、历史档案及其他文献等，通过广域网和有线电视网传给用户。由于该计划实施成功，逐渐演变为美国国会图书馆的国家数字图书馆计划。

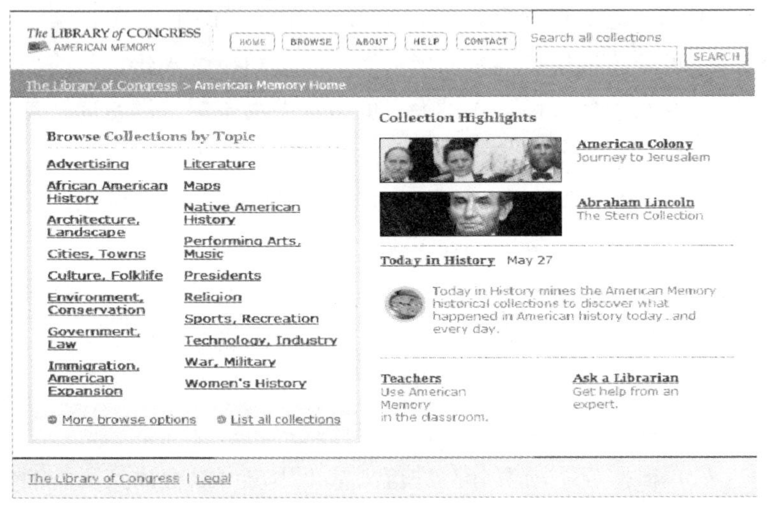

图 7—8 美国国家数字图书馆主页

美国国家数字图书馆的目的和任务是将反映美国建国 200 多年来的历史遗产及文化的文献数字化，并通过互联网免费向全球公众开放服务。美国国家数字图书馆的资源包括广告、非洲美国史、建筑与景观、城镇、文化与乡村生活、环境保护、政府与法律、移民与美国扩张、妇女史等。这些数字资源有的位于美国国会图书馆之内，还有一部分则分布在各个公立或私立的机构之中，但无论这些数字资源实际存储地在哪儿，所有的资源均实现了在互联网上联合目录查找，并提供免费开放式的服务。用户除了可以通过主题来查找所需的信息，还可以通过年代、收藏地、收藏文献种类进行浏览。

2. 英国国家图书馆数字化计划

英国国家图书馆（the British library，BL）1753 年成立于伦敦，是世界上最大的学术图书馆之一。收藏有 2800 万件（册）文献、5000 万件专利。该馆 1993 年 7 月启动数字化项目，旨在运用现代化的网络和数字技术建立一个世界各地读者都能方便地检索和使用信息的数字图书馆。

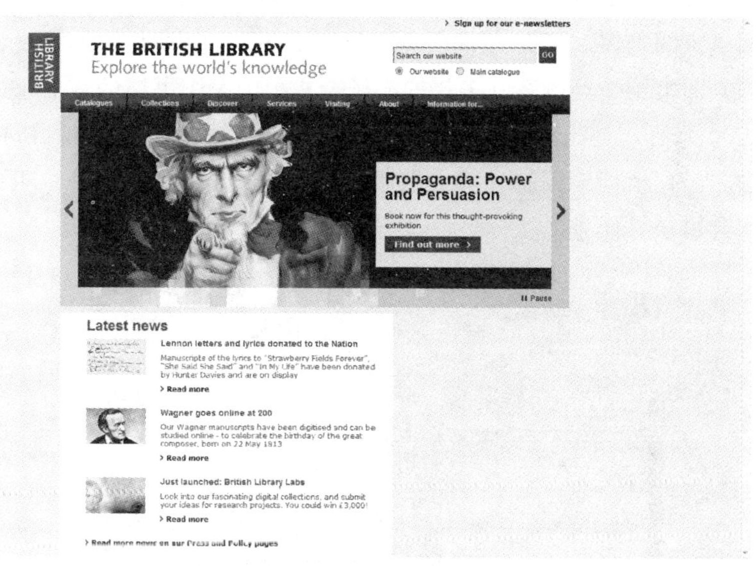

图 7—9 英国国家图书馆主页

英国国家数字图书馆的主要内容有：

（1）馆藏照片的数字化浏览，已完成 13 000 多张，方便在研究中快速获取。

（2）数字化专题“贝奥伍夫”，将 11 世纪盎格鲁－撒克逊人史诗手稿全部数字化，可以通过互联网查询。

（3）专利快速自动存取，采用光盘存储技术建立一个包含 120 万件专利的存储检索系统，实现专利快递服务。

（4）网络 OPAC 项目，将所有馆藏书目记录和当代科学家、音乐、人文档案目录集中起来，建成以互联网为平台的大型检索系统，可以用英文、罗马字母、斯拉夫、希腊和希伯来文字进行检索。

3. 法国国家图书馆

法国国家图书馆（Bibliothèque nationale de France，BnF）是欧洲历史最悠久的国家图书馆。其前身是建立于 14 世纪的法国皇家图书馆，1720 年向公众开放，1789 年法国大革命后改为国家图书馆。经过 280 多年的成长，法国国家图书馆的藏书超过 2000 万册，是法国从事人文科学和社会科学研究的重要科研机构之一，承担着编制《法文出版物总目》、图书联合目录、期刊联合目录等任务。

图 7—10 法国国家图书馆主页

该馆的数字图书馆项目始于 1997 年，由法国文化部数字化研究所统一组织协调，是目前世界上最大的免费数字图书馆之一。

其中包含了法国国家图书馆从中世纪到20世纪初的珍贵藏品，有86000多种书刊资料和30万幅静态影像，最经典的“查理五世皇帝的时代”数据库由14世纪图书中1000幅彩色插图及其历史线索的介绍组成。2005年5月，经欧盟协商、法国总统签署法令，法国国家图书馆成为欧洲数字图书馆法文方面的总协调机构。

4. G8全球数字图书馆

1995年，七国集团（加拿大、法国、德国、意大利、日本、英国、美国）图书馆联合成立G7全球数字图书馆集团；1998年俄罗斯加盟，组成G8数字图书馆联盟，由法国国家图书馆及日本国会图书馆协调，实施“G8全球信息社会实验计划”。这是一个分布式的多媒体信息系统，其数字化信息资源包括文本、图像、音频、视频和书目记录，旨在将参加国的文化历史精华建成一个大型数据库，向全世界开放。所有的信息资源由负责数字化和内容标引的参与国家的权威单位管理，用户只要通过现有的可互操作的一些网络和终端就能查看并使用。此后，还有6个欧洲国家（比利时、捷克、瑞士、西班牙、葡萄牙以及荷兰）参加进来，联合国教科文组织及欧盟以观察员身份参加。

第四节　数字图书馆的建设

一　数字图书馆的主要技术

支撑数字图书馆的技术很多，并且有不同的描述方式。从数字图书馆的主要任务是数字信息资源建设和相关服务为基点来考虑，数字图书馆的最主要的技术可以分为以下四类：数字信息采集技术、数字信息组织技术、数字信息服务技术和数字信息发布技术。

（一）数字信息采集技术

数字图书馆是因为数字信息而存在的，所以数字图书馆要解决的第一个问题就是数字信息的获取。只有以二进制数字方式存在的信息才能成为数字图书馆的现实馆藏。数字信息化的技术大致分为两类：一类是将大量现存的以不同形式和载体存储的信息资料数字化；另一类是直接生成数字化资料的技术与方法。信息资料数字化，直接方便了信息的压缩与高效存储，能有效地降低信息传播成本。

1. 非数字文献的数字化技术

非数字文献的数字化技术主要有纸质文献的数字化、音频资料数字化。方法主要有用键盘重新输入；用扫描仪输入以图形、图像的方式保存或采用OCR方法转换为文本文档；数字相机拍照等。音频资料的数字化指将磁带、唱片、录音机等介质上的模拟音频信息转换为数字格式。

2. 异构数字信息的格式转换技术

异构数字信息的格式转换也是数字信息采集中的重要内容。进入数字图书馆的数字信息一般都要依据一定的标准以一定的格式存在，而实际上存在着许许多多的格式，即异构数据格式。对异构数据库的处理方式有两种：一种是使用“中间件技术”实现互操作，另一种是使用一定的技术手段进行格式转换，经过格式转换，实现资料的整合。

3. 数字信息的长期保存技术

由于数字信息在技术基础、利用方式和管理机制等方面的特殊性，它的长期保护面临许多新的问题。现在主要的技术有复制、迁移、仿真技术和再生性保护技术。

（二）数字信息组织技术

数字图书馆有一套数字信息组织的理论、方法和技术。数字信息的组织方法主要有以下几种：

1. 文件组织法

数字图书馆中，各种数据文件组织法是最简单的信息组织方法。这种方法能存储非结构化的以文本为主的信息，但是不适用寻常结构化的数据信息。在数据量不大的时候，用这种方法组织数据是可行的，但这种方法组织的数据，定位效果差，难以实现“快速、准确”地查找使用。

2. 信息聚类组织法

信息的聚类与分类是将知识信息按照聚类标准分门别类地加以类集和序化的过程。知识信息分类是将客观知识信息按照其逻辑关系组织成有序的信息集合。传统图书馆对文献聚类和分类采用的图书分类法并不适用于数字图书馆。数字图书馆需要根据这种变化，建立新的聚类方法来组织数据。

3. 信息关联组织法

关联组织法是指根据信息之间的关联关系来组织信息的方法，主要的有根据引用关系来组织的引用组织法和随着万维网而发展起来的超文本/超媒体组织法，包括引用组织法和超媒体组织法。在数据量不太大且引用关系比较明显的情况下可以用引用组织法，借助各种知识间的逻辑关系，通过知识生产者联系起来。超媒体组织法是互联网网站组织数据的基本方法，它将文字、图形、声音、图像、视频等多媒体信息以超文本方式组织起来，使人们通过高度连接的网络结构在各种信息库或知识库中找到需要的任何媒体的信息或知识。

4. 数据库组织法

数据库组织法是目前数字图书馆组织数据的主要方式。早期的数据库是存储结构化的、相关联的数据信息的集合，数据之间的逻辑关系表达得很清楚，所占存储空间小，易于统计检索和管理，但普通的数据库技术不能提供数据信息之间的关联，随着数据库技术的进步，现在的面向对象数据库、多媒体数据库已经能够阻止非结构化数据，也能揭示数据之间的关系。

（三）数字信息服务技术

数字信息服务技术中最主要的是智能检索技术、用户界面技术、推送服务技术和在线咨询技术等。

智能信息检索技术有基于文本的信息检索技术、基于图像的信息检索技术、基于音频的信息检索技术、基于视频的信息检索和自然语言检索技术。衡量信息检索质量优劣的指标主要是查全率和查准率。数字图书馆对海量多媒体信息进行检索必须依赖现代的数据挖掘技术，所谓数据挖掘技术就是利用统计、分析、归纳等数理方法和模型对数字图书馆的信息进行检索，检索出一些重要的、具有潜在价值的信息。

数字图书馆与用户打交道的主要途径是用户人机界面。人性化的自然的友好的用户界面，将会获得用户的认同。现在人机交互研究的内容主要包括单一模式的识别技术研究，多模式的自然交互技术研究，多感知信息的融合机理研究等。在这当中，多模式人机自然交互实际上是人与人之间的交互的模式，就是将人的各种行为通过键盘、鼠标、麦克风及摄像机转换成计算机能感知到的位置、运动及听觉、视觉等信息。

信息推送就是数字图书馆用一定的技术标准或协议，通过网络主动将相关信息向用户传送到用户桌面，以减少用户在网络上搜索的时间。目前的信息推送技术实现方式主要有：不经过过滤或用户选择而向用户推送信息的覆盖推送方式；只有用户指定的类型或频道中的信息才被推送给用户的过滤推送方式；组织内部数据和外部数据、当有符合内部用户所订阅信息的类别时才启动推送过程的发现和订阅推送技术。

在线信息咨询技术就是通过互联网实时地为用户提供帮助的技术手段。根据馆员是否直接参与，可以把用户获得咨询问题答案的方案分为用户自助式和馆员直接参与两类。

（四）数字信息发布技术

数字信息的发布涉及信息传播、信息安全等方面的技术。

1. 数字信息传播技术

信息的有效传播主要涉及三方面技术：一是信息打包技术，二是网络通信技术，三是网络/系统设备的共享性技术。目前对于文字信息已经可以实现实时传输，但对于音频、视频等多媒体信息要实现“无障碍”实时传输还是存在一些问题。要解决这些问题，主要的办法是增加网络带宽和采取一定的压缩打包技术。

2. 数字信息安全技术

数字信息安全是数字图书馆信息发布中的一个重要问题，特别是建设大型的数字图书馆，安全问题更为重要。数字信息安全的目标主要有身份真实性、信息机密性、信息完整性、服务可用性、系统可控性、系统易用性和可审查性。

二　数字图书馆的建设

数字图书馆的建设是一项系统工程，涉及各种硬件、软件、信息资源、人员组织、社会关系等方方面面。此小节主要介绍数据库建设、网站建设、安全建设以及对数字图书馆的评价。

（一）数据库建设

在数字图书馆中，数字信息资源需要以一定的方式组织起来，才能被利用成为有效资源。数据库就是数字信息资源的基本组织方式。数据库将数据以一定的组织方式存储在一起，相互关联而独立于应用程序之外，并能为多个用户所共享的数据集合。数字图书馆建设必须要进行数据库建设，近几年，数据库技术形成了以下几个主要发展方向：分布式数据库系统、面向对象的数据库、多媒体数据库、数据库中的知识发现、数据可视化。

数据信息资源的建设应该遵循“用户至上”原则、科学性原则、系统性原则、标准化原则、特色性原则和安全性原则。

数据库的建设可以分为以下四个步骤来完成：

1. 编制制作方案

数据库建设首先必须编写一个比较完整的数据库建设方案。数据库建设方案又包括选题、用户需求分析、确定选材范围和标准、内容编辑方案、单元数字对象的基本要素、数据库的技术方案。

2. 资源内容制作

根据前述方案，或键盘输入，或扫描输入，或数码照相输入，或格式转换等，对素材进行加工制作。

3. 数字文件标引

经过加工产生的数字文件，或使用软件进行自动标引，或由标引人员进行手工标引。包括分析内容，给出主体分类，使用基于 XML 开发的资源加工系统软件对资源内容置标。

4. 综合质量检查

对加工工作全部完成后，还需要将全部数字文件归档，存入数字资源库。

（二）网站建设

数字图书馆要以网站的形式才能存在于网络环境之中，实现资源共享。数字图书馆网站区别于普通网站的特点是它向公众提供信息服务，但这些信息基本上不是自己“创作”的，而是搜集来的。数字图书馆所提供的信息应该是多层次的，但主要应该是深层的、全面的。

数字图书馆的网站设计，最主要的是进行科学规划，形成独特的整体形象。只有明确自己提供的内容、方式、对象，有明确的目标定位和战略规划，才能进行网站的设计。数字图书馆主页设计的基本思路主要有以下几点：

1. 突出主题

突出主题，首先要有一个好的能反映主题的名称。现在数字图书馆网站名称基本是“地区名/单位名+数字图书馆”和“主题名+数字图书馆”两种方式。前一种表明某数字图书馆是某地区或某单位主持建立的。后一种命名方式突出了数字图书馆的主题和特色，给用户明确的信息和深刻的印象，更方便用户的访问，比较合理。

2. 设计精彩CI形象设计

CI是指通过整体的形象包装和设计以一定的视觉效果建立企业的形象。准确的、有创意的CI设计，对网站宣传推广有事半功倍的效果。网站树立CI形象的做法主要是：设计网站的标志、标准色彩、标准字体和网站的宣传标语。

3. 合理布置栏目

栏目的实质是一个网站的大纲索引，索引应该将网站的主体明确显示出来，数字图书馆网站的栏目安排要注意以下几点：栏目设置要突出主要内容、设置在线帮助栏目、设置双向交流的栏目。

4. 协调整体风格

整体形象包括站点的CI、版面布局、浏览方式、交互性、内容价值、存在意义等诸多因素。风格是建立在有价值的内容之上的，保证内容的质量和价值性是最基本的。其次是在明确自己的网站印象后，努力加强这种印象，找出特色，加以强化、宣传。风格一旦确定，就要贯彻始终，保持其他页面与主页的协调一致性。当然，风格的形成不是一次定位就能完成的，是在实践中调整和强化的。

（三）安全建设

对于数字图书馆的安全建设应该做好载体保护和信息保护，由于数字信息记录的原理与纸质文件截然不同，对载体的保护是最起码的基础，还要采取多种技术手段和措施对文件实施信息保护。

1. 信息安全规范

数字文件的信息保护，首先要求具有合理、科学的信息安全规范。信息安全依赖于计算机系统安全。计算机安全是指硬件、软件、数据受到保护，使系统保持连续正常运行的状态。信息安全保护是属于计算机系统安全的有机组成部分，不能抛开计算机系统而空谈信息安全。因此，数字文件的安全要求对整个计算机系统制定安全规范。

具体来说，在制定安全规范时应考虑以下主要方面：制定应急计划、进行安全检查和审计，撰写安全情况报告；对重要程序和数据进行备份；病毒检测、清除；制定系统运行安全管理、数据及文件管理制度；规范机房出入、维护、监视等；提供管理政策和保护方案、安全培训、教育、宣传；明确负责人职责、管理员职责、录用人员审查条件；严格进行权限管理；对于保密级限制的数字文件，为防止泄密，必须使用加密技术；定期进行安全评估。

2. 信息认证技术

信息认证技术对于数字文献的维护十分重要，对于数字文件的使用者，要进行身份验证；对接收保管的数字文件，需要验证有关的数字签名，以确定其文件制作者和法律价值；同时还要验证接收文件内容的完整性、真实性。

信息的认证性是信息安全的重要方面，认证的目的有两个：一是验证信息的发送者是真实的；二是验证信息的完整性，即验证信息后，在传送或存储过程中未被篡改、重放或延迟等。认证的实用技术主要有数字签名技术、身份识别技术和信息的完整性校验等。

3. 病毒防治

对计算机病毒的防治查杀成为数字文件保护的重要方面。对病毒的防治要应用多种管理措施和技术手段。要树立“预防为主，防治结合”的观念，一方面要防治病毒向机内传染，一方面抑制现有病毒向外传染。在管理上要制定严格的规章制度，贯彻防毒原则。如对重要的系统盘、数据盘要经常进行备份；定期检查硬盘和系统；配备最新的杀毒软件并注意定期升级等。要灵活运用各种软硬件技术，确定查杀方案。更要重视对重要数据的保护，利用各种工具软件将数据保存于安全的地方。

4. 信息备份

信息备份是信息安全保障最重要的辅助措施，它可以为受损或崩溃的信息系统提供良好的、有效的恢复手段。随着数字文件的应用日益普遍，面对网络环境的安全威胁和文件容量的急剧增长，对信息备份的要求也越来越高，不再是单纯的拷贝，而需要综合考量备份设备、备份技术和制定科学可行的备份制度。

5. 网络安全

网络是数字文件产生和应用的主要环境，因此网络的安全性能是数字文件信息安全的重要保障。对网络安全的威胁主要表现在：非授权访问、冒充合法用户、破坏数据完整性、干扰系统正常运行、利用网络传播病毒等。目前实现网络信息安全的技术主要有：防火墙、漏洞扫描技术、入侵检测技术等。

（四）数字图书馆的评估

对数字图书馆进行评估，就是对数字图书馆建设进行质量控制。而对数字图书馆进行评估的目的，可以分为数字图书馆和用户两个方面进行考察。对于数字图书馆来说，旨在帮助每个数字图书馆改进提高，促进数字图书馆事业的发展；在用户方面，旨在帮助用户更好地利用数字图书馆，提高用户的利用质量。

对数字图书馆的评估应该是全面的，不能局限于某几个方面，方向性的指标有以下几个：综合性指标、技术性指标、内容性指标、服务性指标、社会评价指标、管理性指标和成长性指标。

评估的方法和手段有如下一些：软件测试与人工评价法、定性判断法、定量分析法、加权综合评判法、一般调查法、控制实验法、特尔非法、层次分析法等。

评估的基本程序可以分为四个阶段。

第一阶段，做好评估前的准备工作。如提出评估方案、评估对象范围的确定、评估文件的准备、评估指标的建立、评估成员的遴选等。

第二阶段，评估资料搜集。包括各种表格的制定、回收，各种记录的检查，召开座谈会收集意见，运用技术手段取得各种性能数据等。

第三阶段，对评估对象做出实事求是的判断。

第四阶段，总结、撰写评估报告。评估报告应包括：活动中获得的各种综合性数据，用于评估的各种方法、手段、理论模型，评估者得出的结论，提出对今后发展的建议。

第五节　数字图书馆的服务和版权

一　数字图书馆的服务

数字图书馆提供的服务是多种多样的，有资源分类浏览服务、多模式检索服务、网络教育和社区文化服务等，其中最突出的应当是虚拟参考咨询服务和个性化服务。

（一）虚拟参考咨询服务

虚拟参考咨询服务是指在数字化通信环境下，专家和用户之间通过网络实现的跨时间、跨地区的在线交流和提供的一种方便、快捷的信息咨询服务。

虚拟咨询服务的方式有图书馆常见问题的自主解答、电子邮件和表单方式的咨询服务、电子公告板和留言板方式的咨询服务、联合数字参考咨询服务、实时虚拟咨询服务。

从我国目前的网上参考咨询服务的情况来看，咨询读者逐渐增多，咨询问题由少到多、由浅入深、由窄入宽，从一般的文献查询检索、获取到数据库使用、专题信息查询再到科技常识、学科专业知识问题等。这说明，虚拟参考咨询服务很大程度上解决了读者远程咨询的服务需求，极大地方便了网络用户。

（二）个性化服务

网络环境下的数字化信息资源庞杂无序，图书馆用户在巨大的信息资源中，有效获取所需信息的成本和难度不断增加。对于每一个用户来说，他所需求的只是图书馆提供信息中的一部分，学会应用数字图书馆提供的个性化信息服务尤为重要。

个性化服务在图书馆界常被称作“我的图书馆”(Mylibrary)，是指以用户为中心的信息资源定制服务，允许用户根据个人的专业（学科）领域、兴趣爱好，有选择地组织自己需要的数据库、电子期刊、网站等网络信息资源及图书馆服务项目，创立一个个人的信息资源入口界面。

在数字图书馆，运用 Mylibrary 系统，可对大量的各类用户提供定制的个性化信息服务。

1. 管理用户信息和认证用户

在图书馆个性化信息服务系统中，用户通过认证后可以进入其个性化图书馆入口网页。初始化的 Mylibrary 主要包括三大模块：一是集成化的图书馆资源和服务入口，是针对所有用户设计的。二是系统根据个人信息而提供的与用户相关的信息和服务入口，如个人借阅记录、个人馆际互借入口、个人参考文献信息数据库、个人管理信息入口等。三是需要用户自己定制的个人爱好的资源、服务入口，该模块给予用户充分的自由定制空间，可以根据系统中已经提供的各类自由选择、组织相关资源。

2. 定制个人相关资源和网站

用户可以根据自己的研究领域、喜好和习惯，选择由系统提供的各类资源或其他网络资源，组建自己的资源栏目，如个人电子期刊、个人访问网站、个人数据库、个人电子图书等，栏目的数量、层次、名称等都可由用户自由设定，并且可以随时修改和更新。一般系统主要按文献类型、学科主题或名称字顺三种方式提供给用户浏览选择，选择提交后系统反馈给用户选择的资源列表，包括资源名称、网站链接等，还有这些资源将进入的栏目名称，确认后即定制到 Mylibrary 网页上。

3. 设定定题检索通告

用户可以根据自己的需要通过服务设定相关的学科主题、感兴趣的最新文献，如图书馆新到图书、期刊、数据库或其他资源的通告，这类通告在一定时间内以 OPAC 的形式，将新增的信息资源定期通告给不同的用户。用户可以根据自身的需求、关注的热点和学科研究领域，选择相关的数据库，设定若干定题检索通告。

4. 建立个人电子书架

个人数字图书馆将用户查找的信息按主题进行分类，放在不同的虚拟书架上。虚拟书架在本地的计算机和服务器的存储单元中，建立一个可以改变名称和宽度的书架。在虚拟书架上，原始信息和积极阅读后的增值信息的 URL 作为书架中书的图标。用鼠标双击书的图标可以打开链接的原始信息或增值信息。通过鼠标拖曳图标操作，可以重新安排书架上的书。允许通过名称或 URL 查找书的图标。

5. 使用个人服务项目

在 Mylibrary 中，用户可以直接进入由系统为其提供的个人信息服务项目，不用再进行用户验证。利用不同用户的特点，将与用户相关的信息和服务直接提供给用户，充分体现出个性化和人性化。Mylibrary 中的个人服务项目，包括个人书刊借阅、馆际互借、文献传递、检索、查新、个人参考文献管理系统、个人信息管理系统等。

6. 个人信息通告和其他服务

系统将根据个人服务项目向用户提供个人信息通告服务，如通知预约的书刊和馆际互借申请的文献已到馆、已借书刊到期、查新项目已完成等。图书馆还针对不同的用户推出临时性服务，如推荐不同的参考书目、电子资源讲座、资源检索培训等。

二　数字图书馆的版权问题

数字图书馆通过计算机网络化形式，将不同区域、不同国家的图书馆连接起来，形成一个跨区域、跨国家的网络。人们可以在网络的任意终端上使用全球信息资源，不受时间和空间的限制。因此，数字图书馆本身已经突破了实际意义上的图书馆的界限，由个体的概念转化为群体的概念，是实现真正信息资源共享的有效途径。但同时，数字技术的迅速发展给数字图书馆的版权制度带来了猛烈的冲击，数字图书馆的版权问题受到了社会各界的积极关注和研究。

（一）数字图书馆中版权保护的若干问题

1. 信息资源数字化与复制权问题

信息资源数字化是数字图书馆的基础，因为数字图书馆的其他特点都是建立在信息资源的数字化上的。数字化技术是指将作品或信息资源的传统表现形式转换成计算机能够识别的二进制编码数字的技术。这种转移只是带来作品形式上的变化，不具有著作权意义上的创造性，没有产生新作品。我国新著作权法认为数字化技术是将传统作品或信息资源转移到新型传播载体上，是一种复制行为。既然作品或信息资源的数字化属于复制行为，那么其“数字化”权自然也就归属“复制权”。数字图书馆的作品或信息资源数字化应参照复制权的有关规定执行。

2. 网络传输中的版权问题

数字图书馆以网络传输的形式向用户提供更广泛的服务空间和更丰富的信息资源，其数字化资源更加易于无限次利用，数字图书馆资源借阅服务关于版权的保护问题就更加突出了。数字化信息资源网络传输，会对著作权人造成两种侵权的可能：第一是网上浏览，网上浏览其实就是“暂时复制”行为。目前国际上对这种“暂时复制”是否能等同于永久复制权还存在着争论。我国现有的版权法及其相关规定的复制权不包括“暂时复制”，网上数字化浏览是否是合理使用行为，还有待于相关版权法律加以明确规定。第二是被用户下载拷贝等复制行为，以及这种复制行为潜在的商业性，都可能对著作权人造成侵权。

3. 数据库开发和利用的版权问题

数字图书馆建设的核心是建立各具特色的数据库，数据库已成为当前普遍使用的数字资源组织方式，信息资源共享在某种程度上就是对数据库的共享。从知识产权的角度来看，数据库可以被视为汇编作品。它所汇编的材料本身是被版权法保护的作品，也可能是本身不被版权法保护的信息产品，数据库是否能受到版权法的保护，关键在于数据库本身是否具有独创性。目前数字图书馆中数据库可分为两种，一种是指引类数据库，如书目数据库；另一种是资源类数据库，如期刊全文数据库。无论是指引类数据库还是资源类数据库都是图书馆工作人员投入了大量的人力物力的成果，进行了资料的收集、标引等工作，是图书馆工作人员辛勤工作的结晶。因此，图书馆无论是使用其他著作人的数据库还是自己的数据库，都要注意版权保护的问题。

4. 网上信息资源下载、链接与侵权问题

因特网已经成为信息资源的海洋。数字图书馆在做“知识导航库”时，要将网上内容相关的信息集中于一个网页上，以便读者查阅。通常有两种方法，一种是下载粘贴，即搜集有关信息并下载，但应注意信息来源。一般认为，在电子布告上发表的作品，应当视为作者愿意通过网络散布流通其作品；但是转载、摘编他人网站上的作品应当取得版权人的许可，并支付报酬。另一种是网站之间的链接，如“首页链接”“友情链接”等。这种相互链接一般是通过 E－mail 联系确认后进行。但如果未经许可，做了链接是否侵权呢？这是一个很复杂的问题。目前较一致的看法是：对将其他网站的主页径自链接的行为，只要被链接的网站没有在主页上明示不准，并以开新窗口方式进行链接，就不应认为是侵权；但如果将别人的网站以代码方式链接（即给人感觉是链接者自己网站的内容），或者是将别人网站中的某一页或具体内容链接进自己网站的有关条目之内，则有侵权的可能。

（二）数字图书馆版权保护

1. 法律、技术与管理手段并用

网络环境下保护数字作品的知识产权必须综合采用法律、技术和管理手段，三者缺一不可。法律是规范知识产权保护并使之落到实处的保障，技术是在不断发展的新形势下使知识产权保护得以实现的手段，管理则是为了更有效地应用知识产权。美国 1998 年数字千年版权（DMCA）法，体现了综合运用这三种手段的原则。例如法律规定了破解版权保护技术是违法的，并定义了版权管理信息。而数字版权管理（DRM）则主要从技术和管理方面探讨了数字作品知识产权保护的整体实现机制。具体到我国来说，数字图书馆还处于发展阶段，所以我国应该对版权制度作进一步的调整，加快图书馆立法的步伐，提高图书馆保护版权的自主性，通过完善法律、改进技术和加强管理三种手段来有效地保护版权人以及图书馆自身的知识产权。

2. 扩大图书馆合理适用的范围

各国版权法都在不同程度上赋予了图书馆对信息资源“合理

使用”的权利，图书馆应当充分利用这一权利，以保证最大限度地实现信息资源的利用与共享。数字图书馆的数字化信息资源的合理使用应以其知识产权保护为基础，传播信息应以取得权利人的授权许可为前提，以免造成对知识产权的侵犯。图书馆要努力营造尊重知识产权的环境，明确服务中使用各项资源的知识产权问题，把握好尺度，遵循“合理使用”限定的范围、权限。

3. 积极利用赋予图书馆“法定许可”的权利

“法定许可”是指依照法律在一定范围内使用作品，可以不经知识产权人许可，但应向其支付报酬。我国《著作权法》规定法定许可的情况是：报刊转载、摘编其他报刊登载的作品；表演者使用他人已发表的作品进行营业性演出；录音制作者使用他人已发表的作品制作录音作品；广播电台、电视台使用他人已发表的作品制作广播电视节目。根据著作权法我们可以认为网络传播作品应全面服从法定许可制度。数字图书馆就可以利用这一权利，即规定发表后一段时间的作品，只要版权人没有声明“未经许可不准使用”，图书馆就可以进行不事先授权的数字化利用，但要按法律规定支付报酬。

思考题：

1. 网上书店平台建设的要点是什么？
2. 数字图书馆平台建设的主要技术有哪些？

第八章　数字出版营销与管理

数字出版只有从战略层面上调整营销手段，以价值创新为突破口，以组合创新为主线，在共建数字出版营销平台的基础上寻求个性化营销，才能取得可持续发展的竞争优势。

第一节　数字出版物营销

一　数字出版物营销的内涵

（一）出版物营销的含义

随着工业的发展，在 19 世纪末以后，市场营销逐渐在美国等工业大国兴起。在数次经济危机中，经济学家和企业家将营销理论运用于实践，挽救了巨大的损失，市场营销也开始受到各方的重视。现在，市场营销已经发展成为一门应用科学，建立在经济学、社会学、行为学和管理学理论基础之上。简单地说，市场营销就是企业或个人通过和别人交换产品、服务或价值来满足双方的需求，使双方互利从而实现双赢的过程。[①]

美国市场营销协会（AMA）定义委员会 2004 年对市场营销的定义是：营销是一项有组织的活动，它包括创造“价值”，将“价值”沟通输送给顾客，以及维系管理公司与顾客间关系，从

① 袁勤俭，等：《数字出版物的营销模式探究》，清华大学出版社，2014 年版，第 46 页。

而使得公司及其相关者受益的一系列过程。除美国市场营销协会的定义以外，营销管理学派的代表人物——美国西北大学教授菲利普·科特勒与欧洲关系营销学派的代表人物——格隆罗斯于20世纪90年代对市场营销所下的定义也被世界各国市场营销界广泛引用，成为两个学术流派的权威定义。格隆罗斯在1990年将营销定义为："营销是在一种利益之下，通过相互交换和承诺，建立、维持、巩固与消费者及其他参与者的关系，实现各方的目的。"菲利普·科特勒在2006年分别从管理和社会的角度对营销进行了界定。从管理角度上讲，"营销管理（marketing management）作为艺术和科学的结合，它需要选择目标市场，通过创造、传递和传播优质的顾客价值，获得、保持和发展顾客"；从社会角度上讲，"营销是个人和集体通过创造，提供出售，并同别人自由交换产品和价值，以获得其所需所欲之物的社会过程"。因此，现代营销是以实现企业和利益相关者等各方的利益为目的，对顾客价值进行识别、创造、传递、传播和监督，并将客户关系的维系和管理融入各项工作之中的社会和管理过程。

（二）出版物营销

出版物具有双重属性，尤其是数字时代的数字出版物，以上关于营销的界定都侧重于物品的交换，即强调商品性质，而在精神属性层面则没有体现出来。出版物是一种特殊的商品。一般物质产品具有主导的消费目的，而出版物则是精神文化产品与物质产品形式的统一。因而，它具有物质产品的一般属性，即满足个别消费者需要的属性，又具有满足社会需要的属性。因此，营销不仅是针对个别读者的行为，也是针对社会的行为。所以，出版物营销必须把为社会需要服务的功能涵盖进来。

由于出版物营销实践在我国的时间不长，加之我国对于出版物营销实践的关注大于对图书馆营销的理论研究，因而，如何对出版物营销下一个准确的定义，还是一个难题。在当前的数字时代，出版物已不仅限于图书，但是在营销方面，不管是营销方式还是营销策略都有着惊人的相似。在此，我们借用由刘拥军2003年编著的《现代图书营销学》中关于图书营销的定义来解释出版物营销：出版物营销就是在不断变化的图书市场环境中，旨在满足读者和社会的需要、实现出版的社会目标和经济目标的一系列商务活动过程。它包括市场调研、选择目标市场、选题开发、定价、渠道选择、促销、销售等一系列与市场有关的出版物经营活动。但是数字出版物营销又绝不等同于传统发行体制中的被动销售，而是要求采取各种办法借助各种工具来营造数字出版物市场。

二 我国数字出版物市场

我国正式使用数字出版这一概念始于2005年，以行业生命周期来看，经过近8年的发展，数字出版在我国已步入成长期，开启了行业升级换代之旅。在过去的几年里，政府主管部门的大力支持使数字出版内容开发更具有针对性，数字出版应用技术的开发也取得了突破性的进展，数字出版平台竞争加剧，服务升级，数字出版渠道有了新的拓展，数字终端产品日趋丰富。

2006年是我国数字产业飞速发展并出现重大转折的一年，根据由中国出版科学研究所承担、多方专家学者共同撰写的《2005—2006中国数字出版产业年度报告》显示，2006年底，我国数字出版产业整体收入逼近200亿元。

2007—2008年，是数字出版从加强认识向实际运营过渡的阶段。根据《2007—2008中国数字出版产业年度报告》显示，在这一阶段，仅仅懂得数字出版很重要还不够，更重要的是要懂得如何操作，进而懂得如何经营。体制、观念、人才是制约传统出版单位数字化转型成败的关键因素。报告还指出，数字出版在

2008年之后几年内还将保持高速增长的态势，收入规模每年的增幅可能都会在50%左右。与此同时，原创网站会迅速崛起，内容原创将会从平面媒体向网络媒体发展。数字出版将向无线移动、个性化按需定制和跨媒体出版方向发展。随着经济高速发展，IT技术和互联网应用水平持续提高，国民阅读习惯和阅读环境不断变化等，我国的数字出版产业在2007—2008年迎来了一个高速发展期。

到了2009年，我国数字出版产业的产值达799.4亿元，比2008年增长50.6%，产业增长率继续保持高增长速度。其中数字期刊收入达6亿元，电子书收入达14亿元，数字报（网络版）收入达3.1亿元，网络游戏收入达256.2亿元，网络广告收入达206.1亿元，手机出版（包括手机音乐、手机游戏、手机动漫、手机阅读）收入则达到314亿元。网络游戏、网络广告和手机出版成为数字出版产业名副其实的三巨头。

2010年以来，我国移动数字出版进入高速发展的时代，随着3G、4G时代的到来，手机已经从单纯的通信工具向移动媒体发展。数字出版向无线移动、个性化按需定制和跨媒体出版发展的步伐大大加快。中国的移动通信业务已经形成了相对成熟的收费模式，使得手机出版的赢利水平后来居上，已经成为规模最大的数字出版类型，手机阅读已经成为在线阅读的主要方式。根据中国互联网络信息中心（CNNIC）在京发布的第36次《中国互联网络发展状况统计报告》，截至2015年6月，我国手机网民规模达5.94亿，较2014年12月增加3679万人，网民中使用手机上网的人群占比由2014年12月的85.8%提升至88.9%，随着手机终端的大屏化和手机应用体验的不断提升，手机作为网民主要上网终端的趋势进一步明显。

2010年至今，我国数字出版每年的市场总额保持快速上升，从2010年的1051.79亿元到2014年的3387.7亿元，增幅达到

222%，其中以手机出版和网络游戏的增长幅度最大。同时，随着国民版权意识的增强，数字出版领域的版权保护也开始走上正轨，在线音乐、网络动漫等也开始进行收费服务，收入一路走高，2014 年在线音乐的总收入为 52.4 亿元，比 2006 年的 1.2 亿元翻了 42.7 倍；2014 年网络动漫收入为 38 亿元，是 2006 年的 380 倍。

根据我国《2014—2015 中国数字出版产业年度报告》，2014 年我国数字出版产业收入为 3387.7 亿元，比 2013 年增长 33.36%，数字出版产业收入占新闻出版产业收入的总比由 2013 年的 13.9%提升至 17.1%。其中互联网期刊收入 14.3 亿元，电子书 45 亿元，数字报纸 10.5 亿元，博客 33.2 亿元，在线音乐 52.4 亿元，网络动漫 38 亿元。移动出版和网络游戏的收入分别为 784.9 亿元和 869.4 亿元，在数字出版总收入中所占比例分别为 22.17%和 25.66%，两者合计占比 47.83%，说明移动出版和网络游戏依然是拉动数字出版产业收入的主力军，意味着休闲、娱乐类产品在数字出版产业中占据了相当大的比重。

互联网期刊收入从 2006 年的 5 亿元增长至 2014 年 14.3 亿元，8 年增加近两倍。电了图书收入，2006 年为 1.5 亿元，2014 年为 45 亿元，八年间增加了 29 倍。虽然与纸版图书销售收入相比依然很少，但从 2012 年开始，呈现快速增长态势，年平均增长幅度为 20.5%。网络游戏和互联网广告在 2006 年至 2014 年，都实现了大幅度增长，表现出强劲的发展势头。

在用户规模方面，用户数量保持平稳增长，截至 2014 年底，我国数字出版产业的累计用户规模达到 12.47 亿，在线音乐、网络游戏的用户规模在 2008 年至 2014 年呈现跨越式的大幅度增长。原创网络文学注册用户数也保持着高速增长的态势，但博客用户规模则出现了下降，这与微信等社交媒体的迅猛发展有着很大关系。

在产品规模方面，产品种类和数量显著增加，电子图书产品规模从2011年的90万种，增加至2014年的160万种，增长率为77.78%。互联网原创作品的规模从2013年的175.78万种，增至2014年的201万种，产品规模变化明显，这与网络原创作品平台自律机制的不断形成，以及政府引导与内容规范管理密切相关。

表8-1 2006—2014年数字出版产业收入情况（单位：亿元）

数字出版分类	2006年	2007年	2008年	2009年	2010年
互联网期刊	5＋1（多媒体互期刊）	6 ＋ 1.6（多媒体互期刊）	5.13	6	7.49
电子书	1.5（电子图书）	2（电子图书）	3（电子图书）	14（电子图书4＋电子阅读器10）	16.5（电子图书7＋电子阅读器9.5）
数字报纸	3.5（网络报＋手机报）	1.5 ＋ 8.5（网络报＋手机报	2.5（网络版）	3.1（网络版）	6（网络版）
博客	6.5	9.75	—	—	10
在线音乐	1.2	1.52	1.3	—	2.8
网络动漫	0.1	0.25	—	—	6
手机出版	80	150	190.8	314	349.8（未包括手机动漫）
网络游戏	65.4	105.7	183.79	256.2	323.7
互联网广告	49.8	75.6	170.04	206.1	321.2
合计	213	362.42	556.56	799.4	1051.79

续表8—1

数字出版分类	2011年	2012年	2013年	2014年
互联网期刊	9.34	10.85	12.15	14.3
电子书	16.7（电子图书7+电子阅读器9.5）	31（电子图书）	38（含网络原创出版物）	45（含网络原创出版物）
数字报纸	12（不含手机报）	15.9（不含手机报）	11.6（不含手机报）	10.5（不含手机报）
博客	24	40	15	33.2
在线音乐	3.8	18.2	43.6	52.4
网络动漫	3.5	10.36	22	38
手机出版	367.34（未包括手机动漫）	486.5（未包括手机动漫）	579.6（未包括手机动漫）	784.9（未包括手机动漫）
网络游戏	428.5	569.5	718.4	869.4
互联网广告	512.9	753.1	1100	1540
合计	1377.88	1935.49	2540.35	3387.7

三　数字出版营销的特点

数字出版物于20世纪60年代兴起于西方发达国家，在之后的40多年时间里，数字出版物综合文字、声音、图像、图形、动画等多种表现形式形成独特的表现力。数字出版物以其“海量”存储，良好的人机交互性，相等的信息量的低成本等优势成为数字时代阅读的一种趋势。不管是“纸本消亡论”还是“数字为王”，目前，数字出版物与传统媒体已形成共存互补的局面。20世纪90年代初，我国的数字出版开始出现，1992年中国第一张国产多媒体光盘《邮票上的中国》的出现，标志着我国数字出版事业步入起步阶段。数字出版在我国发展的20多年里，出版物品种逐渐增多，内容涵盖了政治、经济、文化、军事、教育等各个领域，读者数量都达到了相当的规模。所以，数字出版物营销也显得尤为重要。

随着中国加入WTO和出版市场的变化，传统出版发行面临着供大于求、市场变化快于出版物更新速度、退货率居高不下、回款率低的困境。在数字出版时代，传统出版发行的营销模式和体制就不太适合数字出版，传统出版发行中的被动销售就需要顺应数字时代而采取各种办法营销出版物市场，引导和促进消费者的购买欲望，也就要求出版商在选题的策划，论证程序中充分捕捉市场信息，在广告和市场的宣传设计中极力突出产品与市场需求相契合的特有卖点，要在认真分析数字出版物营销特点的基础上，策划出既叫好又叫座的出版物。

数字出版物营销与传统出版物营销相比，具有以下几个特点：

（一）营销观念彻底更新

营销观念是指企业在组织和谋划企业的经营管理实践活动中所依据的指导思想和行为准则，是企业经营哲学和思维方法的体现。市场营销观念要求企业一切计划与策略应以消费者为中心，正确确定目标市场的需要与欲望，比竞争者更有效地提供目标市场所要求的满足，要求企业营销管理贯彻“顾客至上”的原则，将管理重心放在善于发现和了解目标顾客的需要上，并千方百计去满足，使顾客满意，从而实现企业目标。这种观念是以满足顾客需求为出发点的，即“顾客需要什么，就生产什么”。市场营销观念认为，实现企业各项目标的关键，在于正确确定目标市场的需要和欲望，并且比竞争者更有效地传送目标市场所期望的物品或服务，进而比竞争者更有效地满足目标市场的需要和欲望。

数字出版物营销观念，是引导出版商经营活动的指导思想，是出版经营者、管理者的经营思想或商业观念，它概括了出版社的经营态度和思维方式，其核心问题是以什么为中心来开展出版社的生产经营活动。

在不同的时期，我国由于生产力发展水平的不同，形成了不同的图书营销观念。1978 年以来，我国大致经历了品种观念、推销观念、市场观念和社会市场观念等几种不同的市场营销观念。从 1978 年到 20 世纪 90 年代中期，我国出版物营销基本上属于品种观念。品种观念就是只要能及时、迅速、大量地把出版物生产出来，就可以占有市场，获得发展。品种经营观念的特点是：出版理念以生产为中心，强调编辑和印制；其基本问题是提高出版生产率，扩大品种规模；数量增长是其基本模式，质量让位于数量；与数量增长相一致，价格是重要的，低价格是其重要的策略；市场是无差异的，图书供不应求。

随着出版生产力的不断发展以及出版物市场需求的变化，推销观念应运而生。推销观念是指企业把经营活动的重点放在销售环节。但是，推销观念本质上仍然没有脱离以生产为中心的思想，它只是既有产品的销售，有什么就卖什么，至于售后消费者是否满意，消费者究竟需要什么产品，如何最大限度地满足消费者的需要，使消费者完全满意，则不在考虑之列。

20 世纪 90 年代后期以来，我国出版业逐渐确立了市场观念。出版物市场细分以及目标市场的选择，是这一阶段出版社发展的主要战略。出版的重心开始从发行重新转向编辑，即把出版流程建立在市场的基础之上。市场成为所有问题的中心，为读者服务，出版读者需要的图书成为一切工作的最基本出发点。随着社会的发展和技术的进步，社会市场观念逐渐深入人心。社会市场观念是指既考虑满足读者个人的需要，并因此而获得出版利润，又要求符合读者自身和社会的长远利益，即正确处理读者需求，出版利润和社会利益之间的矛盾，努力寻求三者之间的平衡和协调。

上述的几种出版物营销思想是随着出版生产力和出版市场的发展而发展的，是与出版生产力水平和市场状况紧密联系在一起的。在当前的信息时代，消费者即我们的读者依靠功能强大的各种信息平台，不再是被诱导的“信息盲人”或者是处理信息的“低能儿”了。在这种情况下，出版业就要利用先进的信息技术来了解读者需求，提供产品和服务信息，同时拓展业务范围，实现产需沟通，促进交易完成。在出版业发展初期，出版物市场主要以产品和出版力为中心，市场上的出版物主要是由编辑来策划和决定，读者在编辑的安排下被动地去选择，而且市场基本属于供不应求，所以说品种营销观念和推销观念可以行得通。但是在当前，出版物市场品种繁多，琳琅满目，市场供应也是供大于求，对于出版物的营销也要相应地采取不同的策略。尤其是信息技术的发展，使得信息更加易得，信息之间的交换越来越方便和频繁，出版市场竞争越加激烈，这就要求转变营销观念，由产品为中心转变为以读者的需求和市场需要为中心，由被动转为互动。

（二）营销方式不断创新

营销方式是指营销过程中所可以使用的方法。营销方式包括：服务营销、体验营销、知识营销、情感营销、教育营销、差异化营销、直销、网络营销等。营销方式多种多样，但是传统的营销方式（电视广告、报纸、户外广告）投入成本大，效果难监控，持续周期长等因素导致其越来越不受欢迎，而网络营销方式因其高性价比，备受企业青睐。

传统的出版物营销基本上以出版物为中心。直销和间接销售已不能满足现在的出版物市场。数字化使得出版物的营销方式变得多样，拓宽了出版的发行方式和销售渠道。由传统的实体店发展到网上书店、网站等形式来售卖。网上销售与宣传，通过读者留言与购买情况，出版社能更了解读者的需要。网银、支付宝、微信支付等收费方式更为快捷便利。通过代理商和零售商，书的出版网点快速遍布全国，大大提高了经济效率。

一方面是因为数字时代，读者的购书习惯在发生改变，不再像以前一样去书店购买，大多数的年轻读者都会选择在亚马逊、当当、淘宝或京东商城去搜索自己感兴趣的书，或是在手机、iPad 上去订阅自己喜欢的杂志，这也导致了读者购书地点的改变，所以，传统的在实体书店的一些图书宣传或是图书促销在数字出版时代有些跟不上步伐，相应的营销方式就也要发生变化。另一方面，由于信息技术的进步，智能手机的快速发展，个人电脑、平板电脑以及 iPad 等高科技信息传播工具的出现和普及，使得读者接触信息的方式发生了改变。现在的阅读倾向于碎片化的浅阅读，除此之外，读者还很重视互动。这就要求我们的数字出版物的营销方式变得灵活，比如现在的全媒体营销、微博营销等，都是信息技术的发展所带来的。

读者的需求在增多，对预购产品需要更多分析资料，对产品本身要求更多的发言权和售后服务。数字出版物营销可以借助联机通信这一互动功能，鼓励读者参与决策。在制定销售过程中，读者参与越多，售出的产品机会就越大。同时应利用现代的技术，搜集读者信息，建立读者数据库，对读者的阅读习惯进行分析，从而确定营销方式，使出版物营销更加准确有效。

（三）营销调研更加快捷，高效

营销调研是指系统、客观地收集、整理和分析市场营销活动的各种资料或数据，用以帮助营销管理人员制定有效的市场营销决策。这里所谓的“系统”（Systematic）指的是对市场营销调研必须有周密的计划和安排，使调研工作有条理地开展下去。“客观”（objective）指对所有信息资料，调研人员必须以公正和中立的态度进行记录、整理和分析处理，应尽量减少偏见和错误。“帮助”（Help）指调研所得的信息以及根据信息分析后所得出的结论，只能作为市场营销管理人员制定决策的参考，而不能代替他们去做出决策。

在现代营销活动中，信息起着重要作用，对市场和读者阅读信息的收集、整理、分析，并以此为基础做出科学决策，是现代出版物营销的重要内容。从出版物营销的角度看，出版社与出版物市场的联系主要表现为三种“流”：第一，出版物由出版社流向读者；第二，货币由读者流向出版社；第三，出版社与发行商、读者以及环境之间的信息沟通。出版社开展营销活动，不仅需要人、财、物等方面的资源要素，而且需要信息。就其本质而言，出版物营销就是对出版物信息的一种有目的的传递活动。因而，信息是出版物营销活动的核心要素之一。在数字时代，网络的互动功能为出版业提供了一个高效率、低成本的市场调研途径，为出版业日常与顾客之间的双向沟通机制奠定了基础，使调研成为随时可进行的、更加可控的经常性工作。

（四）营销市场空间不断扩大

市场是以商品交换为内容的一种经济联系形式。它是社会分工和商品生产的产物，是商品经济中社会分工的表现形式。市场的基本关系是商品供求关系，基本活动是商品交换活动。在市场经济条件下，任何产品都是商品，都需要在市场上通过交换，才能实现其价值。出版物也是一种商品，出版社也是商品的生产者，因而，出版社的所有经营活动都离不开市场。出版物市场的扩大，对于出版物的营销无疑是一个很大的推动。

广义的出版物市场，是指出版物交换关系的总和，是出版物的供给和需求者相互作用，实现出版物交换过程而形成的各种关系的总和。出版物的供给者，包括出版者与出版物发行者。出版物的需求者即读者。

在数字出版时代，随着信息技术的发展与网络的广泛普及，创造了一个便利的及时全球社区，出版业可利用最少的投入来扩展最广阔的市场，使区域市场可以迅速延伸至全球。它消除了国际营销的诸多壁垒，使先前由于空间、时间、消费习惯等障碍无法企及的市场变得触手可及，使市场营销空间越来越广阔。

在数字出版物的市场营销中，由于营销的市场空间的扩大，也就要求出版物的市场要分得越来越细。要从不同的角度来细分出版物市场，传统的比如读者年龄、职业、地域等，在数字时代，也要了解读者接受信息的方式和工具，以及读者接受信息的习惯等。比如说网络游戏，就要分消费者是经常用手机玩网游还是经常用电脑玩网游，以此来制定比较完善的营销策略。

二　数字出版物的分销渠道

（一）数字分销渠道的概念

分销渠道，也称营销渠道或配销渠道。在我国出版行业，出版物的分销业称为出版物的发行。所谓出版物分销渠道，又称出版物发行渠道，是指组织出版物从生产领域向消费领域流通时所需要经历的路线以及在这些路线上所必然发生的出版物所有权转移的经济过程。分销的起点是出版社，终点是读者，中间环节包括各种发行平台、批发商、零售商和出版社自办发行部等服务机构。

“分销”更好地表述了出版社对渠道的主动权，“发行”则更侧向于发行商对渠道的主动权。发行渠道的基本功能是实现出版物从出版者向读者的转移。为了完成这一基本功能，发行渠道就必须从多方面服务于出版物商品所有权的转移，如搜集与传播有关现实与潜在读者的信息，促进销售，资金融通等。所以，发行渠道在出版活动中占有非常重要的地位，是出版产业的重要组成部分，对于做好出版物营销具有十分重要的作用。

在计划经济体制下，出版物的流通完全由发行商即新华书店掌控，因而，出版物的分销渠道就相当于发行。改革开放以来，出版社收回了对于出版物的总发行权，逐渐成为渠道的决策者，出版物的发行渠道也因此而逐渐成为分销渠道。在当今的数字化时代，信息的及时化，传播渠道的多样化，以及出版物形式的丰富，使得分销渠道更加多样化。愈来愈多数字化的产品、数字化的销售平台，消费行为改变了，营销工作的基础也偏向数字化，出版企业亦是如此。

数字时代下读者的整个消费行为离不开信息，所以把握信息成为营销工作的重点。信息的把握主要体现在信息本身和信息的传播渠道。从信息本身来说，要进一步完善数字出版物的特色、内容简介、评价等信息。从信息传播渠道来说，要充分发挥网络的优势，利用空间、微博、博客、论坛等渠道把信息送达读者手中。同时，还需要建立群和社区，形成稳定的信息受众，在信息发布时要研究信息发布的方式、时机、形式，以及特定受众对信息的偏好。由于网络的信息量很大，一些渠道的信息滚动很快，需要采用一些手段将自己的信息置顶于首页、页首，这就要求营销人员在发布信息时，进行统计分析，找出正确的信息投放方式。另外营销人员在购买搜索服务时，要注意在成本和效果之间找到平衡点，去研究消费者搜索的行为习惯等。

（二）数字分销渠道的特点

1. 扁平化

我国传统的出版物分销是以新华书店发行系统为主渠道，还有出版社自办发行系统，其他大型发行集团，中外合资发行机构等。此外，分属这些系统的还有各类图书发行公司、连锁经营机构、读者俱乐部、网上书店等。所以，传统的图书销售渠道呈金字塔结构，也就是大型总分销机构居于金字塔的顶端，由下再分设多个层级的分销分支机构。其优点是具有广泛的市场辐射能力。但在供过于求、竞争激烈的市场营销环境下，这种金字塔结构存在着许多不可克服的缺点：一是出版社难以有效地控制图书销售渠道，二是多层渠道组织结构有碍于效率的提高，并且没有价格竞争优势，三是信息不能准确、及时反馈，导致错失商机。为了克服这些问题，很多出版社也尝试传统销售渠道的扁平化，如针对集团客户的图书直销业务。但这种直销还是保留了中间环节，因此还不能说是彻底的扁平化。而网络数字出版物则可以剔除任何层级的中间环节，通过在线销售真正直接面对终端读者，也就比较容易解决上述弊端。数字出版环境下，在技术的帮助下，出版商和读者可以直接进行交易甚至是读者的直接定制，或是按需出版，这样就使得数字出版物的分销渠道更加多元化，交易时间更加短，营销效率也得到了提高。

2. 虚拟环境下的零库存

传统的出版物主要是以图书为主，大多数的出版社需要将其存储在仓库，发行商从出版社购进图书后也要将其存储，再分销给批发商，然后批发商再将图书发给零售商。在这个过程中，图书的存储就是一个很让出版商头疼的问题。因为，出版商对库存的合理性很难把握，不同种类的图书其销售旺季和销售周期各不相同，因此预计销售总数与合理库存数之比不容易确定。如果库存不足容易造成供货断档，影响销售总量；而库存过剩又容易造成积压，并且一旦错过了销售时机，就可能面临图书报废。这是出版社最不愿意看到的。但对数字出版物来讲，情形要简单和易控得多，只需要保留一份原始母本（数字文档）就够了，此后可以按需无限复制。因此可以视为虚拟环境下的零库存。

3. 及时性的资金流转

现金流正常运转是一个企业生存的必要条件。而传统图书销售流程中，出版社与书店的结算周期最快也要三个月到半年，有的甚至更长。最糟糕的情况是货款被长期拖欠后成了呆账死账。这种状况很容易阻断出版社的现金流，影响企业正常的经营运转。与之不同，数字出版物的销售多数通过网上交易，相当于现金交易，尽管会向中间信用机构如支付宝、贝宝或手机运营商等支付一定的费用（纸质图书的网上订购与网下配送还会向快递公司支付一定的费用），但与拖欠账造成的损失相比，几乎可以忽略不计。

（三）我国现有的数字出版物分销渠道

随着信息技术的发展，数字出版物的快速发展已经打破了原有的出版格局。由于数字出版物的结构和呈现形式以及载体都发生了变化，所以，出版物的发行和营销的渠道和方式也发生了很大的变化，新的分销渠道不断出现。目前国内的数字出版物主要是通过数字技术提供商的发行平台与发行渠道销售，各大电商网站竞争激烈，呈现鼎足之势，同时，诸多出版机构也建立了自有的数字化分销渠道。例如新华文轩出版传媒有限公司的文轩网、九月网，电子工业出版社、清华大学出版社等出版社的官方网络书店，北京磨铁图书有限公司旗下的磨铁中文网，吉林科技出版社、华东师大出版社、江苏人民出版社开设的淘宝旗舰店，它们都彰显了出版机构开发网络销售的决心。与传统渠道相比，数字化分销渠道具有多方面的优势。比如其剔除了传统渠道多层构建的中间环节，可直接面对终端读者；在库存上，数字化分销渠道只需保留一份原始母本（数字文档），之后可以按需无限复制；由于数字化分销大都通过网上交易，其在某种程度上相当于现金交易，与传统渠道的赊销制相比可及时地回笼资金。

对数字出版物的分销渠道而言，可以将分销渠道划分为直接渠道与间接渠道、窄渠道与宽渠道。

第一，直接渠道与间接渠道。不通过任何中间商进行销售而直接到达目标读者，称为直接渠道；通过一个或一个以上的中间商进行销售的通常称为间接渠道。前面我们谈及数字出版物销售的扁平化，其实就是走直接渠道。然而出版物的目标读者的职业、专业等身份不同，其销售渠道有时不可能或不必要全部实行扁平化，而走间接渠道更有利于方便读者和扩大销售。

第二，窄渠道与宽渠道。出版社只选择一个经销商独家经销其产品，也就是我们通常讲的“包发”，这被视作窄渠道。与之相应，出版社选择两个及两个以上的中间商经销其产品就是宽渠道了。选择宽渠道还是窄渠道要根据产品的属性以及市场的要求来确定。传统图书既可以选择宽渠道，也可以选择窄渠道；并且某个渠道还可以区域化。也就是说，同一种图书可以分区域选择相同的渠道或者不同的渠道。但数字出版物有着自己的特性：一是互联网的广泛性弱化了它的区域性，因此我们没有必要按地域去构建渠道；二是一般不实行窄渠道，网络信息的海量化，使我们有必要建立分门别类的销售平台。

目前，国内形成了互联网分销渠道和无线分销渠道两类主要的数字出版物分销渠道，在这两类分销渠道的基础之上又衍生出许多具有活力的细分渠道。互联网分销渠道就是指通过互联网连接数字出版物内容提供商与需求用户之间的通道，主要包括网站、电子邮件等多种低成本的直接接触最终客户的工具。无线网络的分销渠道，主要是指以手机为主要终端设备来实现数字出版物传播的途径。同时随着高速无线网络的兴起和发展，平板电脑、电子书阅读器等手持移动设备以及各种智能可穿戴设备的出现给数字出版物的无线网络分销渠道注入了新鲜的血液，无线网络分销渠道有手机客户端、手机 WAP（无线应用协议）网站、数字内容商城等形式。

1. 互联网分销渠道

（1）数字出版企业官方平台。官方平台是数字出版企业建立的自己的数据库系统，在平台上对自己的产品进行直接售卖，避开其他分销商直接获取利润。目前，我国转型中的传统出版社很多都选择了这一渠道作为自身产品的分销渠道之一。

文轩网是四川省新华文轩出版传媒股份有限公司旗下的电子商务平台，新华文轩旗下的四川人民出版社、四川少年儿童出版社等 10 家出版社的产品均在文轩网上进行销售，包括实体书、电子书、音像制品等，同时提供在线阅读。运营至今，文轩网已拥有注册会员四百万余人，常备图书品种超过 70 万种，开辟了包括淘宝、拍拍、新浪、乐酷天等国内外知名网站在内的多家网络连锁渠道，连续 3 年销售规模增长率逾 200%。目前，文轩网月独立 IP 访问过千万，月均点击率超过 10 亿次，是国内少数几家网上零售规模上亿的企业之一。

（2）第三方电子商务平台。电子商务平台是近年来伴随着数字技术、网络技术和移动通信技术发展而兴起的交易平台，主要通过 B2C 模式运作。我国电子商务平台发展迅速，京东、亚马逊、当当等在数字出版物的分销上都有着雄厚的实力，拥有各自庞大的用户资源。每一个成熟的电子商务平台都有其完整的网络销售渠道，包括支付体系、配送体系等，如淘宝的支付宝平台，京东的京东支付等。数字出版企业往往因为自身资金、资源、技术、人才等条件的限制，造成自身平台影响较小、难成气候，因此，他们普遍选择电商平台进行分销。一种数字出版物往往会在多个电商平台上进行售卖。

（3）综合文献库。综合文献库是建立在互联网基础上的期刊集合库。在我国，已形成了同方知网、万方数据、维普资讯、龙源期刊等知名的综合文献库。传统的纸质期刊大都是通过订阅获得，对于用户而言，收集分散在不同期刊、不同时期而属于同一主题的相关文献是一件非常困难的事情，尤其是对于检索而言，这其中包含着巨大的工作量，这就给综合文献库发展提供了巨大的成长空间，使得综合文献库成为数字出版物发行分销的重要渠道之一。

同方知网公司与中国学术期刊（光盘版）电子杂志社、同方光盘股份有限公司共同组成同方数字出版集团，编辑出版《中国知识资源总库》，旨在囊括中国80％以上的公共知识信息资源。主要服务对象包括国内机构用户（高校、公共图书馆、科研机构、政府机关、医院、企业）和个人用户，海外机构用户（美、德、澳、日等国的高校、公共图书馆和政府机关）。目前同方知网的机构用户总数逾6000家，在各个行业的用户数量和市场占有率分别为：本科院校100％；高中高专50％；省级，副省级以上的图书馆91％；地级市以上图书馆21％；科研机构200多家；政府机关近500家；军队用户近百家；医院上千家，其中三级医院市场占有率为85％；企业约400家；中小学600家。此外，海外机构用户也遍布美、德、澳、日等30多个国家和地区。

（4）搜索引擎。搜索引擎在数字出版物的分销渠道上扮演着二次分销的角色，人们通过搜索引擎搜索自己需要的信息，然后点击链接进入相关网站。例如，百度、谷歌已经成为许多人常用的搜索引擎。同时搜索引擎对在线新闻的筛选又保证了用户所阅读的新闻的价值性。例如，百度文库、百度读书、百度视频、百度贴吧、百度百科等都直接或者间接地进行了数字出版物的分销。在这个分销渠道就要求关键词的准确性和简洁性，以便读者能快速而准确地找到自己想要的信息。

（5）电子邮件。电子邮件在扮演网络通信角色的同时，又具有数字出版物的分销功能。电子邮件对数字出版物的分销主要是通过网络广告和新闻订阅实现的，网络广告商向电子邮箱提供商支付相应利益，电子邮箱提供商向用户推荐订阅内容。向用户发送有关电子出版物信息的E－mail，能使用户了解更多电子出版物产品的情况，主动引导消费，如通过www. infzm. com注册《南方周末》会员，可以通过邮箱接收《南方周末》电子版报纸等。

（6）RSS订阅。RSS（站点用来和其他站点共享内容的一种简易方式）订阅是数字出版网站附属产品，用户可以通过下载或者购买 RSS 程序来收集和组织定制新闻。RSS 是在线内容分销的一种简易方式，也叫聚合内容。通常情况下，对于时效性比较强的数字出版内容使用 RSS 订阅可以使用户更便捷、更快速地获得内容。许多网站都已经提供 RSS 订阅服务，对于用户而言，用 RSS 订阅数字内容和使用电子邮件客户端软件收取订阅邮件一样简单。比如新浪点点通就是汇集了读者感兴趣的新闻，读者可以不用自己去搜索，而是定制自己感兴趣的新闻版块，每天新浪就会根据这些自动派送。

2. 无线分销渠道

无线分销主要就是利用手机、平板电脑等移动终端，采用移动通信技术，借助移动平台的支付能力和版权保护能力利用客户端、wap 网站、数字内容商城对数字出版物进行分销。

（1）移动客户端。随着 4G 时代的到来，手机已经成为一个移动媒体，数字出版向无线移动、个性化按需定制和跨媒体出版发展的步伐大大加快。移动客户端已经成为移动终端使用互联网的主要形式。对于数字出版物的分销来说客户端是一个重要形式。第三方手机浏览器如 UC 浏览器、QQ 浏览器等成为许多用户手机上网的首选，同时浏览器还提供网站导航、资讯、生活百事通、视频导航等服务，这对数字出版物的分销而言是一个重要途径。目前，各大电商网站、数字出版企业都有自己的移动客户端供用户在移动终端上使用产品。

截至 2015 年 6 月，我国手机网民规模达 5.94 亿，较 2014 年 12 月增加 3679 万人，网民中使用手机上网的人群占比由 2014 年 12 月的 85.8%提升至 88.9%，随着手机终端的大屏化和手机应用体验的不断提升，手机作为网民主要上网终端的趋势进一步明显。

（2）手机 wap 网站。手机报是依托手机作为媒介，由报社、移动通信商和网络运营商联手共同搭建的数字内容分销平台，手机用户可以使用手机浏览到数字化的简易新闻、彩图、动漫等内容。WAP是一项全球性的网络通信协议，移动梦网、手机腾讯网、手机人民网以及手机报的WAP版等诸多手机网站就建立在WAP基础之上，用户可以通过WAP服务，实现新闻、网络小说的在线阅读。

（3）数字内容商城。数字内容商城是依托手机生产商或移动运营商建立起来的应用交易的虚拟市场，应用商城最成功的案例是苹果公司的App Store（应用商店），商店内有海量的应用可供用户购买或下载，而相对应安卓手机在世界范围内最通用的是google play商店，然而我国大陆地区无法使用该服务。我国的安卓手机的数字内容商城主要有两种：一是手机生产商自带的应用商城，如华为商城、小米商城等；二是由大型互联网运营商建立的应用商城，如腾讯应用宝、百度手机助手等。

三　数字出版物营销的策略

数字出版是一个不断发展的，具有革命性的新型出版方式，在出版物表现形式、传播方式、出版流程、管理手段以及服务营销方式等方面都发生着巨大的变化，尤其是在营销策略上，更应与时俱进，适应读者的多样化阅读方式，满足读者的多样化阅读需求。

（一）数字出版物的产品策略

数字出版物营销的核心是数字出版物，其本身的内容和质量直接决定了营销策略的整体设计走向，同时，数字出版物产品类型繁多，如何正确为不同的产品制定营销策略是摆在每一个数字出版企业面前的问题。

所谓产品策略，即指企业制定经营战略时，首先要明确企业能提供什么样的产品和服务去满足消费者的要求，也就是要解决产品策略问题。它是市场营销组合策略的基础，从一定意义上讲，企业成功与发展的关键在于产品满足消费者的需求的程度以及产品策略正确与否。

产品策略是企业为了在激烈的市场竞争中获得优势，在生产、销售产品时所运用的一系列措施和手段，包括产品组合策略、新产品开发策略、品牌策略等。

1. 数字出版物的产品组合策略

产品组合策略主要分为扩大产品组合策略、缩减产品组合策略以及特色化产品组合策略，数字出版企业应根据其产品在市场上的具体情况、公司自身资源储备状况及自身规划具体问题具体分析，采取合理的组合策略。

产品组合策略实际上就是对产品组合宽度、深度和关联性的优化。为了使数字出版企业的潜力在更大市场上更好地发挥，扩大数字出版物产品组合的宽度是必要的；为了满足消费者个性化的需求、占领更多同类出版物市场，拓展数字出版物产品组合的深度是必须的；为了增强数字出版企业的经营能力、提升其市场地位，加强数字出版物产品组合的关联性是必然的。

从数字出版生产商的角度看，其产品策略主要包括：第一，扩大产品线长度、宽度和深度，包括在业务范围内增加新的系列出版物、为原有数字出版物拓展不同的出版形式、在已有出版物中增加新的版本和内容等；第二，缩减产品策略，主要表现为停止对竞争力差的数字出版物的继续生产和发布、降低其出版的频率等；第三，特色化组合，即保留数字出版企业本身特色和核心竞争力，将资源多投入于自身优势产品中，使优势资源得到最大的发挥。

从数字出版经销商的角度看，由于数字出版物占据储存空间较小、边际成本极低、在网络空间中呈现出长尾特征，互联网销售平台在进行数字出版物产品组合时，更多地会采取扩大产品组合的策略，较少使用缩减产品策略，同时，由于目前网上销售平台多为综合性的大型电商网站，自身资源丰富、内容庞杂，也不适合使用特色化组合策略。互联网销售平台的产品组合策略有以下几种：第一，为满足不同消费者需求，增加同一数字出版物的不同版本、形式等；第二，增加与原产品内容有关联的数字出版产品，延长产品线的长度；第三，增加新的产品线，通过借鉴国内外其他销售平台的优秀经验，对自身平台进行补充完善。

2. 数字出版物的产品开发策略

《2014—2015 中国数字出版产业年度报告》指出，2014 年，我国移动出版和网络游戏的收入分别为 784.9 亿元和 869.4 亿元，在数字出版总收入中所占比例分别为 22.17%和 25.66%，两者合计占比 47.83%，说明移动出版和网络游戏依然是拉动数字出版产业收入的主力军[①]，因此，对数字出版物进行新产品开发，不仅可以扩大市场，满足消费者的不同需求，同时可以促进整个产业的发展。

现代市场营销将新产品定义为：能进入市场，给消费者（用户）提供新的利益（新的效用）而被消费者（用户）认可的具有新意的产品。可以看出，新产品的开发始终是以用户需求为中心，为了满足用户的某种需求而开发，因此需要数字出版企业对市场的变化和用户的心理保持高度的敏感性，从而提高对市场需求的反应速度，在激烈的竞争中取得先机。

内容和形式是数字出版物必不可少的两个因素，内容是核心，形式是外衣，内容是形式所要表现的对象，形式必须要表现出一定的内容才有意义。因此，数字出版物的产品开发主要从这两方面进行设计。

---

① 资料来源：中国出版网：《2014—2015 中国数字出版产业年度报告》，(2015-07-15)，http：//www. 199it. com/archives/365848. ht。

第一，内容方面。在数字出版时代，虽然出版物的载体与传统的出版物不同，但是从出版物的文化属性来看，数字出版物还是“内容为王”，出版物的内容才是决定性的因素。因此，选题的优化也一直是出版行业的核心问题，是以市场调研和用户需求深度挖掘为基础的，并要对用户需求进行适度引导。在数字时代，对于用户的阅读习惯、阅读偏好的数据收集也越来越便捷，因此，在掌握用户信息的基础上来进行选题策划和对于选题的优化对于数字出版业是十分必要的。除此之外，数字出版物的制作、出版、复制和发行具有便捷性和实时性，根据用户的具体需求进行产品的个性化定制也是一种新的趋势。

第二，形式方面。不同于传统出版物固定而单一的表现形式，数字出版物是综合运用文字、声音、图像、视频等表现形式呈现在用户面前的，形式的多样化、差异性是其特点，也是一个产品的重要竞争力。数字出版物的形式应以用户的最佳体验为基础，在保证内容不受影响、符合美学设计之外，更应该考虑交互性，即用户和产品的互动。比如在不同的终端上，根据终端本身屏幕的特点，设计出不同的阅读界面、操作界面，以符合用户的使用习惯等。

3. 数字出版物的产品品牌策略

品牌的构建对于数字出版企业和运营商来讲至关重要，美国市场营销协会定义委员会将品牌定义为：品牌是指打算来识别一个（或一群）卖主的货物或劳务的名称、类型、记号、象征、设计或其组合，并打算用来区别一个（或一群）卖主或其竞争者。到了现在，品牌的内涵得到了延伸，从一个商品的形象，发展成为一个企业的整体形象。品牌的价值提升有利于促进用户对企业的认同感，提升企业形象，更有利于扩大一个企业的商品在市场上的占有率。目前，品牌建设已经成为企业发展的核心建设问题，出版品牌是出版物的品质、形象、营销、管理等的总和，是出版物的特色、可信度和知名度的集中体现，因此数字出版企业应当积极考虑自身品牌的构建，增强自身在市场上的竞争优势。

（1）品牌延伸策略。品牌延伸策略是指将已有的品牌名称沿用到新的产品线上①，是实现品牌无形资产转移和发展的有效途径。在数字出版领域的应用主要是一个企业的品牌延伸至该企业各种不同类型的商品上，将原有品牌的价值注入新产品。如互联网技术公司网易，其旗下的网易游戏、网易博客、网易云音乐、网易公开课、网易有道词典等，都是其品牌在不同产品上的延伸；腾讯的腾讯 qq、腾讯游戏、腾讯动漫平台、腾讯视频等，也是“腾讯”这一品牌延伸后的产物。当一个品牌延伸到新的产品类别时，会涉及复杂的技术变化，消费者在购买延伸品牌时面临着不确定性和财务风险，因此，在对品牌进行延伸时应选择适当的延伸品牌命名战略（直接命名、间接命名）。②

（2）多品牌策略。和品牌延伸相对，多品牌策略是指一个企业分别对其不同产品进行差别化的品牌建设，其每个品牌均有其核心竞争力，能在不同行业中处于优势地位，在不同层面上支撑起整个企业的运营，这样可以降低企业的运营风险，在竞争中处于优势地位。如起点中文网、红袖添香网、小说阅读网、榕树下、言情小说吧、潇湘书院这六大原创文学网站均属于盛大文学旗下品牌，在奇幻文学、青春文学等方面扩大了盛大文学的市场占有率，增强了其竞争实力。

（3）品牌合作策略。品牌合作策略是两个或两个以上品牌进行联合，建立新的品牌，这样新品牌将共享多方资源，实力更加丰厚，形成竞争优势。如 2015 年 1 月，盛大文学与腾讯文学合

---

① ［美］科特勒：《营销管理》，王永贵，等，译，中国人民大学出版社，2010 年版，第 497 页。

② 袁勤俭，等：《数字出版物的营销模式研究》，清华大学出版社，2014 年版，第 168 页。

并成立“阅文集团”（China Reading Limited），阅文集团将统一管理和运营原有子品牌，包括QQ阅读、起点中文网、创世中文网、云起书院、潇湘书院、红袖添香、小说阅读网、中智博文、华文天下等。

（二）数字出版物的价格策略

在市场经济条件下，价格是市场营销中的重要手段，也是用户非常关心的市场因素之一。数字出版物作为商品，其定价的高低直接关系到用户对产品的接受程度，进而影响产品的销量，影响企业的盈利水平。从某种意义而言，采取何种价格策略直接影响到数字出版物能否在市场竞争中处于有利地位。

商品定价问题一直是一个研究热点，定价在商品交易过程中直接刺激着消费者认知。在互联网经济下，出版物的竞争和消费环境都发生了巨大的变化，因此需要一套符合现在网络环境的定价策略。传统出版物的定价主要由直接成本、间接成本和内容决定，而数字出版物的成本估算与传统出版物大不相同，其成本主要集中于初期的开发成本，以及后期的运营成本，其产品的复制本身几乎是不耗费成本的，这也就说明，当一个数字出版物复制发行得越多，其成本就越低。从数字出版物的使用价值来看，消费者对高质量、具有更高使用价值的产品的价格敏感度更低，也就是说，高质量的数字出版物具有较高的定价能力。在这种情况下，数字出版物的价格策略主要有以下四种。

1. 免费定价策略

免费定价策略分为完全免费定价策略和部分免费定价策略。完全免费的数字出版物靠价格优势吸引更多的用户，从中获取更高的广告收益；而部分免费定价则通常用于吸引用户为其后的收费内容付费。

完全免费的定价方式在数字软件产品上体现较多，用户通常都能免费下载和使用数字软件或者数字游戏，而软件和游戏内部则附带广告，吸引广告商的投资；部分免费定价是数字出版企业和运营商采用较多的价格策略，每一种数字出版物都存在大量的部分免费定价的案例：在数字图书方面，各运营商采用免费阅读部分章节，付费阅读剩余章节的方式获利。在数字软件方面，往往是基础功能免费，增值服务收费。在数字游戏方面，游戏本身是免费的，而游戏内部的装备、耗材等则需要玩家付费。数字音像方面，在免费观看资源的基础上，用户通过付费可以得到更优质的视听享受。

2. 差别定价策略

差别定价指数字出版企业和运营商根据一定的标准对其产品进行价格的划分，或按照产品的不同功能进行差异化定价，以满足不同用户的消费需求。

会员制是一种常见的差别定价策略，会员和非会员、会员之间享受的服务差异是价格划分的关键，用户通过付费成为会员后，能享受更多的服务和资源。例如腾讯 qq 会员，普通会员能享受到非会员不能拥有的各项特权，如一次性较长时间的语音、聊天记录的漫游保存、享受部分需要付费的装饰元素等；高级会员通过支付更高的费用，可以在普通会员的基础上再进行服务的增值，如有开设更多 qq 聊天群的权限等等。

个性化定制也是较常用的差别定价策略。数字出版企业根据不同用户群的实际需求，对某一产品提供多种版本，根据不同版本的功能进行不同的定价。如方正字体，根据字体的使用范围将产品划分为家庭版、商业版（个人淘宝店版）和商业版（同人本版），定价从 2 元到 98 元不等。

3. 捆绑定价策略

捆绑定价策略是指将两种或两种以上的数字出版物按固定组合进行销售，节约成本，提高产品的竞争力，是一种特殊的差别定价方式。作为特殊的差别定价，捆绑具有创造新商品的功能，弱化产品间的可比性，防止消费者转向其他厂商。将新产品与已被市场接受的产品捆绑销售，不但可以扩大市场份额，还可以克服数字出版物的知识后验性，降低消费者的购买风险，保证厂商的信誉和质量。①

4. 按次付费定价策略

按次付费定价是一种较为精确的定价策略，多用于数字图书、杂志等产品，按次付费可以延长产品的生命周期，为数字出版企业带来更多的利润。

我国各大在线小说和漫画阅读网站多采用按次付费的定价策略，运营商将一部作品按章节进行拆分，用户需要为多章节支付多次的阅读费用，这在拉长产品周期的同时，也为用户提供了更灵活的选择方式，用户可以根据自己的实际情况随时变更自己的购买计划。

（三）数字出版物的分销策略

适当的分销渠道，就是能够及时有效地把产品输送到用户便于购买的地方。由于数字出版物具有非物质性和强烈的时效性，这就要求商家必须选择合理的销售渠道，保证用户能够及时、方便地得到产品，数字出版物能够在网上复制并快速传播，读者可以在互联网上访问数据库，获取所需信息，在网上下载软件，以最快的速度体验最新的软件功能，而且可以进行在线更新，更为方便地享受售后服务等。总之，借助网络，数字出版物可实现零渠道销售，即出版商与读者直接进行双向式交流互动，出版商可以以较低的成本获得读者及时准确的需求信息，再以较低的销售成本把产品销售出去，同时又降低了用户的搜寻成本、交易成本，使读者更容易、更直接地得到产品。

---

① 袁勤俭，等：《数字出版物的营销模式研究》，清华大学出版社，2014年版，第218页。

1. 整合渠道策略

数字出版产业链中存在着众多的分销渠道，每种分销渠道都有自身的优势资源，合理对分销渠道进行整合，可以使资源优势得到最大限度的发挥，实现产业链中各个角色价值的最大化。为了做到这点，需要数字出版产业链上横向和纵向各个环节的合作，如内容提供者、技术提供者、通信运营商、终端设备制造者等联合起来，形成合力。

2. 规范标准策略

目前，我国在数字出版产业的技术方面，最突出的一个问题就是技术标准不统一，例如我国现在的电子书在技术标准上还存在混乱的情况。由于行业标准和国家标准的缺失，导致电子图书出版的文件格式多种多样，彼此不兼容，影响了信息传播的效率，给内容提供者增加了重复建设的成本，也给用户带来了使用成本。分销渠道的统一有序，可以有效地对数字出版物起到保护作用，减少数字出版物因渠道问题而产生的分销困难，可以降低数字出版物的分销成本，减小用户使用数字出版物的成本。

3. 渠道监管策略

政府在政策、法律上加大对数字出版物分销渠道的引导，为数字出版分销渠道的建设和管理进行监督，使数字出版产业健康有序地发展，减少数字出版企业因盲目竞争而造成的渠道浪费，提高渠道的利用价值，提高渠道建设的效果，同时也提高分销的效率。

（四）数字出版物的促销策略

促销是指出版单位采用各种手段和方式向读者或用户传递有关本单位及产品的信息，使潜在顾客对本单位及其产品产生兴趣、好感和信任，促进其购买行为发生的活动。网络环境给出版商提供了有利的条件来加强与用户的沟通，可以利用多媒体技术在网络上展现最新产品的功能，并让读者在线体验；也能及时地了解读者的最新需求。结合数字出版物的特点，出版商可以实施以下促销策略。

1. 广告策略

广告是为了某种特定的需求，通过一定形式的媒体，公开而广泛地向公众传递信息的宣传手段。互联网时代各种新产品层出不穷、竞争激烈，数字出版物如何进行广告、在什么样的平台进行广告是决定用户能否知晓产品的关键因素，因此，广告策略是数字出版物营销中重要的一环，是保证其实现其销售目的的重要手段。

一方面，数字出版企业应明确其产品内容的定位和产品受众的定位，根据产品内容和受众群体的偏好进行广告内容的具体选择。如可穿戴智能设备更适合动态的、视频类广告，而数字图书更适合静态的、平面的广告；同一类型的数字出版物应根据其面向受众的年龄层次的不同来选择不同的广告内容，如少儿类的数字读物和悬疑类的数字读物广告内容和风格就差异巨大。

另一方面，数字出版企业应根据自身的能力，权衡好广告投入和回报的比例，在合适平台上进行广告投放。当前，互联网广告主要按照时间和效果付费，在越知名的平台上播放时间越长、占据版面越大、更易于检索的广告，收费就越高。如百度是按照竞价的方式进行广告投放的，付出的费用越高，广告在页面上出现的位置就越好，越能被用户捕捉到。

2. 网站联盟营销策略

网站联盟营销是指数字出版运营商和分销商与其他网站结成联盟，在其他网站上投放产品广告，当用户通过该网站点击进入所投放的数字出版产品的广告页面来进行购买的话，运营商和分销商将付给这些网站一部分利润作为佣金。和普通广告策略不同的是，联盟营销的广告费用支出是根据联盟网站带来的利润进行分成，而不是一次性支付广告费用。其销售模式有按点击数付费、按引导数付费和按销售额付费三种形式。

网站联盟营销的门槛较低，广告主依据效果付给联盟网站资金，合理利用广告成本，获得最大的收入。该模式通常根据用户的搜索偏好进行个性化的广告推送，定位精准，并且符合用户的消费习惯，为用户节约了大量的搜索时间，是一个多赢的策略。

3. 销售促进策略

销售促进策略就是对产品进行试用、降价、捆绑甚至免费的促销，本着薄利多销的原理，刺激更多的用户购买产品。在形式上分为免费促销、价格促销、团购和秒杀、捆绑促销、奖品促销和积分促销等形式。

4. 公共关系策略

数字出版物具有特殊的表现形式，网络环境下，其传播渠道、方式和内容也更加多元化、复杂化，公共关系策略也更加复杂。数字出版物的公共关系是指数字出版物生产商运用互联网传播媒介，促进其与消费者、新闻媒体、业务伙伴和竞争对手等公众间相互认知、适应、理解和支持而进行的相关活动，其目的在于提升数字出版物在消费者心中的地位，提高数字出版物知名度，树立良好的产品品牌和社会形象，建立良好声誉。[①]

传统的公共关系策略主要有开办赞助活动、签售活动、慰问活动，发布软文，开展沙龙活动，定期举办相关讲座等。而在数字出版时代，公共关系活动的形式变得更加多样，如通过第三方平台联系公众、树立良好形象；策划专题活动，制造有影响力的事件获得公众关注；在博客、微博、社区网站上利用口碑营销扩大正面形象的影响范围；通过论坛、电子邮件等进行民意调查，随时获知用户动向，有针对性地进行市场分析和售后服务，等等。

---

① 袁勤俭，等：《数字出版物的营销模式研究》，清华大学出版社，2014 年版，第 297 页。

四　数字出版物的盈利模式

据《2014—2015中国数字出版产业年度报告》，2014年我国数字出版产业收入为3387.7亿元，比2013年增长33.36%，数字出版产业收入在新闻出版产业收入的总比由2013年的13.9%提升至17.1%。可以看出，我国的数字出版发展处于上升期，具有广阔的市场和盈利空间。与传统出版相比，由于数字出版物内容、渠道等的多样化，其盈利模式也更加灵活、更加复杂，从目前我国数字出版企业的发展状况来看，采用得最多的盈利模式主要分为内容盈利、广告盈利、增值服务盈利和实体产品盈利四种，兼辅以其他的盈利模式。

（一）内容盈利

内容盈利即用户为了获取数字出版物的内容，以付费的方式向数字出版企业或者互联网平台购买数字出版产品，体现了数字出版物“内容为王”的本质。大部分数字图书、在线小说、数字期刊、学术数据库、在线教育等都采用这种盈利方式，目前一些视频网站也引入了这种付费模式。

内容盈利通常是直接进行数字出版物的产品交易，把数字内容销售给用户，付费阅读、付费下载、付费观看等是其主要的收入和盈利渠道。在各大电子书网站，如亚马逊、豆瓣阅读等，用户通过付费进行在线阅读或将文本下载到客户端、阅读器上阅读，对产品进行一次性付清，且只能在自己的账号或者设备上观看；在各大在线小说阅读网站、门户网站的读书频道上，运营商通常采用部分章节免费阅读，后文按章节付费的方式进行收费，章节价格根据作者更新字数而定，是一个长期的盈利过程，用户同样可以选择在线或客户端阅读两种方式，仅供自己的账号观看；互联网学术数据库如中国知网、万方、维普等，由于收录文献的专业性、针对性强，具有较高的价值，一般全面采取收费制度，用户采取免费搜索、付费下载的方式来进行产品的购买，因为数据库产品通常价格较高，一般少有个人用户购买，通常由学校或者单位组织进行支付，供师生和职工下载；在线教育方面，如沪江等网站开设不同级别的课程，用户一次性付清学费后方可使用其教育资源；在视频网站方面，我国各大视频网站目前均开始了版权购买，取得版权的电影、电视剧、动画等，用户需购买其会员才能看到最新的视频资源。

（二）广告盈利

广告盈利是数字出版产业中最为普遍的盈利模式，也是免费模式下企业和运营商最大的收入来源，几乎存在于所有免费面向用户使用的数字出版物中。数字出版企业或平台运营商向用户免费提供产品，然后在产品中内镶广告，通过向广告商收取费用获得盈利。

广告投放对运营商和广告商来说是一个双赢的策略，营运商通过免费产品吸引庞大的用户群体，用户群体反过来成为广告商的受众，使广告商获得盈利，而广告商支付给运营商的资金也可以供运营商更好地研发产品，吸引更多的用户。数字出版物中的广告形式多样，除了传统的图片、文字广告，还有视频、音频广告等多种形式，广告商还能根据用户的浏览数据进行广告的个性化定制，做到有的放矢。如新浪微博的广告商会根据用户在各个页面的搜索记录判断其偏好，从而对电商平台某部分具体产品进行有针对性的广告投放。

广告盈利带来的利润是巨大的，尤其是数字视频网站以广告投放收入作为其主要的利润来源，在土豆、优酷、乐视等大型视频网站观看视频时，通常会出现60秒～80秒不等的视频广告，这段时长足够给三到四个广告商提供产品宣传，足以获得巨大的利润。

从我国数字出版的发展来看，广告盈利会长期存在，并在数字出版物的盈利方式中占据最主流的地位，但过度的广告投放会造成糟糕的用户体验，致使用户资源流失，对运营商和广告商都造成损失，因此，合理平衡数字出版物中广告的数量和布局，是每一个数字出版企业都需要考虑的问题。

（三）增值服务赢利

增值服务指数字出版企业或运营商免费向用户提供基础产品，在附加的服务上进行收费，获取利润的盈利模式。这种模式多被数字软件、数字影音、网络游戏等数字出版企业采用，通过更好、更多的服务进行资金的吸引。

数字软件的基础功能通常是免费的，用户通过服务得以获取更高级的功能或更多的储存空间。如互联网下载软件迅雷，用户可以免费使用它进行多种文件的下载，但是下载的带宽有限制，并且必须保持在线状态，而购买了迅雷会员之后，用户可以获取加速通道，并且可以离线下载资源；腾讯 qq 是最常用的社交软件，其基础的聊天、视频、通话等功能是免费的，而一些稀有的 qq 背景、气泡、头像挂件等增值内容则需要通过购买会员后才能使用。

数字影音方面，用户在各大视频网站观看视频时，大部分视频可以免费观看，但是视频的清晰度较低，同时会插播广告，当用户成为付费会员后，网站则会提供高清晰度的视频和免除广告服务；部分音乐网站也是如此，用户付费之后可以享受更加高清的音频，接受更加个性化的专辑定制服务等。

网络游戏，尤其是日渐兴起的手机游戏方面，增值服务是其盈利的最大收入。用户通常可以免费下载并安装一款游戏，并进行正常的操作，游戏运营商则会在游戏中内置各种高级装备和人物供玩家付费抽取，这些装备和人物大多具有更优质的数值，能让玩家获得更好的游戏体验，很多玩家都愿意付费购买这类增值服务。2014 年我国网络游戏收入共计 869.4 亿元，在数字出版总收入中占比 25.66%，可见这一产业市场的巨大。

（四）实体产品盈利

音像产品、数字游戏产品现在虽多可在互联网上获取到资源，但其实体产品销售的盈利依然是数字出版企业收入的重要来源。互联网上各类音乐、视频等大多可以免费获取，用户也已经习惯了这种获取资源的方式，但其实体的CD、DVD等音像制品依然存在着市场，吸引着特定的用户群体。从京东最新的销售排行数据来看，《李宇春十周年演唱会珍藏大礼包》系列DVD销量已过两万，足以证明实体产品也是数字出版盈利的重要组成方式。在数字游戏方面，现在的单机游戏通常有实体版和数字版两种版本供用户选择，由于数字版网络下载数据包较大，对用户的网速和电脑都有一定的要求，下载也很耗费时间，而实体版不仅没有这些烦恼还内赠多种游戏手册，实体光碟依然是广大游戏用户的首选。国产系列游戏《仙剑奇侠传》和《古剑奇谭》实体版的销量均达到几十万。

（五）其他盈利模式

除了上述四种主要的盈利模式外，还有传播渠道盈利、附加产品盈利、联盟推广盈利、竞价排名盈利等多种盈利模式。传播渠道盈利主要指数字资源的平台运营商和内容生产商对用户在阅读、下载数字出版物时产生的流量费用和点击量带来的利润进行分成，是一种长期的盈利手段。附加产品盈利主要指对数字出版物，尤其是数字动漫、数字游戏等进行产业链的延伸，开发与产品内容相关的周边产品进行获利。联盟推广盈利指数字资源平台推广与之联盟的产品，并向联盟产品的生产经营商收取一定费用而产生的盈利。竞价排名盈利针对想要推广自己的产品的厂家，向数字出版平台支付费用，根据支付费用的高低来决定推广顺序的盈利模式。

一般来说，数字出版企业和运营商不会单一地采用某一种盈利模式，而会将多种模式进行组合，以此节约成本和资源，并最大限度地获取利润。以腾讯动漫平台的在线漫画为例，运营商就同时运用了内容盈利模式（部分漫画需要收费阅读）、广告盈利模式（网站内有其游戏的广告）、传播渠道盈利模式（用户通过观看漫画耗费流量和漫画点击量带来的收益）、增值服务盈利模式（vip 用户免费看漫画、参加各种活动的增值服务）、实体产品盈利模式（对漫画进行单行本制作）、周边产品盈利模式（以人气漫画的角色为原型设计玩偶、钥匙扣等周边产品）。

第二节　数字出版物管理

数字出版是出版产业中一个新兴的领域，也对整个出版产业产生了深远影响。随着社会和数字技术的发展，我国数字出版市场规模也在不断扩大。由于出版产业是一个具有社会属性和文化属性的产业，所以，政府就必须对数字出版产业采取积极的宏观管理。首先，数字出版作为文化产业中的重要组成部分，如何营造良好的产业环境，保证数字出版产业的健康快速发展就显得十分重要。其次，由于出版物本身所具有的精神属性，对人们的思想意识等方面会产生影响，例如当前人们很关心的网络游戏对于青少年的不良影响等，这就需要我们的政府部门加强对数字出版产业的管理和引导。再次，我国数字出版业还处在一个不是很成熟的发展阶段，本身存在一系列问题，例如盗版现象，技术标准不统一，产业链中的各个环节发展不平衡，利益分配不公平等，这些都严重阻碍了数字出版的发展，需要政府从宏观上进行管理。最后，我们还必须意识到，我国的数字出版产业正处在一个全球化竞争的大环境下，其他先进国家的数字出版物正通过正规或不正规的渠道进入我国数字出版市场，这对我国相对落后的数字出版业是一个巨大的冲击。本节将从法律监管、行政监督和行业管理三方面对我国的数字出版物的管理进行梳理。

一　数字出版物的法律监管

法律是由国家立法机关制定的行为规则，并由国家强制保证实施的，对全体社会成员具有普遍约束力的特殊行为规范，在出版领域，相关法律法规的建设和落实决定了整体出版行业的秩序。在我国，目前并没有一部专门的出版法来对出版行业进行监管，我们主要通过《出版管理条例》以及《中华人民共和国著作权法》这两部基本的法律法规来对行业进行整体的规范，同时辅以各类行政法规。

《著作权法》于1990年第七届全国代表大会常务委员会第15次会议通过，截至2012年3月第三次修改草案颁布，中间经历了多次的调整。《著作权法》保护文学、艺术和科学作品作者的著作权以及与著作权有关的权益，数字出版相关的著作权保护问题也依靠本法进行调解，在法律的具体实施上，配有《中华人民共和国著作权法实施条例》。《出版管理条例》于2001年12月通过，至2014年经过三次修订，共计九章七十四条。其旨在加强对出版活动的管理，保障公民行使出版自由的权利，其内容涵盖出版行业各个流程和环节，是数字出版的基础管理条例。

除了上述两部基本法律法规外，我国还制定了多部涉及数字出版管理的法规。2000年我国通过了《互联网信息服务管理办法》，规范互联网信息服务活动；2001年，《计算机软件保护条例》发布，规定了计算机软件著作权相关准则，如著作权的保护、转让等，该条例于2013年进行了第二次修订；2002年我国在《互联网信息服务管理办法》的基础上，制定了《互联网出版管理暂行规定》，保障互联网出版机构的合法权益，促进我国互联网出版事业的有序发展，该规定明确了新闻出版总署对互联网出版的监管责任，企业和个人互联网出版活动的审批条件以及互联网出版机构的权利和义务；2003年，我国发布《互联网文化管理暂行规定》，该规定在2011年进行了新版的重新发布，在原规定的基础上增加了对网络游戏企业的管理规定，并加大了对违法行为的处置力度；2006年，我国国务院通过了《信息网络传播权保护条例》，该条例的设立是为了保护著作权人、表演者、录音录像制作者的信息网络传播权，鼓励作品的创作和传播，该条例在2013年进行修订，同年发布；2007年，我国通过了《电子出版物管理规定》，加强了对电子出版物出版活动的管理，在出版单位的设立、出版流程的管理和进口电子出版物的管理以及单位的考核等方面做了相关规定；2009年，中华人民共和国工业和信息化部第6次部务会议审议通过《软件产品管理办法》，对软件产品的登记备案、生产、销售和监管做了详细规定；2010年，文化部发布了《网络游戏管理暂行办法》，首次系统地对网络游戏的娱乐内容、市场主体、经营活动、运营行为和法律责任做出明确规定，成为我国第一部专门针对网络游戏进行管理和规范的部门规章办法；2011年，我国新闻出版总署制定了《数字印刷管理办法》，对数字印刷企业的设立和经营活动管理进行了规范化的标准设立。

关于我国出版的法律，尤其是数字出版方面的法律法规还不尽完善，立法建设处于初级阶段，多以法规进行管理。这些法规为我国的数字出版的发展提供了政策上的支持和保障，增加了数字出版产业的依法管理力度。但是它们还是停留在部门法规的层面上，缺乏稳定性和持久性，这是由于互联网技术更新快、创新多，每一次新技术的出现都会打破之前的利益关系分布，从而需要新的标准或者法规进行约束，而法律法规的制定通常需要一个较长的时间周期，因此难以跟上技术的进步。

从法规的修订频率来看，我国政府在加紧互联网行业，包括数字出版业规范的完善和调整，力求跟上整体的发展。从以上这些法律法规来看，我国对于数字出版的法律越来越规范，法制建设也正在不断深化和发展，平衡新时代各方利益的途径也必定会在不断的摸索和实践中得到实现。

二 数字出版物的行政监督

行政监督是运用国家权力对社会事务的一种管理活动，也可以泛指一切企业、事业单位的行政事务管理工作。行政管理系统是一类组织系统，它是社会系统的一个重要分系统。随着社会的发展，行政管理的对象日益广泛，包括经济建设、文化教育、市政建设、社会秩序、公共卫生、环境保护等各个方面。

行政监督是我国出版管理中采用最多的管理方式，2013 年 3 月 14 日，全国人大第十二届一次全体会议，通过决议批准国务院组建“国家新闻出版广电总局”，促进新闻出版广播影视业繁荣发展，不再保留国家广播电影电视总局、国家新闻出版总署。国家新闻出版广电总局接替新闻出版总署来管理全国数字出版物管理工作。由其负责制定数字出版物出版事业发展规划、产业政策、行业标准，审核批准数字出版物出版、复制，总批发单位的设立等。此外，省、自治区、直辖市的新闻出版局负责本行政区域的数字出版物的管理工作，审核批准电子出版物批发和零售，查处违法违禁的数字出版物。

制定政策是行政监督的一个重要的方面，而政策的制定往往也是与前面提到的法制建设紧密联系的。政府部门对数字出版的监管目的是保证和促进这个产业的向前发展，它的职责是维护产业环境的健康和有序，因此，政府监管部门应该合理、恰当地运用行政权力。近几年，我国政府先后出台了《关于积极推进“互联网+”行动的指导意见》《关于促进大数据发展的行动纲要》《中共中央关于繁荣发展社会主义文艺的意见》等一系列政策文件，都对数字出版产业起到有力的助推作用。

三　数字出版物的行业管理

对数字出版整体产业的监管，政府并非是万能的，在实际工作中，为市场主体打造平等、公平、公正的市场秩序，除了对市场的外部性进行干预和提供公共物品的政府，还需要第三方的协力支持。行业协会作为产业自治组织，能够便捷地了解行业中亟须解决的问题，在成熟到一定程度之后甚至能够自发地开展行业规范活动。

在数字出版时代，网络化的传播发行渠道，传统的协会已丧失了对其进行资源整合的优势，无法在市场中发挥积极有效的推动作用。组建数字出版行业协会有利于整合传统的出版资源，集结数字出版工作者，加强内容商、发行商、技术商以及政府部门之间的协作，有利于对产业进行有条理的管理。在数字出版工作者协会建立之后，促进其推动行业标准的建立，规范行业中的各主体经济活动，更好地促进产业发展。

数字出版产业开始发展以来，我国已经成立了多个数字出版相关的协会，如中国数字出版联盟、中国音像与数字出版协会、中国网络版权维权联盟等，各联盟是中国数字出版界自愿结成的全国性的社会团体，是数字出版界联系政府管理部门的桥梁和纽带，协助政府规范行业秩序，促进行业发展。

中国数字出版联盟于 2014 年 12 月 28 日在北京成立，联盟成员包括人民出版社、商务印书馆等 60 余家出版单位，联盟为促进传统出版社与新型出版业加快融合发展而成立，在工作上将致力于促进资源合作、组织合作营销、开展维权行动等，并加快传统出版社的转型升级。

中国音像与数字出版协会前身是中国音像协会，成立于 1994 年 4 月 29 日，2012 年，原新闻出版总署党组决定在其基础上，组建中国音像与数字出版协会。该协会是我国唯一的全国性音像与数字出版行业组织，现有会员单位600余家，涵盖音像与数字出版的内容创作、产品制作、内容传播、终端建设等多个领域，为我国音像与数字出版的行业秩序管理、产业发展促进都起到了积极的推动作用。

中国网络版权维权联盟于2013年2月在北京成立。该联盟立足于打击网络盗版制度和手段不完善的现状，召集著作权人、互联网内容提供商、网络服务提供商及其他互联网相关企业成为其联盟签约单位，形成网络版权维权的自律、互助机制。

思考题：

1. 请简述出版物营销的特点。

2. 我国现有哪些出版物分销渠道？请举例说明。

3. 如果你分管某数字出版企业的产品运营，现在有一本数字图书，请你为它设计一套盈利方案。

4. 请列举我国在数字出版管理方面的法律法规。（至少5个）

第九章　数字出版物版权贸易与保护

数字出版物的诞生和发展，在给人类文化生活带来高效、便利的同时，也带来了无限的担忧。因为，数字版权产品所承载的全部信息和内容，因其数字环境特殊的复制粘贴功能而随时可能被他人利用，现实中对其直接进行复制、抄袭、改编或者演绎等侵犯数字出版物版权的行为发生率居高不下。对侵权行为人来说，这可能是零成本的便宜事，而对版权人来说却无异于一场灾难。可以说，数字出版物版权问题的出现，对现行版权制度和法律法规带来了巨大的冲击和挑战。① 而且，在数字时代版权产业在一个国家的经济中占有很大的比重，甚至成为一个国家的支柱产业与出口贸易的强项。② 因此，了解有关版权贸易与保护的常识，通过健全的法律制度维护公私商务安全已是个人和团体都应重视的问题。

第一节　版权概述

一　概　述

版权又称著作权，是指文学、艺术和科学作品的创作者及其他著作权人依法对这些作品所享有的人身权利和财产权利的总

---

① 俞锋：《数字出版物版权的刑法保护问题研究》，载《中国出版》，2011 年第 21 期。

② 肖叶飞：《数字时代的版权贸易与版权保护》，载《文化产业研究》，2015 年第 1 期。

称。其中的作品，指具有独创性的、有固定表现形式的表达成果，如诗歌、小说、散文、戏剧、绘画、音乐等。版权和著作权系同一含义，英美法系国家称之为“版权”，大陆法系国家称之为“著作权”。在我国，《著作权法》第5条规定，著作权与版权系同义语。民法通则和继承法均用著作权，称著作权符合我国现行法律的固定用法。同时，著作权作为一种民事权利，是知识产权的重要组成部分，同专利权、商标权、反不正当竞争一起构成我国知识产权的重要内容。作为知识产权的一种，著作权具有如下特征：无形性、专有性、地域性、时间性以及可复制性，这也是知识产权具有的一般特征。

如果说著作权是作者对其所创作的作品享有的权利，著作权法则是对文学、艺术和科学作品提供法律依据，或者说对作者就作品所享有的权利的保护。著作权法又称版权法，是调整公民之间、公民和法人或者其他组织之间以及法人或者其他组织之间因文学、艺术和科学作品得到创作、使用、管理和生产的人身关系和财产关系的法律规范的总和。《著作权法》是调整著作权关系的基本准则，其核心是保护作者及其他著作权人的权益。我国《著作权法》第1条明确了我国著作权立法宗旨与原则：“为保护文学、艺术和科学作品作者的著作权，以及与著作权相关的权益，鼓励有益于社会主义精神文明、物质文明建设的作品的创作和传播，促进社会主义文化和科学事业的发展与繁荣，根据宪法制定本法。”我国现行的著作权法不仅包括1990年9月7日颁布的《中华人民共和国著作权法》，还包括1991年5月30日国家版权局颁布的《中华人民共和国著作权法实施条例》，2002年9月15日国家版权局又在其基础上发布实施的新的《著作权法实施条例》，以及国务院以规定、条例等方式发布的多个具体规定著作权保护的法律文件，如2006年7月1日年国务院颁布实施的《信息网络传播保护条例》等。综上，著作权法主要由以下五个部分构成：

第一，关于实体著作权的规定，如著作权保护的客体、著作权所有人、著作权的内容、著作权的保护期限和权利期限等。

第二，关于邻接权的规定，如表演者、录音制作者、广播组织等作品的传播者，就其传播作品的过程中所享有的权利。

第三，关于著作权合同的规定，如转让和许可著作权的原则等。

第四，关于著作权集体管理的规定，如著作权中介组织的地位、作用等。

第五，关于著作权实施的规定，如侵犯著作权的民事救济、行政处罚和刑事制裁。

现行的中国著作权法，以及世界上很多的著作权法，基本由这五部分构成。

二　版权的主体、客体

（一）版权主体

著作权主体，又称著作权人，是依法享有著作权的人，著作权主体既可以是作者，也可以是从作者手中授让著作权的其他人。在我国，著作权人还可以是“非法人单位”，在一定条件下，国家也可以成为著作权的主体。

著作权主体分为原始主体和继受主体。

1. 原始主体

著作权的原始主体，指在作品完成后，根据法律规定或合同约定，对作品第一个享有著作权的人，一般情况下，著作权的原始主体为作者。我国《著作权法》第 11 条规定：“著作权属于作者，本法另有规定的除外。”而对“作者”，著作权法第 11 条第 2、第 3、第 4 款的规定为：“创作作品的公民是作者。”“由法人或非法人单位主持，代表法人或非法人单位意志创造，并由法人或非法人单位承担责任的作品，法人或非法人单位视为作者。”“如无相反证明，在作品上署名的公民、法人或者非法人单位为作者。”

作者首先是自然人，只有自然人才能从事生产文学、艺术和科学作品的智力智能活动。而自然人要成为作者必须要有创作的事实，根据《著作权法实施条例》第 3 条的解释，创作是指“直接产生文学、艺术和科学作品的创作活动”，“为他人创作进行组织工作，提供咨询意见、物质条件，或者进行其他辅助活动，均不视为创作”。

2. 继受主体

著作权的继受主体，指作者之外的其他著作权人，即其他依法享有著作权的自然人、法人、非法人单位或国家。根据著作权法的规定，继受主题著作权的取得主要有以下几种情况。

（1）因继承、受遗赠获得著作权。《著作权法》第 19 条规定：“著作权属于公民，公民死亡后，其作品的使用权和获得报酬权在本法规定的保护期内，依照继承法的规定转移。”我国《继承法》第 3 条规定，公民所享有的著作权中的财产权可作为遗产，在公民死亡后由其继承人继承。

遗赠指公民通过遗嘱，将个人财产（包括著作财产权）赠给国家、集体或法定继承人以外的人的法律行为，当以上主体接受作者遗赠，取得著作权中的使用权和报酬权时，即成为著作权法律关系的主体。

（2）因合同取得著作权。因合同取得著作权有两种情况：以委托取得著作权，《著作权法》第 17 条对此有专门规定；通过著作权的转让取得著作权。

（3）著作权的特殊主体——国家。国家是特殊的著作权主体。国家作为著作权法律关系主体，一般有下列情况：购买著作权；接受著作权人遗赠；依法律规定，如《继承法》第 32 条规定的“无人继承又无人受遗赠的遗产，归国家所有”对著作权的财产权利部分也同样适用。

3. 特殊作品的著作权主体

在一般情况下，直接从事创作作品的人可以成为著作权主体，但在一些情况下，直接创作作品的人不享有著作权，其他人却可以成为著作权主体。《著作权法》第二章对此做了规定，在此不作论述。

（二）版权客体

著作权的客体，或者说是著作权法保护的对象，是作品。我国《著作权法》所称的作品，是指文学、艺术和科学领域内，具有独创性并能以某种形式复制的智力成果。作品有两大要素：一是特定的内容，二是将其表达出来的客观形式。所谓特定的内容，指作品中所要表达出来的思想、情感、观点或事物。所谓客观形式，指作品以什么样的方式来表达上述内容，从而使他人可以通过感官察觉到它的存在，如小说、诗歌、戏剧等方式。受著作权保护的作品，必须具有独创性或原创性。同时，按照《著作权法》的原理或长期以来形成的传统，只保护对于思想的原创新表达，而不保护思想观念本身，这就是我们所说的“著作权不保护思想”。

我国《著作权法》对保护的作品种类做了具体的划分，其中第 3 条规定：“本法所称的作品，包括以下列形式创作的文学、艺术和自然科学、社会科学、工程技术等作品：（一）文字作品；（二）口述作品；（三）音乐、戏剧、曲艺、舞蹈、杂技艺术作品；（四）美术、建筑作品；（五）摄影作品；（六）电影作品和以类似摄制电影的方法创作的作品；（七）工程设计图、产品设计图、地图、示意图等图形作品和模型作品；（八）计算机软件；（九）法律、行政法律法规的其他作品。”

1. 文字作品

指小说、诗歌、散文、论文等以文字形式表达的作品。

2. 口述作品

指即兴的演说、授课、法庭辩论等以口头语言形式表现的，未以任何物质载体固定的作品，其特点在于即兴创作。

3. 音乐、戏剧、曲艺、舞蹈、杂技艺术作品

音乐作品主要指交响乐、歌曲等能够演唱或者演奏的带词或不带词的作品，如乐谱；戏剧作品指话剧、歌剧、地方戏剧等；曲艺作品指相声、快书、大鼓等以说唱为主要形式表演的作品；舞蹈作品指主要通过连续的动作、姿势、表情表现思想情感的作品；杂技艺术作品指杂技、魔术、马戏等通过形体动作和技巧表现的作品。

4. 美术、建筑作品

美术作品主要指绘画、书法、雕塑、建筑等以线条、色彩或其他方式构成的审美意义的平面或立体的造型艺术作品。

5. 摄影作品

摄影作品指借助器械，在感光材料等介质上记录客观物体形象的艺术作品，著作权法保护的摄影作品是指摄影的原作品，即摄影底片会一次成像的正片。

6. 电影作品和以类似摄制电影的方法创作的作品

指摄制在一定物质上，由一系列有伴音或无伴音的画面组成，并借助适当装置放映、传播的作品。

7. 工程设计图、产品设计图、地图、示意图等图形作品和模型作品

工程设计图、产品设计图、地图指为施工和生产绘制的图样及对图样的文字说明；地图、示意图等指反映地理现象、说明事物原理或结构的图形或者模型。

8. 计算机软件

指计算机程序或者文档。计算机程序指为了得到某种结果而

可以由计算机等具有信息处理能力的装置执行的代码化指令程序；文档指用来描述程序的内容、组成、设计、功能规格、开发情况、测试结果及使用方法的文字资料和图表。

9. 法律、行政法律法规的其他作品

这是一条弹性条款，主要用来对科学技术和传播手段的发展所出现的新的著作权对象予以保护。

除此之外，还存在不受著作权法保护的作品。不受著作权法保护的作品，指不具有著作权法保护作品的合法构成要件，或者说作品中存在违法因素，或是法律禁止出版或发行的作品。大体可以分为以下三类。

第一，依法禁止出版、传播的作品。这类作品大致包括三种情况：违背一般法律原则的作品，如含有诽谤内容或揭露他人隐私的；违背社会公德和社会伦理的作品，如宣扬色情的；故意妨害公共秩序的作品，如宣扬封建迷信的，等等。

第二，不适用著作权法保护的作品。我国《著作权法》第5条规定："本法不适用于：（一）法律、法规，国家机关决议、决定、命令和其他具有立法、行政、司法性质的文件，及其官方正式译文；（二）时事新闻；（三）历法、通用数表、通用表格和公式。"

第三，著作权具有时间性，即法律对它的保护是有期限的。超出保护期限的作品，除署名权等部分权利外，一律进入公共领域，不受著作权保护。我国著作权法规定，公民的作品的著作权为作品自创作出来至其作者死后50年，截止于作者死亡后第50年的12月31日。

三 版权内容

著作权的内容，就是指著作权的主体所享有的那些权利，在英美法系国家，版权被当作一种经济权利，这些国家的版权法中并不注重对作者精神权利的保护。在大陆法系国家认为著作权是基于作品创作而产生的权利，因此倾向于对作者精神权利的保护，强调在保护作者人身权利的同时，对作者的财产权利也加以保护。我国属于大陆法系国家，我国《著作权法》第10条规定："著作权包括人身权和财产权。"

（一）著作人身权

著作人身权即作品的精神权利，指作者对作品所享有的各种与人身相联系而又无直接财产内容的权利，其法律特征具有永恒性和专属性。

我国《著作权法》第10条规定对著作人身权作了明确规定，具体包括发表权、署名权、修改权和保护作品完整性权四项权利。

发表权。根据中国《著作权法》第10条第1项规定，发表权是指"决定作品是否公之于众的权利"。具体说，指作者有权决定其作品是否发表，何时发表，以及以何种形式发表。发表权属于一次性权利，只能由作者行使。因为发表行为往往附带经济内容，所以与其他人身权有所不同，保护期限也有不同。

署名权。中国《著作权法》第10条规定："署名权，即表明作者身份，在作品上署名的权利。"包括作者在自己作品上署名和不署名，以及禁止未参与作品创作之人署名的权利。

修改权。中国《著作权法》第10条规定："修改权，即修改或者授权他人修改作品的权利。"由此可见，修改权的基本含义是，作者自己可以修改自己的作品，也可以授权他人修改自己的作品。如著作权法第33条规定，图书出版经营者经作者许可，可以对作品进行修改、删节；报社、期刊社可以对作品做文字性的修改，但不能改变作品内容和形式。他人未经授权而擅自修改其作品，就构成侵权行为。

保护作品完整性权。中国《著作权法》第10条规定："保护作品完整权，即保护作品不受歪曲、篡改的权利。”与署名权一样，这一权利也居于作者精神权利的核心，同时它也是修改权的进一步延伸，对于侵权判断的标准由作者自己掌握，即作者自己认定哪一情形是对作品的歪曲、篡改和割裂。但是这种判断也不能随意，否则可能导致权利滥用。由此，在《伯尔尼公约》中规定：对作品的歪曲、篡改和割裂，必须达到有损作者声誉的程度，即构成了对作品完整权的侵权。

（二）著作财产权

著作财产权又称经济权利，指作者及著作权人通过某种形式使用作品，从而获得经济利益的权利。财产权包括“使用权”和“获得报酬权”。著作财产权和著作人身权一样，都是具有排他性的权利，这就意味着，当作者创作作品时，只有作者可以利用作品并且获得经济利益，他人未经作者许可则不能利用有关的作品。如果他人未经许可而利用了有关作品，就构成了侵权。关于经济权利的类别，大致可以划分为以下三大类，即复制权、演绎权、传播权。

1. 复制权

在我国著作权法中，属于“复制权”这个范围的，有复制权、发行权、出租权。

复制权是作者所享有的许可或者禁止他人复制自己作品的权利。中国《著作权法》第 10 条第 5 项规定：“复制权，即以印刷、复印、拓印、录音、录像、翻录、翻拍等方式将作品制作成一份或多份的权利。”复制权是自著作权制度产生以来，作者和权利人所享有的一项基本权利。同时，广义的复制权还包括侵权认定中的抄袭和剽窃，即对原作品的改动没有脱离原文的基本表述，认定为抄袭和侵权。

发行权，中国《著作权法》第 10 条第 6 项规定：“发行权，即以出售或者赠与方式向公众提供作品的原件或者复制件的权利。”广义的发行，还包括出租、租借等，根据“发行权一次用尽理论”，他人在获得作品合法的复制件后，可以进一步销售、转借、转卖，或者以其他方式处置，并由此获得相应经济权利，发行权一旦行使，著作权人将不再继续控制复制品的进一步发行。

出租权，指著作权人有偿许可他人临时使用作品原件或复件的专有权。我国《著作权法》中的出租权是2001年修订时增订的，关于可供出租的作品主要包括计算机程序、电影作品和录音录像制品等。

2. 演绎权

演绎权指作者许可他人在自己作品的基础上创作作品的权利。演绎作品是指以原有作品为基础而创作出来的新作品。在中国《著作权法》中，属于演绎权范畴的有翻译权、改编权、摄制权、汇编权。

翻译权，中国《著作权法》第10条第15项规定：“翻译权，即将作品从一种语言转换成另一种语言文字的权利。”翻译权是著作财产权中一个很重要的权利，作品原作者享有翻译权，同时，因为翻译作品具有独创性，在获得著作权人许可的情况下，翻译作品与原作同样享有著作权的保护。

改编权，中国《著作权法》第10条第14项规定：“改编权，即改编作品，创造出具有独创性的新作品的权利。”在整个著作权保护期间，著作权人对其作品的所有改编形式享有改编权，未经著作权人许可，他人对其作品改变即构成侵权。

摄制权，中国《著作权法》第10条第13项规定：“摄制权，即以摄制电影或者以类似摄制电影的方法将作品固定在载体上的权利。”即指作者将自己创作的作品摄制或授权他人摄制成电影、电视、音像制品并同时获得报酬的权利。

汇编权，中国《著作权法》第10条第16项规定：“汇编权，即将作品或者作品的片段通过选择或者编排，汇集成新作品的权利。”汇编权也是一种专有权，即著作权人享有授权他人将其作品或者作品的片段汇聚成新作品的权利。

3. 传播权

著作权人有将作品公开传播的权利，未经著作权人许可，而将其作品公开传播的，就构成传播权侵权。在中国《著作权法》中，属于传播权范畴的有表演权、放映权、广播权、展览权、信息网络传播权。

表演权，中国《著作权法》第 10 条第 9 项规定：“表演权，即公开表演作品，以及用各种手段公开播送作品的表演的权利。”作为著作权人的一项专有权，公开表演著作权人的作品，必须经过其授权或许可，否则构成侵权。

放映权，中国《著作权法》第 10 条第 10 项规定：“放映权，通过放映机、幻灯片等技术设备公开再现美术、摄影、电影和以类似摄制电影的方法创作的作品的权利。”《著作权法》中的放映权是 2001 年修订时增订的，作为著作权人的一项专有权，电影、电视等作品著作权人享有授权他人放映其作品的专有权，未经授权而放映其作品，即构成侵权。

广播权，中国《著作权法》第 10 条第 11 项规定：“广播权，即以无线方式公开广播或传播作品，以有线传播或转播的方式向公众传播广播的作品，以及通过扩音器或其他传送符号、声音、图像的类似工具向公众传播广播的作品的权利。”作为著作权人的一项专有权，广播作品著作权人享有授权他人广播其作品的专有权，未经授权而广播其作品，即构成侵权。

展览权，中国《著作权法》第 10 条第 8 项规定：“展览权，即公开表演作品，及公开陈列美术作品摄影作品的原件或者复制件的权利。”展览权也是著作权人的一项专有权，著作权人可以授权他人展览其作品。

网络传播权，中国《著作权法》第10条第12项规定："信息网络传播权，即以有线或者无线方式向公众提供作品，使公众可以在其个人选定的时间和地点获得作品的权利。"该权利是2001年《著作权法》修订时增订的，信息网络传播权是著作权人授权他人利用其作品的一种新方式。

四　网络环境对著作权的挑战

网络与数字技术的发展彻底改变了作品的使用和传播方式，利用网络可以方便、快捷、低成本地上传和下载信息，特别是数字技术提供的对作品进行加工、修改和重新组合的手段和数字作品极易被储存篡改、选取、传播和再利用的特性，随着网络全球化的发展，使得数字出版物作者的署名权、保护作品完整性等精神权利受到挑战。

2015年底，一部叫《芈月传》的电视连续剧开始热播，而同时，关于这部小说的版权问题也是争议不断。

11月10日，《芈月传》原著小说作者蒋胜男发表长微博，指责电视剧《芈月传》片方剥夺自己的著作权，不承认电视剧是根据小说改编，将只"提出过寥寥几点审稿意见"的王小平宣传成"总编剧"，并阻止自己参加开机发布会和探班。当日晚间，《芈月传》制片人曹平公开表示，片方一直都承认蒋胜男是原著作者，而王小平曾对剧本做了大量修改工作，署名编剧是完全合理的。随后，《芈月传》官微发表公开声明，直指蒋胜男是"歪曲事实"。

先为大家理一理法院一审宣判之后，可以明确的时间线：

第一，2010年左右，星格拉看中了蒋胜男的小说，觉得是好题材，欲购买并改编为电视剧，于是蒋胜男在小说的首发站晋江文学网停止了对该小说的连载，当时公开的字数不到一万（如图9-1所示）。（但是在这里请注意，此时，蒋胜男小说并未完成，按著作权法，后续尚未发表的部分，著作权不明。蒋胜男必须证明，《芈月传》全文在与剧方签订编剧合同前已经完结，只是未公开，而未公开的完成部分，需要证据证明，比如往来邮件、附件、手稿等等。）

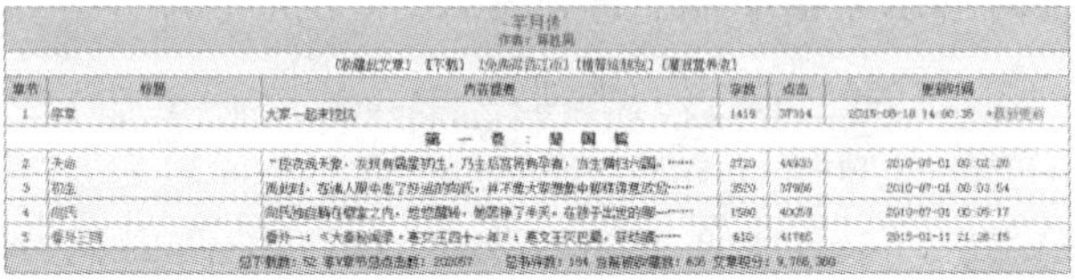

芈月传
作者：蒋胜男

章节	标题	内容提要	字数	点击	更新时间
1	序章	[illegible]	1419	37314	2015-08-18 14:00:35
第一卷：楚国篇					
2	天命	[illegible]……	2720	44935	2010-07-01 00:02:20
3	初生	[illegible]……	3520	37906	2010-07-01 00:03:54
4	向氏	[illegible]……	1590	40059	2010-07-01 00:05:17
5	番外三则	[illegible]……	610	41765	2015-01-11 21:38:15

[illegible]

图 9—1《芈月传》2010 年停止更新

第二，2012 年 8 月，星格拉和蒋胜男签了编剧合同，让她创作《芈月传》剧本。

第三，蒋胜男写出了剧本，并不断修改，但制作方并不满意，于是王小平接手修改加工了剧本（但蒋的说法是并未告知她王修改加工的事）。

第四，2012 年 11 月，星格拉公司和蒋胜男签订《补充协议》，其中蒋承诺：“在电视剧《芈月传》播出的同期，才会将此原著创意出版小说发行，在此之前不会出版此原著相关内容以及网络发布。”同时，该《补充协议》还约定，蒋女士同意星格拉公司将《电视剧剧本创作合同》《补充协议》及《授权书》中的权利义务一并转让给第三方。

第五，在此之间，星格拉已经向蒋支付了改编许可使用费 50 万元，以及 53 集电视剧的编剧费 185.5 万元。

第六，2013 年 8 月，星格拉公司与花儿影视公司签署协议，将该公司与蒋女士签订的权利义务转让给花儿影视公司，转让价格 350 万元。

第七，2015 年 8 月—11 月，小说《芈月传》全六册由浙江文艺出版社出版发行。

第八，2015年11月底，《芈月传》拍摄完成进入宣传期，蒋胜男发微博控诉制片方花儿以及导演郑晓龙夫妇的种种行径。包括抹杀原著的存在、不让其参与宣传、不让她到片场观看拍摄以及与演员沟通剧本，以及将王小平署名为总编剧否认了蒋的编剧身份等等。

从上面可以看出，蒋胜男写了《芈月传》的小说，但是她和星格拉签编剧合同时，小说并未完成，所以依据我国法规执行实例，未公开部分很难得到著作权保护。虽然后来《芈月传》小说确实完成出版了，但是在法律上，编剧合同签在前，小说完成在后，剧方有权认为这是自己委托的原创剧本，而非小说改编剧本。

那么，片方不与蒋胜男打招呼而直接让其他人修改加工剧本这件事，合法吗?

答案是合法的。蒋胜男的编剧合同上没有约定独立署名、不得加署他人为编剧、制片方不得另请编剧进行修改的内容，所以制片方让其他人插手编剧是不违法的，只要没有直接把蒋胜男从编剧一栏上去掉，片方有权利加上其他编剧的名字，包括写出“总编剧”。因为蒋在交付剧本、收到酬劳的那一刻，双方都已经履行了合约上约定的所有事。①

由上面的案例可以看出，网络传播方式的改变也使得数字出版物作者的复制权、传播权等经济权利受到威胁，数字作品新的创作方式、使用与传播方式，导致了传统的著作权的权利体系和利益分配关系的变化，由此传统的著作权法保护体系也不足以应对网络传播面临的挑战。

在网络环境下，网络版权侵权主要给著作权法保护体系造成

---

① 资料来源：新浪网，http：//eladies. sina. com. cn/news/star/2015－11－26/0725/doc－ifxmaznc5628936. shtml。

以下挑战：

（1）网络版权侵权主体难以确定，侵权主题可能是网络服务商，也可能是网络用户，还可能是其他人；（2）受著作权保护对象更加复杂。网络信息海量，网络传播作品形式多样，包括图书、杂志、视音频制品、多媒体制品等，现行著作权法无法认定哪些作品享有著作权保护；（3）侵权行为更具隐蔽性。通过网络技术发表的作品，版权人对其网络作品是否被侵权很难确认；（4）侵权性质难以界定。怎样才算侵权，侵犯了什么权利，现行著作权法对侵权认定的理论和方法在网络环境下并不完全适用；（5）对侵权行为取证更加困难。网络作品高速传播，并在传播过程中不断改编和再造，使侵权行为更难确定；（6）侵权案件管辖更不确定。网络的广域性决定了侵权主体、侵权行为和侵权后果可能都不处于同一地点，法院在确定管辖权时，应该考虑使用新的规则。因此，在网络环境下，及时调整著作权法，保护著作权人在数字网络环境下的各项权利是当代著作权法保护体系重要发展趋势。

第二节　版权贸易概述

一　概　述

版权贸易又称“著作权贸易”，一般指我国出版单位与外国出版机构或著作权人，就作品的转让与使用许可所进行的交易活动。版权贸易主要发生在图书、报纸、期刊、电影、电视、游戏、动漫等领域，它是一种以著作权为基础的交易活动，是著作权的有关经济权利的转让与许可。

二 版权贸易内容、形式

（一）版权贸易内容

1. 版权贸易主体

版权贸易的主体是指进行版权贸易的双方当事人，即版权所有人和作品使用人。具体来说，主要有版权人、出版机构等。

版权人：根据我国《著作权法》的规定，著作权人包括“作者及其他依法享有著作权的公民、法人或者其他组织”。作者即直接参加创作作品的人，他是第一著作权人，利用自己的作品和版权权利进行版权贸易，这里不必赘言。其他依法享有著作权的公民、法人或者其他组织作为版权贸易的主体需要予以说明。首先，主体资格必须合法，即必须依法享有著作权权利（这里仅指直接参与版权贸易的权利）。这种权利可以是依法直接享有的（包括通过合同确定的、继承的、依法继受取得的），也可以是通过许可或转让得到的。

出版单位：出版单位作为版权贸易的主体，一般情况下可以是两种形式。第一种，自己本身就是著作权人，例如由自己主编、主创的作品，著作权完全属于自己所有；另一种是通过许可或转让合同得到的作品的全部或某项著作权利（主要是财产权利），例如，在出版一种作品时，同时将该作品中可以进行版权贸易的有关权利通过签订许可或转让合同的方式从著作权人那里拿过来，自己拥有了这些权利，才能作为主体，从事版权贸易。

另一方版权贸易主体是作品的使用者，即贸易的受让方。目前，主要是图书出版者、音像、电子出版物制作者、广播电视组织、广告制作商、信息网络传播者（网站）等。随着科技的进步，还会产生新的使用者。

国内出版社既可能是版权贸易的一方主体（著作权人），也可能是另一方主体（作品使用者），主要看是引进还是输出版权。

2. 版权贸易客体

版权贸易的客体是无形的知识产权，指版权中的财产权利（也称经济权利），著作权中的精神权利永远归作者所有，是不能转让和交易的。依照我国著作权法的规定，版权中的经济权利有以下几项：

（1）复制权，即以印刷、复印、拓印、录音、录像、翻录、翻拍等方式将作品制作一份或者多份的权利。复制权是版权贸易中使用最普遍、最广泛的权利。

（2）发行权，即以出售或者赠与方式向公众提供作品的原件或者复制件的权利。这也是随复制权使用得最普遍、最广泛的权利。

（3）出租权，即有偿许可他人临时使用电影作品和以类似摄制电影的方法创作的作品、计算机软件的权利。此项权利只是在涉及有关作品时使用。

（4）展览权，即公开陈列美术作品、摄影作品的原件或者复制件的权利。此项权利在进行美术、摄影作品版权贸易时大多作为附加权利。

（5）表演权，即公开表演作品，以及用各种手段公开播送作品的表演的权利。除专以此权利作为版权贸易客体外，大多作为附加权利在版权贸易中使用。

（6）放映权，即通过放映机、幻灯机等技术设备公开再现美术、摄影、电影和以类似摄制电影的方法创作的作品的权利。此项权利主要针对美术、摄影、电影作品的公开再现，适用于上述作品的专项版权贸易。

（7）广播权，即以无线方式公开广播或者传播作品，以有线传播或者转播的方式向公众传播广播的作品，以及通过扩音器或者其他传送符号、声音、图像的类似工具向公众传播广播的作品的权利。同表演权在版权贸易中使用。

(8）信息网络传播权，即以有线或者无线方式向公众提供作品，使公众可以在其个人选定的时间和地点获得作品的权利。在互联网发展的今天，网上传播使用作品会越来越普遍和广泛，因此，这项权利既可以作为版权贸易的一项附加权，也可以作为一项主权利。

(9）摄制权，即以摄制电影或者以类似摄制电影的方法将作品固定在载体的权利。适用于专门的版权贸易。

(10）改编权，即改变作品，创作出具有独创性的新作品的权利。此项权利既可作为版权贸易的一项主权利，也可以作为附加权利。

(11）翻译权，即将作品从一种语言文字转换成另一种语言文字的权利。这是版权贸易中（特别是对国外）使用最普遍、最直接的一项权利。同时又可以作为一项附加权。

(12）汇编权，即将作品或者作品的片段通过选择或者编排，汇集成新作品的权利。这也是版权贸易中使用较多的一项权利，同时也可以作为一项附加权。

(13）应当由著作权人享有的其他权利。

以上是我国著作权法修订后所规定的著作权中的财产权利，他们都可以作为版权贸易的客体内容进入版权贸易。

著作权中的财产权利，对作品而言是一种使用作品的方式，或者说是对作品的一种使用权利。它的先决条件一是使用要经许可，二是使用要支付报酬。这样就形成了版权贸易的核心。

随着科学技术的发展，对作品的新的使用方式会不断出现，著作权人的财产权利会不断增加，版权贸易的客体也会随之增多。

另外，在对不同的国家或地区进行版权贸易时，由于各国对版权中的财产权规定不同，作为版权贸易的客体表现也会有所不同。我们可以运用 WTO 的国民待遇原则，灵活使用对我国有利的规定进行版权贸易。

（二）版权贸易主要形式

版权贸易通常由当事双方通过谈判签订合同书，由合同约定交易条件，通过履行合同而实现贸易，版权贸易因贸易的客体不同而分为以下三种形式：版权许可、版权转让、版权买断。

1. 版权许可

版权许可指著作权中一项或多项财产权的暂时有偿授权使用，仅仅是使用权的暂时转移，转让方仍是有关财产权的所有人。主要包括一般许可和集体许可两种形式。

（1）一般许可。主要包括以下四种形式。

独占许可：指在合同规定的时间和地域范围内，版权持有人给予引进方使用该版权的专有的权利，包括版权人自己也不能在这个范围内使用该版权，更不能将该版权授予第三方使用。

排他许可：指在合同规定的时间范围内，版权持有人授权给引进方使用其版权的同时，自己仍然保留在同一地域使用该版权的权利，但不能将该版权在同一地域范围内转让给第三方使用，即排除第三方使用的权利。

非独占许可：指在合同规定的时间和地域范围内，版权持有人授权给引进方使用其版权的同时，自己仍然保留在同一地域使用该版权的权利，也可将改版权授予任何第三方。

交叉许可：也称交换许可，指贸易双方将各自拥有的版权提供给对方使用，当贸易双方均对对方所拥有的版权感兴趣时，就可以采取这种贸易形式，这是一种对双方都互惠互利的贸易形式。

（2）集体许可。主要包括以下两种形式。

一揽子许可：版权持有人和引进方都以集体或组织形式出现，在两个组织之间制定一个一揽子许可协议，通过这个协议，转让方授予引进方使用权，并获得相应的报酬；而引进方则获得版权的使用权，并支付版权的使用费。

中心许可：也称单项中心许可，这种形式多用于表演权、录制权、广播权方面，这是一种组织对个人形式出现的贸易形式，版权持有人一方以组织的形式出现，而引进方是以个人的身份出现。通俗地说，也就是版权持有人向单人个体授予版权，并获得报酬的贸易形式。

2. 版权转让

版权转让指版权所有者通过买卖、互易、赠与或遗赠等方式把版权中的全部或部分财产权有偿或无偿地移交给他人享有的法律行为。

（1）根据版权转让中所转让的版权是否完整，可分为全部转让和部分转让。

全部转让：指版权人将他所拥有的版权的经济权利全部转让给他人的贸易形式，如果这种转让没有时间限制，就相当于对该版权的买断。

部分转让：指版权人将他所拥有的版权中的经济权利部分转让给他人的贸易形式。

（2）根据版权转让是否有时间限制，可分为临时转让和永久转让。

临时转让：指版权人在一定时间内，将其所拥有的版权的经济权全部或部分地转让给他人的贸易行为，超过这个期限，所转让的权利将自动收回。

永久转让：就是指所谓的买断。

（3）根据版权转让是否需要付费，可分为有偿转让和无偿赠与。

有偿转让：版权拥有者在出让版权的同时，获得相应的报酬，版权受让人在付出报酬的同时，获得了版权中的一项或多项经济权利。

无偿赠与：版权拥有者将其拥有的作品版权无偿赠与他人或国家。

3. 版权买断

这是指著作权中的部分或全部财产权一次性无时限的有偿转让。与许可他人使用作品不同，著作权买断后，有关财产权的所有权发生永久转让，受让方成为新的著作权人。原著作权人不再享有著作权所转让的权利。在我国出版机构和海外的出版机构之间进行的版权贸易中，一般很少会出现著作权买断的情况，而且许多国家的法律也禁止著作权买断。

4. 版权许可与版权转让的区别

虽然版权许可和版权转让都是版权贸易的主要方式，但他们有本质区别。版权贸易的使用许可，非著作权人取得的仅仅是作品的使用权，其著作权的实际占有人仍是原著作权人；而版权转让，非著作权人取得的是原著作权所享有的著作权财产权的一切权利，原著作权人丧失这部分权利。另外，著作权的使用许可人对他人侵犯著作权的行为无权提出侵权诉讼，侵权诉讼仍由原著作权人行使。因著作权转让取得的著作权，原著作权人因权利转移，失去侵权诉讼权，而受转让的人享有因侵犯著作权向人民法院提起诉讼的权利。

三　版权贸易特点、现状、意义

（一）版权贸易特点

版权贸易是一种以无形的知识产权为贸易客体的特殊的贸易行为，与普通商品贸易相比，它具有下述特点。

1. 贸易客体不同

普通商品贸易的客体是有形的商品，而版权贸易的客体是无形的，是作品著作权中某项财产权利（所有权）或以某种方式使用作品的权利（使用权）。著作权中的精神权利永远归作者所有，财产权依据使用作品的方式不同可以拆分成相应的专项权利，例如出版权、翻译权、发行权、改编权等。

2. 贸易方式不同

普通商品贸易对象是实物（有形的商品）的所有权的转移，通过有关商品的购买、运输和交割即可完成贸易。购买方则通过将该商品整体转让给第三方或自行零售而得到利润。版权贸易是无形的知识产权的转让，并因贸易客体的不同（即发生转移的是著作权中财产权的所有权或是使用权）而有转让和使用许可等不同贸易方式。

3. 支付方式不同

普通商品贸易中，货物的买卖价格是固定的，通常货物交割后便要付清货款。版权贸易中虽然也可以一次性付清约定的固定金额，但更多的是按版税形式支付，即先预付约定的部分金额，再按销售码洋确定百分率（版税率），每半年或一年结算一次，而且版税率一般是随销售量递增的，"卖"方的收入与"买"方的出版经营效果有关。

（二）版权贸易现状

我国版权贸易活动起步较晚，版权贸易的发展水平还处于一种不平衡状态，这种不平衡主要体现在三个方面：版权贸易种类相对集中，比较活跃的是图书版权贸易，其他种类的版权贸易规模较小；版权贸易地区分布不平衡，北京、上海以及沿海地区的版权贸易成交量占据全国版权贸易的大半，而内陆地区的版权贸易至今仍处于起步阶段；在对外的版权贸易活动中，版权贸易逆差一直存在，版权引进一直处于主导地位，版权输出相对较弱。

1992年我国加入《保护文学和艺术作品伯尔尼公约》和《世界版权公约》以后，图书版权贸易开始迅速发展，海外版权贸易尤其是引进版权数量逐渐增多。2001年开始，国家版权局对版权情况进行全面的统计，根据数据显示，2001年引进与输出的比例平均约为10∶1，到2003年，达到15∶1，版权贸易逆差严重。2004年，中国出版物版权引进共11746项，输出1362项，引进与输出比例为8.6∶1，相对有些回落，但贸易逆差的形势仍然十分严峻。从中可以得出这样的结论：直到2004年，在我国引进版图书品种以平均每年1000多种的速度递增的同时，版权贸易逆差也年年近于或大于10∶1。这也意味着，在中国经济大腾飞的经济背景下，以中国文化为代表的国家软实力发展水平还无法真正匹配一个大国的和平崛起。

（三）开展版权贸易的意义

1. 有利于促进经济发展

通过版权贸易，有助于有实力的出版企业进一步发展壮大，使优秀的文化产品在国际市场上能够找到自己的位置。同时，版权贸易是开拓知识产品市场的重要途径，版权贸易为版权产品的多样性开发提供了丰富的资源条件，使得我国的版权资源可以通过多种途径在世界范围内实现充分发掘和流通，促进对版权产品的消费，带来丰厚的利润回报，成为推动国民经济发展的重要途径。

2. 有利于推动中国文化走出去

党的十八大把文化提到国家的战略高度，文化“走出去”是当前我们工作中的重要任务。提高文化创新和文化影响力必须将中华文化与世界文化接轨。在文化产品贸易不畅的情况下，版权贸易对促进文化“走出去”具有非常重要的作用。版权贸易能着眼于推动文化创新，依托版权贸易独特的优势和形式，借助国外文化企业、文化市场，传播中华文化，提高中华文化软实力。

3. 有利于实现出版现代化、市场化、国际化

出版要面向现代化、面向世界、面向未来，最方便、最快捷的方法就是版权贸易，我们在引进外国版权的同时，也引进了出版材料、出版手段、经营方式、管理思想和模式等，促进了我国

的出版工作，20 世纪 90 年代末，我国已经能与世界同步推出畅销书。更能说明问题的是电子出版物和 VCD，仅仅十年时间，从无到有，从少到多。进入 21 世纪，我国数字出版版权贸易领域也不断扩大，我国出版业不断与世界接轨，版权贸易对推动出版业的现代化、市场化和国际化发挥着越来越重要的作用。

第三节　我国数字版权保护制度的构建与完善

一　数字版权概述

数字版权又称为电子版权，是相对于传统版权所衍生出来的新概念。数字版权即数字出版物的版权，是各类出版物、信息资料的网络出版权，是可以通过新兴的数字媒体传播内容的权利，包括制作和发行各类电子书、电子杂志、手机出版物等的版权。基于此，数字版权应包含两方面的权利：一方面，与传统版权相比，它指传统作品被上传至网络时著作权人所享有的权利，即“信息网络传播权”，另一方面，指网上数字作品著作权人所享有的如复制权、署名权、修改权等权利。

2012 北京国际图书博览会上，“数字化”成了一个绕不开的话题。不仅出版企业的生存和发展受到数字化进程的冲击，与之相关的版权贸易也因为数字化环境的影响，危机与挑战并存。众多国际出版商已经度过迷茫沮丧期，初步建立起数字时代完善的商业模式、赢利模式和版权保护机制，为我们展现出充满希望的未来图景。对此，中国人民大学出版社社长贺耀敏认为：“无论是传统版权贸易，还是数字时代的版权贸易，著作权都应该得到尊重和保护，只有这样，才能实现出版和版权贸易的长期、良性发展。”随着互联网、手机、电子阅读器等新兴数字媒体的普及，版权在包括出版业在内的创意产业中占据着越来越重要的地位，数字版权是版权贸易一个新的领域，也对我国的版权保护提出了新的要求。①

二　数字版权保护立法概况

数字出版产业属于创意产业，依靠技术开发和版权增值盈利，版权保护是其发展的核心问题。随着数字出版技术的不断发展和应用，数字出版作品的版权客体、版权主体、版权的权利内容、版权侵权及其法律救济等，都要依据作品的数字化和网络传播的特殊性而重新加以研究和界定。同时，一些企业和网站明目张胆地销售盗版的数字作品，未经授权的非法传播比比皆是，数字环境下的版权保护问题日益受到关注。

（一）我国数字版权保护立法现状

法律是维护合法权益的根本所在，为了回应网络技术带来的挑战，在传统的版权保护体系已经不足以应对数字环境下版权保护所面临的问题的情况下，从 2000 年以来，我国通过修订国家基本法，颁布新的司法解释和规定，网络法律版权保护体系不断完善。

2000 年 11 月 22 日，最高人民法院通过了《关于审理涉及计算机网络著作权纠纷案件适用法律若干问题的解释》。该司法解释第一条明确指出：受著作权法保护的作品包括数字化形式，著作权中对著作权各项权利的规定均适用于数字化作品的著作权。将通过网络向公众传播作品的行为，归属于著作权法规定的使用作品的方式，著作权人享有以该种方式使用或者许可他人使用作品，并由此获得报酬的权利。规定网络版权侵权纠纷案件由

① 方圆：《版权贸易：期待数字时代华丽转身》，中国新闻出版报，2012 年版。

被告所在地人民法院管辖；规定已在报刊上刊登或者在网络上传播的作品，除版权人声明不得转载、注明出处外，网站予以转载、摘编并按有关规定支付报酬、注明出处的，不构成侵权。但网站转载、摘编作品超过有关报刊转载作品范围的，应当认定为侵权。规定网络服务提供者通过网络参与他人侵犯版权行为，或者通过网络教唆、帮助他人实施侵犯版权行为的，应当追究其与其他行为人或者直接实施侵权行为人的共同侵权责任等。该司法解释初步解决了网络环境下著作权保护问题，开创了我国网络著作权保护的先河。

2001年10月27日，为配合中国加入世贸组织、达到《与贸易有关的知识产权协定》（TRIPS）的要求，我国修改了著作权法。修改后的著作权法增加了网络版权的相关内容，根据新修订的《著作权法》第10条第12项规定："信息网络传播权，即以有线或者无线方式向公众提供作品，使公众可以在其个人选定的时间和地点获得作品的权利。"除此，还规定了技术保护措施和权利管理信息以及网络版权的邻接权等内容。

2003年12月，最高人民法院根据著作权法的修改和审判实践做出了《关于修改〈最高人民法院关于审理涉及计算机网络著作权纠纷案件适用法律若干问题的解释〉的决定》，重新公布了修改后的司法解释，使网络环境下著作权司法保护机制日臻完善。

2006年5月，国务院通过了《信息网络传播保护条例》，并于同年7月1日正式实施。该条例进一步明确了网络信息传播权的内容及侵权责任，把著作权保护延伸到新兴的网络传播领域，为解决网络作品侵权纠纷提供了法律依据。此举标志着中国在数字出版领域逐渐符合WCT和WPPT的要求，与国际互联网公约保持了一致。同时，我国在网络环境下的著作权保护制度的专门法律法规体系初步建立。

2007 年 1 月 11 日颁布的《关于全面加强知识产权审核工作为建设创新性国家提供司法保障的意见》进一步加大了包括数字版权在内的知识产权司法保护力度。2007 年 4 月 5 日颁布的《关于办理侵犯知识产权刑事案件具体应用法律若干问题的解释（二）》进一步加大了知识产权的司法保护力度。

2011 年 1 月 10 日，最高人民法院、最高人民检察院、公安部颁布了《关于办理侵犯知识产权刑事案件适用法律若干问题的意见》（以下简称《意见》）。《意见》共十六条，第十三条明确规定了关于通过信息网络传播侵犯作品行为的定罪处罚标准，针对司法实践中通过信息网络实施侵犯知识产权犯罪的定罪量刑的标准做出了明确的、具有可操作性的规定，从非法经营数额、传播他人作品数量、作品被点击的次数、注册会员人数等方面进一步明确了通过信息网络传播侵权作品行为的定罪量刑标准。

在行政保护层面，国家版权部门开展了严厉的打击网络侵权盗版工作，2006 年 9 月 30 日，国家版权局向各地版权局发出了《关于开展打击网络侵权盗版专项行动的通知》，部署在全国范围内开展为期 3 个月的网络侵权盗版专项行动。2006 年 10 月 10 日，国家版权局召集中国软件联盟、在线反盗版联盟、金山软件有限公司、人民教育出版社、美国电影协会、国际唱片业协会、美国商业软件联盟等权利人组织相关单位召开专门会议，向他们征集网络侵权盗版案件线索，并通过开展举报网站等形式向全社会广泛征集案件线索。初步立案的 302 件案件，范围涉及全国 31 个省（市、自治区），集中打击网络侵权盗版行为，切实维护了权利人的利益。2008 年，国家版权局开展了大规模的打击网络侵权盗版活动，效果显著。6 月 1 日至 9 月 30 日，国家版权局、公安部、工业和信息化部联合开展为期 4 个月的打击网络侵权盗版专项行动，各地共办理互联网侵权案件 453 件。2012 年 7 月初至 10 月底，国家版权局、公安部、工信部、国家互联网信息办公室联合开展了第八次“剑网行动”。进一步加大对网络侵权盗版案件的惩处力度，收到了明显的效果。

（二）国外数字版权保护立法状况

国际上关于版权保护的公约主要有《世界版权公约》和《伯尔尼公约》，我国在 1992 年 10 月分别加入这两个公约。此外，《与贸易有关的知识产权协议》（TRIPS）和《世界知识产权组织版权条约》也将著作权的相关规定及保护纳入其中。这些公约在促进人类精神产品更加广泛传播和增进国际了解发挥了积极作用。

除了国际公约保护，欧美等发达国家在数字版权保护方面一直走在前列，在飞速发展的数字化时代，数字出版版权保护成为人们关注的热点，由此，分析各国在版权保护法律制度修改的内容和新的版权保护法规，对完善我国数字版权保护体系不无裨益。

1. 美国

美国信息技术发达，一直处于世界领先地位。美国国会先后于 1990 年、1994 年分别对著作权法进行了修改，对网络环境下计算机软件、数据库、权利的转让等分别做了规定。早在 1993 年，美国克林顿总统就任命了信息基础设施工作机构，其下设知识产权工作组，以推动信息技术在美国的发展和应用。美国与数字版权有关的主要法律法规有《知识产权和国家信息基础设施》和《数字千年版权法案》。1998 年通过的《数字千年版权法案》，以国内立法的形式，为网上作品的著作权保护提供了法律依据。它的主要特点是以刑事犯罪立法的形式禁止了受版权保护（通常是受数字版权管理，DRM 技术控制）的技术、设备或服务的生产与传播，同时明确了网络著作权侵权责任。美国《数字千年版权法案》的主要特点体现在以著作权人为中心，加强对其权益的保护，同时又对网络服务提供商的责任予以限制，以确保网络的发展和运作。

2．欧盟

近年，欧盟在版权保护领域颁行了一系列法律制度。特别是为加大网络版权保护力度，针对其信息社会数字版权陆续出台了一系列的法规文件，包括：

(1)《版权与技术挑战绿皮书》

(2)《绿皮书后续行动：欧盟委员会在版权与相关领域的工作计划》

(3)《增长、竞争、就业——通向21世纪的挑战与道路》

(4)《信息社会版权与邻接权利益团体的回答》

(5)《欧盟信息社会之路：行动计划》

(6)《关于信息社会版权与相关权绿皮书》

(7)《关于信息社会版权与相关权的续绿皮书》

(8)《信息社会版权与相关权指令建议》

(9)《关于协调信息社会的版权和有关权若干方面的指令》

(10)《欧盟联盟条约》

欧盟委员会指定的上述文件，涉及新信息环境下版权保护的法律适用问题、数字传输或传播权问题、数字广播权问题等。此外，与美国著作权立法基础和观念不同的是，欧盟著作权法注重对著作人身权利的保护。它认为著作权主要是人身权。不过，随着全球一体化发展，这种差异将逐渐缩小。

3．日本

日本也在1997年6月10日和1999年6月15日两度修订其著作权法，依据世界知识产权组织的两个新条约，做出了有关网络环境版权保护的规定。在此之前的1992年，日本为了应对复制技术的发展对著作权人造成的冲击，增加了第三十条第二项，规定为了私人使用目的进行数字化录音录像的必须缴纳补偿金。

三　我国数字版权保护制度的不足与完善

（一）法规体系的不足与完善

当前，我国虽然在网络版权的立法和司法实践方面有所作为并取得了一定成果。但是，网络版权保护制度上没有形成体系，数字出版市场出现了诸多侵犯知识产权的案例。专门数字版权保护法尚未出台，有关的法律依据除了2001年修订的《著作权法》和2006年颁发的《信息网络传播权保护条例》，其他还有《互联网出版管理暂行规定》《互联网著作权行政保护办法》《最高人民法院关于审理涉及计算机网络著作权纠纷案件使用法律若干问题的解释》等法规和解释。但现有的法律体系已经明显不适应网络技术的发展。其中涉及的很多问题都为数字版权的保护带来了困惑。比如，国务院行政法规形式制定的《信息网络传播权保护条例》主要内容是关于网络版权的合理使用与限制预计网络服务上的责任限制，而关于版权保护的很多问题尚未涉及。比如，该条例的调整范围为网络传播作品所引起的所有可能的版权保护问题，包括但不限于网络环境下的复制、传输；版权人所享有的网络版权的内容不仅包括网络传播权，还应该涵盖因网络传播作品所引起的一切可能的精神权利和其他经济权利。由此，应鼓励对网络传播行为进一步细分，即版权人有权选择他认为合适的明确具体的网络传输方式而不会轻易许可所有可能的网络传播方式进行传播；针对互联网特点，对特殊网络作品的版权归属做出明确规定。另外，还有证据效力的确定问题，在版权侵权纠纷中，电子邮件往往作为案件最直接的证据，但电子邮件具有不确定性，极易被篡改和伪造，且可不留痕迹，导致其在诉讼过程中证据效力有限。此外，权利主体的认定问题、授权方式及范围问题、利益分配问题和责任的认定等问题都需要法律的进一步细化和明确。作为一部专门法律，应该全面完整地调整所有版权相关问题，尽可能详尽地并且有预见地对网络版权的规则以及原则作出规定。实现网络版权保护制度的体系化。

随着网络的发展，迫切需要一部全面规范的网络版权法规。不管是飞速发展的网络作品传播产业，还是希望权利和利益得到保障和实现的版权人以及作品使用者，都迫切需要一部专门立法。法律保护是屏障，如果缺乏法律的有效保护，将制约整个产业的快速发展。

（二）立法技术的不足与完善

我国网络版权保护制度主要存在以下不足。首先，网络版权保护制度缺乏前瞻性、全局性。目前，我国涉及网络版权保护的法律、法规和司法解释的数量不少，但大多都表现在出现问题后才做出应对，没有从全局性考虑。比如，最高人民法院 2000 年的司法解释明确规定："著作权法第 10 条对著作权各项权利的规定均适用于数字化作品的著作权。"此规定把精神权利的内容也纳入网络环境。2001 年修改的著作权法第 10 条共列举了 17 项人身权利和财产权利，其中增加了信息网络传播权的规定，从法条看，它属于一种财产权。由此，可以理解为该条关于人身权的规定可以延伸到网络环境下作品传播的情况。但是，国内的很多著述在谈及网络版权时，往往从法条的表象出发，将权利内容一概罗列为信息网络传播权、技术措施权等，而忽视了网络版权精神权利的存在。事实上，在网络环境下，数字作品权利人的精神权利依然重要，我国立法也应该明确规定和解释。其次，对于一些比较重要的网络版权问题，在修改法律和颁布司法解释时，都没有作出相应的规定。比如，数字版权的授权模式和授权范围问题，《著作权法》规定，使用他人作品必须签订许可使用合同，必须支付报酬。《信息网络传播权保护条例》第二条的规定："权利人享有的信息网络传播权受著作权法和本条例保护。除法律、行政法规另有规定以外，任何组织或者个人将他人的作品、表演、录音录像制品通过信息网络向公众提供，应当取得权利人许可，并支付报酬。”而在我国现行数字版权保护法律框架下，并没有可行的数字版权授权模式和授权范围做出具体解释和规定。

（三）行政司法监管不到位

2005 年至 2014 年，国家新闻出版广电总局连续 10 年针对网络文学、音乐视频、游戏动漫、软件等重点领域开展打击网络侵权行为的“剑网行动”，期间共查办案件 4681 件，依法关闭网站 2676 家，没收服务器及相关设备 1178 台，移送司法机关追究刑事责任案件 388 件。这一成果听起来确实令人振奋，但是反观当今网络中已经发生或正在发生的成千上万的侵权案件，不过是九牛一毛。甚至在国家《互联网著作行政保护法》颁布 10 年后的 2015 年 7 月 8 日，国家版权局还在以《关于规范网络转载版权秩序的通知》的形式，明确规定：“2015 年 7 月 31 日前各网络服务商必须将未经授权传播音乐作品全部下线。逾期违规，将从严查处。”我国规范数字版权打击数字侵权方面的执法之脆弱可见一斑。[①]

出版行业在我国属于特殊行业，有特定的行政管理部门。著作权的行政主管部门有义务也有责任帮助权利人行使自己的权利，使公众在采用法律手段保护著作权人的合法权益，严厉打击侵犯、盗版行为等方面发挥积极作用。如今，传统的监管方式已经滞后于网络技术的发展，面对庞大的网络侵权，行政监管系统处于被动执法和行政监管不力的局面。同时，法律上的空白和模糊地带，也为行政执法带来一定的困难。比如，数字出版在法律上没有一个明确的概念，而对于出版物法律上却有明确的分类，即期刊、报纸、图书、音像制品等，不同的出版物所受到的限制

① 郭琦：《完善中国的数字版权制度势在必行》，载《新疆社科论坛》，2015 年第 4 期。

不同，这样就在网络上出现了很多打着其他出版物口号侵权的现象，导致执法手段和程度上的偏差，降低了打击侵权的力度。

就司法层面而言，我国对网络侵权行为的惩处力度不够，数字版权侵权的相关司法解释不够明确具体。从司法实践来看，现行法律对网络著作权人的某些相关权利没有明确的规定，由此在司法层面产生了许多版权纠纷。以网络传播权为例，最高人民法院《关于审理涉及计算机网络著作权纠纷案件适用法律若干问题的解释》已经肯定了网络传播应为作品的一种传播形式，著作权人享有以该种方式使用、许可他人使用，并由此获得报酬的权利。其中的原因是实践中某些人擅自将他人在传播媒体上发表的作品“移植”到网站上使用，或将他人发表在一个网站上的作品擅自“移植”到自己的网站上使用，由此产生了许多版权纠纷。如果依据我国《著作权法》处理起来就比较困难，因为它们都直接涉及版权人是否有权控制作品在网络上的传播问题，而这在我国《著作权法》里是找不到的，这就需要在实践中加以肯定。

第四节　数字版权保护困境

网络技术的发展给传播领域带来了一场深刻的革命，数字出版蓬勃发展的同时，也给有着三百年历史的版权保护制度带来了挑战，在世界范围内，数字版权保护的基本规则不仅通过国际公约予以确认，各国立法和司法机构也大都通过立法和实践加以贯彻。在数字版权保护方面，我国 2001 年修订的《著作权法》和 2006 年颁布的《网络信息传播权》都明确把数字版权保护纳入法律保护范围，但数字出版版权保护案件日益增多，数字版权问题成为国际知识产权界关注的热点，其中，数字版权侵权问题尤为突出。

一　数字版权侵权表征

数字版权侵权是指未经网络上传播的作品的版权人许可，而从事了法律授权版权人所控制、限制或禁止的那些活动。构成著作权侵权的行为必须具备两个条件：一是使用的作品受著作权保护；二是使用行为违法。数字版权侵权主要有以下表现形式。

（一）未经作者授权将传统媒体作品在网上传播

传统媒体作品主要指未经数字化处理的作品，包括图书、杂志、电视、广播等，构成侵权主要表现为未经过著作权人许可，将这些作品数字化并在网上向所有上网用户公开的行为。将非数字化的文学艺术作品进行数字化，无论采取何种数字化手段都不是创作，不具有独特性。将作品数字化传播知识作品，虽然在表现形式和传播方式上有所改变，但并没有改变著作权人对其作品享有的著作权。

个案分析：百度文库侵权事件

2011 年 3 月 15 日，韩寒、贾平凹、慕容雪村、刘心武等 50 位作家公开发表《中国作家声讨百度书》，称百度文库收录了上述作家全部作品，并对用户免费开放，但没有取得上述任何人授权，指责百度文库变成了一个“贼赃市场”。两天后，中国音像协会唱片工作委员会加入“战团”，公开声援文学界维权的呼吁和行动。

2011 年 3 月 24 日，作家代表与百度公司人员就百度文库侵权盗版一事进行谈判，但百度公司不承认侵权和赔偿，致使谈判破裂。

2011 年 3 月 26 日，中国网络电视台报道《百度就版权纠纷发表申明：3 天内清理侵权文档》，此次回应为百度方面做出的第一次实质性动作。

2011 年 3 月 28 日，百度 CEO 李彦宏在深圳 IT 领袖峰会上首次回应："管得好就继续做，管不好就关掉。"截至 3 月 29 日，百度文库中非授权文学类作品基本删除，删除率超过 99%。

2012 年 7 月 10 日，作家维权联盟起诉百度文库侵犯著作权案首批案件在北京海淀区人民法院开庭审理。作家维权联盟诉讼请求包括：第一，要求百度停止侵权行为，并采取有效措施制止侵权行为再次发生；第二，关闭百度文库；第三，连续 7 天在百度网站首页向原告赔礼道歉；第四，赔偿原告经济损失共计 75.4 万元；第五，赔偿原告合理支出 1.2 万余元。

2012 年 9 月 17 日，"韩寒状告百度文库侵权案"正式宣判，根据法院判决，百度文库应当赔偿韩寒经济损失累计约 8.38 万元，驳回韩寒提出的"关闭百度文库"等主张。至此，百度文库侵权案告一段落。

在百度文库侵权事件中，出现最多的两个词是"避风港"和"红旗"，这是 2006 年中国正式实施的《信息网络传播权实施条例》中关于知识产权保护的两个原则。所谓"避风港原则"，是美国 1998 年指定的《数字千年版权法案》提出的概念，指在发生著作权侵权案件时，当 ISP（网络服务提供商）只提供空间服务，并不制作网页内容，如果 ISP 被告知侵权，则有删除的义务，否则就被视为侵权。如果侵权内容既不在 ISP 的服务器上存储，又没有被告知哪些内容应该删除，则 ISP 不承担侵权责任。而"红旗原则"是"避风港"原则的例外适用，红旗原则是指如果侵犯信息网络传播权的事实是显而易见的，就像是红旗一样飘扬，网络服务商就不能装作看不见，或以不知道侵权的理由来推脱责任，如果在这样的情况下，不移除链接的话，就算权利人没有发出过通知，我们也应该认定这个设链者知道第三方是侵权的。在争议中，百度援引"网络避风港原则"进行防御，百度对用户上传没有审核的义务，不承担侵权责任。任何权利人都可以向百度方面指出其作品链接，百度会在 48 小时内审核并依法进行处理。而版权人则进一步援引“红旗原则”，只要侵权内容像红旗一样显而易见地属于盗版，那么运营商就应当主动予以删除，而不能因为没有收到版权人的通知而拒绝承担责任，关键在于是否“知道或有合理的理由知道”。但有关专家表示，这两条原则对于争议双方来说，都没有任何实质性的法律效力，因为很难确定这两条原则的范围。

根据《中华人民共和国著作权法》规定，未经任何人许可，擅自复制发行、信息网路传播其作品的行为，都是侵权行为。此次百度文库侵权实践中，矛头直指百度文库侵权，但那些直接利用百度提供的“百度文库”平台，上传他人受著作权法保护的作品，供他人阅读的百度用户，无疑成为此类侵权行为的直接侵权人，然而，百度文库并未对用户注册进行实名认证，权利人无法认定具体的侵权人。（从百度文库的反思中，不仅仅是网络企业，更是相关的立法的完善、行政监管强化以及司法救济的高效。）

（二）未经作者授权将数字作品在传统媒体上发表

数字作品指以数字 0 和 1 的形式存在并以网络为载体在计算机之间流动的作品。这里探讨的是在创作之初就直接以数字的形式存在于计算机并在网络上传输，没在传统的纸质等载体上存在的数字化作品，即该作品创作完成后，在网络上的传播是该作品首次向公众公开，作品的首次发表媒介为网络。通常情况下，只要在计算机网络上出现的、传播的作品符合版权法要求的四项作品构成条件（独创性、实用性、可复制性以及不违反宪法和法律），就受版权保护。因此，网络作品只要能反映一定的思想或情感并具有独创性、可复制性和一定的客观表现形式就应该受到著作权法保护。

网上作品与发表在报纸上的作品，只不过是传播的载体不同，二者的本质是一样的。从网上“下载”网络作品，与摘登其他报纸作品一样，应该视为“转载”，根据著作权法规定，著作权人的合法权益应该受到保护。然而，近年来，传统媒体如报纸、杂志等未经授权刊登网上作品频频皆是，随意侵犯网络作品的著作权现象时有发生。

例如，2000年5月“榕树下”全球中文原创作品网站发现了一套由中国社会出版社出版的“网络人生系列丛书”，未经“榕树下”授权擅自选用了“榕树下”网站发表的作品16篇，“榕树下”在与侵权方交涉未果的情况下，诉诸法律，北京市第一中级人民法院判决被告中国社会出版社侵权成立，“责成被告赔偿原告人人民币100 001元；公开向原告道歉，停止本书的发行销售；负担本案间受理费。”

上述案例中，中国社会出版社擅自选用“榕树下”网站发表的作品，未经原创网站及作品著作权人同意，并在传统媒体上发表，构成著作权侵权。网络信息海量，易于复制，以及网络版权法律的缺陷，使得传统媒体如报纸、杂志等把网络作为自己的信息来源。根据著作权的有关规定，网络与传统媒体享有同等的权利与义务，传统媒体使用网络作品应该向著作权人支付报酬。

（三）网上数字作品之间的侵权行为

网络环境下作品的创作、传播、使用通常以数字化形式进行，使得各类数字化作品之间的界限模糊、相互渗透。在网络环境下侵权行为最常见的表现形式是未经著作权人许可而复制或传播作品，网站之间因栏目抄袭、文章转载等发生著作权纠纷不断。

具体来讲，网络作品间的侵权主要有以下几种形式。

1. 以抄袭为侵权行为特征的网络著作权侵权案

在这类纠纷中，文字、图片、照片的抄袭是比较常见的侵权表现形式，同时也有与网络特征相适应的涉及特定抄袭对象的案件，如2000年7月，HELLOPET网站状告东方网景抄袭了其网站网页的标志、构思、栏目设计等与网页有关的创意。另外，在

2000年5月，“四通利方”与“新浪网”诉“今夜网”著作权侵权案，被诉抄袭的对象是“设为首页”的源程序和使用说明文档。

2．因侵犯软件著作权而引起的纠纷案

如在2000年，我国出现了首例因在网上上传他人软件而引发的著作权纠纷，原告北京代一公司状告深圳市桑夏民生科技有限公司在其站点上未经许可，将原告享有著作权的3个软件游戏上传，供用户免费下载使用，严重影响了原告软件的市场销售，侵犯了其软件著作权。与该案类似的还有2000年7月，北京市二中院受理的绍兴县轻纺科技中心有限公司状告绍兴公众信息产业有限公司、潮州市电信局下属网站侵犯其软件著作权纠纷案。

3．涉及数据库侵权纠纷案

2000年12月30日，北京市二中院公开审理了北京百网信息有限责任公司诉北京优谷科贸有限责任公司网络著作权侵权、不正当竞争案。该案以涉及北京市餐饮业信息数据库为争议焦点，是我国涉及数据库法律问题的典型案例。

4．因链接而产生的网络著作权侵权案

2000年底，我国首例因网上链接而引发的侵权案在北京二中院开庭审理，原告以被告搜狐公司侵犯其著作权为由提起诉讼，被告以其仅提供了链接，并没有登载原告享有著作权的作品为由，主张不承担法律责任。该案所涉及的问题及其法院审理的结果引起了人们的关注。

5．与MP3有关的侵权纠纷案

自1996年起，MP3这种被人们称为“传统唱片业杀手”的网络音乐格式一经应用，就不断地引发各类争议与纠纷。在国外，与此相关的案件不断出现。随着我国新兴网络业的发展，涉及MP3的侵权纠纷案也开始出现。2000年，北京市二中院受理了四家唱片公司诉某网站有关MP3歌曲链接、下载纠纷案，引起了人们的注意。

二　我国网络版权保护发展趋势

（一）加强数字版权保护技术研发是保护数字版权的主要手段

计算机技术、移动通信技术、数字技术推动传播方式的发展与变革，加速信息传播的同时也大大地改变了人们的生活方式。在数字化环境下，数字作品的传播方式与呈现方式也大大改变，传统的版权监管与保护手段已经不能适应数字作品版权的保护与管理。由于数字作品的易复制性、传播的即时性，以及网络的超链接，使得数字作品的版权侵权频发，造成版权权利人相关的经济和精神权利的损失，同时也影响著作权人创造力的发挥，影响作品的创新与再生产。

加强数字版权保护技术研发是在网络环境下保护数字作品版权的发展趋势，常见的数字版权保护技术有数字加密技术、数字水印技术等，但是，随着数字传播环境的变化，数字版权保护由单一种类的保护技术逐渐发展成为集多种技术于一体的保护技术，通过融合各种保护手段，有效控制传播、分发的数量与途径，防止合法版权作品的非法传播。从长远发展趋势来看，技术是有效保护数字版权作品的有效手段，也是未来版权保护的重要方式。

（二）立法保护是强化数字版权保护的主要保障

从某种意义上说，没有完整的网络著作权的立法，就没有完整的知识财产法权形态，原创者和其他著作权人的法律地位也就无从谈起。法律以强制手段保护和约束著作权人、邻接权人以及其他第三方使用者，保护数字作品版权。法律规范可以有效地震慑犯罪行为，减少网络侵权，净化网络传播环境，保障版权权利相关人的合法权益。

近几年来我国不断加强对网络版权的法律法规的完善和建

设，颁布和修订了一系列相关的网络保护法规，如《中华人民共和国著作权法》《中华人民共和国著作权法实施条例》《计算机软件保护条例》《著作权集体管理条例》《电子出版物出版管理条例》《互联网出版暂行条例》《关于审理涉及计算机网络著作权纠纷案件适用法律若干问题的解释》《信息网络传播权保护条例》《关于办理侵犯知识产权刑事案件适用法律若干问题的意见》等，取得了一定的法律效果。但是，随着数字传播技术的不断发展和进步，以及网络环境下数字版权保护出现的新问题，国家还应不断完善数字版权立法保护工作，加强版权执法工作，营造良好的法制保护环境。

（三）加强数字版权保护技术标准是提升保护的重要环节

互联网的快速发展催生了一大批新兴产业，完善的行业规范和标准对于一个产业的发展至关重要。加强数字版权保护技术标准建设，可以统一数字版权市场。建立良好的规范是数字版权产业发展的重要保障。

目前，数字版权领域尚没有一个统一的技术标准，市场上存在多种技术标准。电子书、电子报纸、电子杂志、电子文档等数字出版领域、音乐产业、影视产业领域等都有自己的数字版权保护标准。在数字出版领域，就有方正阿帕比的方正阿帕比 Right Server，书生公司的 SureDRM 版权保护系统，微软的 Digital Asset Server 版权保护系统，Adobe 公司用于 PDF 格式的 Adobe Content Server 电子书籍的版权保护方案，以及中国知网的 CAJ 等。因为数字图书上的技术标准不同，造成流程、格式、终端的差异较大。技术标准不统一将阻碍行业发展，随着更多有实力的公司参与到数字内容产业生产，激烈的市场竞争将加剧数字版权产业纠纷。因此，完善数字版权市场的技术标准，建立相关产业机制，是未来数字版权保护面临的重要课题。

思考题：

1. 我国的版权贸易规模较小，地区分布过于集中，尤其在国际权贸易中贸易逆差一直存在，版权引进与输出差额比例一直较大，思考一下，造成这一现象的原因有哪些？在数字化时代，为扭转这种不利局势，需要采取什么样的措施？

2. 随着数字潮流的冲击一起产生的是媒介发展技术的日新月异，影视作品版权的盗版方式和手段也越来越多样化。2007年，首起网络视频直接侵权案——新传在线因为《疯狂的石头》在上海起诉土豆网，2014年底琼瑶起诉于正电视剧《宫锁连城》侵权等，这一系列影视作品侵权案件显示出，数字时代的影视作品版权保护是一个亟待解决的问题，对此，你认为，需要采取哪些措施来保护影视作品的版权？

参考文献

1. 李苓，黄小玲. 编辑出版实务与技能［M］. 成都：四川大学出版社，2005.

2. 陈生明. 数字出版理论与实践［M］. 北京：人民教育出版社，2009.

3. 黄孝章，张志林，陈丹. 数字出版产业发展模式研究［M］. 北京：知识产权出版社，2012.

4. 夏德元. 数字出版与传播研究［M］. 上海：上海人民出版社，2012.

5. 张海涛，谭文柱. 产业经济的发展与创新［M］. 北京：人民出版社，2012.

6. 蒋雪湘. 中国图书出版产业组织研究［M］. 长沙：湖南大学出版社，2010.

7. 谢新洲. 电子出版技术［M］. 北京：北京大学出版社，2006.

8. 匡文波. 电子与网络出版教程［M］. 北京：中国人民大学出版社，2008.

9. 赵东晓. 网络出版及其影响［M］. 北京：中国人民大学出版社，2008.

10. 王京山. 网络出版运作［M］. 北京：中国大百科全书出版社，2005.

11. 冯广超. 数字媒体概论［M］. 北京：中国人民大学出版社，2004.

12. 周燕华，张前程. 数字出版完全攻略［M］. 北京：人民邮电出版社，2012.

13. 彭澎. InDesign 出版物设计教程 [M]. 北京：清华大学出版社，2008.

14. 杨小平，尤晓东. 多媒体技术应用 [M]. 北京：清华大学出版社，2009.

15. 庞玉生. 数字动画制作技术：2D 影视动画制作流程（第一版）[M]. 青岛：中国海洋大学出版社，2008.

16. 中国第三产业统计年鉴 2011（光盘版）. 北京：中国统计出版社，2011.

17. 李海玲. 互联网产品设计 [M]. 北京：高等教育出版社，2012.

18. [日] 桧山佐知子. 网络设计的原理 [M]. 周淳，译. 北京：中信出版社，2011.

19. [美] Patrick McNeil. 网页设计创意书 [M]. 图灵编辑部，译. 北京：人民邮电出版社，2012.

20. [美] Shari Thurow、Nick Musica 著. 网站搜索设计——兼顾 SEO 及可用性的网站设计心得 [M]. 向怡宁，译. 北京：人民邮电出版社，2011.

21. [美] Robert Hoekman，Jr、Jared Spool. 网站设计解构——有效的交互设计框架和模式 [M]. 向怡宁，译. 北京：人民邮电出版社，2011.

22. 周耿. 网站设计与开发 [M]. 上海：复旦大学出版社，2008.

23. 崔永琳. 数字图书馆理论与应用 [M]. 北京：中共中央党校出版社，2003.

24. 王军. 数字图书馆的知识组织系统——从理论到实践 [M]. 北京：北京大学出版社，2009.

25. 孙继林. 数字图书馆应用指南 [M]. 北京：科学出版

社，2007.

26. 张树华，王京山，刘绿茵，张久珍. 数字时代的图书馆信息服务［M］. 北京：北京图书馆出版社，2005.

27. 郝振省. 2009—2010 中国数字出版产业年度报告［R］. 北京：中国书籍出版社，2011.

28. 袁勤俭，等. 数字出版物的营销模式研究［M］. 北京：清华大学出版社，2014.

29. 赵东晓. 出版营销学［M］. 北京：中国人民大学出版社，2010.

30. 刘拥军. 现代图书营销学［M］. 苏州：苏州大学出版社，2003.

31. 黄孝章，张志林，陈丹. 数字出版产业发展模式研究［M］. 北京：知识产权出版社，2012.

32. 王炎龙. 传媒法规与伦理［M］. 南京：南京大学出版社，2014.

33. 李砚祖. 设计美学［M］. 北京：清华大学出版社，2006.

34. ［美］科特勒. 营销管理［M］. 卢泰宏，高辉，译. 北京：中国人民大学出版社，2010.

35. 王迁. 网络版权法［M］. 北京：中国人民大学出版社，2008.

36. 从立先. 网络版权问题研究［M］. 武汉：武汉大学出版社，2007.

37. 方卿. 出版产业链研究［M］. 北京：高等教育出版社，2011.

38. 汤宗舜. 著作权法原理［M］. 北京：知识产权出版社，2005.

39. 李明德，许超. 著作权法（第二版）［M］. 北京：法律出版社，2009.

40. 李苓，彭丽. 中国数字出版改革与产业“链化”的运作[J]. 西南民族大学学报（人文社会科学版），2010（10）.

41. 汤雪梅. 2011—2012 年中国数字出版发展述评 [J]. 编辑之友，2012（6）.

42. 李苓，马攀可. 试议我国数字出版企业类型与市场结构的关系 [J]. 中国编辑，2012（6）.

43. 赵学军. 网络出版的发展之路 [J]. 中国编辑，2005（5）.

44. 周蔚华. 网络出版的兴起与出版的范式转换 [J]. 中国人民大学学报，2002（5）.

45. 刘绪衡. 网络出版发展综述 [J]. 商业文化（学术版），2008（1）.

46. 王选. 电子出版在中国的发展历程 [J]. 中国电子出版，2001（2）.

47. 王选. 电子出版在中国的回顾与展望 [J]. 今日印刷，2001（3）.

48. 刘永强. 中国电子出版史上的里程碑 [J]. 中国电子出版，2000（2）.

49. 钱宇阳. 我国数字出版产业链发展现状和问题研究[J]. 商场现代化，2011（4）.

50. 吴榍. 我国出版产业链建设的环境分析 [J]. 编辑之友，2007（6）.

51. 黎娟. 数字出版概念研究 [J]. 新闻传播，2011（8）.

52. 张建明. 论我国数字出版泛化的出版概念对出版产业的影响 [J]. 出版发行研究，2009（3）.

53. 熊英，熊玉涛. 数字出版的产业特征与商业模式 [J]. 中国出版，2010（8）.

54. 陈天虹，陈天敏. 中外数字期刊数据库检索系统的对比研究 [J]. 中国科技信息，2006 (7).

55. 宋瑾. 论中国移动手机阅读频道潜力开发 [J]. 出版发行研究，2013 (2).

56. 李冰. 3G 网络时代手机动漫发展现状及对策分析 [J]. 科技创新与应用，2012 (2).

57. 张立宪. 中国数字出版现状及未来展望 [J]. 科技传播，2011 (18).

58. 杨谷. 浅议电子出版物 [J]. 电子制作，2012 (12).

59. 吴振兴. 浅析数字印刷技术及其应用 [J]. 今日印刷，2013 (3).

60. 王静，王秀峰. 浅谈多媒体电子出版物设计 [J]. 美与时代，2010 (3).

61. 李常庆. 日本动漫产品的传播形式与流通渠道 [J]. 出版发行研究，2009 (11).

62. 彧欣. 网络动漫——技术与艺术的完美融合 [J]. 软件工程师，2012 (21).

63. 工亚琴. 试析中国动漫产业的现状和发展模式 [J]. 出版发行研究，2010 (11).

64. 冯俏俏，赵明. 我国动漫产业发展困境与对策研究 [J]. 编辑之友，2012 (5).

65. 郭晶. 新媒体环境下的动漫出版 [J]. 出版发行研究，2008 (6).

66. 葛梅荣. 电子出版物的特点与存在的问题探析 [J]. 漯河职业技术学院学报，2012 (5).

67. 拓颖，沈浩. 浅析手机游戏的发展现状及未来趋势 [J]. 甘肃科技，2013 (3).

68. 殷沈琴，张计龙，郝群. 电子书数字版权管理技术应用进展研究［J］．图书馆杂志，2012（8）．

69．徐会波．我国电子书市场发展的现状、原因及对策分析——以美国亚马逊电子书发展的成功经验为例［J］．对外经贸实务，2012（10）．

70．曹玖新，吴江林，石伟，刘波，郑啸，罗军舟．新浪微博网信息传播分析与预测［J］．计算机学报，2014（4）．

71．李源，孙园园，田梓林．浅析中国网络游戏发展现状［J］．青春岁月，2012（16）．

72．姜贺．浅析中国游戏行业发展前景［J］．艺术品鉴，2015（10）．

73．林穗芳．电子编辑和电子出版物：概念、起源和早期发展［J］．出版科学，2005（4）．

74．张立，汤雪梅．月下沉吟久几时锦字裁——中国数字出版业十年发展历程及趋势预测［J］．编辑之友，2012（1）．

75．徐丽芳，方卿，邹莉，丛挺．数字出版物研究综述［J］．出版科学，2010（5）．

76．胡珏．论电子出版业的发展［J］．出版发行研究，1998（8）．

77．胡潇．近二十年电子出版物的回顾与展望［J］．湖北广播电视大学学报，2011（4）．

78．魏小敏．浅析网络出版的研究现状［J］．印刷质量与标准化，2013（3）．

79．郝振省，辛广伟，张立，魏志明．几种网络出版形式的特点及管理规制研究［J］．出版发行研究，2007（7）．

80．李爽．电子期刊的类型与利用［J］．信息资料工作，2001（2）．

81．王伟军，李伟．我国网上书店评析［J］．图书情报工作，2003（3）．

82. 褚峻，巢乃鹏. 中国网上书店发展模式研究［J］. 图书情报工作，2000（8）.

83. 王震国，袁汝华，谢朝平. 浅析网上书店的客户关系管理［J］. 价值工程，2003（增刊）.

84. 白崇远. 网上书店的特点及其对图书馆采购的影响［J］. 河北科技图苑，2000（2）.

85. 朱天慧. 网上书店路在何方——浅析我国网上书店的现状及发展策略［J］. 图书馆现代技术，2001（10）.

86. 班业香. 网上书店营销模式的建构——网上书店与传统书店4P营销的比较［J］. 新闻世界，2011（5）.

87. 何小菁. 各国数字图书馆的研究概要［J］. 现代情报，2003（6）.

88. 梅梅. 试论数字图书馆知识产权保护与资源共享的平衡［J］. 图书馆学研究，2004（10）.

89. 韩立栋. 数字图书馆研究［J］. 现代情报，2003（7）.

90. 张聪，刘晓宇，肖倩. 论教辅类期刊App的发展［J］. 科技与出版，2013（12）.

91. 董海斌，王丽梅，孙浩章. 网页界面设计中的平面视觉元素［J］. 包装工程，2010（4）.

92. 李佳. 界面设计中的扁平化设计与拟物化设计之探议［J］. 艺术与设计，2014（3）.

93. 张立，汤雪梅. 数字出版资源平台综述［J］. 现代出版，2012（1）.

94. 李晓琪. 国内大众阅读类数字出版平台对比研究［J］. 编辑之友，2013（3）.

95. 程美华. 数字出版发行平台的运营与功能整合［J］. 重庆社会科学，2011（10）.

96. 冒海燕. 出版社网站功能定位和模式探究［J］. 出版广

角，2010（1）.

97. 刘敏. 苏州大学出版社网站策划方案［J］. 学报编辑论丛，2012（10）.

98. 胡芳芳. 我国出版社网站建设［J］. 中国传媒科技，2012（4）.

99. 李萨日娜. 出版社网站的功能与定位［J］. 出版参考，2013（1）.

100. 刘颖. 打造出版业的网上形象——从出版社网站看出版社VI战略的实施［J］. 中国出版，2007（3）.

101. 周全. 浅论出版社网站设计［J］. 出版科学，2002（11）.

102. MikalE. Belicove. 怎样打造你的移动网站［J］. 文岳，译. 创业邦，2010（10）.

103. 马志强，蒋晓. 基于用户体验的智能手机网站界面设计探讨［J］. 包装工程，2012（8）.

104. 熊回香. 网络信息检索及其发展趋势研究［D］. 武汉：华中师范大学，2003.

105. 杨爱群，罗任秀. 网络信息检索工具研究［J］. 现代情报，2005（3）.

106. 张彦洁，张向华. 网络信息资源的检索方法和技巧［J］. 现代情报，2003（6）.

107. 李应红，李苓. 4P视野下的数字出版营销策略分析——以美国赫斯特公司为例［J］，中国编辑，2015（3）.

108. 许建礼. 4P视角下数字出版的网络营销策略［J］，出版广角，2014（3）.

109. 江霞，严志森. 数字出版时代科技期刊利用电子商务平台营销的构想［J］. 编辑学报，2015（4）.

110. 2012—2013中国数字出版产业年度报告课题组. 中国

数字出版产业发展的规模、态势及趋势分析［J］. 出版发行研究，2013（7）.

111. 金鑫，刘召燕. 基于长尾理论探索数字出版盈利模式创新［J］. 出版科学，2013（7）.

112. 陆臻. 数字出版盈利模式创新——以苹果和盛大文学为例［J］. 编辑学刊，2012（1）.

113. 刘美华. 我国出版企业数字出版盈利模式研究评析［J］. 出版科学，2011（3）.

114. 廉同辉，袁勤俭. 数字出版物分销渠道研究［J］. 中国出版，2011（9）.

115. 李明德. 主题研讨：网络时代法律问题，网络环境中的版权保护［J］. 环球法律评论，2012（1）.

116. 余银燕，汤织. 数字版权保护技术研究综述［J］. 计算机学报，2005（12）.

117. 史学清，汪涌. 避风港还是风暴角——解读《信息网络传播权保护条例》第 23 条［J］. 知识产权，2009（2）.

118. 闫伟娜. 数字化时代我国影视产品的版权保护策略研究［J］. 传播与版权，2009（9）.

119. 郭琦. 完善中国的数字版权制度势在必行［J］. 新疆社科论坛，2015（4）.

120. 王晓红. 论我国数字版权保护［J］. 山东理工大学学报（社会科学版），2015（5）.

121. 巩昱坤，张萍. 社交网络平台中数字版权保护的分析［J］. 吉林工程技术师范学院学报，2015（1）.

122. 黄布达. 中国电子出版探索与发展研究［D］. 武汉：华中科技大学，2007.

123. 张帆. 电子书媒介发展研究［D］. 北京：北京印刷学院，2009.

124. 朱婧. 我国电子书产业发展研究［D］. 北京：北京印刷学院，2010.

125. 张稚茹. 手机游戏的艺术设计与研究［D］. 南京：南京师范大学，2012.

126. 郁聪. 我国数字报纸发展历程与现状研究［D］. 武汉：武汉理工大学，2012.

127. 张峥. APP 电子书籍界面设计研究［D］. 武汉：中南民族大学，2013.

128. 谢雯. 基于 ipad 移动阅读应用产品的视觉体验设计研究［D］. 北京：北京印刷学院，2015.

129. 黄骁. 基于交互理论的电子书 App 界面设计研究［D］. 北京：北方工业大学，2015.

130. 聂磊. 基于用户体验的 Win8 移动阅读类 APP 研究设计［D］. 无锡：江南大学，2013.

131. 李亭. 基于用户体验的智能手机 APP 界面设计研究［D］. 太原：太原理工大学，2015.

132. 张雪峰. 中美数字出版盈利模式比较研究［D］. 重庆：重庆大学，2013.

133. 尚莹莹. 数字出版盈利模式研究［D］. 北京：中国人民大学，2008.

134. 姚柏年. 数字出版商业模式研究［D］. 上海：华东师范大学，2012.

135. 叶黎沼. 我国数字出版管理问题及对策研究［D］. 上海：上海交通大学，2009.

136. 胡磊. 我国出版物市场管理研究［D］. 武汉：武汉大学，2005.

137. 张建峰. A 公司新产品开发策略研究［D］. 兰州：兰州大学，2012.

138. 李苓，陈方超，李润权. 成都市数字出版产业发展规划. 成都市新闻出版局，2009.

139. 第31次中国互联网络发展状况统计报告［R］. 中国互联网络信息中心，2013.

140. 2012中国网络游戏市场年度报告［R］. 中华人民共和国文化部，2013.

141. 贺海峰. 中国手机游戏行业研究报告（2010—2011年）［R］. 北京海纳互联网研究中心，2011.

142. 方圆. 版权贸易：期待数字时代华丽转身［N］. 中国新闻出版报，2012-9-3.